宁波通史

史前至唐五代卷

傅璇琮 主编

张如安 刘恒武 唐燮军 著

宁波出版社

图书在版编目（CIP）数据

宁波通史. 史前至唐五代卷/傅璇琮主编；张如安，
刘恒武，唐燮军著. —宁波：宁波出版社，2009.8
ISBN 978-7-80743-403-0

Ⅰ. 宁… Ⅱ. ①傅… ②张… ③刘… ④唐… Ⅲ. ①宁波市—
地方史—上古~唐代 ②宁波市—地方史—五代（907~960）
Ⅳ. K295.53

中国版本图书馆CIP数据核字（2009）第112883号

责任编辑　　马玉娟　　卓挺亚

本书为宁波市重大文化研究工程项目成果

《宁波通史》学术顾问

徐季子　邹逸麟　金普森

《宁波通史》编纂委员会

主　编：傅璇琮

副主编：乐承耀　王慕民　张如安

成　员：马玉娟　张　伟　钱茂伟　叶贤权

▲ 河姆渡遗址出土的骨耜

▲ 河姆渡遗址出土的夹炭黑陶釜

▲ 河姆渡遗址出土的木质漆碗

▲ 塔山遗址出土的泥质夹炭红陶单把罐

▲ 鄞州出土的战国青铜钺

▲ 傅家山遗址出土的象牙雕鹰首

▲ 塔山遗址出土的玉玦

▲ 鄞州出土的东汉"王尊"铭文钟

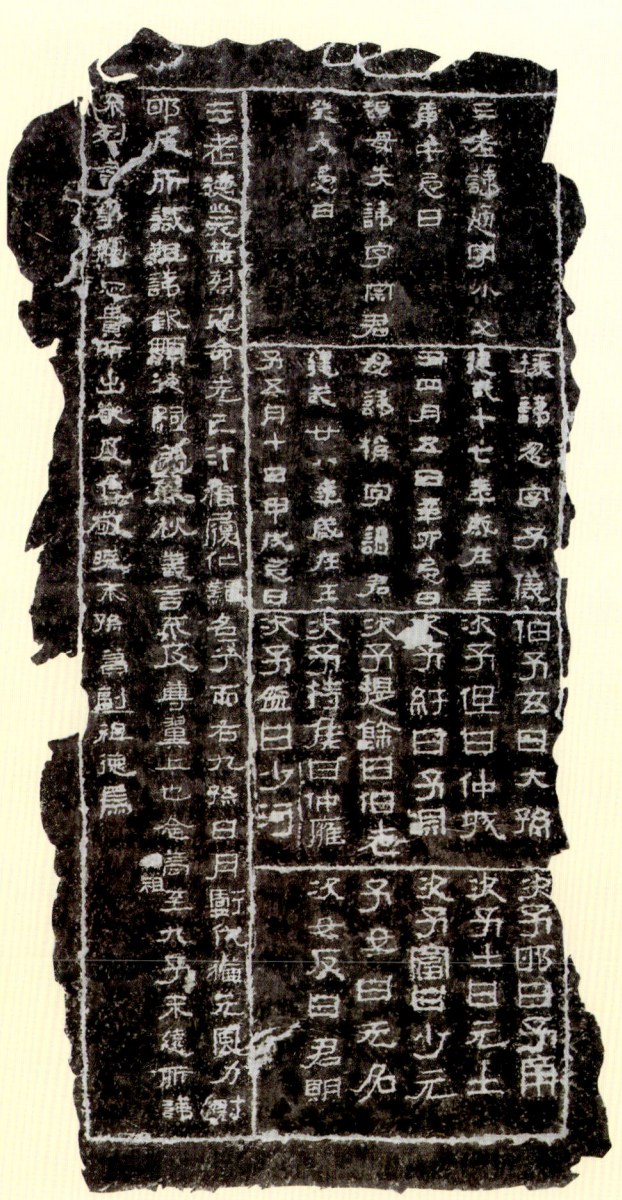

▲ 汉三老碑

▲ 余姚出土的西晋越窑提梁人物鸡首壶

▲ 奉化出土的东汉越窑网络纹罐

▲ 三国时期青铜重列式神兽镜

▲ 慈溪出土的唐越窑水盂

▲ 宁波和义路遗址出土的唐越窑座狮

▲ 宁波和义路遗址出土的唐越窑带盖鎏壶

▲ 唐代明州子城遗址挖掘现场

▲ 唐代著名水利遗址——它山堰/张悦鸣摄

▲ 吴越国时期东钱湖窑场出土的高足杯

▲ 北仑出土的五代越窑仰覆莲盖罐

▲ 吴越国时期东钱湖窑场探方堆积

▲ 日本福江岛遣唐使寄泊港遗迹

▲ 日本出土的唐越窑青瓷盒

▲ 日本出土的五代越窑青瓷碗

▲ 韩国出土的唐越窑玉璧底碗

▲ 日本孝谦女皇为唐招提寺题书

▲ 唐代日本高僧最澄大师像

▲ 唐代高僧鉴真创建的日本唐招提寺讲堂

前　言

宁波地处东海之滨,全国大陆海岸线的中段,三面环山,北部和中部为宁绍平原的一部分,姚江、奉化江和甬江三江流贯其中,构成了"经原纬隰,枕山臂江"①的独特地理形势,并发育为得天独厚的优良港口。宁波地理位置优越,自7000年前的河姆渡文化开始,勤劳聪慧的宁波人民又在这片土地上创造了灿烂辉煌的历史,《宁波通史》的编纂正是为了揭示宁波这一极具内涵和特点的地域单元的历史、文化面貌。

一

宁波是我国沿海经济发达地区,自改革开放以来,历届市委、市政府在积极推进经济社会快速发展的同时,十分重视文化建设。2000年8月,市委、市政府召开全市文化工作会议,提出要加快宁波文化大市建设步伐,更好地发挥文化力在经济社会发展中的作用。2002年12月,市委九届八次全会决定,宁波要以更高的起点建设大港口,发展大产业,构筑大都市,繁荣大文化,全面建设小康社会,提前基本实现现代化。2005年8月,市委十届四次全会专题研究部署文化大市建设工作,通过了《关于推进文化大市建设,加快社会事业发展的决定》,提出要加快建设与经济发展相协调、与城市地位相匹配、与群众需求相适应的文化大市格局。2008年9月,市委又出台了《关于推动文化大发

---

① （清）裘琏《横山文抄·甬东形胜赋》,清康熙刻本。

展大繁荣的若干意见》,明确提出要兴起文化大市建设新高潮,推动文化大发展大繁荣,以进一步增强宁波城市文化软实力和综合竞争力,为加快建设长三角南翼经济中心和现代化国际港口城市提供有力的文化支撑。《宁波通史》的编纂出版正是在这一大背景下实现的。

2004年5月,宁波市第十次党代会提出,要"充分挖掘历史文化名城内涵,加强对浙东学术文化等历史文化的研究,依法保护文化遗产,提升城市文化品位"。为贯彻第十次党代会精神,市委于6月14日召开了专题会议,确定编纂出版《宁波通史》,把它作为文化建设的一项基础工程,旨在传承历史,弘扬文化,创新学术,以古鉴今。这次专题会议,研究通过了《〈宁波通史〉编纂出版计划》,对整个编纂工作作了总体规划,并提出了具体的要求。

会议根据市委常委会的意见,将通史的起讫时间定为史前至新中国成立(1949年10月)止。全书共分《史前至唐五代卷》、《宋代卷》、《元明卷》、《清代卷》、《民国卷》五卷,约210万字,从政治、经济、文化、社会风俗等方面细加阐述,在充分展示宁波优秀历史文化的同时,对发展过程中出现的得失优劣进行系统的考察和分析,以达到资政育人的目的。会议认为,《宁波通史》是一项具有相当规模的系统工程,要力争将其打造成精品力作、传世之作、标志之作。为此,会议确定成立《宁波通史》编纂工作指导委员会,由市委分管副书记担任主任,市委常委、宣传部长和市政府分管副市长担任副主任,各相关单位负责人担任编委成员,以加强各相关部门和编纂出版工作的指挥和协调。下设编纂工作指导委员会办公室,具体负责协调相关工作,"办公室"设在市委宣传部。

鉴于《宁波通史》又是一项高质量、有特色的学术课题,会议确定建立由国内知名学者担纲、以宁波本地学术力量为主撰的编纂委员会。邀请宁波籍知名学者、中华书局原总编辑傅璇琮担任主编,并约集长期研治地域历史文化且有一定成就的学者担任撰稿任务。各分卷的主撰,依分卷时序,为张如安(宁波大学文学院中文系教授)、张伟

(宁波大学文学院历史系教授)、钱茂伟(宁波大学文学院历史系教授)、乐承耀(宁波市委党校教授)、王慕民(宁波大学文学院历史系教授)。各分卷还有中青年学者参与撰写,体现了宁波地区的学术潜力。

2004年8月,编纂工作指导委员会邀请全国及本地著名学者,及《宁波通史》编纂、出版工作者,召开学术讨论会,对《宁波通史》的编纂主旨、大纲、主要内容、目录及撰写体例等进行全面、具体的讨论。会议认为,编纂出版《宁波通史》,确是一项实施经济社会联动发展和建设文化大市的重要工程,《宁波通史》既是一部学术著作,又是一部具有地方特色、可读性强的乡土教材。

在编纂过程中,各分卷依次提出编纂大纲、目录、样稿,编纂委员会多次邀集复旦大学、上海交通大学、浙江大学、浙江师范大学、杭州师范大学的专家及宁波本地学者参与评议,另外也向中国社会科学院历史研究所、上海师范大学古籍研究所等有关学者征求意见。各分卷在广泛征求意见并充分吸收现有研究成果的基础上,博纳兼容,作了仔细、认真的修订。经过近五年的艰苦努力,编纂同仁协作攻关,克服了无数的困难,数易其稿,现在终于完成,由宁波出版社出版。这应当是宁波历史上第一次对宁波历史文化进行全面系统的梳理、研究和总结。我们希望这部书既能成为当代具有创新特色的一部城市通史,又是适合广大读者阅读的浙东乡土读物,为构建和谐社会、以科学发展观推进宁波经济、政治、文化和社会建设作出一定的贡献。

二

《宁波通史》所论及的区域范围,以今之宁波行政区划为依据,并适当兼顾历史的沿革。"宁波"之名虽然起自明初,但为行文上的方便,对本地域早期历史的叙述,亦常以"宁波"权宜称呼之。宁波历史数千年的演变,既受中国历史大背景的制约,也有自己内在的运行轨迹。《宁波通史》分五卷来描述和阐释宁波地域自史前至新中国成立止的发展历史。

根据考古发现,宁波地区的拓殖活动发端于7000年前河姆渡先民。其中数量巨大、保存完好的栽培稻遗存,榫卯形式多样的木结构建筑奇迹,独特的陶器群,丰富多彩的艺术品,悠久的纺织、髹漆、琢玉技术,舟楫的出现,以及独具特色的饮食文明,高超的动物驯养技术等,雄辩地证明了长江流域是中华文明的又一摇篮。当然,宁波先民的拓殖开发活动并不是一帆风顺的,而是经历了一个极为漫长曲折、渐进与突进交织在一起的历史进程。秦汉以至唐开元二十六年(738年)明州建州之前,今宁波、绍兴之地域同属会稽郡,宁绍地域的政治、经济和文化面貌都具有同质性,因而宁绍常被学界当作一个独立的观察单位。这一时期,宁绍地域内部的发展并不平衡,发展中心在西部的山阴一带,而东部的宁波只能算是地旷人稀的边缘区,故该地域的开发总比绍兴地区来得迟缓,还未跳出原始性开发的格局。唐代明州建州以后,宁波跨入了实质性的开发阶段。随着行政秩序的确立,人口的不断增多和农业灌溉的需要,水利建设大规模地开展起来,并有后来居上之势。经济发展的成果也使本地域的生产结构发生较大的变化,最为突出的是手工业领域的制瓷业的异军突起。优良的港口是年轻的明州城最大和最宝贵的优势资源。唐五代时期的明州凭借港口的优势,步入了全新的发展阶段,开拓出对外交往的新格局。尤其是南路北线的创拓,使中日之间的航海水平从幼稚跨入成熟阶段。唐五代明州港及其向海东各国的延伸线,不仅是"朝贡"贸易的通道,更是民间商团纵横驰骋的舞台。9世纪以来,明州商船穿梭往来于高丽和日本,成为国际贸易的佼佼者。作为海上丝绸之路的主要始发港,通过明州港输出的各色陶瓷、丝织品,散播于世界各地,对各国人民的物质生活产生了影响。这样,唐代中期以来,以明州为中心的新的经济亚区开始出现,这是历史演进的必然结果。

两宋时期无疑是宁波历史上一个重要的发展阶段,也是宁波历史上的一个重大的关节点。从区域开发的经济层面来衡量,南宋在宁波历史上首次出现了人地关系紧张的局面,但在不断的自我化解中达到了新的平衡。宁波地区人口增殖很快,南渡大量移民又避地而定居于此,于是出现了人地关系的紧张局面,农田资源稀缺,而粮食生产不敷需要。这种紧张一方面促使本地的开发进一步在面上铺开,促使大量的可耕田被开垦出来,另一方面也促使人民努力提高农业内涵生产力的水平,精耕细作,多样经营,努力增加单位面积的产量。可以说,南宋时期宁波农业生产的外部垦殖和内部的技术不断提升,在很高的层次上达到了人地关系的均衡状态。两宋宁波经济的又一亮点是海外贸易。伴随着明州经济的进一步发展,造船和航海技术的进步,以及政府对海外贸易的日趋重视,明州(庆元)港的对外贸易进入了一个新的繁荣期。这一时期,明州不仅与东亚高丽、日本的贸易空前繁荣,而且由于南海航线的拓展,与东南亚、波斯湾沿岸各国的贸易也大大加强。明州港不仅取代了杭州在两浙路诸港口对外贸易中的鳌头地位,并一跃成为与广州、泉州齐名的东南三大贸易港,瓷器、丝绸、茶叶等货物皆由明州港出口。两宋时期也是宁波文化发展史上的一大关键。宁波在六朝时还是一块"远废之畴,方剪荆棘"①的区域,即虽有所开发,但仍未摆脱"荒畴"的原始状貌。唐代开元二十六年明、越分治之后,宁波文化的发展步伐仍还缓慢。至宋,宁波文化发生了明显的改观。北宋时"庆历五先生"率先开辟了浙东学术的草昧,并培养了一批优秀的文化人才。至南宋中期宁波的文化终于别开生面,这一时期宁波学者蔚起,"四明四先生"中的陆学和黄震等人的朱学,在学术上有重大的拓展和建树。在专门学术领域,浙东学者也多有开创性的成果,如王应麟为学博而返约,在历史地理学、目录学、辑佚学方面都有开辟畛域之功。在文艺领域,吴文英的词"缒幽抉潜,开径自行"②,追

---

① (南朝·梁)沈约《宋书》卷五四《孔季恭传》,中华书局1974年版。
② (清)朱祖谋《梦窗词集跋》,见马志嘉、章心绰编《吴文英资料汇编》第104页,中华书局2006年版。

求超逸沉博与密丽深涩的艺术风格,张即之的书法也能自立门庭。尽管南宋浙东地域没有诞生沈括、朱熹这样的大师、巨匠,但宁波文化已经结束了被动接受的状态,从学术的边缘化地区一跃成为学术重心地区,备受学界的瞩目。伴随着本地域文化的繁荣,两宋时期宁波与海外的文化交流也表现得异常活跃,以僧人互访和佛教文化交流为主要形式,并带动其他文化的交流。唐时宁波的对外文化交流虽然有所展开,但宁波主要还是一个登陆点和过境点,域外人士在宁波登陆后一般往天台等地访问交流。宋代宁波的佛教文化高度发达,高僧辈出,著述丰富,这样,宁波不仅是登陆地,而且也是异域僧人参学的胜地。据统计,南宋入华日僧有姓名可考的至少有120人,其中与明州有关的有重源、荣西、练中、俊芿、道元等。重源与"禅宗样"佛寺建筑的东传,俊芿及其弟子在明州传习律宗和禅宗,荣西、辨圆及其弟子辈与兼修禅的东传,道元及其弟子在宁波绍传曹洞宗衣钵,就是脍炙学界的著名事例。

　　元明时期宁波区域的生存环境,逐渐出现较大的变化,地域社会在各方面都面临严峻的挑战,社会运行的复杂因素大为加剧。首先,从区域经济上观察,宁波地区的人地关系,在南宋因紧张而达致新的平衡后,已经臻于宁波土地承载能力的峰值,元朝以来重新出现了紧张的局面。这种人地关系的紧张已经很难再沿用外部开垦和内部挖潜的老办法予以释放,人们不得已而创造了离乡背井、四出营生的生存方式。元代的袁士元就有诗写道:"鄞依郡之域,去海仅一间。十室九为商,力农苦不惯。"①袁诗所指出的"十室九为商"的现象,可以说是元明时期宁波人最为令人瞩目的谋生方式之一。这种情形使宁波社会的运行方式和人们的思想观念大为改变,数量奇多的宁波人南来北往,大大加强了与异地社会的交往频度,打破了地理上与内地的封闭格局,并寻找到释放自身能量的绝好机会。其次,从政治军事的视

---

① (元)袁士元《书林外集》卷一《又与朱典史》,《续修四库全书》本。

角观察,由于各种政治因素的作用,这一时期宁波地域的不稳定因素加剧,本地区的军事和国防作用更加突出。总的说来,自唐至宋,宁波这块地域很少经历战乱,人民过着基本安定的生活。但在元明时期,这种相对安定、宽松的社会局面被打破了。先是宁波成为倭寇长期骚扰的重灾区,近代日本学者冈千仞曾指出:"宁波近海,多古垒壁,皆防倭寇者。明中叶以后,东南濒海无不岁被倭寇,天下骚然。"①之后双屿港等地的走私贸易蓬勃兴起,也对明政府的海禁政策构成严重的冲击。明政府实行的海禁政策对宁波的影响非常大,而且宁波一下子被推为海防的前哨。再次,从文化上观察,明代阳明心学的异军突起,是宋代以来新儒学运动发展的一个极重要的阶段,且具有划时代的意义,并在思想界掀起了巨大波澜,影响日益扩大。

  清代是宁波向近代社会演进的重要历史阶段。清代宁波的政治呈现为两头严峻,中间稳定的基本格局。清初,宁波是全国抗清时间最长的地区之一,血与火的斗争对宁波社会造成了沉重的战争创伤。为对付抗清将领郑成功和张煌言等,清政府对浙东沿海实行严厉的海禁政策,多次严申商舟及渔舟不许一艘下海。进入康熙以来,宁波的社会才基本稳定下来,康熙统一台湾后,宣布废止禁海的规定,这样宁波出现了一个多世纪的太平繁荣的局面。其时宁波各地的市镇得到快速发展,交易商品繁多。宁波商人开始涉足钱庄业,以沙船为代表的航运业,以童涵春堂为代表的传统药业,均兴盛一时。自清初黄宗羲创立浙东学派以来,宁波文化再一次走向鼎盛。黄宗羲的《明夷待访录》已越出"一家之兴亡"的观念,对君主专制体制作出了系统的批判,并积极发展民主学说,代表了中国古代民主思想的最高峰。他还驳斥了传统的轻视工商的观念,主张"工商皆本"。黄宗羲对古代并税式改革的研究结论,被学者概括为"黄宗羲定律"而蜚声学术界。黄宗羲的《明儒学案》更是我国封建社会最早最完备的一部学术思想史著

---

① [日]冈千仞《观光纪游》,《小方壶斋舆地丛钞》第五帙。

作。黄宗羲的思想体现了为时代服务的学术宗旨,体现了民主性和科学性的学术精髓。此后,万斯同、万斯大、邵晋涵、全祖望等,并为浙东学派的大贤。浙东学派兼治经学、史学、文学和科学,在各个领域均卓有建树。

　　进入近代,鸦片战争的炮火惊醒了盛世的美梦,宁波港被强辟为"五口通商"的口岸之一,在西方列强的枪炮下,宁波被迫向世界开放。1843年12月,英国在江北岸杨家巷设大英领事馆,1844年元旦,宁波正式开埠,不久,开辟外人居留地。第二次鸦片战争后,英法联军于1862年5月10日攻占宁波,不仅单方面规定江北岸居留地的界址,而且先后在外滩建立浙海关、巡捕房、天主教堂、洋行等。西方列强逐渐控制宁波海关的行政、税收权,外国商船云集港中,宁波港成为半殖民地半封建化港口。宁波的开埠同时也促使宁波历史发展出现重要的转型。宁波虽然被动开埠,但宁波人却能审时度势,打破封闭,主动融入,依托开放的市场,沟通宁波与全国各地乃至世界各国之间的联系,积极与国际市场接轨。宁波人率先引进新技术,从事新式的工商业,宁波也由此率先走上了近代化的道路。西方文化源源不断地涌入,也促使宁波文化在吸纳中进一步向近代文化转型。

　　民国时期的历史,从1912年中华民国建立到1949年南京国民政府覆灭,可分为北洋军阀统治和国民党统治两大阶段,虽然不过区区38年的时间,但它在中国历史发展过程中的地位却十分重要。宁波和全国一样,逐步尝试由半殖民地半封建社会形态向近代化社会形态转型、过渡。在这个转型过程中,它既要克服内部的制度障碍,又要抵御外部列强的压迫侵略,因而显得缓慢而艰难。在这个过程中,宁波人民显示出了反帝反封建的英勇斗争精神,尤其是中国共产党领导的浙东敌后抗日根据地,仅用了短短的4年时间就发展成全国19个解放区之一,从而为浙江和全国的抗战作出了重要贡献。与社会形态的转型相适应,宁波本土经济在进一步向近代资本主义商品经济的转型中,同样举步维艰。不过,由旅居上海和全国各大城市的甬籍金融、工商业企业家所组成的宁波帮,在清末民初步入鼎盛时期,他们开拓地盘,更新经营理念,充分发挥人才、行业、资金、资源等方面的优势,成功地实现从传统商帮向近代工商企业家的群体性转型,成为推动中国社会经济形态向近代化发展的一支重要力量。民国时期能够呼风唤雨的"江浙财团",宁波人撑起了半壁江山。随着经济、政治的变动,宁波延续了近代以来的吸纳外来文化的态势,受到西方文化和上海"海派文化"较大的影响,民国时期宁波的思想文化、社会生活、风俗习惯和城市建设也进一步走向开放、走向现代。

三

以上我们概要地勾勒了宁波地域从史前到民国长达7000年的历史发展线索,高度浓缩了五卷通史的基本内容。在这个漫长的历史进程中,勤劳聪明的宁波人民从物质到精神,有过多方面的创造,留下了极为丰富的宝贵遗产。宁波在吴越区域中是一个较小的地理单元,而它留下的历史遗产实在非同凡响。宁波的历史根植深远,河姆渡遗址的发现和发掘,表明宁波是江南区域文化较早发源的地区之一。以上林湖越窑青瓷为代表的手工业生产,以它山堰为代表的水利工程,以保国寺为代表的古建筑技术,以天童寺、阿育王寺、雪窦寺等为代表的佛教文化,以天一阁为代表的藏书文化,以黄宗羲为宗师的浙东学派,以镇海口为代表的海防遗迹等,生动地展示了宁波地域历史文化的诸多亮点,并为宁波赢得巨大的声誉。于是在1986年12月,宁波当之无愧地荣膺了国家级历史文化名城的称号。然而当我们翻开一页页厚重的宁波史书,或会产生一种"横看成岭侧成峰,远近高低各不同"的感受,好像难以看清其庐山真面目。不过对于宁波琳琅满目的历史文化遗产,我们还能如数家珍。作为《宁波通史》的编纂者,我们主张海路、商贸、文化是阅读宁波这部厚重史书的核心关键词。

1. 因海路而开放。宁波从地理位置上说,乃是"海道辐凑之地"①,自古以来便是我国最著名的海港之一,早在东晋陆云《答车茂安书》中就有"泛船长驱,一举千里;北接青徐,东洞交广"的海上交通发达的称述。宁波港的重要性不仅在于它面对海洋的优势,更在于它可以溯运河而上,顺水路直达黄河流域及北京,这个优势使得宁波港的腹地相当广阔。宁波自古以来是"海上丝绸之路"的重要始发港之一。早在唐代,宁波港便发展成为世界各国进行友好往来、商品贸易和文化交流的重要口岸。随着东海航路的开拓,日本遣唐使多次登陆明州,唐代的越窑青瓷和长沙窑产品、五代以后的大量丝绸,通过宁波港外输,逐渐成为海外贸易的大宗商品。宋元时期,宁波港是官方指定的对外开放的海港,设置有专门的市舶管理机构,主要贸易国是日本和高丽,中外商船频繁出入这个海港。北宋著名诗人梅尧臣有《送王司徒定海监酒税》诗描述说:"悠悠信风帆,杳杳向沧岛。商通远国多,酿过东夷少。"②远国之商船乘着信风(季风)纷纷来到宁波,宋代宁波港外贸繁荣得到了文学作品的佐证。同时,日本、高丽的僧人由宁波港登陆,来中国求法,而中国的僧人、工匠也由此出海,向邻国传播中华文化。长期来宁波港造船业发达,宁波船具有良好的航海性能,而宁波港口则帆樯林立。元代时意大利旅行家鄂多立克在游记中曾称赞中国一个叫"Menzu"(学者考证为"明州"的音译)的城市,"此城中的船只,恐怕比世上任何其他城市的都要好、要多"③。这是欧洲人认识宁波的起点。

明代实行闭关海禁政策,宁波港虽不比宋元时的繁荣,但它仍是被官方指定的"勘合贸易"港,也是日本的遣明使团、商旅和学问僧来华的唯一一个口岸。至于清代,宁波港经过一段时间的低潮之后又逐

---

① (宋)《乾道四明图经》卷一《分野》,《宋元方志丛刊》本,中华书局1990年版。
② (宋)梅尧臣《宛陵集》卷二一,《四库全书》文渊阁本。
③ 龚缨晏《欧洲人对宁波的最早记述:文献与地图》引《鄂多立克游记》,《求知集》第233页,商务印书馆2006年版。

渐兴盛起来。1902年,浙海关税务司佘德在《浙海关十年报告(1892—1901)》中说:"在中国漫长的海岸线上,建立起来的为数众多的城市中,宁波由于优越的自然条件,作为一个航运口岸和商业中心,几个世纪来一直保持着显要地位。"[1]这里强调的是"几个世纪以来",从中不难看出清代宁波港的重要地位。在鸦片战争失败后清政府签订的《南京条约》中,宁波被列为五口通商的港口之一,宁波港口与西方资本国际市场有了直接的接触,宁波的港口贸易运输被纳入新的经济环境中,开始受到西方文明的影响。1854年,中国近代史上第一艘轮船——宝顺轮在甬江口出现,标志着宁波港作为单纯的帆船港时代的结束,逐渐向轮船港转变。宁波港千余年来在海上丝绸之路发展过程中的历史地位和其对中外文化交流的独特贡献,确需继续深入的探索。

长期以来,宁波港不但是重要的货物集散地,也是文化的重要交汇点。自宋以来,宁波佛教文化发达,高僧辈出,于是佛教文化便成为宁波对外文化交流的重点,宁波文化的辐射力也因此而直达域外。宁波在唐朝就成为中外文化交流的通道,造船技术、越窑青瓷等就传到了海外。尤其是上林湖越窑青瓷因海路而走向世界,率先进入国际市场,博得了世界各地人民的喜爱。两宋时期,宁波文化日臻繁荣,于是不断有日本僧人渡海问道于此,后来也不断有宁波的高僧东渡日本,有力地推动了中外佛教文化的交流。到明清时期,浙东的学术文化享誉全国,王阳明学说很快传入日本,打破了日本学界的沉闷局面。从天崩地解的社会现实催化出来的朱舜水实学,以恢弘的气象再三致意于改造社会、革新政治的实践,开辟了儒学进一步发展的新格局。朱舜水实学超越了国界,日本为其提供了实现其理论创新的时间和空

---

[1] 中华人民共和国杭州海关译编《近代浙江通商口岸经济社会概况——浙海关、瓯海关、杭州海关报告集成》,第37页,浙江人民出版社2002年版。

间。朱舜水"不特是德川朝的大恩人,也是日本维新致强最有力的导师"①。他以其极光明俊伟的人格,极平淡淹贯的学问,极肫挚和蔼的感情,给日本国人以莫大感化,成为日本明治维新的有力导师。总之,凭借地理优势,历史上的宁波很早就开始融入了世界,特别是在东亚海域的交流中作出了自己独特的贡献,这已是众所周知的事实。

2. **因商贸而闻名**。宁波社会素有经商的风气。特别是元代以来,本地区的经济发展已经达到较高的阶段,有着发展商品经济的内在要求。加之宁波地区人稠地狭,多余的劳力纷纷被迫背井离乡,寻找生路。明代万历年间的学者王士性曾感叹说:"宁绍人什七在外,不知何以生齿繁多如此?"②而"什七在外"的宁波人"游食于四方",主要靠商旅为基本的手段。这样,他们培育了对市场的敏感度,磨炼了捕捉商机的本领。这个风气至清时更是愈演愈烈,其中滨海商人至迟在嘉庆时即已形成了颇有实力的南北两大帮,他们"率造巨舟行海上,冒险贸货,北至锦州曰北帮,南至福建曰南帮"③。故同治《鄞县志》卷二《风俗》指出:"(宁波)生齿日盛,地之所产,不给于用,四出营生,商旅遍天下。"宁波在未开埠之前,甬江大码头上南船北船穿梭往来,流传有"走尽天下,不如宁波江厦"④的俗谚。晚清时期更有一句"无宁不成市"的谚语,生动地反映了明清以来宁波商人之遍布全国及其在全国城市经济中的举足轻重的地位。特别是近代以来宁波帮风云际会,创造了一个又一个的奇迹。近代吕景端有诗云:"甬海大都会,夙以商战名。群英生其间,迭起为经营。"⑤这是对近代宁波帮崛起的最好概括。

3. **因人文而辉煌**。宁波自宋以来一直是文化强区和文化大区,历来被称为"文献名邦"。其中北宋向来被认为是宁波文化的正式形成

---

① (清)梁启超《中国近三百年学术史》之七,中国书店1985年版。
② (明)王士性《广志绎》卷四《江南诸省》,中华书局2006年版。
③ (民国)张美翊《益之府君逸事》,见《镇海柏墅方氏族谱》,宁波市图书馆藏本。
④ (清)徐时栋《烟屿楼诗集》卷一《乞儿曲》注,此诗作于道光二十二年(1842)壬寅。
⑤ (民国)顾钊《四明愚叟拾残录》上卷《寿言上》,民国刊本。

时期,而南宋则是宁波文化发展的第一次高潮阶段。宁波文化的辉煌表现在各个方面。首先是名儒硕彦,典教斯郡,促进了宁波教育事业发达。文化的繁荣以教育为根本。自宋以来,宁波构建起了比较完备的由官学、书院、私学构成的教育体系,家诗户书,弦诵不绝。不同类型的学校不仅满足了官僚地主阶级子弟对文化教育的渴求,在一定程度上也满足了普通百姓对文化的渴求,有利于教育向社会下层的发展,促进本地域居民文化素质的全面提高。宁波的学校,多有名儒硕彦执教其间,从而大大地促进了宁波教育事业的兴盛。其次,蜚声秀颖,彬彬多士,良好的教育将宁波打造成为儒士辈出的科第之乡。按全国州、军排名,南宋时期明州(庆元府)的进士数仅次于福州、温州而位列第三。以宋代的鄞县而论,据李邺嗣统计,"甬上文献,至宋而始盛。凡中进士者六百九人,位至执政者十八人"①。所以《开庆四明续志·科举》不无自豪地宣称:"本府今为二浙衣冠人物最盛之地。"明代宁波是浙江省各府之中考取进士最多的府,共计882人。就区域来说,位居全国第一。其中,余姚、鄞县、慈溪三县进士及第率最高。宁波人才的质量也是颇高的。缪进鸿采用《中国大百科全书》作为统计对象,加以二十五史中的有关列传资料,共遴选先秦以来有籍贯可查的杰出专家学者2677名,编制出我国杰出人才最多的51座城市排名表,宁波在苏州、杭州、北京、常州之后,福州、上海、绍兴、无锡、湖州之前,排名第5位(在浙江省排名第2位)。②几乎在所有的文化领域,宁波都涌现了代表人物,群星争辉,聚于一区,由此可见宁波的人才在全国具有举足轻重的地位。再次是藏书丰赡,著书如林,以累世之文献光我乡土。一个地区的文教的发达,文士的荟萃,与该地的藏书有很大的关系。爱书蓄书是宁波的一种形成久远的风气。宁波涌现了大量的藏书家,名楼迭出,学者纷涌,楼钥的东楼、史守之的碧沚、丰坊的

---

① (清)胡文学《甬上耆旧诗》卷八,《四库全书》文渊阁本。
② 缪进鸿《长江三角洲与其他地区人才的比较研究》,《教育研究》1991年第1期。

万卷楼、范钦的天一阁、郑梁的二老阁、黄澄量的五桂楼等,蔚为大观,这对于延续好学的风气,促进学术的发展发挥了重要的作用。至于宁波籍人士多以博学著称,墨皇浩瀚,著述如林。据毛春翔统计,《四库全书》著录的浙人著作,宁波位居第一。① 在张寿镛所编的《四明经籍志》中,辑录各种著述达8852种,而且还不包括宁海与余姚。在民国《鄞县通志》中,辑录了4400多种文献目录。宁波文献之丰富,由此可见一斑。

四

宁波因海路而开放,因商贸而闻名,因人文而辉煌,三者相辅相成,推动着宁波社会的不断发展,其所积淀的历史文化遗产非常丰厚,引来了国内外众多学者的深入探究和发掘。早在民国时期,张寿镛编纂的《四明丛书》8集,博得了中外学者的一致赞扬。特别是近30年来,研究宁波地域的成果颇为丰硕。粗略地扫描一下,外地学者研究宁波的专著有林华东《河姆渡文化初探》、陆敏珍《唐宋时期明州区域社会经济研究》、王凤贤等《浙东学派研究》、杨小明《清代浙东学派与科学》、郑绍昌《宁波港史》、张守广《超越传统——宁波帮的近代化历程》、李瑊《上海的宁波人》、金普森主编《虞洽卿研究》、杨树标《蒋介石传》、李学通《翁文灏与中国早期的工业化》等,都有较大的社会影响。宁波本地的学者也在研究中取得了佳绩。早在1986年,徐季子等编纂出版了《宁波史话》,简明扼要地介绍了宁波的历史。紧接着乐承耀因教学需要,编纂了《宁波地方史概述》,此书经长期修订后,终于由宁波出版社推出了《宁波古代史纲》(1995年)、《宁波近代史纲》(1999年),这两部专著对民国之前的宁波历史作了比较全面的勾勒,有不少新史料和新观点,代表了20世纪末宁波地方通史编纂的最高

---

① 毛春翔《四库著录浙江先哲遗书目》,《文澜学报》1936年第1、2卷。

水平，产生了良好的社会反响。至于专门的研究专著更是层出不穷，如河姆渡文化方面有陈忠来《太阳神的故乡》，越窑青瓷方面有林士民《青瓷与越窑》；在浙东文化方面有管敏义主编《浙东学术史》、曹屯裕主编《浙东文化概论》、方祖猷《清初浙东学派论丛》、张伟《黄震与东发学派》、钱茂伟《姚江书院派研究》、季学原主编《姚江文化史》、张如安《元代宁波文学史》、王慕民等《宁波与日本经济文化交流史》、虞浩旭《智者之香》等；在宁波帮研究方面，有乐承耀《近代宁波商人与社会经济》、孙善根《民国时期宁波慈善事业研究》，金普森、孙善根主编《宁波帮大辞典》等；近代以来宁波名人的传记也大量问世。至于相关的论文更是不可胜数。在史料的整理出版方面同样取得了显著的进展，吴光等主编的《黄宗羲全集》、钱明主编的《王阳明全集》、朱铸禹汇校集注的《全祖望集汇校集注》、方祖猷等点校《续甬上耆旧诗》、中法镇海之役资料选编委员会编《中法战争镇海之役史料》、张宏生编《戈鲲化集》、桂心仪等点校《四明谈助》、美露主编《南宋四明史氏》、中华人民共和国杭州海关译编《近代浙江通商口岸经济社会概况——浙海关、瓯海关、杭州海关报告集成》、王万盈《清代宁波契约文书辑校》等，一大批文献和史料的出版，大大开阔了人们的眼界，也为人们的研究提供了极大的方便。20世纪80年代以来，以《宁波市志》为代表的地方志的编纂成果，也为学界提供了大量的文献资料和研究线索。海外及港台地区对宁波的研究也相当重视，如木宫泰彦出版于1955年的名著《日中文化交流史》，有相当多的篇幅讨论了宁波与日本的文化交流。日本学者斯波义信在20世纪70年代完成的长篇论文《宁波及其腹地》，对宋以后的宁波城市作了详尽细致的描述与分析，得到了学界的高度评价。另如九州大学井手诚之辅教授所著《日本的宋元佛画》，对宋元时期宁波流入日本的佛画作出了非常出色的研究。所有这些成果，特别是在各个重要关节点上所取得的显著突破，都为《宁波通史》的编纂奠定了良好的基础。

《宁波通史》是对7000年宁波历史发展过程的一次较大规模的梳

理,试图在区域历史运动的历时性维度上做到更清晰的呈现,梳理的过程同时也体现了我们对历史认识的深化过程。这部通史既消化和吸收了学界大量的研究成果,也努力填补许多学术盲点,对于一些宁波历史上的重要关节点,叙述上尽量做到细致详备,对于一些有特色的内容,我们更未予忽略。像民国卷,用浓墨重彩、纵横交织的笔墨,第一次全面而详尽地再现了民国时期的宁波历史,相信会给读者留下较深的印象。详尽地占有史料、考辨史料,是编纂通史的基础。《宁波通史》既纠正了大量现有成果在文献引用上的失误,也挖掘了大量的新史料,增补了无数的新内容,使宁波历史文化的呈现更加丰满充实。在此基础上,书稿提出了许多令人耳目一新的观点,充分展示了这一领域的最新学术进展。《宁波通史》引用史料非常丰富,除了尽量利用地方志书上的第一手资料外,举凡各种经书、史书、子书、别集,以及丛书、类书、小说、笔记、内典、出土碑志、档案资料、报纸期刊等文献,无不广泛涉猎,在认真考辨的基础上予以利用,这既展示了宁波文献积淀之丰富性,也努力增强本书的学术价值。对于一些学术界有重大分歧的学术观点,如关于徐福东渡起航地之类的争论,我们既尊重作者按照自己的理解采用一说的权利,同时按学术规范在注解中尽量列出不同的观点,以供参考。总之,我们努力继承浙东学派的史学精神,力图在纷繁复杂的表象下把握宁波社会演进的主脉,凸显鲜明的宁波特色。深探历史矿,精取地域魂,是我们的必然选择,也是我们立下的宏愿。为此,我们努力耕耘,力争在前人的基础上有较大的突破。全书既有大致统一的编纂思路,同时也适当保留各卷作者个人的学术风格和特色。这样,集体的智慧与个人的专长紧密结合起来,使《宁波通史》既有共性,也显示有特色的个性。

  尽管参与撰写的同志付出了大量的心血,但各种客观因素制约着编纂的进展和水平,这是毋庸讳言的。比如经过整理出版的宁波历史文献仍然有限,大量的资料散见于各个角落,搜集起来相当困难,史前至五代编的史料尤其缺乏,加大了撰写的难度;各种宁波专题史的缺席,以及大量从未被研究过、描述过的空白点,给编撰者的深入探究带来很大的难度;对地域历史文化的演变规律的深入认识,也需一个长期的过程,不是短时期内就能取得共识。至于通史本身要求"通"的特殊体例和结构,对编纂者的探索也带来严峻的考验。鉴于种种主客观的原因,《宁波通史》肯定还存在诸多不足,我们期望得到读者与同仁的批评指正,以便将来作进一步的修订和完善。

五

《宁波通史》的编纂出版是一项规模较大的文化工程,之所以能顺利地完成,得益于方方面面的大力支持。我们首先要感谢宁波市委、市政府领导的大力支持。同时,我们也要感谢国内众多的著名学者和教授,他们或划策,或评议,或建言,或反馈信息,为通史的完善贡献了智慧。如浙江大学的金普森教授、何守礼教授、徐明德教授、卢向前教授、汪林茂教授、龚延明教授,杭州师范大学的袁成毅教授,浙江师范大学的桂栖鹏教授,以及复旦大学的邹逸麟教授、余子道教授,上海交大的曹树基教授等,他们在百忙之中为我们审读相关部分的书稿;中国社会科学院历史所原所长陈高华先生审读了元代部分的书稿,中国社会科学院历史所的万明研究员也为明代部分书稿提供了极有价值的建议。宁波市政协原主席徐季子先生,作为本书编纂的学术顾问,不顾年事已高,自始至终参加各种大、小型的编纂会议,审读每一卷书稿,并提出了许多中肯的建议,着实令人感动。此外,宁波本地学者如林士民、王泰栋、何灿浩、管敏义、陈梅龙、姚志浩、俞信芳等都参与了本书部分书稿的审读工作。我们还要感谢中共宁波市委宣传部、宁波大学、宁波市委党校、宁波市文化广电新闻出版局、宁波市社会科学院、宁波市委党史研究室、宁波市新四军研究会、宁波市档案馆、宁波市文物保护管理所(考古所)、宁波保国寺文物保管所、余姚市文物保护管理所、象山县文物管理委员会办公室以及宁波出版社给予的大力支持。宁波出版社的马玉娟副社长,作为本书编纂出版具体工作的主要协调人,恪尽职守,五年多来组织召开了近二十多次的编纂工作会议,付出了大量艰辛的劳动。在此谨对所有为《宁波通史》的顺利编纂出版贡献过力量的集体和个人,表示衷心的感谢。

《宁波通史》编纂委员会

2009 年 3 月

目　录

前　言 ·· (1)

导　论 ·· (1)

第一编　史前至秦汉时期的宁波

第一章　宁波地区的史前史 ··· (3)
　第一节　河姆渡文化时期的宁波 ··································· (4)
　　一、河姆渡文化时期宁波的气候、环境 ··························· (5)
　　二、宁波地区河姆渡文化的分布和主要遗址概况 ··················· (6)
　　三、河姆渡文化各时期的考古学文化内涵 ························· (12)
　　四、河姆渡文化时期宁波先民的经济生活 ························· (16)
　　五、河姆渡文化的原始艺术 ····································· (26)
　第二节　河姆渡后续文化时期的宁波 ································ (29)
　　一、河姆渡后续文化时期宁波地区的气候与环境 ··················· (30)
　　二、宁波地区河姆渡后续文化的分布和主要遗址概况 ··············· (31)
　　三、河姆渡后续文化的考古学文化内涵和社会经济状况 ············· (33)
　第三节　宁波地区史前文化与邻近地区史前文化的关系 ················ (36)

第二章　商周时期的宁波 ··· (39)
　第一节　宁波地区的早期青铜文化遗存 ································ (40)

一、主要遗址概况 ……………………………………………………（41）
　　二、宁波地区早期青铜文化的特点 …………………………………（43）
第二节　宁波地区的先越—越国文化遗存 ………………………………（44）
　　一、宁波地区土墩墓与土墩石室墓 …………………………………（44）
　　二、其他遗址 …………………………………………………………（48）
　　三、宁波地区先越—越国时期的原始瓷和青铜器 …………………（49）
第三节　于越族史与越国历史中的宁波 …………………………………（51）
　　一、于越的东疆 ………………………………………………………（52）
　　二、关于宁波地区早期城邑的出现 …………………………………（54）
　　三、青铜时代宁波的社会经济 ………………………………………（56）

第三章　秦汉时期的宁波 ……………………………………………………（60）
　第一节　秦始皇东巡与宁波社会 …………………………………………（61）
　　一、秦始皇东巡越地 …………………………………………………（62）
　　二、徐福东渡起航达蓬山的传说 ……………………………………（65）
　第二节　西汉时期宁波的社会经济 ………………………………………（68）
　　一、行政建置 …………………………………………………………（68）
　　二、经济的缓慢复苏 …………………………………………………（71）
　第三节　东汉时期宁波的社会经济 ………………………………………（74）
　　一、建置与管理 ………………………………………………………（75）
　　二、人口与聚落 ………………………………………………………（76）
　　三、区域经济的开发 …………………………………………………（77）
　　四、人民的反抗斗争 …………………………………………………（83）
　第四节　两汉时期的宁波文化 ……………………………………………（85）
　　一、严光的学行 ………………………………………………………（85）
　　二、教育的初兴 ………………………………………………………（90）
　　三、汉三老碑的书法史意义 …………………………………………（93）
　　四、仙道的进一步传播 ………………………………………………（94）

第二编　六朝时期的宁波

第一章　六朝政局中的宁波地方政情 ················ （99）
　第一节　余姚虞氏的士族化及其后续动向 ············ （100）
　　一、东汉中叶至孙吴中后期虞氏的崛起 ············ （101）
　　二、两晋之际虞氏的士族化 ···················· （105）
　　三、南朝至唐初虞氏的由盛转衰 ················ （109）
　第二节　六朝宁波地方经济的成长 ················ （116）
　第三节　六朝时期宁波境内的战乱 ················ （120）
　　一、孙吴时期的战乱 ·························· （120）
　　二、东晋末年的孙恩起义 ······················ （122）
　　三、南朝时期的战乱 ·························· （124）

第二章　六朝时期的宁波文化 ······················ （128）
　第一节　政治思想和经史研究 ···················· （129）
　　一、政治思想 ································ （129）
　　二、经史研究 ································ （132）
　第二节　文学与艺术 ···························· （140）
　　一、文学创作 ································ （141）
　　二、书法与鉴赏 ······························ （148）
　第三节　科技成就 ······························ （152）
　　一、天文学成就 ······························ （152）
　　二、法医检验 ································ （156）
　　三、水利设施"碶"的发明 ······················ （156）
　　四、青瓷装烧技术的发展 ······················ （157）

第三章　宗教与民俗 ···························· （159）
　第一节　仙道的传播 ···························· （160）

第二节　佛教的传播 (167)
　　一、古瓷烙印 (167)
　　二、佛寺肇兴 (171)
　　三、学派义林 (175)
第三节　饮食风俗 (177)
　　一、饮食结构 (178)
　　二、饮食专著 (181)

第三编　隋唐五代时期的宁波

第一章　政治、军事和对外交往 (187)
第一节　隋唐五代宁波的行政建置 (188)
　　一、隋唐宁波的建置沿革 (188)
　　二、唐五代宁波的地方统治体制 (193)
第二节　明州城的市政建设 (195)
　　一、城池街道的建设 (196)
　　二、城市水系的建设 (198)
　　三、桥梁交通的建设 (199)
　　四、码头建设 (201)
　　五、宗教建筑的兴建 (202)
第三节　唐代明州海外交往的空间拓展 (203)
　　一、南北洋航线的拓展 (204)
　　二、唐代明州的对外交往 (207)
第四节　浙东人民的起义斗争 (210)
　　一、"安史之乱"时期的浙东起义 (211)
　　二、百年安定中的插曲 (214)
　　三、裘甫起义 (217)
第五节　唐末宁波的政治变动 (220)
　　一、王郢之乱 (220)

二、第一次杭越战争与明州 …………………………………… （221）
　　三、黄晟摄守 …………………………………………………… （223）

第二章　唐代明州社会经济的发展 ………………………………… （226）
　第一节　兴修水利与开发土地 ……………………………………… （227）
　第二节　手工业的发展 ……………………………………………… （234）
　第三节　商业的繁荣 ………………………………………………… （240）

第三章　隋唐宁波的文化成就 ……………………………………… （249）
　第一节　史学成就 …………………………………………………… （250）
　　一、图志与类书的修纂 ……………………………………… （250）
　　二、虞世南的史学成就 ……………………………………… （253）
　第二节　文学艺术 …………………………………………………… （256）
　　一、稍具气候的文学创作 …………………………………… （256）
　　二、别有风姿的书法艺术 …………………………………… （264）
　　三、壁画、雕塑和建筑工艺 ………………………………… （268）
　第三节　科学技术 …………………………………………………… （270）
　　一、陈藏器《本草拾遗》的医学成就 ……………………… （270）
　　二、王元暐与它山堰水利系统工程 ………………………… （276）
　　三、越窑青瓷的技术突破 …………………………………… （280）
　第四节　佛道的兴盛 ………………………………………………… （283）
　　一、佛教 ……………………………………………………… （283）
　　二、道教 ……………………………………………………… （298）

第四章　吴越国时期的宁波 ………………………………………… （302）
　第一节　吴越国对宁波的统治 ……………………………………… （303）
　　一、钱氏家族对明州的统治 ………………………………… （303）
　　二、吴越国时期明州的农业、手工业 ……………………… （305）

三、吴越国时期明州的商业 …………………………………… (311)
　　四、吴越国时期明州的移民 …………………………………… (314)
第二节　吴越国时期的宁波文化 …………………………………… (315)
　　一、明州儒学先驱孙郃的思想 ………………………………… (315)
　　二、吴越国时期的文学创作 …………………………………… (319)
　　三、僧家的书画创作 …………………………………………… (322)
　　四、工艺美术 …………………………………………………… (326)
　　五、《日华子本草》的医学价值 ………………………………… (327)
第三节　吴越国时期的宁波佛教 …………………………………… (332)

第五章　唐五代宁波的社会风俗 …………………………………… (342)
第一节　教育活动和民众的社会意识 ……………………………… (343)
　　一、唐代明州的教育活动 ……………………………………… (343)
　　二、唐五代明州民众的社会信仰和社会意识 ………………… (347)
第二节　饮食和旅游 ………………………………………………… (351)
　　一、饮食 ………………………………………………………… (351)
　　二、旅游 ………………………………………………………… (361)

主要参考文献 ………………………………………………………… (367)

后　记 ………………………………………………………………… (377)

导 论

《史前至唐五代卷》叙述的内容起于7000年前的河姆渡文化,止于10世纪后半期吴越国归宋。其特点是漫漫数千年,时代跨度极长。综观本卷所述宁波的演进历史,基本上是以经济性的开发活动为主轴,可以看作是一部本地域的拓殖开发史。拓殖的指向是从山前"台地"向三江平原挺进,即自潮汐不能波及的比较高燥的山麓冲积扇为发源地,逐渐在三江地带利用丘阜建立聚落开拓平原,最后推进到平原中心建立聚居点,拓殖幅度也由褊狭愈益转向广域。根据考古发现,宁波地区的拓殖活动发端于7000前河姆渡先民的原始性开发,数千年来,这里从一片沧海逐步变为《禹贡》所说的"厥土唯涂田"的斥卤之地,以后又扩增了大片海涂,这样浙东丘陵与山麓冲积扇自南向北分布的不同地貌单元,构成了本区拓殖开发与文化生成的地理生态基础。宁波先民的拓殖开发活动并不是一帆风顺的,而是经历了一个极为漫长曲折、渐进与突进交织在一起的历史进程。若从拓殖开发的视角观察本卷所述的历史时段,大致可以以唐代明州建州为界,划分为两大阶段,前一阶段为原始性开发时期,自唐建州以后,本地域的开发进入了更高的层次,一跃而跨入实质性开发的新阶段。

一、原始性开发时期的宁波

人类的开发活动经历了一个由低级到高级的历史过程。原始性开发处于人类开发的最低级阶段,其显著特征可以概括为:耕地的拓殖受人口迁徙的外部刺激力量的影响不大,农业对于自然条件的依赖极深,而作为农业命脉的水利建设不但规模较小且不起主导作用,拓殖工具落后,拓殖观念(包括目的、手段、利用过程等)单一,拓殖的结果对于大自然原貌的改变幅度相对较小。原始性开发的特质正在于它的"原始性",人们凭借原始工具还难以克服大自然设下的重重障碍,而且为了生存,经常处于不得不被动地应付恶劣的自然环境的状态,同时因为地广人稀,人们可以较多依赖丰富的自然资源求得生存,这些都在一定程度上制约了先民开发的冲动。毫无疑问,宁波先民经历了漫长的原始性开发活动,而这种开发活动又往往因为某种外来因素的干扰,处于时断时续、曲折起伏的不稳定发展状态,若仔细观察,又可进一步细分为若干段,每一段又各有自身的特点。

第一段自河姆渡文化至良渚文化末期。在漫长的地质运动过程中,今日的宁波陆域经历了多次的海陆变迁,特别是第四纪更新世晚期以来,浙江沿海曾发生了三次海侵,自然界的变迁频繁而剧烈。直至距今7500年,海平面下降,才慢慢形成今天这种低平的海积平原。在今宁绍一带,跨湖桥、河姆渡等地于全新世海退初期最先成陆,从而为人类的活动提供了天然的舞台。根据考古发现,宁波地区最初的拓殖开发可以上溯到7000年前的新石器时代。在濒江面海、山川阻隔的恶劣自然条件下,河姆渡人率先在这块地域开辟草莱,建立了自己的家园。1973年在余姚发现的河姆渡遗址,经过两次考古发掘,出土了大量的珍贵文物,表明河姆渡人以自己的聪明才智,创造了令人惊叹的文化。其中数量巨大而又保存完好的栽培稻遗存,发达的耜耕农业,精巧的干栏式建筑,成套的纺织工具,丰富多彩的原始艺术等,在全国乃至全世界的同类遗址中都是十分罕见的,震惊了国内外的考古界。河姆渡遗址的发掘表明:河姆渡人(也有学者称为"先越人")定居于山前"台地",进行最初的耕地拓殖开发,已经进入了相当成熟的耜耕农业阶段。鲞架山、鲻山、茗山后、塔山、田螺山等一批遗址的相继发掘,进一步表明河姆渡文化时期今宁波地区已经出现了相当数量的聚落。聚落定居是以稳定的食物来源为前提的,稻作农业已然成为这些聚落攸关生存的经济基础。当河姆渡人在自觉意识支配下从事生产劳动时,宁波这片原始蛮荒的土地终于被烙上了"人"的印记,出现了反映人的意向和活动的一片世界,从此宁波也就开始了它一发不可止歇的拓殖开发的生命运动。

卷转虫海退是一个持续上千年的漫长过程。在这个过程中,由于海平面下降,丘陵范围不断扩大,大量崛起的孤丘(岛)成为特殊地理景观,最终在丘陵和孤丘之间出现了一片广阔的沼泽平原。这片沼泽平原最初当然是沮洳泥泞,而且潮汐直薄,土地斥卤,但是随着海岸线的不断外伸,河流的终年冲积,既提高了地面高程,又发挥了洗咸作用,于是沼泽平原与湖泊洼地又渐次成陆。慈溪童家岙遗址,在文化层和生土层之间夹着一层厚为30厘米的灰白色砂土,宁波八字桥遗址的底部也发现黑褐色的砂土堆积,这都是海退之后,由于冲积作用而形成的砂土层。上述两个遗址位于河姆渡遗址西北16公里和东北9公里处,时代上晚于河姆渡一期(距今7000—6500年)。这表明这些地方在成陆后不久,河姆渡人即利用孤丘作为跳板,在平原中比较高燥的地段上建立了新石器文化。

河姆渡文化经过长期缓慢的演变,其后续文化出现了较大的变异,最终为良渚文化所取代。目前发现的河姆渡后续文化的考古材料,还远不足以帮助我们复原当时宁波地区的社会图景。我们现在只能作如下的粗略描述:聚落定居点进一步扩展;开始出现原始犁耕;当时的社会分化似乎还不明显,更多地保留着自身的文化传统,故在文化面貌上与环太湖地区的良渚文化存在较大的差异,其发达程度也远较浙西地区逊色得多。

第二段为于越时期,约当商、周时代。于越族很早就与商、周建立了政治、经济和文化上的联系。于越族不但向中原上贡,甚至以"宾"的身份参与了周王朝的政治活动。《竹书纪年》记载周成王二十四年(前1040年)"于越来宾",《逸周书·王会解》记载周成王二十五年,"大会诸侯于洛邑",时四方贡物就有"于越魶"。这种政治、经济上的联系,使得中原的文化也随之传播到于越地区,故在于越活动地区也发现了一些与中原相似的商周时期青铜礼器和生产工具,对促进于越社会经济的发展产生了重要作用。但是自殷商到西周时期约1000年的漫长岁月中,越国的史事湮没无闻。文献记载于越祖先无余时代"随陵陆而耕种","逐禽鹿而给食",还处于草莱初辟的阶段。到传世十余代的无壬开始,才"稍稍有君臣之义",有了国家的雏形。无壬三传至允常,于越逐渐强大,始与吴国交兵。句践(前496—前465年)继位,演出了金戈铁马、吴越争霸的悲喜活剧。周元王三年(前473年),越国终于打败了吴国,横行江淮而成为霸主,于越民族也就进入了它的最强盛时期。句践时代,于越族建立的越国的地域四至首次在文献中有了明确的记载。《国语·越语》说:越国"南至于句无(诸暨),北至于御儿(嘉兴),东至于鄞,西至于姑蔑(太湖)"。其地望大致以会稽为中心,包括今宁绍平原、杭嘉湖平原、金衢丘陵地带。越国的霸业大约延续了100年,此后逐渐由盛转衰并最终灭亡。于越民族尽管在与外界的交往中吸收和凝聚了其他文化因素,但在总体上仍走着一条从史前文化延续而来的自身演变和发展的道路,创造着具有鲜明地域特色的文明果实。从经济基础来说,于越人农耕工具,包括翻耕的犁、锸、铲,中耕锄草的锄、耨和收割的锯镰等,农耕石器大都通体磨制,使用地区进一步扩大。但更为重要的是生产工具发生了变革,青铜农具较多地使用,这无疑成为于越生产力提高的物质标志。仅以鄞县为例,至今出土的春秋战国时代的青铜器数量不少,主要品种有斧、铲、锸、削、耙、锄等,尤以农具为大宗,主要用于垦荒、精耕、栽培水稻,从而大大提高了生产效率,宁波地区也因此而成为越国争霸的经济基地之一。纺织业、造船业、冶铸业和制陶业则是越国的四大手工业支柱,它们以绍兴为中心,可能也带动了宁波境内某些手工业生产的发展。如在宁波广泛分布的土墩墓、土墩石室墓以及遗址中,最多最为人瞩目的出土器物当数原始瓷。原始瓷的烧制,标志着制陶技术经历了一次质的飞跃,虽然我们至今没有发现在今宁波境内的于越国时期的窑址遗迹,但无论如何也不能排除原始瓷在本境生产的可能性。遗憾的是,关于于越时期的考古资料和文献记载多围绕今绍兴境域,而涉及宁波的却寥寥无几,以至于我们对当时宁波社会的真实情况难以有更多、更深入的了解。这种现象意味着,于越时期绍兴处于政治、经济、文化的中心地位,而宁波则处于较为落后的边缘化境地。

第三段为秦汉时期。于越作为方国之一被消灭后,宁绍平原第一次纳入了大一统王朝的版图。秦朝开始在宁绍平原上设立山阴、诸暨、句章、鄞四县,但在相当长的时期内,中央王朝对整个江南的开发并未引起重视,即使秦始皇有东巡会稽的行动,主要也是政治性的行为,并未起到扭转本地生产力落后状况的作用。大约自西汉中叶开始,宁波经济才开始出现缓慢的复苏,具体表现在稻作农业出现了粗放式的"火耕水耨"的耕作方式,原始瓷的生产获得了恢复性的发展,商业经济也出现了发展的势头。到了东汉,宁波的定居农业真正地由山麓冲积扇地带向平原地带推进,宁波近郊孤丘聚落的形成,对于开发广大的沼泽平原是一个有利的条件。牛耕和铁制工具的使用,陂塘的兴修,使宁波的农业生产得到了较快发展。而成熟瓷器的烧制成功和商业活动的兴起,对于宁波社会面貌的改变尤其具有重要意义,宁波社会因此而改变了过去"无千金之家"的状况,出现了更为明显的阶级分化。若立足于全国进行观察,这一时期整个浙江地区的经济、文化无疑均处于低潮期,但若从地域社会纵向演进的视角进行观察,则可发现在长期的融合中,随着儒家文化和先进生产技术的输入,这一地区潜伏着进一步发展的历史契机。

第四段为六朝时期。这一时期以会稽(今绍兴)的发展最为迅速和突出,自东汉以来,随着大型水利工程鉴湖的修建,山会平原进入了实质性的开发阶段,水利建设接踵展开,从而大大促进了当地经济的发展。反观宁波,仍处于区域的边缘地带,除了余姚的豪族虞氏之外,本境几乎没有再出现有影响的大家族。而襟江濒海的特殊地理条件,以当时的生产力水平,一时还无法解决山洪肆虐和潮汐顶托这两大水利上的难题,客观上也限制了本地域开发的进度和强度。其时,解决宁波水利的一项关键设施碶闸虽已得到发明,但其本身尚欠完善,且并未得到进一步推广。这样,受制于自然地理条件,农业生产在本地域的发展上具有一定的局限性。正因如此,这一时段宁绍平原的经济、文化,呈现为绍兴高宁波低的梯度分布格局,而从宁波现境而论,则表现为余姚高鄞县低的分布格局。从晋人陆云《答车茂安书》的描述看,鄞地一带自然资源丰富,狩猎经济发达,农业上实行刀耕火种,以陂湖进行灌溉,但相比于同时期的绍兴,其经济的原始性是显而易见的。

与经济开发的原始性相适应,自河姆渡文化的辉煌成为过去之后,宁波地区长期来处于文化落后、社会闭塞的历史状态。一方面,自原始社会以来积淀下来的深厚的巫鬼文化传统,与当地民众的思维方式、情感方式和行为方式融为一体,成为本区域社会习俗的一个有机组成部分。包括宁波地区在内的江南民间巫鬼文化长期盛行且作为一种区域文化特色,一再受到古代史家的特别关注,故《隋书·地理志》记载说:"江南之俗,火耕水耨。""其俗信鬼神,好淫祀。"这种文化传统一直顽强地延续着。另一方面,外来文化也不断地冲击着宁波地区固有文化的历史传统。在秦汉王朝相当有效的政治控制之下,随着北方华夏族的不断迁入,以及土著越人的不断汉化,整个浙江都逐渐向统一的中华文明融会趋同,不过由于宁波地区长期处于边缘区域,原始的蛮风不易得到改造,故其融合的过程更为缓慢和艰难一些。大致自东汉起,儒家的一些思想观念才在宁绍地区得到了迅速的传播,使"俗远诗礼"的社会面貌得到了一定程度的改造。尤其是永嘉南渡之后,中原文化更有加速移植至宁绍一带的趋势,影响所及,致使余姚的虞氏家族弃武尚文,其学风也由经史向文史转型。这一时期宁波地区的文化创造,基本上为虞氏家族所垄断和包揽。尽管如此,宁波人对于中原礼乐文明的接受还很有限,仍然不能从整体上、根本上改变宁波文化的原始性面貌。自东吴以来,佛教作为异域文化开始输入宁波地区,今慈溪的五磊寺、慈城的普济寺均建于东吴时期。此后佛教的影响日益扩大,信徒日众,宁波的三大历史名寺天童寺、阿育王寺、雪窦寺均肇始于两晋时期。

二、实质性开发时期的宁波

实质性开发是对原始性开发的大跨越,它属于深层次的开发,这种开发必须高度依赖强大的行政力量、大量的人口、先进的生产工具和拓殖理念,而拓殖的主要舞台则移至更为广阔的平原地带,拓殖活动对于自然面貌的改变更为明显,同时也驱动了社会面貌的较大改观。在原始性开发阶段,宁波优良的自然地理条件只是一种潜在的优势,而进入到实质性开发阶段,那些潜在的地理优势(主要是港口优势)就能得到较为充分的释放和利用,从而为经济、社会的较快发展奠定良好的基础。唐玄宗开元二十六年(738年),宁波地区单独设立了地方二级行政建制——明州,这一明、越分治的重大历史事件,完全可以看作是宁波跨入实质性开发阶段的标志。综观唐五代宁波地区的历史,地方政治基本稳定,经济有开拓性的发展,人民安居乐业,并初步凸现和确立了自我的区位优势。即使在唐末浙江政治形势一度较为混乱的局面下,刺史黄晟仍能审时度势,沉着应对,保境安民,较好地避免了明州遭受战乱的蹂躏。

明州州治的选址,是攸关本地开发的一件大事。明州建立以后的很长一段时间里,州治设在相对偏僻的小溪,从某种程度上可以理解为当时的政府官员对于本地的区位优势的认识还处于模糊状态。唐代宗大历六年(771年),鄞县治率先移到了三江口,这标志着句章港东迁三江口这一历史进程的基本完成,也标志着甬江流域经济开发从低山丘陵地带向平原中心地带推进过程的基本完成,虽然这时的明州港仍属于县级港口,但港口蕴涵的巨大的区位优势必将逐步显现出来,必定会获得地方政府相当程度的认知。长庆元年(821年),明州州治也移到了三江口,州城(即后来的子城)成为明州政治、经济、文化的中心,这不但意味着明州区位优势的最终凸现,也标志着新兴的港口型城市的正式确立。唐五代宁波以港口为焦点和轴心的区位优势,不但大大加深和增强了这个区域与其他区域(包括国内和国际)发生相互联系的程度,而且也决定了本区域所在的大的自然环境在全国经济发展大格局中的位置,因而也对区域经济的增长产生影响。

作为新兴而具活力的城市,唐代明州在地方政府主导下,围绕着城市街道、桥梁交通、码头设施、寺庙建筑等,陆续开展了一定规模的市政建设。尤其是在894—898年,刺史黄晟发动民众构筑了罗城,由此奠定了封建社会宁波州城的空间形态。唐代明州的城市建设,特别注意水陆交通的通畅,不但初步构成了后世称之为"三江六河塘"的内河航运格局,而且在东渡门外奉化江上新建的浮桥,使州治与江东得到连接。

明州单独建州之后,随着人口的不断增多和农业灌溉的需要,水利建设大规模地开展起来了。唐代明州的水利建设不是为了执行中央政府的意志,而是出于地方开发的内在需要,由地方官员为主体,根据海积平原特点进行具体实施。据不完全统计,唐代宁波开凿和兴修的水利工程达到二十多项,其整治规模、灌溉面积,从纵向比较则远超前代,从横向比较则后来居上,远超原来水利建设水平先进的绍兴。其中东面的主干工程为东钱湖,西面的主干工程为广德湖和它山堰,而它山堰及其配套工程的建设,更堪称宁波平原上画龙点睛式的壮丽巨笔。唐五代明州大大小小错落分布的水利工程,已经初步改变了唐前这一地区以陂湖为主体的点状式分布格局,对于宁波平原的开发、农业经济的发展起到了至关重要的作用。由于这一时期明州水利建设上取得的成就,促使本地的农业结构在依循传统中有所改变,宁波人民在发展粮食、桑麻生产的同时,扩大了以出售为主要目的的水果、茶叶、药材等的生产,使得农业经济的结构更趋于多元化。

  唐五代明州在手工业领域的最突出表现是制瓷业的异军突起。越窑可以说是我国瓷器史上的第一座名窑,越窑青瓷的主要产地在宁绍地区。唐五代越窑窑场遍布明州,尤其是今慈溪上林湖一带,窑场林立,原料易得,产量巨大,质量上乘,不但为越窑的中心产区,也最能代表越窑的技术成就。唐五代越窑成规模的生产突出地表现为宁波经济的市场指向,无论是从窑址的分布上看,还是从产品的质与量来观察,越窑青瓷生产借助于技术和地理上的巨大优势,成为区域市场化经济的结构中心,打破了在这之前宁波区域经济结构的原始化均衡状态。其产品之所以能散播于国内外,即得力于明州港海上运输的便利。此外,唐五代宁波的丝织业、造船业、制盐业等,也有了相当程度的发展,但这些手工业生产的规模相对较小,不能动摇越窑生产的中心地位。

  伴随着城市的发育和农业、手工业取得的进展,明州的贸易活动也兴盛起来。而明州贸易的大规模开展,又必依赖于港口功能及其水运条件的良好发挥。毫无疑问,优良的港口是年轻的明州城最大和最宝贵的优势资源。明州的发展与港口的兴衰息息相关,港口对于明州的发展具有举足轻重的意义,也是宁波进入实质性开发的最大依托。唐五代时期的明州凭借港口的优势,步入了全新的发展阶段。杭甬运河全线开通,通过杭甬运河与京杭大运河的相接,大大激活了内河运输,使得明州的腹地向内一举延伸到了江淮地区。而明州港的向外天然航道比杭州港更为优越,尤宜于发展海上贸易,于是明州港理所当然地被辟为唐五代的对外贸易港。在唐代之前,宁波与海外的联系还处于自发的状态,而唐五代的明州港开拓出了对外交往的新格局,尤其是南路北线的创拓,使中日之间的航海水平从幼稚跨入到成熟阶段。唐五代明州港及其向海东各国的延伸线,不仅是"朝贡"贸易的通道,更是民间商团纵横驰骋的舞台。9世纪以来,明州商帮迅速崛起,穿梭往来于高丽和日本,成为国际贸易中的佼佼者。通过明州港输出的各色陶瓷、丝织品,散播于世界各地,对各国人民的物质生活产生了影响。

  明州建立以后,在城市建设、经济开发优先的发展状态下,这一地区的文化面貌也出现了一些可喜的变化,有加剧摆脱原始性的态势。这一时期宁波涌现了一些本土文人,文学艺术得到了初步的发展;佛教空前繁荣,高僧大德纷至沓来,创造了具有一定特色的佛教文化;以陈藏器和日华子为代表的本草研究、它山堰水利工程的兴修、越窑青瓷技术的突破,都在中国的科技史上书写了精彩的一笔。但就整体而论,唐五代宁波文化的发展还滞后于经济的发展,当时的明州还没有建立起有效的教育机制,人才稀少而且成长缓慢,比起相邻的台州、越州的发达文化来,唐五代的宁波文化还显得比较落后。宁波需要更强有力的外来刺激(主要是高素质的移民)才能打破固有文化传统的惰性。自唐末以来,明州掀起了一次移民潮,大批有一定文化素养的人士移居于此,起到了为文化的兴起积能蓄势的作用,其在文化上的后发优势到宋代又得以充分体现。

第一编

史前至秦汉时期的宁波

本编叙述宁波从史前文化的发生一直到秦汉的发展历史。这段历史长达数千年,宁波地域缓慢地经历了史前时期—于越时期—秦汉时期几个发展阶段。7000年前的河姆渡文化作为宁波历史和文化的辉煌起点,极富地域个性,影响深远。代之而起的后续文化出现了不少变异因素。大约在公元前2000年以后,宁波地区也进入青铜时代,崛起了于越文化。其时宁波先民的拓殖活动进一步加剧,逐渐在三江地带利用丘阜建立聚落,向平原挺进,并建设了越国通海门户句章城。秦统一中国以后,结束了方国时代,宁波作为会稽郡东边的边缘地区,在盆地和山地甚至小高地的交界部设立了鄮、句章、鄞三县。统一的政治局面也在某种程度上改造了地域文化,宁波的历史和文化逐渐向中国文化共同体中某一区域的历史文化形态转型。然而直至西汉,浙东之地原始蛮风仍旧占据主导地位,到东汉后期宁波的社会经济才有了新的起色。总的说来,这一阶段宁波社会经济的发展进程是缓慢而艰难的,与此相适应,宁波文化的发展自然也处于滥觞时期。

第一章
宁波地区的史前史

- 河姆渡文化时期的宁波
- 河姆渡后续文化时期的宁波
- 宁波地区史前文化与邻近地区史前文化的关系

宁波地区是举世闻名的河姆渡文化的孕育地，迄今发现的河姆渡文化遗址大多分布于宁波地区西部的姚江流域，河姆渡文化的诞生标志着宁波地区史前史的开端。根据考古学研究，河姆渡文化大约开始于距今7000年前，结束于距今5300年前，属于中国新石器时代的早中期。时代上紧随河姆渡文化之后的宁波地区史前文化，被不少研究者称为河姆渡后续文化，[①]它既继承了河姆渡文化的若干传统，又具有诸多变异因素，关于其性质和定名，学界尚未达成统一认识。河姆渡后续文化的时代下限大约为距今4200年前，与杭州湾北岸地区的良渚文化的结束年代基本一致。河姆渡文化—河姆渡后续文化是华东地区一个具有代表性的新石器时代文化系统，因此，河姆渡文化—河姆渡后续文化的发现和研究不仅对于宁波以及浙东地区史前历史的探讨具有重大意义，而且对于整个华东地区新石器文化发展脉络的探明也是至关重要的。

第一节　河姆渡文化时期的宁波

河姆渡文化的发现，证明宁波的人类活动史至少可以追溯到距今7000年前，分布在宁波各地的河姆渡文化遗址，为我们考察宁波地区

[①] 河姆渡文化课题组《二十年来河姆渡文化的认识与探索》，浙江省文物考古研究所《纪念浙江省文物考古研究所建所二十周年论文集》，第1～16页，西泠印社出版社1999年版。

早期史前社会提供了宝贵资料。从考古发掘和研究的成果来看,在河姆渡时期宁波地区已经出现了相当数量的聚落,稻作农业已经成为这些聚落所依托的经济基础的核心组成部分。此外,因地制宜的干栏式建筑、形制独特的骨耜以及出于宗教生活需要而制作的各种雕刻品,反映出宁波先民在生产技术和造型艺术上的卓越智慧。下面我们在总结梳理河姆渡文化考古收获的基础上,对宁波地区早期史前社会的图景做一些复原性勾画。

一、河姆渡文化时期宁波的气候、环境

河姆渡文化的发轫期距今已有 7000 年之遥,而且持续时间长达 2000 年之久,因此,不仅当时的气候和环境与今天存在着显著差异,河姆渡文化时期从早到晚各个阶段的自然条件也并非一成不变。河姆渡文化一般被分为 4 个时期,根据河姆渡遗址各文化层动植物遗存考察和孢粉分析的结果,河姆渡文化各个时期气候和环境变迁的状况已经大致清楚。[①]

在距今八千多年前,宁波所处的宁绍平原还是一片浅海区,此后海水逐渐回落,大约到了距今七千多年前,海平面基本接近现在的海平面,宁绍平原的许多区域已经成为陆地。河姆渡文化第 1 期(距今约 7000—6500 年)各个遗址所处的自然环境有一些微观差异,但是总体上是一致的,由于这时期的宁绍平原还属于湖泊密布的海积平原,人类的聚落和生产空间大多分布于湖泊和沼泽之间,而且距潮间带较近,有时会受到杭州湾咸潮的影响。这时期杭州湾南岸的气候较现在温暖湿润,接近于今天华南地区的气候条件。植物种类构成与现在两广和海南地区的状况相似,亚热带常绿落叶阔叶林广布,热带蕨类植物也十分常见。在河姆渡文化第 2 期(距今约 6300—6000 年),

---

① 浙江省文物考古研究所《河姆渡——新石器时代遗址考古发掘报告》,第 358~361 页,文物出版社 2003 年版。

平原水域面积缩小,气候仍然温暖,但趋向干燥。在植被方面,水生植物和喜湿植物减少,耐旱的木本和草本植物增加。进入河姆渡文化第3期(距今约6000—5600年),气温呈下降趋势,热带植物减少,榆、柳、蒿子等温带植物增加,森林面积缩小。到了河姆渡文化第4期(距今约5600—5300年),气候湿润,更加趋于温凉,温带植物继续增多,喜冷湿的蕨类植物比较常见。

另外,河姆渡文化时期四明山北麓的河流变迁也值得注意。根据地理学者的研究,河姆渡文化时期,自西向东流的姚江干流尚未形成,四明山北麓的地表水向北流入大海,姚江改道东流的时间,大约是在距今5000年前。[①]

二、宁波地区河姆渡文化的分布和主要遗址概况

(一)遗址分布

姚江流域是河姆渡文化的中心分布区,也是宁波地区河姆渡文化遗址的主要分布区域,除此之外,慈溪滨海平原和奉化江—甬江一线以东还分布着一些遗址,但是为数甚少。迄今发现的姚江流域余姚境内的遗址有二十余处,最西端的是乐安湖遗址(云楼乡),由此向东依次为:兵马司遗址(双河乡安山桥)、黄家山遗址(双河乡桐湖)、桐山遗址(双河乡桐山)、翁家山遗址(梅溪乡湖田湾)、朱山遗址(梅溪乡西岙)、鲻山遗址(丈亭镇汇头)、新周家遗址(丈亭镇寺前王)、坑山垅遗址(丈亭镇下徐塔)、傅家遗址(陆埠镇傅家)、支溪岙遗址(沿江乡)、张界遗址(江中乡)、田屋遗址(江中乡方家)、王家遗址(江中乡钱家漕)、相山佛堂遗址(江中乡李家)、车厩一中遗址(车厩镇)、河姆渡遗址(河姆渡镇)、鲞架山遗址(河姆渡镇)、田螺山遗址(三七市镇相岙)、云山遗址(二六市乡)、下庄遗址(罗江乡百罗)、周家汇头遗址

---

① 吴维棠《从新石器时代文化遗址看杭州湾两岸的全新世古地理》,《地理学报》1983年第2期。

(罗江乡浪墅桥)。姚江流域宁波境内的遗址数量不多,由西向东依次为:八字桥遗址(妙山乡)、傅家山遗址(慈城镇八字村)、慈湖遗址(慈城镇西北)、小东门遗址(慈城镇东)。慈溪的河姆渡文化遗址仅童家岙遗址(浒山镇南)一处,它的位置在宁波地区诸多河姆渡文化遗址中处于最北端。奉化江—甬江以东的遗址有董家跳遗址(宁波鄞州区茅山乡)、名山后遗址(奉化市南浦乡)、塔山和红庙山遗址(象山县丹城镇)。此外,在奉化江西侧还有蜃蛟遗址(鄞县蜃蛟乡芦家桥村)。

(二)主要遗址概况

目前已经发掘的位于现在姚江平原的河姆渡文化主要遗址包括:河姆渡遗址、慈湖遗址(下文化层)、小东门遗址(第1期遗存)、鲞架山遗址、鲻山遗址、田螺山遗址和傅家山遗址。位于奉化江—甬江以东的遗址有奉化名山后遗址(第8~12文化层)和象山县塔山遗址(第7~9文化层)。下文按照发掘的时间顺序依次介绍一下各遗址的概况。

1. 河姆渡遗址

河姆渡遗址位于余姚市河姆渡镇,1973年和1977年进行了两期考古发掘。该遗址是目前发现最早的河姆渡文化遗址,也是迄今发掘的最具代表性、内涵最丰富的河姆渡文化遗址。该遗址共有4个文化层,它们分别代表了河姆渡文化的4个时期。出土遗物包含陶、石、木、骨、象牙等各种质地的器物,其中以夹炭质陶器群最具时期特征和地域特色,器类有釜、罐、钵、盆、器座、釜支子等等。遗迹中排列有序的干栏式建筑令人瞩目,大量的栽培稻遗存则给水稻起源问题的探讨带来了契机。河姆渡文化因河姆渡遗址而得名,河姆渡遗址不仅是认知河姆渡文化的起点,而且也是研究河姆渡文化的基点。[①]

2. 慈湖遗址下文化层

慈湖遗址位于宁波市江北区慈城镇西北,发掘工作始于1988年。

---

① 浙江省文物考古研究所《河姆渡——新石器时代遗址考古发掘报告》,第1~383页,文物出版社2003年版。

遗址分为上、下两个文化层,分属两个不同时期。上层的文化内涵与杭州湾北岸的良渚文化相似。下层的时代大致相当于河姆渡文化晚期,出土物以陶器和木器为主,石器和骨器数量很少。陶器种类有罐、釜、盆、钵、鼎、豆、盘、釜支架等,而木器种类丰富是慈湖遗址下层的一大特点,这些木器包括木耜、木锛柄、木锄、点种棒、木桨、"轭"形器和陀螺。从陶器特征上来看,下层的文化面貌比较复杂,出土陶器中的侈口圜底绳纹釜、猪嘴形拱背釜支架等器物的器形特征接近河姆渡遗址第2层(河姆渡文化第3期)的同类器,镂孔圈足豆和足尖外撇的鼎足则与杭州湾北岸崧泽早期文化因素相似。①

3. 小东门遗址第1期遗存

小东门遗址位于宁波市江北区慈城镇东部,在慈湖遗址东南约800米处,1992年发掘。小东门遗址的新石器时代遗存包括两期,第1期遗存的年代相当于河姆渡文化晚期,第2期遗存则与良渚文化同期。第1期遗存又可以分为早、晚两个阶段,早阶段的文化层中发现有釜、鼎、支座、鬶、罐和盆等陶器,其中多角沿釜、釜形鼎、双目式鼎足、折腹盆等器物的器形特征都与河姆渡遗址第2文化层的同类器物一致。晚阶段遗存由两座墓葬构成,随葬陶器有的与崧泽文化陶器风格类似,有的则与河姆渡遗址第1层的器物相近,推测其年代与河姆渡遗址第1层(河姆渡文化第4期)相当。②

4. 鲞架山遗址

鲞架山遗址坐落在余姚市河姆渡镇,位于河姆渡遗址东北1.5公里处,1994年发掘。该遗址中新石器时代的文化遗存包括三期,第1期遗存的面貌介于河姆渡遗址2、3层之间,时代上相当于河姆渡文化第2期向第3期过渡的阶段。第2期遗存的时代相当于河姆渡文化第3期后段和第4期前段。第3期遗存的年代对应的是河姆渡文化

---

① 浙江省文物考古研究所、宁波市文物考古研究所《宁波慈湖遗址发掘简报》,《浙江省文物考古研究所学刊:建所十周年纪念》,第104~118页,科学出版社1993年版。
② 浙江省文物考古研究所《宁波慈城小东门遗址发掘简报》,《东南文化》2002年第9期。

第4期偏晚阶段。第1期遗存出土有侈口无脊釜、双耳罐、带把钵、敛口盘、宽折沿盆等陶器。在第2期遗存中,出土了丰富的石、木、骨、角器,陶器中的外红里黑的细高把豆、黑皮陶壶和三柱状足鼎较具时代特征。第3期遗存也包含了各种材质的遗物,其中镂孔黑皮陶豆和花瓣足杯等陶器比较典型。按照学界的一般观点,在河姆渡遗址的4个文化层所代表的河姆渡文化4个时期中,第2、3期之间存在"缺环",即文化内涵之间缺乏连续性。而鲞架山遗址第1期遗存具有第2、3两期的过渡特征,这对于探讨河姆渡早期文化向晚期文化的演变无疑具有十分重要的意义。[①]

5. 鲻山遗址

鲻山遗址位于余姚市丈亭镇汇头,1996年发掘。鲻山遗址的时代跨度与河姆渡遗址接近,包含了河姆渡第1期到第3期的文化遗存。遗址里的出土物以陶器、木器和木制建筑构件为主,陶器种类有釜、鼎、罐、盆、钵、盘、盉和豆,其形制演变特征与河姆渡遗址一致。此外,在遗址的早期地层里还发现了一批打制石器,这些石器均为燧石材质,以刮削器为主,体量较小,属于直接打击而成的细石器。这批石器为探寻宁绍地区新石器时代早期的石器加工的工艺传统提供了重要资料。[②]

6. 田螺山遗址

田螺山遗址位于余姚市三七市镇相岙村,2002年发现,2004年春季开始发掘。该遗址文化堆积的年代涵盖河姆渡文化各个时期,甚至发现了早于河姆渡文化第1期的零星文化迹象。出土遗物包括陶器、石器、木器、骨角器和玉器,陶器种类有釜、罐、盆、钵、盘和支座等,石器以斧、锛为主,玉器有玉珠和玉玦等,木器中制作精细的木桨引人注目。此外,遗址中还发现了大量的木制建筑构件和相关的木构遗迹,其中用木板垫

[①] 孙国平、黄渭金《余姚市鲞架山遗址发掘报告》,《史前研究》2000年辑刊,第385~404页,三秦出版社2000年版。

[②] 浙江省文物考古研究所、厦门大学历史系《浙江余姚市鲻山遗址发掘简报》,《考古》2001年第10期。

底而且排列有序的柱坑值得注意。田螺山遗址考古资料的学术价值,还在于各个文化层之间表现出的较强的连续性,这将为上文提到的河姆渡文化第2、3期之间"文化缺环"问题的解决提供答案。①

田螺山遗址发掘现场(宁波市文物保护管理所提供)

7. 傅家山遗址

傅家山遗址位于宁波市江北区慈城镇八字村,2004年发掘。该遗址的时代相当于河姆渡文化早期。出土遗物有陶器、石器、玉器、骨器和木器等,陶器的主要器类包括釜、罐、盆、盘和器座等,其中一件鹰形豆造型别致,石器有斧、锛、凿、刀、石球和磨盘等,玉器以装饰品为主,包括璜、环、玦和坠。另外,该遗址也发现了大量的木制建筑构件。②

8. 名山后遗址第8~12文化层

名山后遗址位于奉化市南浦乡,1989年、1991年两次发掘。该遗

---

① 孙国平、黄渭金《浙江余姚田螺山遗址初现端倪》,《中国文物报》2004年8月6日。
② 宁波市文物考古研究所考古发掘资料。

址有11个新石器时代的文化层,由下至上,12~10层相当于河姆渡遗址2层(河姆渡文化第3期),9、8层相当于河姆渡遗址1层(河姆渡文化第4期),7~2层年代与良渚文化同期。河姆渡文化时期地层出土的遗物以陶器为主,其中多角沿釜、侈口圜底小釜、钵形釜等器物属于河姆渡文化系统的陶器,而9、8层出土的凿形足鼎、镂孔圈足豆、泥质灰陶盆和花瓣形足杯等则属于具有崧泽文化因素的器物。这些发现丰富了河姆渡文化第3、4期的文化内涵。①

9. 塔山遗址第7~9文化层

塔山遗址位于象山县丹城镇东,1990年和1993年进行了两次发掘。由下而上,遗址的第9~5层属于史前文化层,其中第9、8层相当于河姆渡遗址2层(河姆渡文化第3期),第7层相当于河姆渡遗址1层(河姆渡文化第4期),第6、5层则在时代上相当于良渚文化时期。此外,第9层下还发现了40座墓葬,随葬品中的不少器物与河姆渡遗址2层的遗物相似,因此,其时代也属于河姆渡文化第3期。这批墓葬按照墓向、随葬品和位置可以分作甲、乙、丙3组,其中,甲组墓葬随葬马家浜文化的典型陶器——泥质红陶喇叭形高柄豆,乙组墓葬随葬河姆渡文化的代表性陶器——绳纹釜,两组墓葬可能分别代表了两个文化背景不同的族群,这一资料对于研究河姆渡第3期文化的形成过程中杭州湾北岸因素的影响弥足珍贵。第9、8层中出土有釜、豆、鼎、簋、牛鼻耳罐和猪嘴形釜支子等陶器,器物特征基本上与河姆渡文化第3期的陶器特征一致。第7层中发现的陶釜表现出河姆渡文化第4期陶釜的器形特征,泥灰陶圈足盘、带折突的罐和壶等陶器则与太湖地区崧泽文化的同类陶器具有可比性。②

---

① 名山后遗址考古队《奉化名山后遗址第一期发掘的主要收获》,《浙江省文物考古研究所学刊:建所十周年纪念》,第119~123页,科学出版社1993年版。
② 浙江省文物考古研究所、象山县文物管理委员会《象山县塔山遗址第一、二期发掘报告》,《浙江省文物考古研究所学刊》,第22~73页,长征出版社1997年版。

三、河姆渡文化各时期的考古学文化内涵

上世纪70年代末,考古研究者开始对河姆渡文化的分期展开探讨,由于河姆渡遗址文化层之间的叠压关系明确,时期涵盖周全,因此,在河姆渡文化的时期区分问题上,并未出现过多的争论和异议。牟永抗在论文《试论河姆渡文化》中提出,河姆渡文化可以分作早、晚两期,河姆渡遗址第3、4层属河姆渡早期文化,第1、2层属河姆渡晚期文化。[①] 1980年,河姆渡遗址考古队撰文指出,河姆渡遗址4个文化层之间具有明确的相互衔接关系,应当代表了河姆渡文化一脉相承的4个时期。[②] 此后,河姆渡文化4期说逐渐为学界广泛接受,作为4期说的地层学依据的河姆渡遗址第4、3、2、1层,分别对应着河姆渡文化的第1、2、3、4期。根据河姆渡遗址各文化层的碳14测年数据,河姆渡文化第1期的绝对年代被推测为距今7000—6500年,第2期距今6300—6000年,第3期距今6000—5600年,第4期距今5600—5300年。[③] 下面分别介绍这4个时期的文化内涵,借此阐述距今7000年至5300年前宁波地区物质文化变迁的轨迹。

(一)第1期文化遗存

河姆渡文化第1期遗迹中最具代表性的是干栏式建筑遗迹,在河姆渡遗址和鲻山遗址的河姆渡文化第1期的遗存中都发现有此类建筑遗迹。它们以排列有序的排桩为主,由桩木、板桩木、圆木组成,此外,还有散落各处的板材和芦席。这些材料构成的应该是干栏式长

---

① 牟永抗《试论河姆渡文化》,《中国考古学会第一次年会论文集》,第97~110页,文物出版社1980年版。
② 河姆渡遗址考古队《浙江河姆渡遗址第二期发掘的主要收获》,《文物》1980年第5期。
③ 浙江省文物考古研究所《河姆渡——新石器时代遗址考古发掘报告》,第369~371页,文物出版社2003年版。

屋,其建筑方法是先在排桩上架设大、小梁,构成架空的房屋基础,然后再于此基础上装置梁、柱,建成房屋的主体,木板和芦席则是用来铺设地板和遮覆屋面的材料。

遗物中最富编年意义的是陶器,第 1 期文化遗存的陶器按照陶系可以分为夹炭黑陶、夹砂黑陶和彩陶,其中夹炭黑陶占大宗,夹炭黑陶也是河姆渡文化陶器的一个主要特征。就陶器制法而言,第 1 期陶器均为手制,采用泥条盘筑法制成。拍印绳纹是最常见的装饰纹样,还有用刻划或压印的方法表现出来的几何图形、动植物图像等。器形以圜底器和平底器为主,无三足器。器物种类主要有釜、罐、盆、盘、钵和支架,有肩有脊敞口釜和敛口釜、半环形耳的双耳罐、方柱体釜支架等具有时期特色。

第 1 期的石器制作粗糙,器身保留了很多琢打的痕迹,仅刃部磨制较精。器类主要是斧、锛、凿、磨石等生产工具,还有少量玦、璜、珠、管等装饰品。在第 1 期遗物中,骨、角、牙器占了很大比例,不仅数量庞大,而且种类繁多,主要有骨耜、骨镰、骨镞、骨匕、蝶形器等。骨器中的骨耜是河姆渡文化的代表性器物,也是河姆渡文化时期主要的生产工具之一。一些骨匕的表面雕刻着精细的图案,具有很高的艺术性。木器也是第 1 期文化的主要遗物,种类包括铲、桨、矛、锯形器、杵、蝶形器等等。

另外,目前发现的河姆渡文化的植物类遗存主要集中于第 1 期,其中除了种类丰富的采集食用植物之外,最有意义的是大量水稻遗存的发现,其中有稻秆、稻根、稻叶和稻谷的遗迹,经鉴别均为人工栽培稻。

(二)第 2 期文化遗存

河姆渡文化第 2 期仍发现有干栏式建筑遗迹,但是数量和规模均较第 1 期逊色。就河姆渡遗址和鲻山遗址该时期的建筑遗迹而言,出土的建筑构件相对零散,很难确认个别构件之间的空间关系。建筑构件的形制和制作技术与第 1 期大致相同,只是大型木柱被广泛使用,这是与第 1 期所不同的。另外,河姆渡遗址的第 2 期文化遗存中有 13 座墓葬,这些墓葬多不见墓坑,也无葬具,个别墓葬有陶器和骨器作为随葬品,侧身屈肢葬居多,多数尸骨头向东。

第 2 期的遗物包括陶、石、骨、木等几个大类,从器物特征上来看,既有继承第 1 期遗物的成分,也有发展变化的因素。陶器的陶质仍以夹炭陶为主,夹砂陶次之,本期还出现了少量的红陶。陶器制法与前期略同,唯豆、盘一类器物制作趋于精细,注重器表的修治打磨。主要器类的形制基本沿袭了前期,不同器形和类别的陶器的数量比有所变化:有肩有脊的敛口釜减少,无肩无脊的敞口釜增加;豆的数量增多,盘、盆之类的器物减少。此外,陶器装饰删繁就简,素面陶增加,常见纹样主要有划纹、戳印纹和施于釜腹的绳纹。

石器的质地、制作方法和器类都与前期大致相同,但是制作工艺较前期进步,器形趋于规整,琢打的痕迹减少,磨制更为精细。生产工具类的器物有斧、锛、凿、刮削器、砺石、纺轮和弹丸等,装饰类物品包括玦、璜、环、珠、管等。骨、角、牙器数量仍然庞大,超过石器和木器,器形和制作方法与前期相比别无二致,但部分器物制作更加规整,雕刻更加精致。器类包括耜、凿、锥、钻、镞、匕、匙、哨、针以及各种装饰

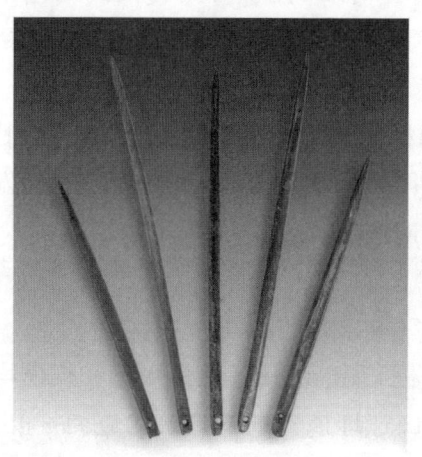 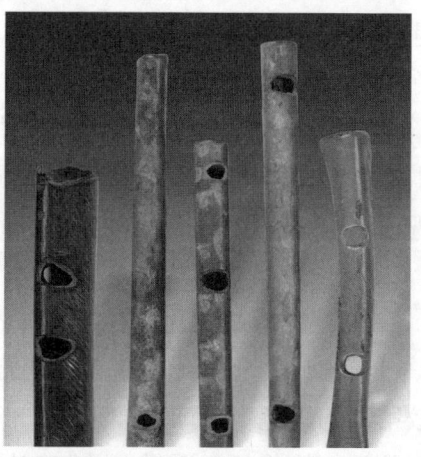

河姆渡遗址出土的骨针、骨哨(余姚市文物保护管理所提供)

品,其中线刻"双鸟舁日"纹样的象牙蝶形器是河姆渡文化最具代表性的艺术品。第2期的木器数量较前期明显减少,但器类变得丰富,如生产工具中的耜,还有盆、罐、碗等容器,与此相应,木器的加工工艺水平比前期进步,扁圆体、瓜棱形、圜底等容器的制作反映出造型设计和加工处理工艺的多样化。

(三)第3期文化遗存

第3期文化遗存中几乎见不到较为完整的干栏式建筑遗迹,这应该与第3期文化遗存埋藏层位较浅、木质遗迹不易保存有关。河姆渡遗址第2层发现了一处木构水井遗迹,井体为方形结构,由4排木桩围成,每排木桩内侧上端有一根圆木或半圆木,互相套接为一个方框,用以加固井体,井口另有16根长圆木,构成井口的井架。此外,其他遗迹有灰坑和墓葬,墓葬一般不见墓圹,无葬具,无随葬器物,侧身葬,头东脚西。

遗物的种类与1、2期一样,按材质分为陶、石、骨、木4类,但是骨器和木器一类有机质器物数量骤减。各种陶质的陶器的比例变化很大,夹砂灰陶取代夹炭陶成为主流陶器。制法仍以手制为主,器形更为规整,部分陶器的局部的修整可能使用了慢轮。有肩有脊釜近于消失,无肩无脊的敞口釜成为主流炊器。新出现了鼎、盉和甗等三足器和袋足器。此外,杭州湾北岸马家浜文化对于本期遗存的影响不可忽视,本期陶器中的双目式圆椎足鼎和泥质红陶喇叭形圈足豆都是有马家浜文化特征的陶器。陶器装饰更加简素,素面陶居多,主要纹样包括绳纹、弦纹、斜线纹,镂孔和施附加堆纹也是常见的装饰手法。

本期的石器制作更加规整精细,器体多修长,通体磨光,钻孔技术比前期发达。种类除了第1、2期常见的斧、锛、凿、砺石、纺轮、玦、璜、管、珠等,新出现了有孔石刀。由于保存条件较差,骨、角器的数量远远少于第1、2期,加工质量也有所降低,不少器物锉痕明显,器物种类有耜、镞、凿、锥、针、匕、管和坠饰,器形大体沿袭了1、2期的风格。木器主要见于埋藏条件较好的慈湖遗址下层,种类有耙、锛柄、锄、棒、桨、"轭"形器和陀螺等。

(四)第4期文化遗存

第4期遗存保留下来的建筑遗迹很少,仅发现一些形如坩埚的柱础和红烧土块,红烧土块上带有芦苇秆的痕迹,很可能是施在房屋墙壁上的泥层。这些建筑遗迹应该反映的是一种地面建筑。本期还发现有墓葬,大多数的墓葬找不到墓坑和葬具,尸骨保存状况较差,多为东西向埋葬,多仰身直肢葬,一般都有随葬品,只是数量较少。

本期陶器的陶质以夹砂红陶居多,泥质灰陶和夹砂灰陶也占有一定比例,夹炭陶仍然保留,但数量比前期进一步减少。手制还是陶器制作的主要方法,慢轮技术已经确立。器类有釜、鼎、豆、盆、盘、钵、杯、鬶、盉、甑、匜等,其中,杯、匜是新出器物,釜、鼎是主要炊器,豆、罐则是常见容器。一些陶器反映出明显的杭州湾北岸崧泽文化的影响,例如装饰有各种镂孔图案的圈足豆、凿形足鼎等等。陶釜形制与前期略同,保持了河姆渡文化的自身传统。本期装饰纹样延续了第3期简朴化的趋向,素面陶居多,纹饰种类有绳纹、弦纹和弧线纹等,豆柄上流行镂孔装饰。

石器制作规整,磨制精良,器物种类包括斧、锛、凿、钻、纺轮、砺石等工具,还有玦、璜、管和珠等装饰品,一些小型装饰品使用玛瑙作为材料。锛的比例增加,穿孔石斧的数量也多于前期。木、骨、角类器物数量稀少,鲞架山遗址出土有一件木把手、一件骨凿和一件角锥。

四、河姆渡文化时期宁波先民的经济生活

(一)定居生活与水稻栽培

迄今发现的河姆渡文化的遗址大多代表着河姆渡文化时期的个体聚落,遗址的面积也大体可以反映出聚落的规模,保存状况良好的

河姆渡遗址的分布范围总面积约50000平方米,田螺山遗址则被推测为约30000平方米。遗址内部发现有建筑遗迹、灰坑、墓葬以及各种材质的遗物,表明河姆渡文化时期的先民已经以特定集团为单位聚居于固定地点,过着一种相对稳定的定居生活,而这种集团应该是以血缘关系为纽带联系起来的群体。

定居是以稳定的食物来源为前提的,而作物栽培能够在一定程度上保障食物的获取,因此,农业是定居生活的坚实经济基础。根据考古发掘可知,河姆渡文化从第1期起就有了稻谷的栽培,这同时说明宁波地区的稻谷栽培历史至少可以追溯到距今7000年前。河姆渡遗址的稻类遗存最为丰富,在4A文化层棕褐色有机质堆积层中发现了大量的水稻茎叶、秕谷稻壳,其保存之好,数量之多,令世人惊叹。经

河姆渡遗址出土的稻谷遗存

研究者鉴定,这些遗存属人工栽培稻无疑,但是关于河姆渡稻谷的种属,学界出现了一些争论。游修龄根据稻谷谷粒的长宽比和稃毛分布状况,认为河姆渡遗址发现的稻谷属于典型的籼稻。① 同样基于稻谷谷粒的形态考察,周季维则认为河姆渡遗址内籼稻和粳稻并存,以籼为主。② 此外,还有学者通过对河姆渡和罗家角出土的稻谷谷粒的形

---

① 游修龄《对河姆渡遗址第四层出土稻谷和骨耜的几点看法》,《文物》1976年第8期。
② 周季维《长江中下游出土古稻考察报告》,《云南农业科技》1981年第6期。

状以及双峰乳突的考察,指出河姆渡和罗家角出土的稻谷是向籼粳演化过程中"正在分化的"古栽培稻,不能简单地将其归入籼稻或粳稻。① 近年,又有日本学者根据河姆渡、草鞋山和龙虬庄等遗址出土的稻谷的 DNA 检测,指出这些古稻均属粳稻。② 虽然目前关于河姆渡稻谷的种属还未形成定论,但是有一点可以肯定,一些新的研究已经动摇了河姆渡稻谷籼稻说。

河姆渡文化遗址还出土了大量骨、木农具,也反映出河姆渡文化时期作物栽培的发展程度。河姆渡文化的农具以耜为主,多为骨制,也有木制的。骨耜的制作材料主要来自鹿之类的大型偶蹄动物的肩胛骨,一般保留肩胛骨的自然形态,在肩臼部位进行修整以便装柄,再在肩臼之下最狭处钻出銎孔,将背面的肩胛棘削平。河姆渡文化的遗址中还发现了许多木制器柄,其中一部分应该是与骨耜配套的。木耜分为两种,一类是耜冠与耜柄用一块整木制成,另一类则分别做出耜冠和耜柄,再安装绑缚在一起。慈湖遗址下层(河姆渡文化第 3 期)出土了不少分体木耜的耜冠,其形状多呈弧角梯形,耜冠上端刻有装柄槽和銎孔,下端则削薄成刃。一般认为耜是用于翻土整地的农具,耜的发现表明河姆渡文化时期耜耕农业已经开始。耜以外的耕作工具还有木制的锄和铲。

河姆渡文化第 1 期还有一种镰形骨器,它们一般以动物肋骨制成,一端呈尖状或圆形,另一端为握柄,器身下侧加工出锯齿,完整器物长度为 20 余厘米。这种骨器应该是一种用于作物收割的工具。此外,河姆渡遗址第 1 期遗存发现了一件木杵,通长 92 厘米,杵头直径 8.3 厘米,柄径 2.2 厘米,它是一种加工稻谷的工具。上述各种农具涉及稻谷种植、收获和加工等各个环节,反映出河姆渡文化的耜耕农业

---

① 汤圣祥、张文绪、刘军《河姆渡·罗家角出土稻谷外稃双峰乳突的扫描电镜观察研究》,浙江省文物考古研究所编《河姆渡——新石器时代遗址考古发掘报告》,第 431~439 页,文物出版社 2003 年版。
② [日]佐藤洋一郎《DNA 考古学》,东洋书店 1999 年版。

已经进入相当发达和成熟的阶段。

河姆渡文化稻作农业遗存的发现,不仅对于宁波地区、华东沿海的农业起源的研究具有关键意义,也给世界水稻起源问题的探讨带来了突破性进展。1982年,严文明发表了《中国稻作农业的起源》一文,论文首先就当时出土时代比较明确的三十多例出土稻谷资料的出土状况、品种鉴定结果逐一作了阐述,又比照印度以及东南亚的稻谷出土资料,考察中国的古环境和野生稻状况,进而指出稻谷栽培起源于中国的杭州湾和长江三角洲地区。① 这一观点一经提出,即在国内外学界产生了广泛影响,河姆渡文化丰富的稻作遗存是其主要依据之一。上世纪80年代后期以后,湖南澧县的彭头山遗址②和八十垱遗址③先后发现了稻谷遗存,前者的年代被推定为距今8200—7800年前,后者则被推定为距今7540—7100年前,均早于河姆渡遗址第1期,两遗址中稻谷遗存的发现使人们将探索水稻起源问题的视线转移到了长江中游地区。然而,关于长江中游史前遗址中发现的稻谷遗存是否属于人工栽培稻,中外学界仍持怀疑态度,其根据有两点:首先是这些遗存在部分指标上与栽培稻的标准并不一致,其次是相应遗址中均未发现作为耕作行为重要辅证的农具。因此,从稻作考古资料的确实性、完整性和丰富性来看,河姆渡遗址对于稻作起源问题的研究依然是至关重要的,而杭州湾地区也仍然应该被视为稻作起源地的一个重要选项。应该指出,河姆渡遗址的稻作遗存所代表的是一种业已处于成熟阶段的稻作农业,那么,杭州湾地区乃至整个长江下游的稻谷栽培可以上溯至何时?这也成为人们探索的焦点。1990年萧山跨湖桥遗址的发掘和2003年浦阳江流域上山遗址的发现为这一问题的解

---

① 严文明《中国稻作农业的起源》,《农业考古》1982年第1~2期。
② 湖南省文物考古研究所、澧县文物管理所《湖南澧县彭头山新石器时代早期遗址发掘简报》,《文物》1990年第8期。
③ 湖南省文物考古研究所《湖南澧县梦溪八十垱新石器时代早期遗址发掘简报》,《文物》1996年第12期。

决提供了线索。经测定,跨湖桥遗址的年代早于河姆渡遗址和罗家角遗址,这里虽无稻谷遗存发现,但是,骨耜和一些近似农具的木制工具的发现,显示出在跨湖桥遗存时代已经出现作物栽培的可能性。[1] 上山遗址的年代测定值为距今 11400—8600 年,在该遗址出土的陶片的表面发现了状似栽培稻的谷壳痕迹。[2] 因此,包括宁波地区在内的钱塘江流域及杭州湾沿岸仍然是稻作起源问题的重要探索区域。

(二)家畜饲养

家畜饲养是河姆渡文化先民经济生活中很重要的一部分。从各类考古资料来看,河姆渡文化时期驯养的家畜主要有猪、狗、牛 3 种。猪、牛的饲养是为了获得可靠的肉食来源,减少对于狩猎的依赖,而狗的驯养则是出于狩猎和安全的考虑。河姆渡遗址第 4 层发现不少直径 2、3 厘米的小木桩,五六十根这样的小木桩排成直径约 1 米的单圈或重圈的围栏,这种遗迹很可能就是幼畜的饲养圈。

家猪的生理特征明显不同于野猪,其头骨较宽,吻部较短。河姆渡遗址中发现了 73 个家猪的个体,其中有 2 件完整头骨,16 件破损头骨。河姆渡遗址第 4 层中还出土了一件猪形陶塑,宽颅短吻,腿粗而短,腹部肥硕,是驯养的家猪形象。

河姆渡遗址出土的陶塑猪

河姆渡遗址出土了 10 件狗的完整头骨,这些头骨与狼的头骨相比有着显著区别,体积较小,矢状

---

[1] 浙江省文物考古研究所《萧山跨湖桥新石器时代文化遗址》,《浙江省文物考古研究所学刊》,第 6~21 页,长征出版社 1997 年版。
[2] 蒋乐平《浙江浦江县上山新石器时代遗址——钱塘江流域早期稻作文化遗存的最新发现》,《中国社会科学院古代文明研究中心通讯》第 7 期。

崎不发育。在遗址区内还发现了不少狗粪,这一方面是家犬驯养的一个旁证,一方面也说明聚落内部是狗的主要活动范围。

河姆渡文化时期驯养的牛属于圣水牛,河姆渡遗址出土了16件完整的牛头骨,还有一些肱骨、股骨、髋骨、掌骨等牛体各部位的骨骼遗存。从头骨和角的特征来看,河姆渡遗址的水牛,与浙江桐乡罗家角和河南安阳殷墟遗址的水牛的形态特征近似。

(三)渔猎和采集

尽管在河姆渡文化时期已经有了作物栽培和家畜饲养,但是渔猎和采集仍然是获取食物的一个重要途径。

河姆渡文化遗址中发掘到很多骨镞、石球、石丸和骨鱼镖等渔猎用具,可以推测,当时的渔猎用具还包括了难以保存的木制器物。骨镞是同类遗物中出土数量最多的,它们长短不一,形制各异,大多没有明显的双翼,与后期的箭镞相比具有原始性。石球和石丸是一种抛掷石器,用于远距离捕获猎物,骨鱼镖则是当时流行的捕鱼用具。河姆渡文化遗址中还发现了不少骨哨,它既可以作为乐器,也可能是一种用来模仿动物鸣叫的诱捕猎具。

根据河姆渡文化遗址中出土的野生动物遗骸,可以了解到河姆渡先民的捕猎对象。遗址中发现的动物骨骼遗存既有各种陆生哺乳动物,还有鱼、龟类水生动物和各种鸟禽。陆生动物有亚洲象、苏门犀、麋鹿、红面猴、野猪、虎、豹、豺、豹猫、花面狸等,水生动物有海龟、中华鳖、鲸、鲟、真鲨、鲤鱼、鲫鱼等,飞禽类包括鹈鹕、鸬鹚、鹤、鸭、雁等,合计达61种。从遗骸的分类统计来看,陆生动物中鹿类最多,而且鹿类的肩胛骨也是骨耜的主要原材料,水生动物遗骨中鱼、龟占据了最大比例,因此,可以推断鹿类和鱼、龟类动物是河姆渡人最重要的渔猎对象。动物遗骸中不少是幼年个体,还有个别大型动物骨骼则表现出一些病理特征,这反映出河姆渡先民在捕猎中采取了避强就弱的方法,一些幼小羸弱的动物成为捕获的重点。象、犀等体形硕大的动物和虎、豹一类凶猛的食肉动物，使用一般的狩猎工具不易猎取，河姆渡人在狩猎过程中应该采用了一些机巧的办法。飞禽类动物中大多是水禽，弓箭和弹丸是猎捕这些飞禽的主要工具。

（四）原始手工业

在河姆渡文化时期，除了作物栽培、渔猎、采集等以获取食物为目的的生产活动之外，生产工具和生活必需物的制作也构成了人们日常生活的一个重要部分，这类活动包括陶器、石器、木器、骨角器的制作，还包括编织、房屋建造等等，以下择要项进行介绍。

1. 陶器制作

陶器是新石器时代的一项重要发明，也是划分旧石器时代和新石器时代的一个重要标志。同时，由于区域特征和时代特征明显，在考古学上，陶器又是判定一个遗址所属区系类型的最关键的指标。就河姆渡文化的陶器而论，夹炭黑陶是其主流陶系，圜底釜则是其代表性器种，与其他新石器时代文化一样，河姆渡文化的陶器制作贯穿各个时期，是一种常规性的生产活动。

一般地说，一件陶器的制作包括采选陶土、添加掺和物、制作成形、装饰器表、入窑烧制等几道工序。在第一道工序上，就地取材是获得制陶原料的主要途径。夹炭陶和夹砂陶各自添加不同的掺和物，河姆渡文化的夹炭陶是在陶土里加水拌和经燃烧后炭化的植物茎叶或稻壳。夹砂陶是河姆渡文化晚期占很大比例的陶器，其添加物主要是一些石英、长石类的砂粒。在制陶黏土中添加炭化植物碎屑或砂粒的目的在于防止陶器因干燥收缩或烧制中收缩而造成开裂。河姆渡文化的陶器大多是手制成型，泥条盘筑法被广泛运用，后期出现了慢轮，用于器物颈部的修整和一些小型器物的制作。河姆渡文化陶器装饰手法以刻划和拍印最常见，早期还存在少量彩绘，一些以线刻、浮雕或圆雕等手法装饰起来的陶器，极具艺术价值。关于烧制工艺，由于迄今尚无窑址被发现，其详情不得而知。据研究，河姆渡文化第1至3

期陶器的烧成温度大约在800℃~850℃之间,第4期提高到了950℃~1000℃之间。

2. 石器制作

河姆渡文化处在新石器时代,因此,制作和使用的石器主要是磨制石器。然而,在鲻山遗址河姆渡文化早期的地层中,出土了一批打制石器,这批石器大多为燧石质地,以打制细致的刮削器为主,应该归入细石器的范畴。此外,在奉化名山后遗址和象山塔山遗址也有燧石片出土。这些发现说明,宁波地区打制石器的存在一直持续到新石器时代。

石器制作包括采料、开料、打制成型、磨制、细部加工等数道工序。河姆渡文化石器的原料主要有燧石、凝灰岩、萤石、石英和叶蜡石等等,不同用途的石器,其原料也有差异,燧石和凝灰岩多用于制作斧、锛、凿一类的工具,萤石和叶蜡石则多用于制作装饰品。就制作特征而言,河姆渡文化第1、2期的磨制石器制作比较粗糙,保留了很多琢打痕迹,只是刃部的磨制比较细致,第3、4期石器制作趋于精细,器体规整,通体磨光。石器的钻孔也是石器制作中的一个重要环节,河姆渡文化石器管钻法和对钻法并用,管钻法到第3期已经发展得十分纯熟。此外,在田螺山遗址还发现了一处玉石器加工场遗址,出土了四十多件萤石和玉石的半成品及原料。

3. 木器和骨、角器制作

河姆渡文化的木器主要出土于河姆渡文化早期,这可能与保存条件有关。这些木器按用途可以分为生产工具和生活用具两类,前者包括耜、铲、槌、器柄等,后者包括碗、罐、盆等容器。制作木器的木材大多取自当地,主要树种有柏树、樟树和栎树等。不同形状、尺寸的木器使用的木材是不同的,体量较大的木器需从树干取材,长条形的木器则可利用树枝,有些带有曲柄的则直接利用树权的自然形状进行加工。木材采伐和加工的工具主要是各种石器和一些骨角器,石斧被用于木材的砍伐和木材的劈分,石锛则用于木器轮廓的加工,石制、骨角制的削和凿的功能是对木器进行细部加工。一件木器的制作工序包括选材开料、加工成形、细部削凿、打磨成器四个步骤。

骨、角器在河姆渡文化中也属大宗遗物，种类繁多，制作精致。代表性的器类有耜、器柄、凿、锥、匕、针、鱼镖、蝶形器等。制作骨、角器的材料大多取自大型哺乳类动物的肢骨、角和牙，也有一部分取自禽类的肢骨、龟鳖类的背甲。就制作工艺而言，器型不同，具体加工方法也不同，一般性的原则是，利用自然原形进行加工。骨耜基本上采用偶蹄类动物的肩胛骨，保留肩胛骨的自然形态，先对骨臼部位进行修整，以利于装柄，再削平背面的肩胛棘，一件器物就完成了。锥、凿一类的尖锐器具，也是利用尺寸理想的骨角材料或碎骨片，仅仅打磨出刃部制成。一些装饰类骨角制品的制作工艺则较为复杂，先要经过切割和精磨做出器物形状，还要进行刻划和钻孔来完成装饰图案。

4. 编结和纺织技术

河姆渡文化中有关编结工艺的遗物，主要是使用植物类材料编制成的席垫和搓绞而成的绳索。席垫大多发现于干栏式建筑遗迹上，材料以芦苇为主，具体做法是将苇秆剖成细长条状，然后进行编织。从现存遗物来看，苇条的剖制相当规整，粗细厚薄遵循着一定寸法，编织工艺常常采用斜纹编织法。搓绳的工艺比较简单，先将细长的植物纤维搓成小股，再把小股合搓起来，绳索就制成了。

关于纺织技术，虽然尚无直接的实物遗存可供研究，但是河姆渡文化遗址里发现的大量陶制、石制纺轮证明，纺纱捻线在河姆渡文化时期已经非常普遍。河姆渡文化的纺轮大多为扁平圆形，中央有圆孔，横截面形状不一，有矩形、梯形、六角扁鼓形和工字形等等，一些纺轮表面刻划着各种纹饰。此外，骨针的大量发现也从一个侧面证明了河姆渡文化时期织物存在的确实性。关于当时织物的原料，推测应该是当地野生的葛、麻一类植物的纤维。

（五）建筑技术

干栏式建筑是河姆渡文化的代表性建筑，遗迹主要见于河姆渡文化早期，即第 1 期和第 2 期。据研究，河姆渡文化干栏式建筑的原状应为带有外廊的长屋，一个聚落包括着若干排这样的长屋。这种建筑的营造方法是，先在泥土地面上打下成行的桩木，再以桩木为基础，架设用以承托地板的大、小梁，形成架空的基座，然后在其上立柱、安梁，搭构起屋架。值得注意的是，在河姆渡文化第 2 期，立柱方法有了进步，开始出现经过处理的柱坑，其方法有二，一种是挖好柱坑后，在坑底设置一块或两三块垫板，这种垫板一般为长方形，相当于暗础，可以分散木柱对于松软土层的压力（见右图）；另一种是先挖柱坑，再栽埋木柱，然后用木块、石块或陶片混合泥土填实。

田螺山遗址出土的础板（孙国平摄）

此外，从考古发掘的材料来看，河姆渡文化的建筑形式在河姆渡文化第 4 期似乎经历了一场变革，由干栏式建筑向地面建筑转变，这种地面建筑坚硬结实的柱础最具特色。其具体做法是，先在地面上挖出圆形锅底形柱坑，再填入石子、碎陶片和红烧土块，然后夯实，如此反复两三次完成。

河姆渡文化干栏式建筑的卓越之处，主要在于木材加工和建筑构件的制作。建筑木材的加工与木器木材的加工在方法上是一致的，首先要纵向剖裂原木，然后根据需要加工出各种板材、梁和柱。根据杨鸿勋的研究，完成原木纵裂工序的主要工具是石斧，先拟定一条纵向剖裂线，然后每隔一定间距放入一只石斧作为楔具，再以木槌或石锤敲击,直至原木劈开。① 由原木剖出的板材,还需要进一步的加工,用石锛劈削平整。梁、柱的加工略为粗糙,但是榫卯的制作也颇费工时。根据推测,榫是用石斧劈削而成,卯则是用凿和条形锛挖凿出来的。榫卯的加工体现了河姆渡文化建筑工艺的最高成就,其主要种类如下:

柱头柱脚榫:加工于圆木柱的一端或两端,柱头榫连接屋梁,柱脚榫连接地栿。

梁头榫:加工于圆形或方形的木梁的一端。

销钉孔榫:中部带有圆孔的榫,这种榫可以安插销钉,防止组合起来的构件松动脱落。

燕尾榫:一般加工于板材的一端,形似燕尾,与其他组件上燕尾形的卯相互套合,达到固定目的。

平身柱卯眼:一般挖凿于接近柱头的部位,用于插合屋梁或地板梁上的榫头。

转角柱卯眼:由两个互为直角的卯眼构成,挖凿于接近柱头的部位,可以同时插合两个互为直角的横向构件的榫头。

直棂栏杆卯眼:包括若干个等距的卯眼,挖凿于条形方木之上,用于安插栏杆直棂。

企口板:一侧凿有条形槽的板材,可以衔接两侧削薄的木板。

河姆渡文化在木构建筑技术上达到的高度,超越了同时期东亚大陆其他任何一支史前文化,而且为后世木构建筑的发展开辟了先河。

五、河姆渡文化的原始艺术

(一)陶器装饰和陶塑

在河姆渡文化遗址中发现的彩陶数量极少,陶器装饰主要运用刻

---

① 杨鸿勋《河姆渡遗址早期木构工艺考察》,杨鸿勋著《建筑考古学论文集》,第45～51页,文物出版社1987年版。

划、压印和拍印的方法完成,刻划图案的发达也是河姆渡文化陶器的一个显著特征。图案的构成要素十分单纯,包括平行线、锯齿、波形线、贝齿、圆圈、禾叶等等,通过对这些图形进行有序的排列、恰当的搭配,实现一种韵律与节奏的美感。

除此之外,还有一些以单体植物或个体动物为表现对象的刻划图案,它们实际上可以被视为原始的绘画作品。例如猪纹陶钵上的野猪图像,吻部连同躯体运用复线表现,形象勾勒得准确而且饱满,颈、臀则以不完

河姆渡遗址出土的猪纹钵

全的圆圈纹装饰,流溢出一种诙谐气息。

再如稻穗纹陶盆,器物虽然残损严重,但是绘有稻穗图案的陶片基本完整,图案表现的是一捆稻穗,中央的一枝直立,两侧的两束向外弯曲至90度,虽然构图单纯朴素,然而稻秆和稻穗的绘写忠实、细致,透露出绘画者企盼作物丰收的殷切心情。

陶塑是以陶土为材料的立体造型艺术,在史前时代就已出现。河姆渡文化的陶塑造型主要是一些当时生活中常见动物的形象,包括猪、牛、羊、鸟、鱼等,其造型与同时期其他地区史前文化的陶塑作品一样,大多只捏塑出动物形体的轮廓,不进行细部的精雕细刻,体现出一种质朴、古拙的风格。还有一些与陶器形状结合的作品值得注意,例如,傅家山遗址出土的鹰形豆,鹰头附塑在陶豆口沿,鹰身则利用了陶豆的自然形状,其匠心之高妙,令人赞叹。

(二)骨器和象牙器物上的雕刻

在河姆渡文化的遗物中,骨、牙雕刻的艺术价值最高,它们融注了

河姆渡文化原始艺术的精华。骨、牙类的雕刻品,由于其材质的特殊属性,故而在原料加工和雕刻工序上需要投入较多的时间和精力。

河姆渡文化的骨匕是骨雕作品的大宗,骨匕上的雕刻纹饰大多是弦纹、斜线纹或曲折纹组成的图案,其中有些图案布局工整,刻纹纤如毫发,体现出高超的雕刻工艺水平。河姆渡第1期文化的连体鸟纹骨匕是河姆渡文化骨雕中的精品,这件骨匕的匕身已经缺失,柄长14.5厘米,宽2.8~3.4厘米,柄的两端有弦纹和斜线纹组成的装饰图案,中央有两组连体鸟纹,两鸟同体,鸟头相背外伸,鸟背中间突作峰状,雕刻线条轻灵隽秀,富于动感。

河姆渡文化的牙雕,主要以象牙为雕刻材料,这些象牙材料应该取自宁波地区本地,因为在河姆渡遗址发现有亚洲象的骨骼,说明河姆渡文化时期宁绍地区是有大象栖息的。河姆渡文化的象牙雕刻中,最具特色的有两种器物——匕形器和蝶形器。匕形器一般长15~18厘米,宽2~4厘米,造型十分独特,上端雕出鸟首和鸟身,下端做成扁

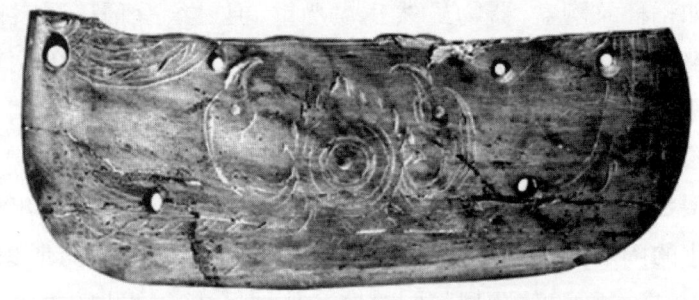

双鸟舁日纹蝶形器

平圆形,似乎表示鸟尾。鸟头向前伸出,在整个器物中所占比例很小,双翼敛贴于鸟身,鸟身的背部装饰着弦纹与重线锯齿纹组成的刻划图案,下端扁平的部位约占器体的三分之二,打磨得非常光滑。从侧面看,象牙匕形器的形状像一只钩喙、圆眼、长尾的鸟,夸张的尾部应该是匕形器的功能部位,造型设计充满了艺术趣味。蝶形器中最富代表性的作品是一件雕刻着合体鸟纹的带孔蝶形器,这件器物也被称为

"双鸟舁日"纹蝶形器,图案雕刻在器物残存的下半部,由鸟纹和太阳纹组成,太阳纹居中,以重圈纹表现,上部还刻出火焰,代表太阳的光芒,鸟纹连在太阳纹两侧,两个鸟首圆眼、钩喙,伸颈相望,下端以长曲线表现出鸟羽。整个构图瑰奇高迈,应该是河姆渡文化标志性的图腾。

  史前文化各种平面和立体的造型艺术的创作,往往并非出于一种单纯的审美需求,而是关系到氏族集团主体性的强化,并且作为氏族宗教生活的重要组成部分而存在。河姆渡文化的骨器和象牙制品上雕刻着的鸟图形,应该是河姆渡人起源神话的图解,或是沟通神灵的媒介。按照林华东的观点,鸟形图案就是河姆渡人崇拜的图腾,这种源自河姆渡文化时期的精神文化一直影响到后来的古越族。① 值得注意的是,这种带有钩喙鸟造型的遗物并不局限于河姆渡遗址,亦见于鲻山遗址和傅家山遗址,说明鸟形图案可以被视作宁波地区史前文化的一种普遍性标志。

第二节　河姆渡后续文化时期的宁波

  关于河姆渡后续文化,前文已有介绍,它是指分布于杭州湾南岸,年代上晚于河姆渡文化第4期的史前文化,有研究者强调河姆渡后续文化与同时期杭州湾北岸地区良渚文化的近似性,而冠之以"良渚文化名山后类型"②、"良渚文化钱塘江南岸类型"③的名称。河姆渡后续文化的考古发现,为我们揭示了宁波地区史前时代晚期的基本状况。

---

① 　林华东《河姆渡文化初探》,第229~234页,浙江人民出版社1992年版。
② 　刘军、王海明《宁绍平原良渚文化初探》,《东南文化》1993年第1期。
③ 　林华东《良渚文化研究》,第77~79页,浙江教育出版社1998年版;刘军《浙江考古的世纪回顾与展望》,《考古》2001年第10期。

一、河姆渡后续文化时期宁波地区的气候与环境

目前虽然有关河姆渡后续文化时期宁绍地区气候与环境的研究还处于空白,但是,河姆渡后续文化与杭州湾北岸良渚文化的年代大致相当,地理位置也十分接近,因此,沪杭地区良渚文化时期的古环境研究成果对于河姆渡后续文化是有参照意义的。

据研究,沪杭地区进入良渚文化时期以后,气候开始由温暖湿润向干燥寒冷转变,①而杭州湾地区的森林植被,在距今5000—4000年之际也渐渐转为落叶阔叶与针叶混交林。② 就气候与环境变迁的大致趋势而言,杭州湾南北岸地区应该是一致的,但是,由于两岸的地形、地貌以及水文条件大相径庭,随之而来的环境变迁上的差异应该得到充分重视。与杭州湾北岸地区相比,宁绍地区山地丘陵广布、三江贯流的独特地理条件,为当地生息的先民提供了更多的采集、渔猎之利。距今5000年左右开始的干燥寒冷化,给杭州湾北岸的食物生产带来了很大压力,成为北岸良渚文化改进生产工具、调整社会组织形态的一个重要外因,然而,相同的变革并未发生在南岸宁绍地区,这或许是因为宁绍地区的自然环境在河姆渡后续文化时期仍然能够提供丰富的补充食物源,使得栽培技术的革新缺乏外在的动力。

此外,还应当注意的是钱塘江河口湾的缩小带来的影响。根据地理学者的研究,钱塘江河口湾在距今7000—6500年之际是一条南北狭长的海湾,从今天的杭州一带向北延伸至吴兴,将太湖和钱塘江口连接在一起。③ 在良渚文化时期,河口湾逐渐缩小,钱塘江北岸的文化因素可以更加顺利地南下进入宁绍地区,河姆渡后续文化时期宁波地

---

① 王开发、张玉兰《根据孢粉分析推论沪杭地区一万多年来的气候变迁》,《历史地理》1981年第1辑。
② 吴维棠《从新石器时代文化遗址看杭州湾两岸的全新世古地理》,《地理学报》1983年第2期。
③ 严钦尚、黄山《杭嘉湖平原全新世沉积环境的演变》,《地理学报》1987年第1期。

区良渚文化因素的增多应该与此有关。

二、宁波地区河姆渡后续文化的分布和主要遗址概况

(一)遗址分布

宁波地区河姆渡后续文化时期的遗址,在很多文献中也被称为良渚文化遗址,其核心分布区仍然是姚江流域,遗址大多叠压在河姆渡文化层之上。余姚市境内的河姆渡后续文化的遗址最为丰富,主要有前溪湖遗址(肖东乡郭相桥)、茅湖遗址(历山乡黄清堰村)、兵马司遗址(双河乡安山桥)、黄家山遗址(双河乡桐湖)、翁家山遗址(梅溪乡湖田湾)、新周家遗址(丈亭镇寺前王)、王家遗址(江中乡钱家漕)、相山佛堂遗址(江中乡李家)、杨岐岙遗址(马渚镇杨岐岙)、鲻山(丈亭镇汇头)。宁波市辖区的遗址有:慈湖遗址(慈城镇西北)、小东门遗址(慈城镇东)、沙溪遗址(北仑区柴桥镇东)。此外,在奉化市和象山县还有名山后遗址(奉化市南浦乡)和塔山遗址(象山县丹城镇)。

(二)主要遗址概况

在以上遗址中,慈湖遗址(上文化层)、名山后遗址(第2~7文化层)、塔山遗址(第5、6文化层)、小东门遗址(第2期文化遗存)和沙溪遗址资料相对丰富,下面逐一进行介绍:

1.慈湖遗址上文化层

慈湖遗址分为上、下两个文化层,其中上层的时代与良渚文化时期相当。上层中出土陶器的陶质主要为泥质黑皮陶和夹砂灰陶,也有少量的泥质橙红陶。陶器的纹饰以绳纹和各种形状的镂孔为主。器物种类包括鱼鳍足釜形鼎、镂孔圈足豆、平底罐、圈足盆、双鼻壶、宽耳杯等等。陶器特征与良渚文化陶器有不少类似之处,在陶质上,夹砂灰红陶和泥质黑皮陶也是良渚文化所常见的,在器物方面,鱼鳍形鼎足、双鼻壶、圈足浅腹盘以及宽耳杯与良渚文化同类器物相似。此外,

慈湖遗址还出土了一批木器和石器,木器种类包括木钻头、木锛柄、木桨、木屐等,石器种类有斧、锛、镰、刀、镞和纺轮。相同形制的石镰在良渚文化十分常见。①

2. 名山后遗址第 2~7 文化层

名山后遗址共有 12 个文化层,其中第 2 至 7 层的时代相当于良渚文化时期。第 2 至 7 层出土的陶器非常丰富,夹砂红陶数量最多,此外还有泥质黑陶、泥质灰陶、泥质红陶和夹砂黑陶等。器物多为素面,少数器物以镂孔或阴线刻划花纹装饰。主要器物种类有鱼鳍形足鼎、T 字形足鼎、竹节柄豆、镂孔矮圈足豆、双鼻壶,与良渚文化同类器物特征一致。在名山后遗址还发现了一座人工夯筑土台,位于第 7 层之下,用棕黄色砂土和黄褐色黏土分层夯成,夯层上留有边长 22~24 厘米的正方形夯窝。土台四周环绕着沟壕。这种人工夯筑土台在太湖地区比较多见,而在杭州湾南岸地区,迄今仅发现名山后一处。②

3. 塔山遗址第 5、6 文化层

塔山遗址新石器时代文化层的上层(第 5、6 层)与良渚文化同期。该层陶器的陶质可以分为夹砂红褐陶、泥质灰陶、泥质黑陶、夹炭陶,还有不少陶器的胎土中砂、炭混杂。装饰纹样以绳纹、弦纹、镂孔、刻划纹为主,主要器形有鼎、豆、釜、罐、壶、盘等。石器种类有斧、锛、刀、耘田器、钺、破土器、犁、镞等。陶器中的盆形鼎、双鼻壶、竹节柄豆,石器中的耘田器、破土器、犁,都可以视为受到良渚文化因素影响的证据。但是,绳纹陶釜仍然是一种主要炊器,绳纹在装饰纹样中所占的比重也不容忽视,可见,塔山遗址上层文化保留了较多的河姆渡文化的传统因素。③

---

① 浙江省文物考古研究所、宁波市文物考古研究所《宁波慈湖遗址发掘简报》,《浙江省文物考古研究所学刊:建所十周年纪念》,第 104~118 页,科学出版社 1993 年版。
② 名山后遗址考古队《奉化名山后遗址第一期发掘的主要收获》,《浙江省文物考古研究所学刊:建所十周年纪念》,第 119~123 页,科学出版社 1993 年版。
③ 浙江省文物考古研究所、象山县文物管理委员会《象山县塔山遗址第一、二期发掘报告》,《浙江省文物考古研究所学刊》,第 22~73 页,长征出版社 1997 年版。

4. 小东门遗址第 2 期文化遗存

小东门遗址第 2 期文化遗存的时代相当于良渚文化时期。出土陶器以夹砂陶为主,另有泥质陶和夹炭陶,夹砂陶中夹砂红陶最多,泥质陶由泥质红陶、泥质灰陶和泥质黑皮陶构成。陶器纹饰有绳纹、附加堆纹以及镂孔纹。陶器种类包括鼎、釜、罐、豆、盆、盘、支座、器盖等。石器种类有石镞、石锛、石斧、纺轮等。良渚文化的因素主要见于陶器,例如鱼鳍形、T 字形鼎足,黑皮陶豆等等。①

5. 沙溪遗址

沙溪遗址位于宁波北仑区柴桥镇东,1994 年、1996 年两次发掘。遗址时代相当于良渚时期,出土陶器中河姆渡文化传统因素和良渚文化因素并存,鱼鳍形足鼎、竹节柄豆、黑皮陶宽把杯体现出良渚文化的影响,绳纹釜和釜支座则反映了河姆渡文化传统的延续。陶器中还见有一种质地疏松的粗泥红陶小口器,器类有矮圈足罐、釜、鼎,这种遗存具有鲜明的地域特色,与同时期舟山群岛的遗存一致。②

三、河姆渡后续文化的考古学文化内涵和社会经济状况

(一)河姆渡后续文化的考古学文化内涵

河姆渡后续文化在时代上属于新石器时代晚期,然而,凭借目前所获考古资料,尚无法对其作出进一步的分期。从上文对于各代表性遗址的介绍可以看出,各遗址的文化面貌拥有许多共性,但是其间存在的差异也不容忽视。

先就陶器而言,这时期轮制的方法更加普及,主流陶系包括夹砂陶、泥质黑皮陶、泥质灰陶和泥质红陶等,塔山和小东门等遗址还有一

---

① 浙江省文物考古研究所《宁波慈城小东门遗址发掘简报》,《东南文化》2002 年第 9 期。
② 浙江省文物考古研究所、宁波市北仑区博物馆《北仑沙溪新石器时代遗址发掘简报》,《南方文物》2005 年第 1 期。

定比例的夹炭陶。陶器种类中的炊器包括鼎、釜、支座,容器包括豆、盆、盘、杯、壶等。装饰纹样以绳纹、阴线刻纹、镂孔纹为主。出土陶器表明,河姆渡后续文化在属性上具有河姆渡文化传统因素与良渚文化融合折中的特点,夹炭陶、釜、支座以及绳纹代表了河姆渡文化的延续,泥质黑皮陶、鱼鳍形足鼎、竹节柄豆、宽把杯等则代表了良渚文化的渗透,两种文化因素在不同遗址中的比例是不一样的。

河姆渡后续文化的石器,除了斧、锛等固有器种,还增加了耘田器、破土器、石犁、石镰、半月形石刀等新器种,这些新器种均为良渚文化的典型石器。河姆渡后续文化少见玉器,与杭州湾北岸的良渚文化形成鲜明对比,一些遗址中仅发现零星装饰类玉器,以璜为主。河姆渡后续文化发现的木器数量很少,主要集中于慈湖遗址,这应该与保存条件有关。木器中的木桨以及利用原木枝杈制成的器柄都与河姆渡文化时期的同类器物相似,慈湖遗址出土的木屐是一件稀见的文物珍品。

在遗迹方面,最有特色的应属名山后遗址的人工夯土台。类似的人工土台在环太湖地区十分常见,尽管

慈湖出土五千多年前的木屐

形成的过程复杂多样,但是其基本的功能大多是作为祭祀、丧葬的场所使用。名山后人工土台的夯筑方法值得注意,其夯窝为方形,长、宽均为22~24厘米,由4个长、宽均为11~12厘米的小方窝组成,推测夯具应该是由截面长、宽约12厘米的4根方木捆绑制成。名山后人工土台是浙东地区最早的夯筑遗迹。

(二)河姆渡后续文化的社会经济状况

目前发现的河姆渡后续文化的考古资料,虽然还不足以帮助我们复原河姆渡后续文化时期的社会图景,但是从中可以得到一些非常有价值的片段的印象。这主要包括两个方面的内容,一是农业的发展状况,二是社会结构的变化。

一般认为,良渚文化的稻作生产水平代表了整个中国大陆新石器时代稻作经济的顶点,尤其是在耕作技术方面,较马家浜文化和河姆渡文化时期有了显著进步,其直接的证据就是各种形制各异的石制农具的发现,其中包括石犁、耘田器、破土器、石镰等等。所有这些石器种类在河姆渡后续文化的遗址中都有发现,它们应该是环太湖地区稻作技术的革新向南扩散的结果。石犁和耘田器反映了田间管理的细致化,土地得到深耕,除草技术得以推广,破土器可能用于开辟沟洫,建设灌溉系统,石镰则用于收获作物。

根据考古资料,环太湖地区进入良渚文化时期以后,社会组织形态发生了质的变化。玉器的出现、墓葬陪葬品的数量差异表明了特权阶层的出现,大型人工土台的营造反映了权力中心的形成。与环太湖地区的良渚文化不同,在河姆渡后续文化遗址中很少出土玉器,还没发现陪葬品丰富的大型墓葬,这些似乎表明,河姆渡后续文化中社会分化还不显著。但是,名山后遗址的状况值得注意,该遗址中发现有人工夯土台,还出土了一些刻有细致纹饰的磨光陶器,很可能是一处中心聚落遗址。总之,由于资料的限制,河姆渡后续文化时期宁波地区的区域社会面貌还不清楚,然而,可以肯定的一点是,河姆渡后续文化的社会性质更接近于河姆渡文化,而与环太湖地区的良渚文化有着较大区别。

第三节　宁波地区史前文化与邻近地区史前文化的关系

宁波地区的史前文化与同属浙东的绍兴和舟山地区始终保持着相当大的一致性,与杭州湾北岸地区的史前文化则既有明显区别,又有密切联系,下面作一具体论述。

当宁波地区处于河姆渡文化时期时,杭州湾北岸地区正处于马家浜文化和崧泽文化时期,河姆渡文化第1至3期大体相当于马家浜文化时期。河姆渡文化的第1、2期文化与马家浜早期文化基本属于两支平行的文化。就陶器的陶质而言,河姆渡文化以夹炭陶、夹砂陶为主,马家浜文化则以夹砂、夹蚌陶以及泥质红陶贯穿始终;从陶器种类和形制来看,河姆渡文化和马家浜文化的陶器组合虽然大体一致,都是由釜、罐、盆、盘、钵、豆、盉、器盖以及支座构成,但是形制却大相径庭,例如河姆渡文化的主流炊器是有肩有脊釜,而马家浜文化则以筒形腰檐釜和弧腹腰檐釜为主,其他各类陶器也各具特色;从陶器装饰来看,河姆渡文化流行各种刻划纹、戳印纹和拍印绳纹,马家浜文化的陶器则大多素面无纹,只有陶豆一类的盛器在器表涂施红衣。在石器方面,河姆渡文化早期的石器制作粗糙,留有较多打击痕迹,而马家浜文化的石器则趋于定型化,磨制较精,但是,河姆渡文化的石质装饰品又较马家浜文化发达。河姆渡文化与马家浜文化虽然都出土骨耜,但是凿孔形制与位置不同,说明安柄方法上存在差异,此外,河姆渡文化以骨、角、牙等材料制成的装饰品和各种用具比马家浜文化发达。

到了河姆渡第3期文化时,马家浜中晚期文化的因素开始单向地渗入宁绍地区,这在象山塔山遗址中表现得尤为突出。见于这一时期宁绍地区各遗址的外红里黑陶喇叭豆、双目式圆锥足鼎、牛鼻耳罐等,都是马家浜文化的典型器物。这种单向的影响一直延续到河姆渡第4期文化和河姆渡后续文化。

河姆渡第4期文化与杭州湾北岸的崧泽文化时代相同。在河姆渡第4期文化中,泥质灰陶增多,出现了圈足上饰有圆形、弧边三角形等各种形状镂孔的陶豆,还有鼎足呈凿形、三角形的鼎。一般认为,这些新要素都非产生于河姆渡文化自体内部,而是受到崧泽文化影响的结果。但是,河姆渡第4期文化的主体,仍然是河姆渡文化自身的传统因素,首先,在陶质上,河姆渡第4期文化的夹砂陶为夹砂红陶,崧泽文化中则为夹砂褐陶;其次,在器种组合上,河姆渡第4期文化的炊器中釜的比例仍占有绝对优势,崧泽文化则是以鼎为主,另外,在河姆渡第4期文化的陶器中虽有与崧泽文化形制相近的鼎、豆,但同时也存在形制独特的豆、罐等。再次,在装饰品方面,河姆渡第4期文化基本上沿袭了前期石质的玦、璜、管、珠等,崧泽文化则多为玉器,种类包括玉璜、玉镯、玉坠。

宁绍地区的史前文化发展到河姆渡后续文化时期,受到杭州湾北岸良渚文化的强烈影响,这在前文中已经提及。陶器中的鱼鳍形足鼎、双鼻壶、竹节柄豆,还有石器中的石犁、耘田器、破土器、石镰等等,都与良渚文化中同类器物形制相似,但是,河姆渡后续文化也保留了相当多的有别于良渚文化的特点。河姆渡后续文化的夹砂陶以夹砂红陶为主,传统的夹炭陶依然存在,而典型的良渚文化则以夹砂褐陶居多;河姆渡后续文化陶器组合中除了几种良渚文化系统的陶器之外,还存在一些地方特色浓厚的陶器,其中包括绳纹釜、平底或圜底钵、釜支座、圈足盘形器等等,它们在整个陶器群中占有相当比例;此外,河姆渡后续文化中缺乏良渚文化中常见的琮、钺、璧等玉礼器。

综上所述,宁波地区的史前文化在河姆渡文化第1、2期时,与杭州湾北岸的史前文化并列平行发展,到了河姆渡文化第3期,开始受到杭州湾北岸史前文化的单方面影响,而且这种影响在河姆渡文化第4期以及河姆渡后续文化时期趋于增大。然而,还应该看到,宁波地区的史前文化在依次受到杭州湾北岸马家浜中晚期文化、崧泽文化、良渚文化的影响的同时,始终保留了自身文化的传统。

第二章
商周时期的宁波

- 宁波地区的早期青铜文化遗存
- 宁波地区的先越—越国文化遗存
- 于越族史与越国历史中的宁波

公元前2000年以后,与中国大陆其他各地区一样,宁波地区也进入青铜时代。宁波地区青铜时代的历史可以分为两个阶段,即早期青铜文化时期和先越—越国文化时期。就宁波地区早期青铜文化而言,尽管在文化脉络上延续了一些该地区新石器时代文化的要素,但与河姆渡后续文化相比,还是发生了相当大的变异,它与同时期杭州湾北岸的青铜文化——马桥文化拥有较多的相似性。据测定,马桥文化绝对年代的上限大约是距今3900年前,下限大约是距今3200年前,大致相当于中原地区的夏商时期,[①]宁波早期青铜文化的延续时间基本与此一致。商晚期直至公元前6、7世纪,是以绍兴为中心的先越文化的形成和发展时期,宁波地区地处先越文化分布区的东缘。公元前6世纪至公元前306年楚灭越时,[②]宁绍平原跨入越国历史时期。在这一时期,作为越国之一部分的宁波,经历了越文化的辉煌和鼎盛,也见证了越政权的衰微与崩解。

第一节　宁波地区的早期青铜文化遗存

包括宁波在内的浙东地区早期青铜文化,与分布于杭州湾北部的

[①] 上海市文物管理委员会《马桥》,第296~300页,上海书画出版社2002年版。
[②] 李学勤《关于楚灭越的年代》,《江汉论坛》1985年第7期,第56~58页;杨宽《关于越国灭亡年代的再商讨》,《杨宽古史论文选集》,第278~294页,上海人民出版社2003年版。

杭嘉湖地区和上海地区的早期青铜文化——马桥文化拥有不少的共通之处,因此,有学者认为,浙东早期青铜文化属于马桥文化系统,并将其命名为马桥文化塔山类型,①但此说尚需进一步探讨。目前发现的宁波地区早期青铜文化的代表性遗址有象山塔山遗址(第4文化层)、宁波慈城小东门遗址(第4期遗存)和钱岙遗址(第3文化层)。此外,在奉化名山后,江北八字桥、灵山、留村,镇海庶来,鄞州百梁桥,也发现了该时期的遗物。

一、主要遗址概况

(一)塔山遗址第4文化层

塔山遗址早期青铜文化时期的遗存包括4B层、4A层、3层以及H2、H32、M40等遗迹单位,其中,灰坑H2和H32的文化内涵最为丰富,全部出土遗物有陶器、石器和玉器3类。

首先,在陶器方面,除了沿袭新石器时代的夹砂陶、泥质陶和夹炭陶等传统陶系,还出现了硬陶和原始瓷,而且有逐渐增多的趋势。一般陶器素面或施绳纹,硬陶器器表多拍印几何纹样,罐类器的口沿常见刻划符号,几何印纹的种类包括席纹、叶脉纹、云雷纹、回字纹、绳纹、方格纹等。器物基本采用轮制法制成,器形规整。器物种类有鼎、釜、豆、罐、盆、三足盘、圈足盘、瓠、觯、杯、瓿、甗、釜支座、纺轮等,其中,硬陶器多为豆和凹圜底的罐形器。石器种类有锛、刀、石坠、镞、耘田器等,玉器仅有两件,一件锥形饰,一件三角形饰。

塔山遗址青铜文化遗存的时代大约相当于商代中晚期,遗址自身在时期上又可以分为前、后两个阶段。前段的典型陶器有鼎、豆、三足盘和罐,陶鼎束颈、高领、折沿,陶豆为喇叭形圈足硬陶,三足盘为浅折腹、唇部外垂,罐为席纹折沿硬陶罐。后段的代表性陶鼎有三种:卷沿

---

① 宋建《马桥文化的分区和类型》,《东南文化》1999年第6期。

垂腹鼎、羊角形把手鼎、卷平沿垂腹圆锥足鼎,三足盘折腹较深,罐为叶脉纹折沿硬陶罐。[1]

(二)小东门遗址第4期遗存

小东门遗址早期青铜文化时期的遗存是该遗址的第4期遗存,位于遗址第2层。遗址出土遗物有陶器、原始瓷和石器,石器数量较多。

在陶器中,夹砂陶所占比例最大,泥质陶次之,原始瓷和印纹硬陶数量较少。硬陶多为素面,纹饰有拍印的叶脉纹、云雷纹、方格纹、绳纹、折线文、回纹等,器种有罐、豆、盆和钵等。泥质陶多饰有条纹、方格和刻划纹,器种有罐、豆、三足盘、盆等,以罐、豆为主。夹砂陶绝大部分为素面,纹饰以刻划纹和绳纹为主,偶见方格纹,器种主要有鼎、罐、鬶、器盖、支座等。石器器种有镞、锛、斧、铲、刀、犁、钺形器等。[2]

(三)钱岙遗址第3文化层

钱岙遗址位于宁波鄞州区东乡横溪钱岙村,遗址东西长600余米,南北宽约50米,面积有30000平方米。第3文化层属于早期青铜文化时期。出土遗物有陶器和石器。陶器按陶质可以分为夹砂陶、泥质陶和印纹硬陶。夹砂陶器物以鼎、釜居多,鼎足多圆锥形。泥质陶器物有豆、罐、壶和器盖,其中,喇叭形圈足豆、带把圈足壶、带把圜底壶最具特色。石器种类有石镰、石刀、破土器、石锛、石矛等生产工具和兵器,还有璜、瑗等装饰品。此外,该层还发现了炭化的稻谷遗存。[3]

---

[1] 浙江省文物考古研究所、象山县文物管理委员会《象山县塔山遗址第一、二期发掘报告》,《浙江省文物考古研究所学刊》,第22~73页,长征出版社1997年版。
[2] 浙江省文物考古研究所《宁波慈城小东门遗址发掘简报》,《东南文化》2002年第9期。
[3] 宁波市文物考古研究所、鄞县文物管理委员会办公室《宁波钱岙商周遗址试掘简报》,《东南文化》2003年第3期。

二、宁波地区早期青铜文化的特点

目前已经发掘的宁波地区早期青铜文化遗址数量较少,但是基本上反映了浙东早期青铜文化的面貌,其特点可以总结如下:

就遗址所处的地理环境而言,宁波地区早期青铜文化的两个代表性遗址——塔山和小东门都属于坡地型遗址,塔山遗址位于海拔69米的塔山的南麓缓坡上,遗址本身海拔5~12米,小东门遗址地处海拔15米的汤山东南麓。

宁波地区早期青铜文化的陶器,按照陶质可以分为夹砂陶、夹炭陶、泥质陶、印纹硬陶以及原始瓷。其中,夹炭陶是当地新石器时代固有传统的延续。

宁波地区早期青铜文化的陶制炊器有鼎、甗和釜,器身流行竖绳纹装饰,器足多为凹弧形和圆锥,器盖捉手为圈状覆钵形。侧装足、小口、凸圜底、指捏足根的釜形鼎为本地区特有器形。

食器类陶器有豆和三足盘,豆分浅盘细高柄豆和粗柄豆两种,豆柄上装饰有云雷纹,豆盘上则装饰阶状弦纹或云雷纹,凸棱柄豆、喇叭形圈足硬陶豆富有本地特色。三足盘特征为浅盘瓦足。

酒器类陶器主要是粗体觚和垂腹觚,其中,垂腹觚为本地代表器形。

盛储器以罐、盆为主,不少是硬陶陶质,以泥条盘筑法成形,拍印纹饰,一部分罐和深腹盆的口沿上刻有陶文。

相比于河姆渡文化丰富充实的资料蓄积,有关宁波地区早期青铜文化的考古材料相当匮乏,故而难以对其存在状态进行清晰全面的描绘。总之,进入青铜时代以后,宁波地区新石器时代以来固有的文化传统开始发生变异,在变异的过程中当地原有文化要素得到部分保留、延续,同时新文化元素大量涌现,给宁波地区的文化传承赋予了新的时代内涵。

第二节　宁波地区的先越—越国文化遗存

进入商代晚期以后,宁绍地区出现了一种新的青铜文化,即先越—越国文化。它以绍兴陶里壶瓶山遗址为代表,[1]时代从商代晚期持续至战国晚期,共计七八百年,起始时期上接早期青铜文化,晚期则与文献中允常以后的越国历史时期重合。绍兴壶瓶山遗址是先越和越国文化考古中发现的最具系统性的遗址,从遗址文化内涵可以看出,先越和越国文化既继承了不少本地早期青铜文化的因素,又拥有许多新的特点。宁波地区商晚期至东周时期的古文化基本上与绍兴地区面貌一致,同属于先越—越国文化系统,目前发现的有关的遗存,除了宁波鄞州区钱岙、江北区灵山等遗址具有较完整的文化层堆积之外,主要是土墩墓和土墩石室墓等墓葬遗存,这些考古资料为我们了解宁波地区先越和越国时期的社会状况以及物质文化面貌提供了宝贵的信息。

一、宁波地区土墩墓与土墩石室墓

(一)分布状况

土墩墓和土墩石室墓几乎遍布宁波地区的所有市县,其中以慈溪为中心的杭州湾滨海地区最为密集。慈溪北临杭州湾,南倚四明山,土墩遗存主要分布于四明山余脉与滨海平原之间的丘陵地带,具体分布区域覆盖彭东、东安、石堰、横河、桥头、浒山、龙山、掌起等乡镇。余姚市北部临海地区与慈溪地理环境相似,在马渚和回龙的山冈上也发现了土墩。杭州湾沿岸的土墩遗存分布区一直延伸至宁波北仑区,该区白峰镇海滨的百丈村有一批土墩。

---

[1] 浙江省文物考古研究所、绍兴县文物保护管理所《绍兴陶里壶瓶山遗址发掘简报》,《浙江省文物考古研究所学刊》,第126~154页,长征出版社1997年版。

此外，宁波地区中部和南部的鄞州、奉化、象山也是土墩遗存的主要分布区。鄞州范围内的土墩遗存有甲村乡石桥村石秃头山、横溪镇联升村棋盘山、韩岭乡上水村龙口山、丽水乡山西村等几处。奉化的土墩遗存发现地点包括白杜乡的南岙村、山厂村，舒家乡的梁家墩，以长山山麓最为集中。象山土墩遗存数量较少，在东门外东塘山南麓和城西山麓边各发现一处石室土墩。

（二）代表性土墩墓以及土墩墓的形制特点

1. 慈溪东安乡洪家村土墩墓

慈溪东安乡洪家村土墩墓由两个相邻的土墩组成。两土墩平面均为椭圆形，隆起作丘状。1 号墩长径 16 米，短径 14.1 米，高 1.1 米。2 号墩长径 13.6 米，短径 12.5 米，高 0.6 米。两座土墩均直接堆筑于基岩之上，堆土为黄褐色砂土，厚度为 0.1~1 米。此外，东安的两座土墩都是一墩多墓。

1 号墩内有 5 座埋葬年代不同的墓，M1 年代约当春秋前期，M2—M4 属西周前期，M5 年代大致为西周晚期。2 号墩内有两座墓，M1 属于春秋前期，M2 属于西周前期。7 座墓中的出土器物有原始瓷、印纹硬陶和一般陶器，原始瓷器种有豆、碗、盂、盘、罐，印纹硬陶器种有瓮、罐和瓿，一般陶器有罐、鼎、盂。①

2. 余姚老虎山 1 号墩

老虎山 1 号墩墩底长 45 米，宽约 23 米，高达 3 米，墩内发现有 14 座西周至春秋时期墓葬和 6 座战国至汉初墓葬。在 14 座西周春秋墓葬之中，M16 和 M18 底部以小石块铺成"石床"，M11 挖有浅坑，其余皆为无坑无床型墓葬。6 座战国至汉初墓葬都是土坑木椁墓，与前期土墩墓形制大相径庭。老虎山 1 号墩所出遗物亦以原始瓷和印纹硬陶为主，西周春秋器物与其他同类遗址别无二致，战国遗物则表现出

---

① 浙江省文物考古研究所《慈溪市彭东、东安的土墩墓与土墩石室墓》，《浙江省文物考古研究所学刊：建所十周年纪念》，第 185~199 页，科学出版社 1993 年版。

楚越相融的特征。① 战国中期以后，楚风东渐，而宁绍地区的越文化传统在调整中存续，老虎山战国墓葬所诠释的正是这一文化变迁过程。

3. 鄞州甲村石秃山土墩墓和韩岭龙口山土墩墓

这两座土墩形制和规模不详，都是一墩一墓，与上述东安土墩和老虎山土墩不同。鄞州甲村石秃山土墩墓出土器物有泥质红陶罐、"羽人划船"纹青铜钺、"王"字青铜矛和青铜剑，时代为春秋前期。韩岭龙口山土墩墓中出土了两件青铜钟，时代为春秋后期。②

4. 土墩墓的形制特点

土墩墓有一墩多墓和一墩一墓两种，墓葬按照形制特点又可分为3类。第1类以慈溪东安1号墩M2、M3和2号墩M2为代表，长方形浅坑，坑壁以小石块垒成石框；第2类以慈溪东安2号墩M1为代表，平面呈方形，或者带一墓道呈凸字形，底部铺设"石床"；第3类土墩墓既无浅坑、石框，也无"石床"，仅见埋葬器物，实例有东安1号墩M1、M4。

（三）代表性土墩石室墓和土墩石室墓的形制特点

1. 慈溪彭东乡黄岗山、赵家山土墩石室墓

黄岗山土墩石室墓由石室、墓道和外围石坎组成，石室连接墓道呈刀字形。石室四周均以乱石砌筑，顶部用长条形巨石封盖。墓道用石块砌成，设有三道巨石封门墙。石室底部铺有一层2厘米厚的木炭，出土30余件遗物，其中，有泥质黑陶的角形器、陶璧、印纹陶的罐、盆、钵和纺轮，还有碗、盅等原始青瓷。该墓所处时代为春秋末期或战国初期。③

赵家山土墩石室墓有两座，其中，慈M4土墩平面呈椭圆形，长径18米，短径12米，高2.32米，石室筑于墩内0.4米深的浅坑里。墓的

---

① 浙江省文物考古研究所《余姚老虎山一号墩发掘》，《沪杭甬高速公路考古报告》，第94页，文物出版社2002年版。
② 林士民《浙东沿海土墩遗存探索》，《南方文物》1998年第2期。
③ 林士民《浙东沿海土墩遗存探索》。

平面呈刀字形,包括石室、墓道和外围石坎3部分。墓底铺平整的砾石砂土,器物分置石室前、中部,有泥质陶罐、瓿、角形器和原始瓷盅、盆、碗等。石室外还有外、中、内三道石坎,均以1~3层石块垒成,内石坎一端与墓道口平齐。该墓所处时代也为春秋末期或战国初期。①

2. 慈溪东安乡洪家仙人洞、魏家羊埠墩和黄婆山、洪家青山土墩石室墓

仙人洞土墩石室墓平面呈刀形。器物大多出土于石室前半部,泥质黑陶占多数,还有原始瓷,器物种类有罐、盆、钵、盘、羊角器、陶璧、纺轮和陶权等。所处时代属春秋末期或战国初期。

羊埠墩土墩石室墓(慈M7)的土墩平面为椭圆形,长径26米,短径20米,高2.85米。石室平面呈长条形,筑于0.4米深的浅坑里。墓底有一层厚约15厘米的砾石砂土层,墓室顶部以12块巨石覆盖,用小石块填补缝隙,还有一层15~30厘米厚的灰黄色淤泥糊封顶部。墓口封堵一块巨石作封门墙。该墓所处时代为春秋末期或战国初期。

黄婆山土墩石室墓,土墩封土为石英砂泥,石室顶部用条石覆盖。出土器物有泥质黑陶角形器、盘、瓿、权、石璧、原始瓷碗以及铁斧。该墓所处时代应属战国初期。

青山土墩石室墓有3座,其中,慈M8土墩长径18米,短径16米,高1.3米,石室平面呈长条形,内部有两层时期不同的器物,上层年代属春秋战国之交,下层年代约当春秋后期。慈M9土墩长径20米,短径12米,宽2.15米。石室平面呈凸形,墓底铺一层河卵石。墓道位于石室一端的中部,墓道与石室之间有石封门。石室外还有两圈长方形石坎。M9所处年代约当春秋前期。②

3. 土墩石室墓的形制特点

土墩石室墓的建筑方式分为两种,一种是先开挖土坑,然后在坑

---

① 浙江省文物考古研究所《慈溪市彭东、东安的土墩墓与土墩石室墓》,《浙江省文物考古研究所学刊:建所十周年纪念》,第185~199页,科学出版社1993年版。
② 林士民《浙东沿海土墩遗存探索》,《南方文物》1998年第2期。

内砌筑墓室,另一种是平整山岩之后直接在原地建造墓室。按照平面形状,石室可以分为长条形、刀形和凸形。长条形石室墓往往无墓道,墓室呈长方形;刀形石室墓和凸形石室墓都由墓室和墓道两部分构成,墓道和墓室均为长方形,墓道宽度小于墓室,刀形墓的墓道一边与墓室的一边并齐,凸形墓的墓道连接在墓室一端的中间。

二、其他遗址

迄今宁波地区发现的越文化时期的一般性遗址数量不多,代表性遗址有鄞州区钱岙遗址,江北区灵山遗址、城山遗址。

在上述遗址中,钱岙遗址的延续时代最长,文化内涵最为丰富。遗址共有3个文化层,第3层为马桥文化层,第2层为西周文化层,第1层为春秋战国文化层。[①]

第1层发现了不少成排的木桩、加工制成的木板、带有卯孔的建筑构件,推测应为建筑遗迹。出土遗物有泥质黑陶、印纹硬陶、原始瓷和青铜器。泥质黑陶的主要器物包括豆、罐,印纹硬陶有瓿、罐两类,原始瓷主要器形为碗、杯和盘,青铜器仅3件,有䦆、削和锛。

第2层出土陶器中夹砂红陶数量最多,泥质黑陶次之,印纹硬陶数量较少。夹砂陶以鼎为多,泥质黑陶主要有各种特征各异的罐,印纹硬陶多为瓿和罐。该层也出土了碗、豆和盂等原始瓷。此外,还有石凿、石球等石器。

城山遗址位于宁波江北区乍山乡城山村,该遗址主要为商代晚期至西周时期的文化遗存,出土遗物有夹砂红陶的釜、鼎和泥质红陶的罐、碗以及杵、锛等石器,此外,还发现了周代的土墩墓,发掘出原始瓷等随葬品。[②]

[①] 宁波市文物考古研究所、鄞县文物管理委员会办公室《宁波钱岙商周遗址试掘简报》,《东南文化》2003年第3期。

[②] 林士民《三江变迁——宁波城市发展史话》,第9~10页,宁波出版社2002年版。

三、宁波地区先越—越国时期的原始瓷和青铜器

(一)原始瓷

我国的原始瓷大约出现于商代前期,它是在陶器烧制工艺基础上发展起来的,尤其与印纹硬陶有着密切的关系。原始瓷所用的原料为瓷土,烧成温度达一千二百余摄氏度,并在器表施釉,多为黄绿色或青灰色的石灰釉,烧成后器表呈青褐色或酱褐色,总称原始青瓷。原始瓷的各种物理、化学数据都与严格意义上的瓷器十分接近,已经从一般陶器的范畴里脱离出来,因此,原始瓷的创烧标志着制陶技术经历了一次质的飞跃,并为后来成熟瓷器的出现奠定了基础。

宁绍地区是我国原始瓷的重要出土区域,宁波发现的最古的原始瓷是商代的遗物,根据考古发掘报告,在象山塔山遗址第3文化层出土有原始瓷片,但是发掘报告没有对之作具体介绍。在宁波地区西周前期以后的古遗址中,

慈溪出土的西周原始瓷

原始瓷十分常见,其中,土墩遗存中出土数量最多,慈溪东安1号墩和2号墩中的西周前期墓就发现不少实物。① 此外,慈溪峙山山顶的一座土墩中,出土了西周晚期原始瓷百余件,器物种类有豆、盂、盆、碗等。② 下面就以土墩遗存中出土的原始瓷为依据,介绍一下宁波地区

---

① 浙江省文物考古研究所《慈溪市彭东、东安的土墩墓与土墩石室墓》,《浙江省文物考古研究所学刊:建所十周年纪念》,第185~199页,科学出版社1993年版。
② 林士民《浙东沿海土墩遗存探索》,《南方文物》1998年第2期。

各时期原始瓷的特点。

西周前期:器表施黄绿色或暗绿色薄釉,常见聚釉和剥釉现象。器物种类以原始瓷豆为主,分高圈足豆和矮圈足豆两种,高圈足豆圈足外撇,有的内壁带三组细弦纹夹短线划纹,矮圈足豆圈足下端内敛,内壁有粗疏的盘旋纹。

西周晚期:胎釉特征与西周前期相似。器物种类有碗、罐等,碗形体较小,胎壁粗厚,带矮圈足,腹部有修削痕迹,常见S形和绳索形堆纹。

春秋前期:原始瓷器形变得规整,胎壁趋薄,内底有细密的盘旋纹。通体施黄绿色釉,釉层薄而均匀,聚釉现象减少。器种有碗、盘、盂、盅和盅式碗,圈足器基本消失,以平底器为主,盅式碗为小折沿或沿面作凸状。

春秋后期:器种常见盅和盅式碗,形体较前期增高,直口尖唇,唇面往往有一周凹槽。

春秋战国之交:器底趋薄,内底有粗疏突起的盘旋纹,釉色泛黄,釉层较薄,常见剥釉现象,钵式碗和敞口碗取代了盅式碗。

各时期原始瓷均可与浙西、浙北等地的同类出土物进行对比,具有很强的断代价值。目前为止,宁波地区尚无原始瓷窑址发现,而邻近的绍兴地区却已发现二十余处,这说明,绍兴是当时的原始瓷烧制中心,而宁波的相当一部分制品应该来自绍兴地区。

(二)青铜器

宁波地区发现的青铜器以春秋战国时代的遗物为多,主要是兵器类和农具类的器物,而少见青铜礼器,这种状况与越国文化的其他区域是一致的。宁波地区青铜器主要发现于鄞州、慈溪和余姚等地,器物种类包括剑、钺、矛、镞、削、斧、锛、锄等,数量和形制都远逊于绍兴地区发现的青铜器。绍兴是春秋战国之际越人的青铜制作中心,宁波地区的青铜器多由绍兴输入。

在宁波地区出土的青铜器中,最具代表性的是鄞州甲村石秃山青铜群。① 这批青铜器发现于 1976 年,包括 1 件钺、1 柄剑和 1 支矛,其中钺和矛都是极具学术价值的文物精品。青铜钺外形呈"风"字,銎为长方形,正面高 9.8 厘米,背面高 10.1 厘米,刃宽 12 厘米。青铜钺一面为素面,另一面施"羽人划船"纹和双龙纹,双龙纹施于上部,两龙相对,昂首向天,前肢弯曲,尾向内卷。下部纹饰表现四人坐于轻舟之上,头戴羽冠,手划船桨。青铜剑是典型的越式剑,通长 58.8 厘米,喇叭形剑首,圆柱状茎,茎上有两箍,宽格,中脊起棱。青铜矛通长 19.9 厘米,矛身较长,中部起脊,两侧刃基部略向外张,圆骹,有附纽,骹上部铸一阳文"王"字。这件"王"字矛在宁波地区并非孤例,亦见于慈溪横河,在浙江省内还见于绍兴、长兴和嘉善。此外,鄞州韩岭龙口山土墩出土的两件青铜钟可以作为宁波地区为数很少的青铜礼乐器的代表器物,两钟高 28.8 厘米,口径 15.5 厘米,长腔宽鼓式,有干无旋,钟面各有圆锥状枚 6 组,舞面饰有云雷纹,所处时代被推定为春秋后期。②

第三节　于越族史与越国历史中的宁波

从历史学的角度来看,宁波地区的青铜时代是与于越族的形成以及越国的建立、发展紧密联系在一起的。然而,历史文献对于于越族以及越国的社会、经济和文化语焉不详,因此,有关先越与越国时期宁波地区的考察,需要将考古发现的实物资料与文献资料提供的线索结

---

① 曹锦炎、周生望《浙江鄞县出土春秋时代铜器》,《考古》1984 年第 8 期。
② 林士民《浙东沿海土墩遗存探索》,《南方文物》1998 年第 2 期。

合起来展开。

一、于越的东疆

关于于越族的起源问题,史家一直争论不休,莫衷一是,议论的焦点之一是《史记》中所载的"禹之苗裔"说。越王为禹裔的说法并不见于先秦文献,《史记》中的这一记载应该是依据了越地的传说,因此,其可信性理应受到质疑。然而,在如何看待《史记》"禹之苗裔"说的问题上,还须注意两点。首先,《史记》曰"越王句践,其先禹之苗裔,而夏后帝少康之庶子也"[①],主要是就越国王系的谱系而语,而非就于越民族整体而言,即便可以肯定越国王系出自夏人,也不能就此论定于越人与夏人同源。其次,越王为禹裔之说不唯见于《史记》,亦见于《吴越春秋》[②]和《越绝书》[③],《吴越春秋》甚至言及越君世系,因此,越王谱系溯至夏禹固属传说,但也并非空穴来风,它折射出早期青铜时代杭州湾地区部族集团与中原部族集团相互交往的历史事实。

从考古资料来看,在良渚文化衰落之际,太湖及杭州湾地区出现了一种被称为"广富林遗存"的全新的文化遗存,这种遗存的文化内涵与良渚文化迥异,而与河南龙山文化王油坊类型相近,绝对时代大约在公元前2300年前后。[④] 由于"广富林遗存"的出现在太湖及杭州湾地区史前文化变迁过程中具有突然性,而且遗址数量不多,持续时间短暂,因此可以推测,这一遗存的创造主体应该是南迁的中原部族集团。有研究者指出,宁波小东门遗址第3期文化遗存中发现的主流鼎

---

① (汉)司马迁《史记》卷四一《越王句践世家》,中华书局1998年版。
② (汉)赵晔《吴越春秋》卷六《越王无余外传》,江苏古籍出版社1986年版。
③ (汉)袁康《越绝书》卷八《外传记地传》,上海古籍出版社1992年版。
④ 上海博物馆考古研究部《上海松江区广富林遗址1999—2000年发掘简报》,《考古》2002年第10期。

型——侧扁足鼎与"广富林遗存"的侧装三角足鼎相似,①可以推测,"广富林遗存"因素在河姆渡后续文化之后很可能进入了宁波地区。所处时代为夏——商代晚期的宁波早期青铜文化涵纳了更多中原文化因素,例如,塔山遗址第4文化层中发现有三足盘、觚等中原文化系统的陶器。良渚文化末期到青铜文化早期,包括宁波地区在内的环杭州湾地区与中原地区保持了较密切的联系,这很可能就是"禹之苗裔"传说产生的历史背景。

目前可以确定的年代上限最古的于越文化遗址是绍兴陶里壶瓶山遗址。② 壶瓶山遗址共有5期,从晚商一直延续到战国晚期,文化内涵一脉相承,具有明显的连续性。绍兴古称会稽,是越国文化的中心,壶瓶山遗址春秋时期以后的遗存无疑应属越国文化,春秋以前的遗存恰在马桥文化之后,一方面继承了很多马桥文化的因素,又有不少发展变化之处。尤其值得注意的是,马桥文化时期常见的北方因素在壶瓶山早期遗存中基本不见,壶瓶山早期遗存应该代表了于越族的早期文化。

宁波地区毗邻于越文化的中心——绍兴,地处于越文化区的东端,考古学文化面貌与绍兴地区基本一致,而史书上提到的越国的东疆也在宁波一带。《国语》记载,句践时期越国的疆域"南至于句无,北至于御儿,东至于鄞,西至于姑蔑,广运百里"③,其范围覆盖了今天的宁绍和杭嘉湖地区,并且沿富春江、浦阳江谷地延伸至浙江内地的金衢盆地。此处所谓"鄞"的具体位置虽然难以考证,但是在今宁波域内当属无误。又据《吴越春秋》记载,句践受释归越后,吴王"增之以封,东至于句甬,西至于檇李,南至于姑末,北至于平原,纵横八百余

---

① 浙江省文物考古研究所《宁波慈城小东门遗址发掘简报》,《东南文化》2002年第9期。
② 浙江省文物考古研究所、绍兴县文物保护管理所《绍兴陶里壶瓶山遗址发掘简报》,《浙江省文物考古研究所学刊》,第126~154页,长征出版社1997年版。
③ (春秋)左丘明《国语》卷二〇《越语上》,商务印书馆1958年版。

里"①,句甬即今三江平原一带。将这些史料结合先越—越国文化的考古资料来看,宁波地区在两周时期属于越族传统活动区域的东境,也是早期越国的东疆。

句践灭吴之后,越国不仅吞并了吴国的全部领土,还一度徙都琅琊,将统治区域拓展到了胶东半岛南部,尽管如此,宁绍地区作为越人的文化故园与经济后方,始终是越国统治空间扩张与收缩的原点。公元前4世纪后半叶,渐趋式微的越政权在楚人的打击下土崩瓦解,越族集团"以此散,诸族子争立,或为王,或为君,滨于江南海上,服朝于楚"②。公元前222年,秦王翦灭楚,又乘胜破会稽,降越君,置会稽郡。在越国解体至六国归秦的一段历史时期里,残越势力退守于越故地,地处海滨的宁波无疑仍是越人栖息之所。

二、关于宁波地区早期城邑的出现

宁波地区有史可征的早期城邑有三处,分别是句章、鄞、鄮,这三处城邑在汉代均为县邑,属会稽郡治下。③ 关于这三邑的起始年代是否能够上溯至先秦时期,还需结合文献资料和考古材料具体分析。《宝庆四明志》中记载,句章、鄞、鄮最初为越国采邑,秦时成为会稽郡属县。④ 然而,《宝庆四明志》系南宋志书,应该查对前代史书以对其记载的可信性进行核实。

句章城始于春秋越国时代一说,最早的史料根据是北魏阚骃《十三州志》。《十三州志》原书久佚,书中关于"句章"的记载见于《后汉书·臧洪传》章怀太子注的引文:"十三州志云:句践之地,南至句无,

---

① (汉)赵晔《吴越春秋》卷八《句践归国外传》,江苏古籍出版社1986年版。
② (汉)司马迁《史记》卷四一《越王句践世家》,中华书局1998年版。
③ (汉)班固《汉书》卷二八上《地理志》,中华书局1987年版。
④ (宋)《宝庆四明志》卷一《沿革论》,《宋元方志丛刊》本,中华书局1990年版。

其后并吴,因大城句,章伯功以示子孙,故曰句章"①。因此,如果阚说无谬,句章为句践始建。

关于句章的具体位置,唐代张守节《史记正义》云:"句章故城在越州鄮县西一百里。"②南宋罗濬《宝庆四明志》卷一七则说:"古句章县在今县(慈溪)南十五里,面江为邑,城基尚存,故老相传曰城山,旁有城山渡,西去二十五里有句余山。"③明确指出汉晋句章故城在"城山渡"。2009年6月,经过6年多的考古勘探与发掘后,宁波市文物考古研究所明确了句章故城的具体位置,即今宁波市江北区慈城镇王家坝村一带,即"城山渡北"。④

句章故城南临姚江。姚江顺流东去,经三江口入甬江,再北行从镇海浃口(今宁波镇海区)入海。姚江流域农业开发历史很早,是浙东新石器时代聚落遗址的主要分布区,著名的河姆渡新石器时代早期遗址就位于城山句章故城约3公里处。1981年5月,在城山渡附近的乍山中学校址发现了商代晚期至西周时期的文化遗存,出土遗物有夹砂红陶的釜、鼎和泥质红陶的罐、碗以及杵、锛等石器,此外,还发现了战国时代的印纹陶。1995年5月,又在城山发现了周代的土墩墓,发掘出原始瓷等随葬品。⑤

"鄞"作为地名,始见于《国语》,《国语》中说句践时期越国疆域"东至于鄞"。但是,《国语》中提及的鄞,究竟指的是一个区域,还是一个城邑,则不得而知。《宝庆四明志》之前的其他史料有关先秦鄞地的记述也大都是援引《国语》旧句,因此,鄞在春秋战国时代是否已经立为城邑,有待进一步考证。关于鄞地的位置,一般认为是在今鄞州

---

① (南朝·宋)范晔《后汉书》卷五八《臧洪传》,中华书局1987年版。
② (唐)张守节《史记正义》卷一一四,中华书局1982年版。
③ (宋)《宝庆四明志》卷一七《慈溪县志》,《宋元方志丛刊》本,中华书局1990年版。
④ 《宁波史上最早城市位置之谜揭晓》,《宁波日报》2009年6月24日第10版。
⑤ 林士民《三江变迁——宁波城市发展史话》,第9~10页,宁波出版社2002年版。

和奉化一带,奉化白杜有汉代至隋代的鄞城故址,其西北约 5 公里处是鄞州横溪镇钱岙遗址。钱岙遗址是探索先秦鄞地的重要资料,该遗址文化内涵丰富,年代从商代中晚期延续至春秋战国时期。[①] 此外,鄞州的韩岭乡、甲村乡、邱隘镇、姜山镇、望春镇和洞桥镇等很多地方都出土了两周青铜器。[②] 因此,从考古资料来看,春秋战国时代的鄞地是越国人口聚居之地,即使不存在城邑,也应该分布着大型聚落。

与"鄞"有关的《宝庆四明志》以前的文献,大都只能证明鄞最早为汉县,几乎没有资料可以证明鄞城始于春秋越国时期,而汉鄞城故址所在地——宝幢同岙位于今鄞州与北仑交界区域,附近尚未发现两周遗址,又偏离了鄞州区内两周青铜器的主要出土地,因此,鄞为越邑说缺乏文献与考古的依据。

三、青铜时代宁波的社会经济

(一)农业和手工业

青铜时代古越人基本上沿袭了新石器时期以来的稻作生产的传统,随着金属器具的使用,生产效率得到提高。越国地区的青铜器以青铜兵器和农具居多,而宁波发现的周代青铜器尤以农具为大宗,种类包括斧、铲、锸、削、耙、锄,数量占全部青铜器的 60% 以上,可见,青铜器在当时已经进入农业生产领域。目前宁波地区考古发现的青铜时代的稻谷遗存为数很少,鄞州钱岙遗址第 3 层(商代中晚期)出土了炭化稻谷。

宁波地区水网密布,两面濒海,捕捞业自然成为栽培农业的补充。

[①] 宁波市文物考古研究所、鄞县文物管理委员会办公室《宁波钱岙商周遗址试掘简报》,《东南文化》2003 年第 3 期。
[②] 张德华《鄞县出土的两周青铜器》,董贻安《浙东文化论丛》,第 126~131 页,中央编译出版社 1995 年版。

在河姆渡时期,"饭稻羹鱼"就已经成为浙东先民生活的一个基本特质。《国语》记载,越自建国即"滨于东海之陂,鼋鼍鱼鳖之与处,而蛙黾之与同渚"①,濒海的地理条件带来了渔捞之利。

青铜时代宁波地区的手工业有据可考的主要有制陶和纺织。在陶器制作上,轮制技法已经得到推广,陶器种类除了新石器时代的夹砂陶和泥质陶,又增加了使用瓷土制成的印纹硬陶。作为生活日用品的陶器,在宁波地区青铜时代的各遗址中是出土数量最多的遗物,其中多数应该是当地的制品。宁波地区西周和春秋战国的遗址中发现有石制和陶制的纺轮,证明了当时纺织业的存在。越地纺织业一直以生产麻、葛织品为主,麻、葛织物的主要原料是葛麻、苎麻等,用其纤维织布,首先必须加以沤、漤,进行脱胶处理以使之柔软。《越绝书》记载,会稽附近有"葛山",专用于种葛,并"使越女织治葛布"以献于吴王。②

上节已经言及,春秋战国时期宁波地区的青铜器具应该主要来自绍兴地区。的确,目前宁波地区尚未发现铸铜作坊遗址,但是,1993年8月北仑区柴桥镇沙溪村驼山印纹陶遗址出土了一个青铜块,重为1.5公斤,有切割断面,类似的青铜块亦见于台州地区的临海和仙居。③ 这种青铜块可能是用于制作青铜器具的铜材,如果推测无误,那么商周时期宁波和台州一带利用铸就的铜材加工青铜器具的可能性就应该存在。

(二)水上交通

宁波地区位于中国大陆海岸线的中部,北、东两面临海,境内姚江和奉化江汇成甬江注入大海,临江濒海的地理环境赋予宁波优越的水

---

① (春秋)左丘明《国语》卷二一《越语下》,商务印书馆1958年版。
② (汉)袁康《越绝书》卷八《外传记地传》,上海古籍出版社1992年版。
③ 陈美丽《从北仑出土青铜块谈起》,《浙东文化》1995年第1期。

上交通条件。

早在河姆渡文化时期,舟船之便在宁波地区就得到了利用。在西周时期,"舟"则成为于越人的文化标识物,《艺文类聚》卷七一引《周书》云:"周成王时,於越献舟"①。《越绝书》也说:越人"水行而山处,以船为车,以楫为马,往若飘风,去则难从"。而且,从史料来看,于越人已经将水上交通的范围延伸至大海。《国语·吴语》中记述,鲁哀公13年(公元前482年),越王句践趁吴王夫差北上争做盟主之际,"命范蠡、舌庸,率师沿海泝淮,以绝吴路,败王子友于姑熊夷"②。此外,据《史记·越王句践世家》记载,越国大夫范蠡辅佐句践灭吴称霸功成之后,"乃装其轻宝珠玉,自与其私徒属,乘舟浮海以行,终不反,于是句践表会稽山以为范蠡奉邑。范蠡浮海出齐,变姓名自谓鸱夷子皮,耕于海畔,苦身戮力,父子治产,居无几何,致产数千万"③。越师由海上北进至淮的路线,与范蠡举家浮海至齐的路线实际上是一致的。

有关先秦时期宁波地区的港埠或船场遗迹的考古调查迄今仍未取得突破性进展,一些研究者认为,城山句章故城应是我国最古老的海港之一,在春秋战国时期与碣石(今秦皇岛)、转附(今烟台)、琅琊(今山东胶南县)、会稽并列为全国五大港口。虽然这一说法仍缺乏足够的佐证,不过,句章故城位于姚江滨,其沿江水运之便自不待言。此外,慈溪至北仑沿海一线是宁波地区土墩墓的主要分布区,可以推测这一带在两周时期应有不少的聚落存在,沿海聚落构成海上捕捞和海上交通的据点。句践灭吴之后,曾打算将吴王夫差囚禁于甬句东,④甬句东即今舟山。由此可以推测,当时从宁波一带浮海至舟山的航路应该是比较畅达的。海上交通的发展,还为浙东越人迁徙到沿海岛屿创

---

① (唐)欧阳询《艺文类聚》卷七一《舟车部》,上海古籍出版社1982年版。
② (春秋)左丘明《国语》卷一九《吴语》,商务印书馆1958年版。
③ (汉)司马迁《史记》卷四一《越王句践世家》,中华书局1998年版。
④ (春秋)左丘明《国语》卷一九《吴语》。韦昭注:"甬句东,今句章东海口外洲也。"

造了更为便利的条件。史书上所说的"外越人",可能就是从大陆迁居到海岛上的越人及其先民。

宁波地区还出土了一些与水上航行有关的文物,如北仑柴桥镇洪溪村长墩岗春秋晚期土墩墓出土有青铜锚。① 还有前文提到的1975年鄞州甲村石秃头出土的战国铜钺,下部铸有狭长轻舟,上坐四人,戴羽冠,双手划舟,纹饰上层有两条相向的龙,前肢弯曲,尾向内卷,昂首向天。这是我国已发现的唯一有此类纹饰的铜钺,这从一个侧面证明了青铜时代宁波水上交通的活跃。

---

① 《镇海县志》办公室《北仑古迹》,《北仑文史资料》(内),第113~119页,1990年第1辑。

第三章
秦汉时期的宁波

- 秦始皇东巡与宁波社会
- 西汉时期宁波的社会经济
- 东汉时期宁波的社会经济
- 两汉时期的宁波文化

浙江地区归历代王朝统一管辖,是从秦王朝开始的。秦朝开始在宁绍平原上设县,但自秦直至西汉建国后的二百余年内,中央王朝对江南的开发并不重视。大约自西汉中叶开始,宁波经济才进入了缓慢的复苏期。

第一节　秦始皇东巡与宁波社会

秦灭楚后,于公元前221年发动对百越的第一次进攻,秦将王翦遂"定荆江南地,降越君,置会稽郡"①。这个会稽郡治设在吴,包有今江苏东南部和浙北地区。据谭其骧主编的《中国历史地图集》,会稽郡秦置县有22个,在今浙江省境内的有15个,宁绍平原上有山阴、诸暨、句章、鄞4县。②这样,宁绍平原第一次纳入了秦王朝的统治网,在政治上拉紧了与中原联结的纽带,同时必然地促进了中原文化的传播及与土著文化融合的历史进程。而且秦时浙江所置诸县,绝大部分集中在浙北的杭嘉湖平原和浙东的宁绍平原,今之台温地区,秦时尚未

---

① （汉）司马迁《史记》卷六《秦始皇本纪第六》,中华书局1998年版。
② 按:（清）全祖望《鲒埼亭集外编》卷四九《浙东分地录》云:"盖秦时会稽之东,自浙江隔岸为乌伤诸县,迤逦至于山阴,又东自余姚、句章至于鄞而止",认为宁波之地秦所置县有余姚、句章、鄞,而无鄞县,但下文又说"句章、鄞皆秦之旧也",不免自相矛盾。此采乐承耀之说,见其《鄞县建县时间考》一文,《中共宁波市委党校学报》2000年第4期。一说秦代尚置有鄞县和余姚县,特别是秦置鄞县说,似亦有相当理由,不宜轻易否定。审慎一点,不妨两说并存。

设县,这样就更突显了宁绍平原沿海诸县在浙江疆域中的政治地位,这就为秦始皇之涉海行动创造了必要的条件。

一、秦始皇东巡越地

秦始皇统一中国后,宁绍平原虽然已置于秦王朝的管辖范围,但其居民构成仍以越人为主,汉化的进程十分滞缓,特别是像风俗习惯、价值观念等深层次的文化内容,并非一朝一夕可以改变。如越地的风俗原本十分拙朴,不仅仍保留着浓厚的原始宗教和鬼神祭祀,而且礼教观念十分淡薄。但秦始皇却于公元前210年"上会稽,祭大禹,望于南海,而立石刻颂秦德"①。细思起来,秦始皇东巡越地的目的可谓一石三鸟。

首先是为了匡正浙地的民风。其碑文云:"饰省宣义,有子而嫁,倍死不贞。防隔内外,禁止淫佚,男女絜诚。夫为寄豭(按:《索隐》云:豭,牡猪也。言夫淫他室,若寄豭之猪也。),杀之无罪,男秉义程。妻为逃嫁,子不得母,咸化廉清。"②针对会稽之民男女性关系自由(实际上是南方母系社会的遗俗)等情况,秦始皇力图用严厉的制裁办法纠正之,使会稽郡的民风能同化于中原风俗。因此,范文澜认为:"《会稽刻石辞》特别着重在'禁止淫佚',宣告用严刑来矫正,使不异于中原风俗。"③秦始皇此种异乎寻常的做法,还是有助于推进越地的汉化进程的。

其次是为了分化和削弱反秦势力。秦始皇统一中国以后,六国贵族有不少逃亡到吴中地区,隐匿民间,进行反秦活动。《史记·高祖本纪》记载:"秦始皇常曰'东南有天子气',于是因东游以厌之。"所谓

---

① (汉)司马迁《史记》卷六《秦始皇本纪第六》,中华书局1998年版。
② (汉)司马迁《史记》卷六《秦始皇本纪第六》。
③ 范文澜《中国通史简编》,第16页,人民出版社1964年版。

"东南有天子气",不过是秦始皇从维护封建中央集权出发而对当时吴中地区反秦势力所作的政治估计。秦始皇亲自出巡会稽的一个政治目的,就是要削弱这些反秦势力。他在会稽刻石中一方面抨击六国贵族"暴虐恣行","数动甲兵",另一方面热烈颂扬统一,"六合之中,被泽无疆","人乐同则,嘉保太平"。① 秦始皇为了分化于越贵族的血缘力量,采取了强制性的移民政策,"徙大越民置余杭、伊攻□故鄣,因徙天下有罪适吏民,置海南故大越处,以备东海外越(按:当指舟山群岛一带的越人)"②。《越绝书》卷二也云:"乌程、余杭、黝、歙、无湖、石城县以南,皆故大越徙民也,秦始皇帝刻石徙之。"这说明秦始皇为了防止大越、外越的反抗,将故大越中心(山阴)的越人迁徙到了浙西、皖南一带。秦始皇又将"天下有罪吏民"发配到大越中心,以增强备御外越的力量。秦始皇强行移民的结果,固然加速了中原文化与吴越文化的融合,但是由于战国后期以来战争的创伤和境内人口的剧减,使浙东地区的经济、文化发展的逆转趋势并未得到有效拨正,仍处于停滞不前的低迷状态,甚或更沦为荒服之地。考古发现的秦汉时期宁波古墓葬随葬品材质差,种类单一,从一个侧面看出秦至西汉初期这一带社会经济的凋敝状态。

其三,是为了"冀遇海中三神山之奇药"③。《史记·封禅书》记载:"始皇南至湘山,遂登会稽,并海上,冀遇海中三神山之奇药,不得,还至沙丘,崩。"看来,秦始皇这次确实是到了海边。秦始皇之"望于南海"恐怕不是简单地观赏大海,所谓"望"其实应解释为古代的一种祭礼,④

---

① (汉)司马迁《史记》卷六《秦始皇本纪第六》,中华书局1998年版。
② (汉)袁康《越绝书》卷八《外传记地传》,上海古籍出版社1992年版。
③ (汉)司马迁《史记》卷二八《封禅书第六》。
④ 《书·祭典》云:"类于上帝,禋于六宗,望于山川,遍于群神。"后人之注皆以"类、禋、望"为祭名。(晋)范宁《春秋穀梁传注疏》卷九引郑康成之说云:"郑君曰:'望者,祭山川之名也。'"按,秦始皇巡至云梦,也曾望祭虞舜于九嶷山。(宋)刘昌诗《芦浦笔记》卷四"尧庙"条云:"尧庙则因山而立,郡每岁于水际望祀。"(中华书局1997年版第31页)可见直到宋代某些地方还有望祭的遗俗。

"望"必然地包含着对"海"的重大企求,因此秦始皇必须实实在在地接触大海。司马迁虽然没有写明"海上"的具体地点,但结合其他文献材料,秦始皇为东观沧海求仙药,完全有可能到达句章境内。晋代陆云《答车茂安书》以为秦始皇"身在鄮县三十日",固然不能完全凭信,①但也并不是空穴来风,一些地方文献上记载秦始皇到过句章的达蓬山(今属慈溪市)恐是一时难以完全否定的。早在汉时问世的《越绝书》就曾记载秦始皇渡浙江以后的巡游路线:"东奏槿头,道度诸暨、大越。"②这里所说的"奏"即趋向,是指向交通线的终点目的地,而"度"表示途中经过之地。槿,即堇,后鄞州以此为名,"头"乃浙东滨海地带的通名。③ 看来,《越绝书》的作者已认定秦始皇这次东巡到达了越之东鄙的鄞地(应该包括句章和鄮),后《元丰九域志》亦云:"秦始皇驰道:……秦始皇至会稽句章,渡海经此。"④《宝庆四明志》卷十六亦有这样的记载:"大蓬山,在县东北三十五里……秦始皇至此,欲自此入蓬山,故号达蓬。"达蓬山东临沧海,多海市蜃楼,确实是一处寻觅海上缥缈的蓬莱神山的理想之所,所以历代留下了大量秦始皇于此驻跸的传说,如埋马山、千人坛、小休洞等。鄞地历来相传秦始皇曾登上大雷山望海,故沿大雷尖周围的村落,保存有一组祀秦始皇的庙宇。⑤ 不管历史的真相如何,秦始皇的东巡必然贯彻了他的求仙行动。自秦之后,浙东仙风愈演愈烈,这

---

① 桂心仪《始皇可曾到鄮县》,《宁波晚报》1999年7月15日。
② (汉)袁康《越绝书》卷二、卷八,上海古籍出版社1992年版。
③ 详细的论证见祝求是《望祭与秦始皇巡游会稽之行踪——兼辨秦始皇到过宁波沿海》,宁波文化研究会编《宁波文化研究》(内)2002年卷。
④ (宋)王存《元丰九域志》附录《新定九域志》卷五,中华书局2005年版。又见(元)徐硕《至元嘉禾志》卷一四引《舆地志》,《宋元方志丛刊》本,中华书局1990年版。
⑤ 翁绍初《秦始皇在鄮县活动的探论》,见《鄞州文史》第三辑(2007年)。按,(明)孙能传《剡溪漫笔》卷四"会稽祀始皇"条云:"会稽旧祀秦始皇,刻木为像,与夏禹同庙。汉末,太守王朗以为无德之君,不当见祀,于是除之。"(北京中国书店1987年影印本)笔者认为,大雷尖一带旧祀秦始皇,乃秦汉时期会稽一带遍祀秦始皇风气之孑遗,因其山高地僻,遂不受汉末太守王朗之除的影响。故大雷尖一带的庙祀信仰,未必能成为秦始皇登上大雷尖之证。

应该与秦始皇求仙活动的推波助澜分不开。

二、徐福东渡起航达蓬山的传说

徐福试航探海活动,始于秦始皇二十八年(前219年),大规模的海上活动计有4次,前后10年,最后率领三千童男童女,杂以"百工","资之五谷"赴海渡日,"得平原广泽,止王不来",①成就了千古伟业。大约100年之后,司马迁在《史记》中多次记述了徐福东渡,与太史公同时代的东方朔在《海内十洲记》中也记述了秦始皇遣徐福发童男童女入海寻"不死之药"的事。但是,徐福从何处入海,又到了何地,无论是太史公还是东方朔,都没有明确说明。现在我们能够看到的,多是后世各地方志记载的传说。我们注意到,有关徐福入海的传说,大体上分布在北起渤海湾,南到宁波、舟山一带的沿海地区,与秦始皇北游碣石、南登会稽的史实,在地区的分布上是吻合的。传说虽然不是信史,但也总带有一些历史的影子,所以合乎情理的解释是徐福船队为了寻找理想的出海口,都到过这些地方,并都留下了活动的踪迹。

那么,徐福东渡的起航点究竟在什么地方?目前学术界提出了河北秦皇岛说、江苏连云港说、广东沿海说和浙江宁波—定海说等。也许,徐福东渡作为有组织、有计划的全国性出海行动,是分期分批的,起航地点并不只是一处。这里我们无意否定其他诸说的合理性,同时我们认为1989年罗其湘教授首先提出的慈溪达蓬山也是徐福东渡的

---

① (汉)司马迁《史记》卷一一八《淮南衡山列传》,中华书局1998年版。

起航地之一的学术见解,也有某些不容忽视的合理成分。①

综合多方面的意见,主张慈溪达蓬山是徐福东渡起航地的证据有以下几个方面:1. 有丰富的地方文献可资查证。慈溪、定海、鄞州、象山等地的方志都有关于徐福在此活动的记载。② 还传说有东海野人庚定子,曾从徐福入海,后亡匿姓名,当地人称为"白水郎","脂泽悉用鱼膏,衣服兼资绢布"。③ 2. 有大量遗迹可资辨析。这一带的地面遗迹如千人坛、小休洞、磨坊岗等,蕴含了生动的历史传说;至今达蓬山上所谓"秦渡庵"(应为净土庵之讹)遗址,庵旁岩壁还刻有画像一组,高1.2米,宽3.5米,画面有波涛滚滚的大海,有颠簸航行的船只,有牵羊过桥的人物,有骑在鹿背上的仙道,内容与求仙、下海、航渡有关;徐福要实现东渡的计划,必定需要血缘氏族关系的庇护和支持,徐福所带三千人员必以"徐家军"为主体,而达蓬山民全为徐姓,相传为西周时逃亡到甬东的徐偃王后裔,今已迁至山麓,村名岙底徐,那里至今还流传着许多徐福东渡的故事。3. 有优越的地理条件可供利用。这里经常出现海市蜃楼,为此清代大儒黄宗羲曾专门写过一篇《海市赋》。古人不明"海市"的成因,"海市"的出现更激发了他们的求仙行动和入海欲念。这里又有优良的港口,春秋时脱颖而出的古句章港就在达蓬山附近,历史上环绕在达蓬山麓的众多湖泊有的应属于当时的港口遗址,流传的许多地名也暗示了这里曾经是港口作业区。这里的人民自古"以舟为车,以楫为马",有较为丰富的近海航海经验。从航海条件

---

① 罗其湘《徐福东渡起航地新考》,《淮海论坛》1989年第3期。按,最早将达蓬山与日本徐福遗迹联系起来的实为晚清慈溪人尹金荄,其所作《千人坛寻徐福遗迹》诗云:"秦政渎王纲,徐福思遁迹。荒幻托神仙,望海千人石。相将童男女,楼船去飘忽。开国烟水中,避地蛟龙窟。比似桃花源,风景尤遐僻。至今海东国,庙食缅遗泽。"自注:"妹婿邵月亭尝客日本,为余言日本九岛皆有徐夫子庙,祀徐福,一如中国尊礼孔子。"尹诗见《四明清诗略》卷二九。
② 参见青毅《达蓬山徐福文化扫描》,韩星波、兴高《徐福研究资料》,均见《宁波师院学报》1996年第2期。
③ (宋)乐史《太平寰宇记》卷九八,《四库全书》文渊阁本。

来说,徐福选择达蓬山下海也是最为便捷和理想的。因为这里距日本的直线距离仅几百公里,与其他航道相比,这里的逆风和全年的大浪频率比较低,同时途中少险阻暗流。船队还可以利用季风和海流的自然动力。特别是黑潮,在沿亚洲大陆东岸北上途中,因受地球自转偏向力的影响,到杭州湾口和长江口一带时,改为向北偏东方向,流向日本列岛。从达蓬山出发的船队,经杭州湾入外海后,完全可以汇入这股黑潮,然后凭借黑潮的流向和季风的助行,被动地飘航到日本列岛。正如日本《秦徐福碑》所记载:"今吴越之船,漂来于此者,不可胜数。"至于徐福在日本的登陆处,日本民间传说有二十多处,以佐贺为最多。从海流、风向来看,漂流到九州岛岛西北的佐贺,确实是最理想的猜测。[①] 以上都说明当时的句章港完全有能力为徐福船队东渡日本提供必要的条件。4.有丰富的考古资料为之佐证。大多数学者认为两千多年前徐福等大批大陆的"渡来人",是导致日本历史"突变"的根本的、直接的原因。而考古发现证实,日本古代的稻作文化、装饰文化、居住文化、葬俗文化等,均与越地有着大量内在的渊源关系。[②]

作为中外文化交流的先驱,徐福率先开辟了中日的海上交通,其

[①] 2000年8月在宁波召开的中韩航海学术交流会中,韩国学者提出徐福船队从达蓬山海域扬帆东渡,途经韩国,在韩国济州岛南岸登岸,经一段时间休整和补给后继续东渡,最终到达日本。相关报道见《宁波晚报》2000年8月25日第1版。1997年6月15日韩国探险协会(加入了一名中国队员)搭乘"东亚地中海号"无动力竹筏从舟山朱家尖出发进行第二次漂流,7月1日经过黑山岛,8日成功驶入了目的地仁川港。参见曹永禄《竹筏"东亚地中海号"黄海漂流的意义和中韩交流史研究课题》,见《文化的馈赠——汉学研究国际会议论文集》,北京大学出版社2000年版。

[②] 参见徐萧《徐福东渡起航为何选在慈溪》,《宁波晚报》1987年1月18日;董楚平、董有华《宁波周围地区关于徐福入海求仙的传说与遗迹》,《徐福研究论文集》,中国矿业大学出版社1988年版;章均立《慈溪达蓬山为徐福东渡起航地的考证》,《浙东文化》1995年第1期;周乃复《从背景材料看徐福东渡起航地——达蓬山》,《宁波日报》1997年1月14日;陶和平《再论徐福求仙与岱山古称蓬莱的关系》,《岱山县文史资料》1997年第5辑;毛昭晰《关于徐福东渡的几个问题》,《宁波日报》1998年9月9日;王心喜《徐福东渡飘航之路与稻作东传》,《浙东文化》2001年第2期。当然,还有一批学者如方祖猷、林士民、钱茂伟等持否定的意见。

东渡的国际影响非常深远。虽然徐福东渡的历史真相至今扑朔迷离，但从慈溪达蓬山入海的传说能够流传至今，总是有一定的史实为依据的，当然，蕴藏在其背后的史实之谜尚有待于进一步探揭。

第二节　西汉时期宁波的社会经济

西汉政府首先在政治上加强了对浙东的行政管辖，自瓯越、闽越平定之后，浙东地区的社会环境相对稳定，宁波经济开始缓慢复苏。

一、行政建置

西汉时期，政府对边区的开拓，重点是用兵西北，对江南的开发未能引起足够的重视。在西汉二百余年间，浙江地区增置新县不多，但在宁波平原上，在秦朝原有的句章、鄞二县的基础上，又设了鄮和余姚两县。鄮县的范围相当于今江东区和鄞州东乡地区，县治在今阿育王寺附近的鄮山同谷（即今五乡镇同岙村村口山谷）。《宝庆四明志》卷十二"鄮山"条引唐梁载言《十道四蕃志》云："以海人持货贸易于此，故名。"又云："县居鄮山之阴，乃加邑为鄮。"明张时彻《嘉靖宁波府志》卷五"同谷山"条云："先时山麓与海相际，海中百货入此贸易，故谷口旧名后塘街，此为鄮县故城无疑。"[1]该地一直到东汉时期陆路交通还很不便，刺史虞孟到甬地，"乘法驾骓骖衔命理冤"，但因鄮治的路很偏僻难行，遂流露出不愿巡行其地之色。[2] 余姚县的范围主要是今天的慈溪、余姚两市的部分地区。

---

[1]　（明）张时彻《嘉靖宁波府志》卷五，《中国方志丛书·华中地方》第495号，台湾成文出版有限公司影印明嘉靖三十九年刊本，1983年版。
[2]　（晋）虞预《会稽典录》卷上《高丰》，《四明丛书》本。

西汉建立后的最初100年里,今宁波一带纳入了王国管理的统治体制。公元前206年,西楚霸王封英布为九江王,以六安(今安徽六安北)为王都城,统有彰、会稽、九江三郡境域。句章、鄞、鄮属九江国。汉高帝六年(前201年),立刘贾为荆王,句章、鄞、鄮三县属荆国。十二年(前195年),高帝立兄子刘濞为吴王,句章、鄞、鄮三县属吴国会稽郡。汉景帝三年(前154年),吴王刘濞联络楚王刘戊等七国以"诛晁错"为名,乘机起兵,大将周亚夫击败七国叛军,刘濞被杀,立汝南王刘非为江都王,句章、鄞、鄮三县属江都王会稽郡。汉武帝元狩二年(前121年),江都王刘建因荒淫获罪,国除。

鉴于王国体制带来的种种问题,汉武帝元封五年(前106年)废除王国,全国置朔方、冀、扬等州,共13部,各置刺史,句章、鄞、鄮三县并属扬州会稽郡。三门湾地区在汉武帝平定东越国叛乱后亦并入会稽郡,设立回浦县,并为东部都尉(郡的武官,边郡代行太守职),加强对浙南的管理。回浦县治最初有可能设在今宁海县回浦乡,①后徙章安(今椒江口),阳朔元年(前24年)又徙回,亦曾徙鄞与句章。这样,在仅有500多平方公里的四明地区,最多时竟出现了5个行政县建制。据统计,西汉扬州之会稽、丹阳、豫章三郡,总面积445887平方公里,占当时全国总面积的11.31%,有县级城市61个,城市平均密度为7309.6平方公里一座,远远低于平均水平。而同时期的江淮间豫州、徐州县级城市平均668平方公里一座,黄河中下游的司隶部、兖州、青州、冀州的县级城市平均711平方公里一座。② 以此作参照,当时宁波

---

① 按,史籍多指回浦为临海地,如《元和郡县志》卷二七云:"后以瓯地为回浦县,属会稽。后汉改回浦为章安,晋立为永嘉郡。"(宋)吕祖谦《大事记解题》卷一二"以东瓯地立回浦县"条注云:"据《舆地广记》,温、台、处皆东瓯地也。回浦今台州临海县也。"但另有一说是指在今宁海之回浦乡。(梁)沈约《宋书》卷三五引《晋太康记》云:"本鄞县南之回浦乡,汉章帝章和中立。"《嘉靖宁波府志》卷一《沿革》云:"回浦乃今奉化回浦乡,联临海东北地,即今宁海县是。东汉始为章安,是时盖为回浦。"这种史籍记载的矛盾可从动态变迁中得到理解,盖回浦县治最初可能设在今宁海县回浦乡,后徙章安(今椒江口)。
② 黄今言《秦汉江南经济述略》,第211页,江西人民出版社1999年版。

地区县级城市的密集程度之高,在全国实属罕见。

尽管西汉宁绍地区的县级城市分布的密度很高,但人口密度似乎不高。秦统一后,宁绍地区的越人因遭到秦始皇的强迫迁移而流散,迁入的有罪吏民估计数量不会太多。到西汉时期,这一地区的人口有所回升。据《汉书·地理志》中的记载推算,当时会稽郡辖26县,平均每县不到4万人。① 司马迁曾经到过会稽,他说这个地方"地广人希",应是目击的事实。尽管如此,宁波境内县级城市分布密度较高这一事实本身表明,西汉一代宁波的经济、文化进入了一个缓慢的发展时期。

秦汉时期对交通道路的管理是比较严格的。当时在各交通路线上建立有亭、邮、驿、传等馆舍和邮驿。秦汉江南地区有关交通的文献资料虽然十分稀少,但也并非毫无留存。如亭建立于交通道路边上,主要任务是给旅客提供住宿服务,此外还负有禁捕盗贼、维护治安的职责。《汉书·地理志》谓鄞有镇亭(位于奉化、宁海、新昌之交界处)、鲒埼亭(即今奉化鲒埼、洪溪一带),这有助于加强对浙东的管理。

西汉政府在政治上加强了对浙东的行政管辖,然而由于毗邻的闽中郡的闽瓯据险抗汉,"欲招会稽之地,以践句践之迹"②,于是浙东也就成为西汉的军事战略要地。会稽和句章继越国之后而成为当时浙东的两大屯扎水师的军港。元鼎六年(前111年),汉越之间的矛盾日益白热化。汉武帝派出四路军从四个方向水陆并进,向闽越进攻,其中三路军均从江西挥师入闽,另一路为"横海将军韩说出句章,浮海从东方往"③。当时闽越的政治中心在福建浦城,韩说的进军路线是从句

---

① 详见乐承耀《宁波古代史纲》,第33页,宁波出版社1995年版;车越乔、陈桥驿《绍兴历史地理》之三,第75页,上海书店出版社2001年版。
② (汉)班固《汉书》卷六四《严助传》,中华书局1987年版。
③ (汉)司马迁《史记》卷一一四《东越列传》,中华书局1998年版。

章出发,进入杭州,溯钱塘江,经仙霞关,在浦城闽越王余善的行宫汉阳城得到越衍侯吴阳的内应,才顺利地打进了浦城。① 在解除了瓯越、闽越的军事威胁之后,浙东地区已处在相对稳定的环境中,加快了开发的进程。

二、经济的缓慢复苏

大约自西汉中叶开始,宁波经济已走出低谷,进入缓慢的复苏阶段。

首先,稻作农业出现了粗放式的"火耕水耨"的耕作方式。所谓"火耕"是指以火烧去田中杂草或稻秆,将草木灰翻入泥土中作为基肥。所谓"水耨"是在初具农田排灌设施的基础上,用水灌田,以满足水稻生长的基本需要。由于熟荒土地上杂草众多,使得除草任务尤为繁重,所以农民有意识地采用水淹来除草,即如《周礼·地官·稻人》说,"凡稼泽,夏以水殄草而芟夷之"。但这种自然水淹法对于陆生草效果较好,而对水生草则收效甚微,为了提高除草效果,必然会采用手耨(用手拔草)和脚耨(用脚踏草)的方法。如《淮南子·泰族训》中记载,在南方稻作农业区,"离先稻熟,而农夫耨之,不以小利伤大获也"。火耕水耨不是最原始的水田耕作方式,已经带有若干进步的技术因素,并节省了人力。② 同时宁波先民也兼取其他耕作技术,如铁器农具的使用等。从绍兴漓渚发现的汉代冶铁遗址推测,浙江地区估计在西汉中叶以后开始使用铁制农具。宁波祖关山西汉后期长方形竖穴土

---

① 陈国强等《百越民族史》,第207页,中国社会科学出版社1988年版。也有学者认为韩说是渡海南下,时在秋天,其航向与东南沿海盛行的偏北季风正好一致,是汉代中国利用季风航海的重要史实,见章巽主编《中国航海科技史》,第299页,海洋出版社1991年版。
② 陈国灿《"火耕水耨"新探——兼谈六朝以前江南地区的水稻耕作技术》,《中国农史》1999年第1期。

坑墓中出土有铁釜,鄞州、象山也出土了汉代的铁制刀、剑等用品,堪资旁证。宁波先民在西汉中后期使用铁制农具进行耕作,应该是符合当时的生产实际的。

其次,陶瓷手工业制造获得了恢复性发展。宁波陶瓷业在先秦时期可能有过繁荣的历史(但至今未发现窑址),但由于楚灭越等战乱的原因,自战国末期以来出现了倒退,在考古中已经很难见到硬陶和原始瓷的踪影。西汉的宁波陶匠在工艺上重新探索和积累经验,终于使原始瓷产品获得恢复性生产。以宁波祖关山西汉竖穴土坑墓中出土的遗物为例,前期所见均为陶器,以鼎、盒、壶、瓿为基本组合,后期则可见原始瓷,如壶。北仑霞浦镇山前村象山南麓西汉古墓群中甚至还出土过彩釉陶罐。

第三,商业经济出现了发展势头。西汉时宁波三江口及近郊地带人口急剧增加,出现了大型聚落,从墓葬中清理出不少非本地产的耐用物品。如祖关山西汉墓葬出土有昭明镜与日光镜,这类铜镜始见于西汉中叶,在北方颇为流行。浙东在西汉时期并没有铜镜制造业,因而它们极有可能是南迁至三江口的北人带来的,当然也不排除直接从北方输入的可能性。至于宁波出土的其他铜器和铁器,则主要来自绍兴,如1977年鄞州莫枝出土东汉禽兽纹规矩镜,极有大可能是从铸镜中心绍兴输入的。这些出土文物表明当时的商品交换已有一定规模。西汉五铢钱币的大量发现,也证明四明地区金属货币被普遍使用,已成为商品交换和流通的媒介。

鄮县的近海贸易一直比较发达。鄮县县治在今鄞州东乡宝幢附近,因地有贸山而得名。鄮廓有一条与甬江平行的短源性河流小浃江通海,《十道四蕃志》说:"以海人持货贸易于此,故名。县居鄮山之阴,乃加邑为鄮。"①《宝庆四明志》卷一《风俗》亦云:"古鄮县乃取贸

---

① (宋)《宝庆四明志》卷一二引,《宋元方志丛刊》本,中华书局1990年版。

易之义,居民喜游贩鱼盐,颇易抵冒。"此所谓"海人",当指定海、舟山岛民或蛟川滨海地区的居民,他们从海口溯小浃江来到鄮廊进行贸易活动。这是史籍明确记载的宁波近海贸易的发端。同谷山口的后塘街,一般认为在汉时即已形成。《四明谈助》卷三二云:"汉后塘街,在县东同谷山口,因是时鄮县在谷中,海人集货贸易于谷口,以在海塘之后而名之也。"至今鄮廊的遗迹虽然荡然无存,但鄮山脚下及其附近尚存有"晒网山"、"鱼山岙"、"船夹岙"等耐人寻味的名字。

令人遗憾的是,句章港作为军港的性质限制了港口的功能,因而历史上句章港很少有与贸易相关的记载,可能只有简单的物物交换。《后汉书》卷三三《郑弘传》云:"旧交趾七郡贡献转运,皆从东冶泛海而至。"可见西汉时中原与交趾的海上交通,是以会稽郡的东冶港(今福建福州市,一说在章安)为转运停泊站的,句章港在货物运输上几乎没有多少地位可言。

从整体上来衡量,西汉浙东仍处于原始性开发阶段,在司马迁眼里,那是一块水重而浊、民愚而垢的荒蛮之地,更谈不上有多少文化建设了。诚如陈桥驿等先生论西汉时期的绍兴历史时所说:"这一段时期,有关这一带的记载极少,大概也是这个地区发展缓慢的时期,与全国其他发达的地区相比,这里显然是个落后地区。"①那么,在秦汉一统时代,宁波为什么没有掀起新一轮的拓殖高潮呢?这可以从内外两方面找原因。一是秦汉时代宁绍地区还缺乏对该地区发展具有特别意义的水利建设上的突破,不能从根本上解决大自然设下的重重难题——最主要的难题莫过于"山洪泛滥"与"咸潮顶托"两项了,因而缺乏打破孤立分割,达到整体扩张的机制。② 更进一步看,其时宁波地区的自然资源丰富,山前台地式的开发水平足以承载不多人口的实际

---

① 车越乔、陈桥驿《绍兴历史地理》之一,第11页,上海书店出版社2001年版。
② 曹屯裕《浙东文化概论》,第13页,宁波出版社1997年版。

需求,如《史记·货殖列传》所说:"无冻饿之人,亦无千金之家","不待贾而足"。由于过分依赖自足经济,阶级分化不明显,社会结构单一,导致宁波先民缺乏足够的动力,也缺乏足够的富余的劳力去从事改造自然山水的拓殖壮举。二是缺乏强有力的外化力量,即缺乏大规模的汉人南徙之刺激,从而延缓了该地区的汉化进程。秦始皇将"天下有罪吏民"发配到宁绍地区任其自生自灭的政治举措,显然不足以影响和改变斯地人民原有的拓殖习惯和生活方式,至于汉武帝元狩四年(前119年)大规模徙民会稽中的"会稽",所指地域广大,落户到今浙东一带的实际仅仅是小规模的移民。总之,秦至西汉时期宁绍地区风气闭塞,巫风盛行,社会交往频率处于极低水平,因而与外地文化冲突融合的机会相对缺乏,社会风貌也得不到较大幅度的改观,因其于越遗风过于浓厚,遂被中原人视作"南蛮之地"。内外两方面因素叠加在一起,秦至西汉时期宁绍地区经济文化相对落后也就不难理解了。所以《汉书》说:"越,方外之地,劗发文身之民也,不可以冠带之国法度理也",是一块"非强弗能服,威弗能制"的"不居之地",[①]儒家的思想观念和礼仪至为淡薄,这些只能在这块地方的经济与文化获得更大发展后才能逐步得到改变。[②]

第三节　东汉时期宁波的社会经济

东汉王朝对宁波的统治更加健全强化,宁波的人口增加,生产力水平有所提高,社会经济面貌出现了不少新的变化,并初步走出了长期的停滞状态。

---

① (汉)班固《汉书》卷六四上《严助传》,中华书局1987年版。
② 参阅王永平《两汉时期江南士人行迹述略》,《中国史研究》1997年第4期。

一、建置与管理

汉承秦制,基本的地方行政机构为郡县两级制。在整个汉代,宁波一带鄞、鄮、句章、余姚4县的行政机构没有变动,一直属会稽郡,但在名称上也曾一度作出过调整。如新莽时期,改鄞县为谨县,鄮县改称海治县。东汉初刘秀废除谨县,复改为鄮县。

范围广大的会稽郡一直维持到东汉中期。由于郡内生产力的逐渐提高,人事趋于复杂,交通不便,终于出现了汉顺帝永建四年(129年)的"吴会分治"。会稽的郡治,由原来的吴迁到山阴县,越王句践的故都重新崭露头角。分治后的会稽郡包括了整个浙东,鄞、鄮、句章、余姚4县仍属会稽郡。

东汉地方的行政长官是郡守和县令。汉代规定万户以上设令,万户以下为长。和帝永元年间(89—104年)方储担任句章长,顺帝时王修为鄮县令,东汉末建安五年(200年)孙权派他的同学、年仅19岁的朱然为余姚长,可见宁波县级行政建置按邑之大小设立令、长,职掌一县的治安、刑狱及赋役之事。其中余姚长朱然曾在江北筑城,这是余姚县城最早的城墙。县级佐吏有主簿、尉、狱吏、计掾等,一般由本地人士担任,如鄮县任光、句章郑云和梁宏,均担任过本县主簿,句章任尚署为计掾。一些重要的部门也设有专职,如仓监一职必须具备"执算检校"的会计能力。县以下有乡、里、亭等组织,大率十里为亭,十亭为乡。如句章有董孝乡,鄞县有镇亭、鲒埼亭。乡置啬夫执掌教化,亭置亭长执掌逐捕盗贼。由此可见,东汉时地方行政体制日趋完善健全,在宁波一隅也得到了良好的贯彻实行,进一步稳固了中央王朝对浙东的统治。

二、人口与聚落

后汉时会稽郡范围缩小到浙东的 14 县,据《续汉书·郡国志》的记载,郡内共有 123090 户,计 481196 人,按照平均数来说,各县人口约为 8792 户,34371 人,此时宁波人口似乎与西汉时期相差不多。但从境内东汉墓葬广域与密集的程度看,这时期宁波人口应有明显的增长,更主要的是人口质量有了一定程度的提高,于是东汉时期整个宁波社会出现了许多积极的变化,成为宁波社会发展的一个重要分水岭。这从下面我们对经济、文化等方面的叙述中可以得到充分有力的证明。

自然,人口并不是平均分布的,而是存在着人口的聚集中心。定居农业由山麓冲积扇地带向平原地带推进,这是浙东经济开发的历史必然。孤丘聚落的形成对于开发广大的沼泽平原是一个有利的条件。宁波平原的开发即是以一个个孤丘作为跳板而进行的。新中国成立以来,宁波近郊和邻近地区大批古墓葬的发现,证实了东汉时平原孤丘聚落的兴盛。近郊规模大的葬地主要在三江口四周,如江北岸的乌龟山,江东地区的周宿渡、道士堰,南郊地区的大禹王庙、祖关山、段塘,西郊地区的湾头、周家边等。这些葬地似一个个小山堡,范围大的有几里方圆。如 1956 年修火车南站时,在祖关山清理了上百座汉墓,可知当时这一带的居民点范围较大,人口较集中。邻近葬地大的还有沙叶河头、高钱村钱大山、姜郎村凤凰山、馒头山、慈城、乍山。特别应该指出的是,在西门口望京商场下、西河街遗址和唐国宁寺东塔塔基的东汉文化堆积层都发现了东汉文物,这说明宁波旧城的核心地区,早在汉代就已经有了居民点存在。他们建造砖瓦房子,使用壶、罐等各式陶瓷制品,并通过打井来解决淡水问题。① 至于沿海聚落则有北仑亚浦的陈夏等，沿湖聚落则有余姚牟山湖四周等。这些密集的墓葬不仅反映出当地人口密集，居民点集中，而且也显示了墓主人在世时的政治、经济状况。

三、区域经济的开发

浙东区域经济在经历了秦与西汉长期停滞状态后，在东汉发生了明显的改观。除了牛耕和铁制农具（如出土之铁铲等）更广泛地得到使用外，东汉浙东农业发展的最大特点是农田水利工程的大量兴修。据统计，东汉时期绍兴地区兴修水利工程7项，会稽郡守马臻主持的鉴湖工程是一项了不起的创造，对于稽北平原的开发具有轴心意义。至于相对落后的宁波，也能更充分地利用山麓附近的天然湖泊和陂池修筑一些小型水利工程，比较突出的是句章。其所属鸣鹤（今属慈溪市）一带，"峡中而枕海，江源所不至，霖雨浃旬，陷陆为壑，稍亢阳，辄枯槁无所藉手"②，于是句章人民兴开了杜湖、白洋湖，"注近乡诸山水以灌田，时其钟泄，于是兹乡为沃野，无凶年"③。句章人民还在城山渡修筑渠道导水入海，④既能灌溉附近农田，又便利了水运。他们还修筑了陂塘，尽管当时山丘区的陂塘因受集水面积和降雨量的限制，灌溉的面积不会太大，

---

① 林士民《三江变迁——宁波城市发展史话》，第17页，宁波出版社2002年版；周庆南《唐天宁寺东塔塔基发掘简报》，《浙东文化》1995年第1期。
② （清）光绪《慈溪县志》卷一〇《舆地五·湖》引（明）颜鲸《重清杜白二湖永赖碑记》，《中国地方志集成》本，上海书店出版社1993年版。
③ 《杜白二湖全书》，转引自乐承耀《宁波古代史纲》，第34页，宁波出版社1995年版。
④ （汉）班固《汉书》卷二八《地理志第八上》："句章，渠水东入海。"（第1591页，中华书局1987年版）（清）尹元炜《溪上遗闻集录》卷一认为："《汉书·地理志》：'句章渠水东入海'，自属今丈亭前江一带，西连姚江，东接桃花渡是也。"但全祖望反对此说，以为"水之以渠名者，皆出自人力，丈亭江不可谓渠"，因援剡县江边查浦六溪，以其与句章接，遂以此为句章之渠（见王清毅、岑华潮点校本，第135页，西泠印社出版社2005年版）。

但据后来孔愉修复后的情况看,也能灌溉200余顷。① 总之,先进生产农具的推广与水利工程的兴建,为农业的良好发展提供了保障。

东汉时期宁波普遍种植单一的粮食作物水稻。方储任句章长时,有人从田里劳动回来,将余粟(谷)一石及刀、锄等劳动工具遗忘在田陌上,为邻家所得。② 收获之余的田头"余粟"还留下这么多,看来稻谷的产量还是较高的。鄞州横溪丁湾东汉墓葬中出土了与农业有关的明器,如稻田模型、猪圈、狗圈、鸡笼等,反映了六畜兴旺的景象。特别是猪圈的出土意味着猪由牧养改为舍饲圈养,这种新的养猪方式,反映了宁波人民更重视蓄积猪粪,用以施肥。施肥技术的进步,对于提高农业收成无疑具有极大的意义。

东汉时期浙东手工业值得大书特书的是,陶瓷制造出现了质的飞跃。浙东是我国瓷器的发祥地,也是青瓷器的主要产地。浙东从商周时期印纹硬陶和原始瓷的生产,至秦汉时的两者兼烧,到东汉创烧出成熟瓷器,最终完成了由陶器向瓷器的过渡。成熟瓷器的烧制成功,无疑具有划时代的意义。浙东地处丘陵,瓷土蕴藏量丰富,使陶瓷生产拥有了天然有利的条件;茂密的林木也为陶瓷生产提供了充足的燃料;陶窑结构的改进,尤其是长达十多米的龙窑的出现,不仅扩大了坯体的装烧量,更重要的是提高了窑室内烧成温度,且易于形成还原气氛。正是有了这些有利条件,才使得浙东的陶瓷生产在当时走在全国前列。

---

① (明)沈明臣《丰对楼诗选》卷三六《寻句章故县》云:"闻说汉时陂近在。"自注:"传有汉时旧陂在句章之墟。"光绪《慈溪县志》卷一〇云:"汉陂:县东南二十里,相传为汉时所筑。《晋书》句章有汉旧陂,孔愉修复之,俗称汉塘,亦曰洪家塘,洪氏居焉,故名。"相传汉塘在今宁波市江北区洪塘镇一带,见俞福海、方平点注《明州系年录》卷一(第22页,当代中国出版社2001年版)。据《晋书》卷七八《孔愉传》(中华书局1974年版),东晋咸康年间(335—342年)孔愉为会稽内史,时"句章县有汉时旧陂毁废数百年,愉自巡行,修复故堰,灌田二百余顷,皆成良业"。从其所记"数百年"这一时间推算,句章陂的建立应在顺帝永和五年(140年)马臻创建鉴湖之前。

② (宋)李昉等《太平御览》卷二六七引谢承《后汉书》,中华书局1962年版。

根据考古资料,浙东的陶瓷生产在西汉时才得以缓慢恢复,当时流行一种带釉陶器。东汉晚期成熟瓷器率先在浙东创烧成功,尽管烧成技术还不够稳定和娴熟,但在陶瓷工艺上却是一次飞跃,为奠定我国的瓷国地位作出了开先河的贡献。东汉浙东成熟瓷器的窑址主要分布在上虞县曹娥江两岸(共30余处)和宁波江北区、鄞州区、慈溪上林湖、余姚历山(共10余处),器形以日常用品及生活器皿为主。有罍、壶、钟、瓿、罐、洗、盆、盏、钵、碗、盘、瓶、尊、耳杯、唾壶、熏炉、砚台、水盂等多种。就宁波地区而论,江北区的鸡步山类型窑址系原始瓷与瓷器合烧,时代偏早;稍后的鄞州谷童岙类型窑址,其产品已是名副其

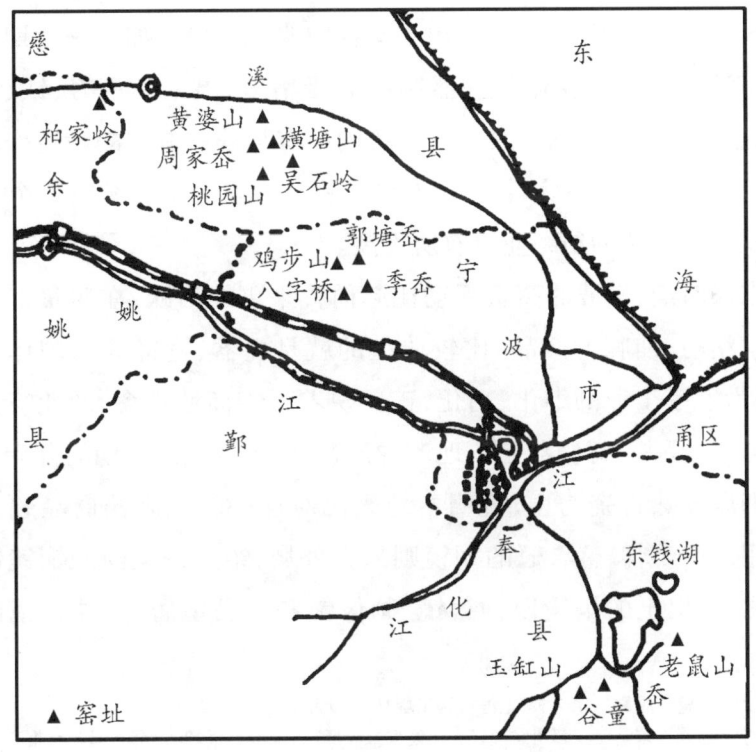

宁波汉代窑址分布示意图

(选自林士民《青瓷与越窑》,上海古籍出版社1999年版)

实的瓷器;再晚一点的鄞州玉缸山类型窑址,更有新的发展。① 考古证明,宁波也是我国瓷器的发祥地之一。

2002年在今鄞州姜山山西季家埠考古发掘中发现两处东汉砖瓦窑址,窑炉、烟囱、窑膛等齐全,保存相对完好。这些"馒头窑"烧制的砖瓦是供给当时这一带的建筑用的,这也是迄今浙江省首次发现的烧制砖瓦的东汉窑址。② 考古工作者还在宁波西门口村落遗址和西河街遗址、天宁寺东塔塔基下东汉文化层,发掘出了大量的东汉板瓦、瓦当以及砖砌的墙基。③ 建筑中大量砖瓦材料的使用,表明具有典型汉文化传统特征的建筑布局,逐渐替代了典型的土著干栏式建筑样式。

至于其他手工业,也能在出土文物中略窥一斑。如东汉时期宁波人民生活中的一大变化是铁器制品大量增多,出土了铁刀、铁匕、铁剑、铁釜等武器和生活用具。估计境内应有与铁器有关的锻造作坊存在。鄞州姜山山西季家埠的东汉M24墓葬中就出土过纺轮2个,④表明东汉时期宁波的纺织业也有所发展。

东汉时期,宁波的商贸活动比起前代来更加活跃,在质量上也渐趋追求精巧、细腻的产品,比较典型的就是瓷器、铜镜等的制作和销售,因为,"手工业的细化、精化,正反映着人们商业观念、商业行为的演进与趋新"⑤。青瓷器是本地产的消费品,宁波东汉后期的墓葬中的文物即以成熟青瓷为主,说明本地人民对这一新式高档商品趋之若鹜。用以照姿容、整衣冠的铜镜则来自外域,绍兴是全国的铜镜制造中心之一,出土的铜镜以神兽镜、画像镜和车马镜居多,神兽镜的镜

---

① 林士民《青瓷与越窑》,第7页,上海古籍出版社1999年版。
② 《汉墓·唐墓·宋墓——鄞州发现好大一处古墓葬群》,《宁波日报》2002年5月8日报道。
③ 林士民《三江变迁——宁波城市发展史话》,第17页,宁波出版社2002年版;周庆南《唐天宁寺东塔塔基发掘简报》,《浙东文化》1995年第1期。
④ 顾玮《鄞州古墓葬群考古有六大发现》,《宁波日报》2002年5月15日。
⑤ 陈梅龙《宁波商文化轨迹初探》,《浙东文化》1997年第1期。

表，往往用浮雕手法，新颖精致。其所铸铜镜不仅流往绍兴的广大乡村，也大量流入宁波，在宁波各地多有出土。除了绍兴铜镜外，其他外地的铜镜也多有输入宁波者，如宁波出土一东汉龙虎对峙镜，其旁有"青盖"两字，据考证"青盖"应是吴地的铸镜家族，这个家族所铸的镜类，东汉晚期至三国时期在吴地广泛流行。① 此外，还有玛瑙、琉璃、琥珀等外域商品出现于宁波的东汉墓葬。这些高档商品的出现，意味着宁波的经济已达到新的水平，"不仅表明宁波商业观念的日益求新、求精、求美、求变，也反映着宁波与外地联系的日趋紧密与频繁"②。那么，宁波在东汉时期是否已经出现海外贸易呢？虽然有这个可能，但史料上没有发现可靠证据。③

东汉龙虎对峙镜（宁波博物馆提供）

金属货币的流通更为广泛，这是商贸活动兴盛的又一标志。汉至六朝，重五铢钱。五铢钱初铸于汉武帝元狩五年（前118年），废止于唐代武德四年（621年），是中国历史上数量最多、流通时间最长的货币。各类五铢钱在宁波的汉晋墓葬中均有大量出土，仅在逼近三江口

---

① 李军《"青盖"铜镜考略》，《浙东文化》1995年第1期。
② 陈梅龙《宁波商文化轨迹初探》，《浙东文化》1997年第1期。
③ （南朝·宋）范晔《后汉书·东夷传》记载："会稽海外有东鳀人，分二十余国，又有夷洲及澶州……人民时至会稽市。会稽东冶县人，有入海行，遭风，流移至澶州者。"这段话一直有人视作是宁波沿海人民与海外进行贸易交往的证据。但其时的会稽郡范围广大，包有今福建之地，不一定就指宁波。详细的考证参见施存龙《宁波对外开放于一千三百五十年前——宁波历史上对外开放诸说考辨》之第二部分，《浙东文化》2001年第2期。

的周边地带,如南门祖关山和段塘汉墓、江东道士堰、周宿渡、湾头等地的东汉木椁墓和砖室墓中,就出土了大量的五铢及四出五铢钱币。在市区码头遗址中出土的方孔圆钱中最早也是各式五铢。远至象山丹城的东汉墓葬中,清理出的钱币有7.5公斤,计有西汉五铢、半两,王莽货泉、大泉十五、东汉五铢、小五铢等十多种。在北仑霞浦陈夏村十多座汉墓的发掘中,清理出的均为五铢钱。[1] 宁海一座东汉晚期墓葬的甬道及前室地坪缝道内出土五铢钱百余枚,其中还有剪边五铢钱。[2] 钱币的大量出土,表明自东汉起在今宁波地区尤其是三江口附近一带的商品交换、流通已经非常活跃。

在浙东开发的过程中,伴随着经济的发展,社会财富占有不均的情况不断加剧。如官计掾一职的句章任尚,"居素温富,乘鲜车,驾肥马";句章董黯"家贫,采薪供养……邻人家富"。[3] 但自董黯因行孝而被荐为官之后,他的家里也很快豪富起来。这样,东汉浙东社会的阶级分化日渐扩大,一改过去"无千金之家"的状况,涌现出众多的豪门强宗。随着土地私有制的发展,土地买卖也开始活跃起来,一些豪强地主通过购买方式,获得自耕农的土地。今奉化白杜南岙蟹山东汉熹平四年(175年)墓中就出土了"一直(值)二万"的买地券,这类地券并不是真实的土地买卖证券,因为"无论买地券所记土地价格数目多少,都是虚数,而非实际价格"[4],但从另一角度说,却是当地土地买卖关系在社会上得到普遍认同和广为流行的客观真实的反映。它所体现出的严格的土地所有权观念及活跃的土地买卖活动,是经济发展到一定程度的必然产物。

由于浙东经济的发展,厚葬风俗开始在宁波形成。正如《后汉书·

---

[1] 林士民《三江变迁——宁波城市发展史话》,第25页,宁波出版社2002年版。
[2] 滕延振《从文字城砖看宁海唐城的建置》,《早春》2004年冬刊。
[3] (晋)虞预《会稽典录》卷上,《四明丛书》本。
[4] 鲁西奇《六朝买地券丛考》,《文史》2006年第2辑,第127页,中华书局2006年版。

明帝纪》所说:"今百姓送终之制,竞为奢靡,生者无担石之储,而财力尽于坟土;伏腊无糟糠,而牲牢兼于一奠。"浙东人民亦以厚葬为孝,对死人的供奉如同活人,于是把生活中需要的一切都带到了坟墓中去,即所谓"厚资多藏,器用如生人"①。因此东汉时期宁波出现了一批豪华型的墓葬,如奉化白杜熹平四年墓前中后三室组成的高级墓葬,钱币、金银器、青瓷器等葬品,②显示了墓主人生前豪华奢侈的生活。在鄞州横溪丁湾一座东汉墓葬中,仅在墓室口与甬道间就出土了稻田模型、水井罐、鬼灶、熏炉、耳杯、汤勺、鸡笼、狗圈、猪栏、钵、碗等明器近20件。③ 至于祖关山董黯的墓葬,墓长8米,水沟长达7米以上,简直是一座砖结构的拱顶地下宫殿,宏伟而壮观。④ 宁海城关黄泥山也发现了东汉晚期大型砖室墓,呈长方形,分甬道、前室、后室,地坪铺设墓砖,随葬品有五铢钱、大型陶罐和淡黄釉青瓷簋等。⑤ 这类大型墓葬从经济角度看,决不是一般的小民所能承受的,起码属于殷实之户。今宁波境内的东汉墓厚葬习俗的存在,显然与地域经济兴起的刺激大有关系。

但是我们也应该看到,宁绍两地长期存在的开发不均衡性在东汉有继续扩大的趋势。以鉴湖工程的兴修为标志,绍兴进入了实质性的开发阶段,进一步取得了区位优势,四明地区除余姚外,仍停留在原始性开发的水平上。

四、人民的反抗斗争

东汉中叶以后,政治更加腐败,官吏横征暴敛,豪强地主占有了大量的土地,贫富分化日益严重,导致阶级矛盾尖锐激化,人民生活更加

---

① (汉)桓宽《盐铁论》卷七《散不足》,王利器校注本,中华书局1992年版。
② 王利华、林士民《奉化白杜熹平四年墓清理简报》,《浙江省文物考古所学刊》1981年。
③ 周静书主编《鄞州名胜古迹》,第180页,黄山书社1998年版。
④ 林士民《宁波考古新发现》,《宁波文史资料》第2辑。
⑤ 滕延振《从文字城砖看宁海唐城的建置》,《早春》2004年冬刊。

痛苦。如《搜神记》记载余姚苏氏因为害怕官府,心甘情愿地让女儿被贵人奸淫,而且自己最后因巴结贵人落空,还免不了繁重的"役召"官事。①

  与其他地方一样,宁波本境也爆发了小规模的农民反抗斗争,主要起自统治力量相对薄弱的海上。如在鄞县令朱嘉任期内,"海贼作孽",朱嘉率众出战于海渚,反而被"海贼"的流矢所伤,主簿任光还"力战"而死。②顺帝阳嘉元年(132年),"海贼"曾旌聚众起义,"烧句章,杀长吏,又杀鄞、鄮长,取官兵,拘杀吏民,攻东部都尉、扬州六郡"③,给予宁波的封建统治者以沉重打击。汉廷诏"缘海县各屯兵戍"④,显然是为了对付"海贼"的威胁。

  汉灵帝熹平元年(172年)十一月,会稽"妖贼"许昭(一作许昌)在句章发动起义,自称"大将军"、"阳明皇帝",立他的父亲许生为"越王"。起义军"攻破城邑,众以万数",声势浩大。扬州刺史臧旻率丹阳太守陈夤进行了镇压,孙坚以吴郡司马"募召精勇,得千余人,与州郡合讨破之"。但很快起义军东山再起,"复更屯结,大为人患",臧旻等进兵,连战三年,于174年十一月才将起事者最后残酷镇压下去,许昭父子被捕,数千义军被杀。⑤应该指出,这次起义具有浓郁的宗教背景,义军是在天师道的旗帜下行动的。陈寅恪先生曾明确指出:"又后汉灵帝熹平元年有会稽妖贼许昌起于句章,自称阳明皇帝,煽动诸县,众以万数。许昌既称妖贼,又以阳明为号,必系天师道,此许氏虽不必与丹阳之许同出一源,要为滨海地域天师道之党,与三张之徒先后同起者,则无疑也。"⑥

---

① (晋)干宝《搜神记》卷一七,中华书局1979年版。
② (晋)虞预《会稽典录》卷上,《四明丛书》本,但其事发生在何年,已难考证。
③ (南朝·宋)范晔《后汉书》卷二一《志第十一·天文中》,中华书局1987年版。
④ (南朝·宋)范晔《后汉书》卷六。
⑤ (南朝·宋)范晔《后汉书》卷五八《臧洪传》;(晋)陈寿《三国志·吴志·孙坚传》(中华书局1982年版)。按,两书一作许昭,一作许昌,内容略有不同,可参看。
⑥ 陈寅恪《金明馆丛稿初编·天师道与滨海地域之关系》,第35页,三联书店2001年版。

这些事件的爆发,使得宁波长期成为东汉统治者在浙东的重点防范地区。

第四节　两汉时期的宁波文化

西汉时期整个江南的经济、文化都很落后,到东汉出现了突破性的进展,这主要有赖于北来士人的积极参与。这一时期浙东通过经济开发,文治化育,越来越与华夏文化趋同融合,并由此启动了文化的快速发展。像上虞王充、山阴贺氏、余姚虞氏等,实际都属于中原移民,这些中原家族因游宦、避祸等种种原因迁入会稽,为浙东文化的发展作出了应有的贡献。从文化的地理分布看,山阴、上虞、余姚似三驾马车,率先形成为浙东的文化中心,那里既是宁绍地区最先开发的地方,也是宁绍甚至浙江地区最先接受中原儒家文化的地方。这样,原来吴重会轻的文化布局,一变为吴会并驾齐驱,从而为后来孙吴立足江东奠定了良好基础。

一、严光的学行

严光(前37—43年),又名遵,字子陵,本姓庄,因避东汉明帝刘庄名讳,后人追改姓严。会稽余姚人。① 少有高名,与刘秀同入太学受

---

① (南朝·宋)范晔《后汉书》卷八三《逸民列传》(中华书局1987年版)、(晋)皇甫谧《高士传》卷下均作"会稽余姚人"。(明)杨慎《升庵集》卷四九、(明)陈耀文《正杨》卷二《严子陵》引杨慎之说云:"范晔《严光传》以光为余姚人,而云少与光武同学。光武何尝至余姚哉? 晔著《任延传》云:延会稽都尉,到郡,先询延陵季子。时天下新定,道路未通,避乱江南者,皆未还中土。如董子仪、严子陵等,帅皆待以师友之礼。则子陵侨居、避乱江南明矣。又按《故迹遗文》有《严光碑》云:子陵新野人,避乱江南,娶梅福女,因居会稽。以此考之与任延传相合。"对此说法,陈耀文《正杨》卷二作了批驳。(明)董斯张《广博物志》卷二一也提出:"严光本(河南)新野人,避乱会稽"也未有坚实证据。又明帝在严光之后,故严光避明帝讳乃出后人追改,说见《嘉泰会稽志》卷三《姓氏》。

业。按《后汉书·光武帝纪》载,刘秀于"王莽天凤中(按,即公元14—19年),乃至长安,受《尚书》,略通大义"。由此推断,严光入太学应在天凤中,所学内容应是儒家经典。刘秀比严光小31岁,敬慕其贤。王莽多次聘请严光任官,严光"抗节不行",态度十分坚决,其不愿认同王莽政权的政治倾向非常明显。自此,严光便身不由己地卷入了征聘与抗聘的复杂政治旋涡中。

西汉末年,王莽改制失败,北方大乱,严光可能随大批北士避乱江南。更始元年(23年),任延为会稽都尉,聘请高行董子仪、严子陵等,敬待以师友之礼。但不久严光便离开会稽,隐姓云游。更始三年(25年),刘秀削平群雄,中兴汉室,定都洛阳,建立东汉政权。刘秀求贤若渴,广招英才,并到处探访严光行踪,终于在山东发现了披羊裘垂钓泽中的故人,派专使先后礼请三次,终于将严光请到洛阳,安置在禁卫军(北军)的宾舍里。严光在京师与皇帝、权臣的周旋中,有声有色地表现了高隐逸士狂放不羁的精神风貌,脍炙人口的故事见于《后汉书·逸民列传》的记载。① 光武帝非常希望严子陵留在京城任职,"相助为理",遂下诏任命他为谏议大夫,但严子陵"不屈",辞归,在浙江风光奇秀的富春江边过着耕钓生活。建武十七年(41年),光武帝又下诏特征,严子陵仍没有去。两年之后,严子陵因病归里,卒葬于姚城北面的陈山。后人为纪念他,将此山改称客星山。严光虽然没有什么学术著作流传后世,但他以矫行特立的姿态写下了一篇意蕴深邃、影响深远的大文章,这足以使他永垂不朽于中国文化史册,我们有必要作出深入的

严子陵像

---

① (晋)皇甫谧《高士传》卷下《严光传》,有一些不同的记载。

诠释。

严光作为隐士,并非完全远离尘世,不问政治。毋庸置疑,严光在太学游学时就系统地研习过儒家经典,因而很早就接种了儒学因子。严光在被光武帝征入京师的这段时间里就明确表露出儒家的政治思想,并扮演了温和的"批判者"的角色。严光对侯霸使者说:"君房足下,位至鼎足。怀仁辅义天下悦,阿谀顺旨要领绝。"寥寥数语,掷地有声,既批判了侯霸受聘王莽、复任新朝、阿谀顺旨、唯唯诺诺的行为,又正面亮出了"怀仁辅义"这面儒家治国的旗帜。严光对光武帝接汉正统而开帝业却是悦服的,所以才以故旧的身份规谏侯霸以"怀仁辅义"佐理天下。在君臣关系上,严光主张"君赐臣以礼,臣奉君以忠"①,承认君臣的名分大义,但又规范了君礼臣忠的双向道德行为准则。"君礼"无非是为了限制和避免君主的极端专制,而臣奉以忠决不是"阿谀顺旨",而是尽"怀仁辅义"的为臣之职。君礼臣忠历来被国人奉为封建王朝君臣关系的理想准则。

严光的治国思想无疑属于儒家一派,但他对社会理想模式的雕塑不免失之简单,甚或带有幻想色彩,他并不准备亲自去实践它,或者说是根本没有能力去实践它,而宁肯去发扬箕山颍水的高风,这倒说明严光的黄老思想更为深入骨髓。严光的归耕渔钓并没有因此启导对山林自然的审美观照,也没有明确提出过"以快吾志"的生命哲学,其意义在于倡导了一种根植于黄老思想的"风节"。严光一贯的"狂奴故态"可以从这个角度作出诠释,举其要旨,大约有三:一是人格平等意识,即人与人的关系是"故旧"式的相对平等关系,不应扭曲为官与非官、上贵与下贱、皇帝与臣子的关系。二是"泥涂轩冕,敝屣富贵",既不肯把做官奉为一种享受,也不肯视做官为尽一种义务,对社会权利采取蔑视和批判态度,即所谓"疵物以激其清",与官本位思想尖锐对立。应该承认,这是一个历史的进步。当然隐士的极端个人主义因

---

① (宋)李昉等《太平御览》卷九六四引《会稽先贤传》,中华书局1962年版。

素也具有消极作用,但在严光身上却是次要的。三是尊崇个人志趣的自由,所谓"士故有志,何至相迫",个人的志趣不能屈服于权利和政治的强迫,反对人的自然性绝对服从于社会性的桎梏。所有这些,无非是以守志为真,高尚为德,自由为美,都体现出黄老学派的思想倾向。

严光能否成千古高名,还有一个必要条件,就是现实政治是否允许他遂己心愿。光武中兴,求贤若渴,设法搜罗在野逸民为其所用,故《后汉书·逸民传》说:"光武侧席幽人,求之若不及。旌帛蒲车之所征贲,相望于岩中。"富贵、权力所展现的诱惑魔力,驱使一部分知识分子耐不住清贫和寂寞,自觉或不自觉地投入统治者的怀抱,成为官僚知识分子中的一员,或获得较高的社会地位。严光却真正做到了"不事王侯,高尚其事"。光武帝虽然不赞同巢父许由式的隐遁做法,但他并没有为难这位"故友",即使严光忘形,加足腹上亦不介意,而对太史奏"客星犯御座甚急"的耸人听闻的危殆言辞也只是轻描淡写地予以解释。光武帝知道严光的行为并没有完全越出封建伦理纲常,也清醒地认识到大有为之君,"必有不召之臣",因而能处处容忍严光的"狂奴故态",尊重他辞天下以洁身守志的意愿,并最终成就了严光的"箕山颖水之风",明初刘基"不是云台兴帝业,桐江无用一丝风"的名句正是从光武帝方面着眼的。① 但光武帝放归严光并非没有收获,他赢得了"光武之器,包乎天地之外"的千古赞誉。② 严光本人的归隐陈辞也以"昔唐尧着德,巢父洗耳"为理由,显然是要光武帝发扬尧德,光武帝果然从而效之。从这个角度看,严光是以孤身高蹈的无为方式参与了中兴之主形象的塑造,以不合作作为最令帝王放心的合作,所以范仲淹才说:"微先生不能成光武之大,微光武岂能遂先生之高哉!"③清高宗弘历在御批中也说:"严光以故人不受官爵,所谓各行其志,一成

---

① (明)刘基《诚意伯文集》卷一五《夜泊桐江驿》,《四库全书》文渊阁本。
② (宋)范仲淹《范文正集》卷七《桐庐郡严先生祠堂记》,《四库全书》文渊阁本。
③ (宋)范仲淹《范文正集》卷七《桐庐郡严先生祠堂记》。

其高,一成其大。"①这确实是对光武帝与严光相互为用关系的深刻理解。

在形形色色的隐士中,严光的遭际是不可再遇的,但他的精神却被代代传承,其积极与消极的意义受到后人的不断评说。但严光在浙东文化史上的历史地位却并没有被充分认识,或者说被大大地忽略了。从浙东文化的历史演进看,整个西汉时代史籍记载的确凿可考的浙江名士仅有山阴郑吉、陈嚣、董春三人。郑吉是山东迁往会稽的一支豪门强宗的第二代移民,宣帝时为西域都尉,"镇抚诸国,诛伐怀集之,汉之号令班行西域矣,始自张骞而成于郑吉"②,他的历史功绩是政治上的。陈嚣则以仁义孝行流称上国,是以儒教的模范性实践,通过政府舆论宣传而发挥"厉薄俗"的作用,他的影响主要是道德教化上的。西汉末期的董春则以经学教育开创了浙东经学的新风。我们不必抹杀和低估郑吉、陈嚣、董春的历史作用,但又不能不看到他们的影响是外在的、局部的、有限的,稍后于陈嚣、董春的严光,其历史影响则是精神、文化上的,是内在的、深远的、广泛的,并流淌在中华民族的血液之中,诚如范仲淹所说:"云山苍苍,江水泱泱。先生之风,山高水长。"③严光现象是中国的社会现象和文化现象,已经成为含义丰富的人格"原型",蕴含着深刻的道德和审美的内涵。不但严陵垂钓成为一种诗意的隐士风范,凸现出一份悠闲睿智的乐趣,更主要的是严光不是违心屈志,而是主动挣脱仕途和君权对士人的束缚,以换取一份精神自由。严光的主要活动虽然在浙东地域之外,但受到浙东人民的无比敬仰和尊崇,姚江畔耸立的严子陵陵祠、客星庵、高风阁、高节书院、"高风千古"石牌坊、严子故里碑亭等等建筑物,就很好地说明了这一点。严光无疑启导了浙东隐士文化的地缘和乡缘传统,浙东人士受到

---

① (清)光绪《余姚县志》卷二三《列传一·严光》,《中国地方志集成》本,上海书店出版社1993年版。
② (汉)班固《汉书》卷七〇《郑吉传》,中华书局1987年版。
③ (宋)范仲淹《范文正集》卷七《桐庐郡严先生祠堂记》,《四库全书》文渊阁本。

子陵精神的陶冶和激励的不胜枚举,如黄宗羲在《梨洲末命》中就嘱其子孙:在他死后,墓前的石柱上当刻上"不事王侯,持子陵之风节;诏钞著述,同虞喜之传文"一联。① 从这个意义上说,严光不仅是余姚的乡贤之首,而且是浙东文化史上的最早楷模,是浙东文化发轫的一块界碑。

二、教育的初兴

教育是传递人类文明薪火、促进社会不断发展的重要活动,也是衡量一个地区政治、经济、文化诸方面发展水平的重要指标。教育是因人类生存需要而产生的,没有教育也就没有有效的劳动。浙东早期传授生产知识的教育是沿着口耳相传的原始方式进行的。浙东有明确文字记载的学校教育最早似出现于西汉后期,至东汉更盛,以私学为主,官学为辅,传授的是经典知识和法律之学,这与两汉全国教育的基本格局是一致的。

宁波历史上涌现最早的私学大师首推西汉后期的余姚人董春。② 他先后从王君仲受古文《尚书》,从京房(前77—前37年)授《易》学,均能登堂入室,"还为师,立精舍,远方门徒学者常数百人。诸生每升讲堂,鸣鼓三通,横经捧手,请问者百人,追随上堂,难问者百余人"③。董春学成而归后以经师自任,但其设学教授的地点是否一定在浙东,已难稽考。谢承《后汉书》又记载"董春为庐江太守,当官明亮,德教多奇,民吏称之"④,即他能将德教很好地渗入到政治之中,做到政教合一,这又可以看作是浙东籍学者注重社会教育和道德教育的先驱。

汉代儒学教育私学化,其重要特征是"前汉重师法,后汉重家法"。

---

① 沈善洪主编《黄宗羲全集》第12册,第101页,浙江古籍出版社2005年版。
② 据(唐)崔殷《后汉孝子董君碣铭》(见张津等《乾道四明图经》卷一一),董春为董仲舒之孙,董黯之祖。
③ (唐)徐坚《初学记》卷一八引谢承《后汉书》,《四库全书》文渊阁本。
④ (唐)虞世南《北堂书钞》卷七五引谢承《后汉书》,《四库全书》文渊阁本。

家法从师法分化而出,一些学者发展了先师经说而自成一家之言,并且在一定程度上取得了社会的承认,于是形成了家法。家法在东汉作为教育的一条准则被贯彻实行,这必然影响着浙东经学教育活动的进行。如句章长淳安方储传孟氏《易》①、上虞淳于翼说宓氏《易经》,"洞贯内事万言",都遵守着家法。余姚虞氏家族五世治孟氏《易》,更是浙东地区经学教育由家法演为家学的典范。若就经学内容而论,东汉今文经学在私学中的传授比在官学中影响更大,因此之故,浙东士人多数都接受了今文经学的教育,如虞氏五世家传孟氏《易》、会稽主簿句章郑云"学韩《诗》,通《公羊春秋》"②、余姚汉三老之孙通《穀梁春秋》,③均属今文经学系统。还有余姚董春,"少好学,师事侍中祭酒王君仲,受《古文尚书》,后诣京房授《易》,究极圣旨,条列科义"④。他在官学中接受的是古文经学,而在私学中接受的却是今文经学,从学内容的差异很能说明问题。

东汉浙东官学也有了突破。浙东有史记载的最早的学宫约出现在公元一世纪末的余姚境内。据《后汉书·酷吏传》,余姚人黄昌(?—142年后)"本出孤微,居近学宫,数见诸生修庠序之礼,昌奇之,遂就经学,又晓习文法"。这条记载表明余姚学宫主授经学,兼授文法(即法律学)。东汉时代尚无法做到在基层行政区内设立一邑一学,因此,余姚学宫在浙东地区的出现具有开地方官学风气的意味,并为四明本境学校教育的开端。封建社会中的官学历来是为培养和选拔官吏服务的,余姚黄昌实为本地官学培养出来的最早的知名官员。

在汉代,人们讲究要"通经"才能作官,因此南方的士人也不得不

---

① (清)光绪《慈溪县志》卷二三《名宦传》,《中国地方志集成》本,上海书店出版社1993年版。
② (晋)虞预《会稽典录》卷上《郑云传》,《四明丛书》本。
③ (清)光绪《余姚县志》卷一六《金石上·三老碑》(《中国地方志集成》本)云:"盖《春秋》义言不及尊翼上也。"又引俞樾《春在堂随笔》云:"所引《春秋》之义,殆即《穀梁传》孔父不名为祖讳之说,意其人乃为《穀梁》之学者也。"
④ (宋)李昉等《太平御览》卷四○四引谢承《后汉书》,中华书局1962年版;(清)姚之骃《后汉书补逸》卷九,《四库全书》文渊阁本。按,董春的生活时代从其曾"诣京房授《易》"一语推得,应是生活在西汉后期。又从《后汉书》为之列传看,其在东汉初应尚在世,可推算其得年至少80岁。

学习儒家的经典。由于浙东教育在东汉毕竟尚处于初兴阶段,缺乏高层次的师资条件,远远满足不了需要,于是中原、巴蜀等经学发达地区敞开式的私学教育以及京师的太学,诱发了浙东的山阴郑弘与计掾句章任尚同在京师游学,诸生"千里游学"的热情。早在西汉末年,余姚严光就已跨入太学大门。东汉时担任上计吏的山阴郑弘与计掾句章任尚同在京师游学,①似属于地方官员乘上计的机会作短期进修的性质。另有邸令东海申君晚年在太学,有济北刚县15岁的学子戴封(汉明帝时人)师事之。② 至于慕名投奔巴蜀、中原私学大师门下的浙东学子也不乏例,如余姚董昆负笈治装,千里游学,师事河南颍川荀季卿,受《春秋》,治律令,明达理法。总之,东汉浙东学子千里游学接受高级教育,是东汉时期浙东人才辈出的重要原因,大大改变了本区文化落后的面貌。

浙东一带原本是一个"俗远诗礼"的地方,③然而东汉会稽地区浓厚的学风,使得儒家的一些思想观念在宁绍地区得到了迅速有力的传播。当然,越地民众接受认同的是中原儒家学说中那些与本地务实倾向相一致的思想观念,特别是忠孝节义观念更加深入人心,从而对改造本地的俗风陋习产生了重要影响。初平末年(193年)功曹虞翻向会稽太守王景兴夸耀说:"海岳精液,善生俊异,是以忠臣继踵,孝子连间,下及贤女,靡不育焉。"证以史籍,如日南太守余姚虞国、句章董黯均以孝行著称,节义之士尚有句章梁宏、余姚驷勋等受到虞翻称誉。看来,东汉时宁绍地区崇尚忠孝节义确已蔚成风气。此后这种观念越

---

① (晋)虞预《会稽典录》卷上《郑弘传》,《四明丛书》本。按,汉代对官吏有自上而下的考核制度,主要形式是"上计"。县令(长)与侯国相,在每年"秋尽冬冬,各计县户口、垦田、钱谷入出,盗贼多少,上其集簿,丞、尉以下诣郡课校其功"(《后汉书·百官志》注引胡广说),然后由郡国"遣上计掾、史各一人,条上郡内众事,谓之计偕簿"(《通典·郡太守》)。凡郡入京执行上计的人员称为上计吏,或简称计吏。考《会稽典录》,建武二十九年(53年)第五伦始任会稽太守时,郑弘(?—87年)尚为乡啬夫。郑弘以郡督邮身份上计,应在此稍后。
② (南朝·宋)范晔《后汉书》卷八一《戴封传》,中华书局1987年版。
③ (唐)崔殷《后汉孝子董君碣铭》,见(宋)张津等《乾道四明图经》卷一一,《宋元方志丛刊》本,中华书局1990年版。

来越得到强化,如余姚湖山乡出土有晋"泰康七年孝子陈恒"、"孝子朱当"等墓砖铭文,鄞州鄮山出土晋"泰元二年太岁孝子黄滕作"砖,①即为明证。

这一时期的教育内容除了经学和文法外,家庭教育也出现了算术的传承,有人从小就展露了这方面的天赋特长。如余姚伍贱之父曾为仓监,"失其官谷簿领,罪至于死",还是孩子的伍贱为了救亲,重新执算,结果"检校相当",表现了很高的会计能力,当时"号为神童"。② 这也是四明地区最早涌现的"神童"。

三、汉三老碑的书法史意义

清代咸丰年间余姚陈山出土了一块东汉建武二十八年(52年)五月刻的《汉三老讳字忌日碑》,碑高88厘米,阔45厘米,石碑上有阴刻文直排217字,碑文上的隶书古朴遒劲,兼有篆隶的特征,石非刀刻而是锥凿成文,显得质朴浑厚,为传世汉碑之所罕见。③ 清李葆询《三邕翠墨簃题跋》云:"此刻书势屈蟠生动,于诸汉隶中最有笔法可寻。"康有为《广艺舟双楫》云:"由篆变隶,篆多隶少者。"又云:"笔法已有汉隶体。"汉三老碑在书艺上的意义甚大,它是最典型地体现篆隶结合、由篆体向隶书过渡的一种字体,不少字划仍保留着篆书的笔法结体,同时又有超出汉隶结构而接近真书者;而审其风格并未整饬统一,这很可能是由于书者审美愿望与艺术表现之间的矛盾所致,书写之初,作者似乎要表现一种沉密流美的意韵,故而碑之右上二段笔画婉扬,结体丰密,中紧外疏,字势趋扁,而具左挑右波的笔势。但是后来作者似乎意识到把握这种韵格之勉为其难,而不自觉滑向本体风格,于是有了下两段的直拙笔法与宽方的构架,自由率意,渐入浑成之境。而

---

① (民国)《鄞县通志·文献志·砖甓考略》,宁波出版社2006年版。
② (晋)虞预《会稽典录》卷上《伍贱传》,《四明丛书》本。
③ 关于《汉三老碑》的来历,请参阅计文渊《论〈汉三老碑〉》一文,见《余姚文博》2004年第1期。

在左边的长条形框格中,又再度注意于波挑与分势的表现。三老碑书风浑穆而善变,当是由主体感情波澜而产生内部风格演变,这样在同一碑中带有明显的书法演变色彩的实例,在中国书法史上是绝无仅有的,这对研究我国书法演变的历史具有重要意义。汉三老碑是浙江省迄今发现的最早一块石碑,素有"浙东第一碑"之称,现藏于西泠印社的三老室内。

四、仙道的进一步传播

浙江地区在汉代以前,受文化不甚发达的制约,其宗教信仰主要来自于原始社会即已形成的对多种自然神灵的崇拜,专职的宗教家"越巫"、"越祝"地位高贵。这种具有浓厚地方色彩的宗教信仰深深地渗透于越人生活的各个层面,直至秦汉时期,会稽仍"俗多淫祀"。东汉以来,道教传入浙江地区,有力地改变着本地的宗教信仰。

汉代神仙方术空前发达,方士的炼丹术、巫师的符咒术和阴阳五行学及老庄哲学融合而成为神仙学,方士也衍为有学有术的神仙家。加之东汉后期,社会剧烈动荡,民众没有一个安定的社会环境,于是在黄老思想影响下,一些好仙之人纷纷隐遁,这使向往神仙、追求长生的风气进入了实践阶段。自东汉以来,吴会地区好道之士甚众,浙东一带自秦以来的仙道活动更加流行,从而产生了大量很有影响的仙道传说,如梅福修道、刘樊升仙等,甚至连句章孝子董黯、有圣德的鲍全也都升入仙籍,正如《丹山图咏》所说:"此乃四明山,地仙俱出后汉时。"[1]他们的成道方式主要为服饵神丹及药物。四明后汉诸仙中名声最大的当推梅福。梅福字子真,九江寿春人,原为儒家学者。王莽摄政,梅福一朝弃妻子而去,不知所至。据地方志记载,"福季女为严光妻,后来余姚,隐四明山,所

---

[1] (清)黄宗羲《四明山志》卷五《丹山图咏》,《四明丛书》本。《姚江下河严氏宗谱》亦云:严光"配梅福女"。梅福女即指季女李佗。

在著异"①。浙东一带多有梅福遗迹,如鄞州大梅山传为梅子真隐处,有石洞、药炉、丹灶等古迹。梅福由儒入道,反映出他对当时社会的不满。另外,与马援同时的真人刁道林,修道于四明山的丹山赤水,擅长于气功养生术,龙伯高曾向其学胎息之法。②后世所谓"四明山旧多仙迹"③,即是从东汉开始形成的。

东汉后期,长期酝酿在巫术、方术、神仙学、阴阳五行学、谶纬学中的道教趋于成熟定型。顺、桓年间上虞魏伯阳成为浙东道教的奠基人,他撰成《周易参同契》一书,这是道教丹鼎派的经典,有"万古丹经王"之誉。这表明浙东也是道教思想的发源地之一,浙东早已具备了道教传播与发展的深厚的思想和文化基础。此后浙东逐渐成为道教传播的重要地区。

道教早期教派太平道和天师道(五斗米道),其主要发源地在东方的青州、徐州与西南的巴蜀一带,其后波及滨海广大区域。早在东汉熹平元年(172年)就有天师道徒许昭率众数万在句章发动暴动。④在汉末及三国两晋间的历次战乱中,中原及巴蜀的一些道教信徒纷纷徙居江东。最早直接传播到浙东的道团是太平道支派的于君道和帛家道。于君道据说是由东汉时在山东琅琊制作《太平经》的术士于吉所传。于吉"往来吴会,立精舍,烧香,读道书,制作符水以治病"⑤,吴会人士奉之如神。于吉也曾在浙东一带活动,地方志记载跨于余姚、上

---

① (清)光绪《余姚县志》卷二四《寓贤》,《中国地方志集成》本,上海书店出版社1993年版。
② (南朝·梁)陶弘景《真诰》卷一四(《道藏》本)、(宋)张君房《云笈七笺》卷二七(道藏要籍选刊第1册)、(宋)李昉等《太平御览》卷六七〇(中华书局1962年版)、(宋)曾慥《类说》三三(《四库全书》文渊阁本)。
③ (清)乾隆《鄞县志》卷二〇《仙释》,见《续修四库全书》本史部地理类第706册。
④ (南朝·宋)范晔《后汉书》卷八《孝灵帝纪》、卷五八《臧洪传》、卷二二《天文志》第十二,中华书局1987年版。对许昭(昌)身份的考定始于陈寅恪,详见陈寅恪《金明馆丛稿初编·天师道与滨海地域之关系》,第35页,三联书店2001年版。但唐长孺《钱塘杜治与三吴天师道的演变》一文以为:"长江中下游亦即孙吴领域内部看不出有天师道传布的迹象……三吴地区之有天师道,很可能是永嘉乱后随着南渡士庶传入的。"见《唐长孺社会文化史论丛》,武汉大学出版社2001年版。
⑤ (晋)陈寿《三国志·吴志》卷一《孙策传》注引《江表传》,中华书局1982年版。

虞二境的太平山有"施支石","相传吴于吉之石室。吉有神书百余卷,号曰《太平青箓》,因此山也"。① 孙策不能容忍于吉幻惑人心,将其杀死,然而孙策死后,"世中犹有事于君道者"②,足见于君道在民众中的影响。

　　与于君道有一定关联的帛家道,传说始于仙人帛和,实际上是道士托名帛和利用巫俗布道的道派。帛和曾师事吴主孙坚时的董奉。帛家道最初也是一个由民间方士组成的小集团组织,以金丹经及《三皇文》《五岳真形图》等道书相传承。后来帛家道传到了南方,被称为"俗神祷",即施行祷祀俗神、召劾厌胜等道术,江左士庶多有奉此道者,刘刚乃是浙东师奉帛家道的代表。据元代赵道一《历世真仙体道通鉴》卷三一小传,刘刚字伯经,江苏下邳人,初居四明山,后为上虞令,"师事帛君,受道治中部事"③。另据托名木玄虚《四明洞天丹山图咏集》等书记载,刘刚弃官,同妻樊云翘入四明山潺湲洞侧,从白(帛)君学仙术,双双飞升于大岚山,后人遂建祠宇观于飞升之地。帛家道在浙东的传承不绝如缕,如南朝时陶弘景弟子周子良的姨母10岁便出家,随师学道,在余姚立精舍。周子良因"素履帛家之事",后得病,其姨舅"咸恐是俗神所假",④即是明证。

---

① (清)黄宗羲《四明山志》卷一《名胜》,《四明丛书》本。按,范晔《后汉书·襄楷传》有顺帝时琅琊宫崇的老师于吉,于曲阳泉水上所得神书百七十卷,号《太平青领书》,此人与吴之于吉显为两人,《四明山志》误混为一,且有附会,不可尽信。
② (宋)张君房《云笈七籤》卷一一一《于吉传》,《道藏要籍选刊》本。
③ (元)赵道一《历世真仙体道通鉴》卷三一,《道藏要籍选刊》本。
④ (南朝·梁)陶弘景《周氏冥通记》卷三,《道藏》本。

第二编

六朝时期的宁波

公元3世纪初至6世纪末,在中国历史上是所谓的魏晋南北朝时代。其中,孙吴、东晋、宋、齐、梁、陈这六个国祚修短不一的皇朝,一则由于都曾以今江苏南京为都城,①二则由于在时间上是一个基本连续的单元,三则由于在诸多方面保持着相对的共通性,②因而大致自唐代以来被合称为"六朝"。③

在六朝时代的大部分时期内,今宁波境内置有余姚、句章④、鄞、鄮、宁海5县,前4县隶属于会稽郡,而创置于东晋穆帝永和三年(347年)的宁海县,则下辖于临海郡。⑤ 在此期间,主要由于中原流民的迁入及积极进取,也因为部分官员治理有方,宁波地方经济在已有的基础上得到了较大的发展。与此同时,曾经长期支配宁波地域的越民,在中原儒家文明的进一步冲击下,日益自觉地融入这种外来文明之中,其生活方式和生存样态也因此逐渐发生了较大的变易。然而,尽管此期越文化对宁波地域的影响日趋弱化,却并未丧失殆尽,这就使得六朝时期宁波区域文化仍然具有比较浓厚的地域特征。

---

① 其中,公元221年至229年、265年至267年,孙吴曾两次迁都武昌(今湖北鄂州);552年至554年,梁元帝又建都江陵(今湖北江陵)。六朝其他时段,皆以该城为都。南京在汉献帝建安十六年(221年)之前名秣陵,孙权迁治于此后的第二年(即公元222年),改称建业。晋武帝太康元年(280年)孙吴亡国后,复改为秣陵。太康三年(282年),分淮水(今秦淮河)南为秣陵,北为建业,并改"业"为"邺"。愍帝建兴元年(313年),因避帝讳又改称建康,并从此为东晋南朝所沿用。
② 详参胡阿祥《六朝疆域与政区研究》,第2~7页,西安地图出版社2001年版。
③ 严格地说,六朝史的上限应在孙权称帝的公元229年,但考虑到孙氏集团对江东地域的割据,实际上奠基于公元195年的孙策过江,因而六朝史可前推至该年,本章叙事即始于公元195年。
④ (南朝·宋)范晔《后汉书》卷五八《臧洪传》李贤注引《十三州志》:"句践之地,南至句无,其后并吴,因大城句,章伯功以示子孙,故曰句章。"(中华书局1987年版)《资治通鉴》卷一一一《晋纪三十三》"安帝隆安四年"条胡三省注:"句章县,自汉以来属会稽郡,今鄞县以东定海、昌国,皆其地也。"(中华书局1956年版)
⑤ (唐)李吉甫《元和郡县图志》卷二七《江南道·台州》:"晋穆帝永和三年,分会稽之鄞县置宁海县,属临海郡。"又,(宋)乐史《太平寰宇记》卷九八引《临海记》云:"晋永和三年,分会稽郡八百户,于临海郡章安地立宁海县。"临海,孙吴太平二年(257年)二月自会稽分置,详参《三国志》卷四八《吴书·三嗣主传》,中华书局1982年版。

第一章

六朝政局中的宁波地方政情

- 余姚虞氏的士族化及其后续动向
- 六朝宁波地方经济的成长
- 六朝时期宁波境内的战乱

六朝时期的宁波地域,主要由于与都城相距不远且交通便捷的关系,其战略地位从总体上说,较诸秦汉时期有了明显上升。相应地,在各类传世典籍的记载中,活跃于六朝政坛的四明精英,其数显著增多。然既有的相关论著,对于此期甬上先民的政治活动及发生于宁波境内的重大历史事件,不是语焉不详,就是偏重于对个别历史片断的叙述,从而未能全面、系统地勾勒出六朝时期宁波区域政治史的演变进程。故此,拟在参考、汲取既有的研究成果的基础上,将六朝宁波地方史置于整个六朝史的研究框架之内,以中央政局与地方政情的互动为中心加以动态考察,一方面理清此期宁波区域政治的演变轨迹,另一方面探讨其之所以如此演进的内因外缘。

第一节　余姚虞氏的士族化及其后续动向

余姚虞氏作为六朝时期宁波境内家族规模最大、政治地位最高、社会影响最广的世家大族,其兴衰荣枯无疑是此期宁波政治生活史上最主要的内容。然迄今为止,有关该家族的专题研究,[1]大都偏重于分门别类地整理其家族文化,至于从政治社会学角度加以系统探讨者,仍付诸阙如。故此,兹以其族人的仕途进退和家族风尚的生成流变为

---

[1] 蓝溪子《汉唐余姚虞氏世家述略》,《浙东文化》1995年第2期。李小红《余姚虞氏研究——浙东家族史系列研究之一》,《宁波师范学院学报》1997年第2期。王永平《六朝时期会稽虞氏之家风与家学》,《南都学刊》2002年第4期,又见其《六朝江东世族之家风家学研究》,第265~285页,江苏古籍出版社2003年版。

中心,结合六朝时代的政治变迁,尽可能具体而微地考述、分析虞氏家族政治地位和社会声望的升降起伏及其内因外缘。同时为了讨论的完整性,本节叙事将上溯至东汉中叶,并下及于唐代初年。

一、东汉中叶至孙吴中后期虞氏的崛起

唐人林宝于所著《元和姓纂》卷二"虞氏"条中,断言余姚虞氏源出吴仲雍曾孙虞仲,乃迁自东郡的移民户。但众所周知,中古人伦喜称阀阅,"其荜门寒族,百代无闻,而骍角挺生,一朝暴贵,无不追述本系,妄承先哲"①。林氏所言大抵本诸虞氏族谱,却殊乏佐证,难以取信。而晚出的雍正《慈溪县志·文苑·虞九皋》,则称"虞氏为(虞)诩之后,自上阳徙家来越",此说当取材于唐人柳宗元为友人虞九皋所作的《虞鸣鹤诔》②,但较诸前说,其误更甚。陈国武平人虞诩卒于汉顺帝永和(136—141年)初年,从《后汉书·虞诩传》的相关记载来看,其后嗣似乎未曾迁居余姚,即便有之,也决不至于成为余姚虞氏的始迁祖,因为在其有可能"徙家来越"之时,余姚虞氏已然发迹于前。

从较为可靠的文献记载来看,余姚虞氏有迹可寻的信史,最早只能追溯到大致活动在东汉中叶的虞光。当时,由于自两汉之际以来大批中原民众迁居于此,更因为张霸等郡太守以推行儒家教化为先务,中土文明既因此得以东渐会稽,当地百姓也由此纷纷趋经业儒,以至于"郡中争厉志节,习经者以千数,道路但闻诵声"③。大概正是在此种环境风习的影响下,虞光"少治孟氏《易》",并因此官至零陵太守。④ 而其明经入仕,又进一步激发了族人研习儒家经典以从中开辟仕进前途的热情,此

---

① (唐)刘知己著、(清)浦起龙释《史通通释》卷九《序传篇》,第258页,上海古籍出版社1978年版。
② (唐)柳宗元《柳宗元集》卷一一《虞鸣鹤诔》云:"吴、虞之分,爰宅上阳,其后优游,在越为乡。延、诩辅汉,恢定封疆,东徙之贤,时惟仲翔。"中华书局1982年版。
③ (南朝·宋)范晔《后汉书》卷三六《张霸传》,中华书局1987年版。
④ (晋)陈寿《三国志》卷五七《吴书·虞翻传》注引《虞翻别传》,中华书局1982年版。

则见诸《虞翻别传》,即有其子虞成、曾孙虞歆(？—196年)分别任职平舆令、日南太守的记载。也因此,余姚虞氏至晚在东汉末年,业已成长为会稽郡的著姓望族,其影响甚至远播中原。广陵人陈琳在为曹操所作的《檄吴将校部曲文》中,既称虞歆"砥砺清节,耽学好古",又将之与当地名士魏朗、周昕相提并论,即其有力的旁证。①

在余姚虞氏逐渐上升为会稽望族的过程中,虞氏族人的主观努力固然不可或缺,会稽、吴两郡在汉顺帝永建四年(129年)的分置,以及会稽郡治向与余姚毗邻的山阴的转移,对于抬升该家族社会政治地位的作用似乎更大。② 因为行政建制的调整和郡级政治中心的东移,至少在理论上使之拥有了更多的州郡察举的机会,从而有助于拓展官场权势。事实上,包括虞氏家族在内的诸多会稽大族,之所以能够在东汉末年成长为唐长孺所谓的"普遍承认的地方当权大姓"③,在很大程度上正得益于此。

虞氏家族传至虞歆之子虞翻(164—233年),其族资门望的上升势头更形显著。这首先得益于虞翻在学术研究领域的创获颇丰。"生遇世乱,长于军旅"的他,"习经于枹鼓之间,讲论于戎马之上,蒙先师之说,依经立注"④,撰有《周易注》、《周易集林律历》等书。平心而论,在虞翻的易学理论中,虽然存在着汉人株守门户的通病,却也汇集了两汉象数易学之大成,因而得到了当世名儒孔融的推崇。⑤ 至此,不唯以研治孟氏《易》为主的家学体系得以最终确立,余姚虞氏作为儒学世家的地位,也获得了较为广泛的承认。

虞氏门第在孙吴中后期的显著抬升,又无疑受惠于虞翻对孙氏政权的长期拥戴。虞翻最初仕为会稽郡功曹,时当汉献帝建安元年(196

---

① (南朝·梁)萧统《文选》卷四四陈琳《檄吴将校部曲文》,上海古籍出版社1986年版。
② (南朝·梁)沈约《宋书》卷三五《州郡志一》"会稽太守"条,中华书局1974年版。
③ 唐长孺《魏晋南北朝史论拾遗·东汉末期的大姓名士》,第25页,中华书局1983年版。
④ (晋)陈寿《三国志》卷五七《吴书·虞翻传》注引《虞翻别传》,中华书局1982年版。
⑤ (晋)陈寿《三国志》卷五七《吴书·虞翻传》及注引《虞翻别传》。

年)孙策渡浙来越,他始则建议太守王朗放弃抵抗,继而在随同王朗拒战失利之后不久即归降孙策,从此心甘情愿地为孙氏拓地江东奔走驱驰,不但敦劝孙策切勿轻出微行,以防不测,且在建安四年(199年)十二月,为之说降豫章太守华歆。因此之故,被孙策"待以交友之礼"。而这又进一步增强了他对孙氏集团的效忠之志,于是,当建安五年四月孙策遇刺身亡而孙暠拟攻取会稽,以与孙权争夺继承权之际,虞翻予以明确反对,最终迫使孙暠知难而退,从而为孙吴最高统治权的顺利交接立下了不小的功劳。①

但在孙权统事之后的近二十年间,一则因为孙权的不能纳谏,二则因为政敌的"谤毁",三则因为自身的"性不协俗"②,虞翻不但宦情转薄,而且多次遭到贬谪。尽管如此,虞翻"虽在徙弃",却仍然"心不忘国",在得知孙权称帝后,还特地上书以示衷心拥戴。因而时至吴大帝嘉禾元年(232年)底,其忠臣本色最终得到了孙权的认可,并"促下问交州,翻若尚存者,给其人船,发遣还都,若以亡者,送丧还本郡,使儿子仕宦"③。也因此,尽管虞翻当时已然客死异乡,却为其诸子及其他虞氏族人的入仕孙吴打下了良好的基础。也部分得益于此,虞氏家族在孙吴时期有多人官至高位(详参表1)。

与此同时,虞翻"忠直謇谔"④的个性,也深刻地影响了其后嗣立身行事的风格,进而扩展成为整个余姚虞氏的家族性格,譬如据《三国志·吴书·虞翻传》注引《会稽典录》记载,在孙綝废黜孙亮而改立孙休之际,一度有意自立,正是虞翻第四子虞汜的犯颜直谏,才使得孙休顺利入纂帝位。而其第五子虞忠同样也是孙吴的忠臣,他在吴末帝天纪四年(280年)二月庚申兵败西陵之时,与镇南将军留宪、征南将军

---

① (晋)陈寿《三国志》卷五七《吴书·虞翻传》及注引《吴书》、《会稽典录》,中华书局1982年版。
② (晋)陈寿《三国志》卷五七《吴书·虞翻传》及卷末"评曰"。
③ (晋)陈寿《三国志》卷五七《吴书·虞翻传》注引《吴书》、《江表传》。
④ (晋)陈寿《三国志》卷五七《吴书·虞翻传》注引《会稽典录》。

成据等人一道以身殉国。①

表1 孙吴时期余姚虞氏族人仕宦考

姓名	血缘关系	主要或最终官爵	资料来源
虞汜	虞翻第四子	交州刺史、冠军将军、余姚侯	《三国志·吴书·虞翻传》注引《会稽典录》
虞忠	虞翻第五子	宜都太守	
虞耸	虞翻第六子	越骑校尉、廷尉	《三国志·吴书·虞翻传》
虞昺	虞翻第八子	廷尉尚书	
虞察	虞翻族孙	征虏将军	《晋书·儒林·虞喜传》
虞授	不详	广州刺史	《世说新语·赏誉第八》注引《虞氏谱》

从孙吴中后期虞氏家族的发展态势来看，比较明显地呈现出两大特征：一是虞氏族人对政治的关注超过了对学术的兴趣，从而充分表明当时的政治氛围对他们来说比较有利；二是虞氏族人在崇文的同时，并未放弃以武力荣身光宗的努力，这应与社会局势的动荡有关，更可能是受轻悍好勇的江南民风长期熏陶的结果。在此期间，虞氏族人致力于通过联姻皇室、结交名士、举荐乡党等途径，巩固并进一步拓展家族政治权势。譬如以"贞固干事"见称的虞忠，既娶孙权族孙女，② 又"造吴郡陆机于童龀之年，称上虞魏迁于无名之初"③，从而不但提高了余姚虞氏的政治地位，而且扩大了该家族的社会影响。西晋左思《吴都赋》在述及吴时江南望族之盛况时，概云：

其居则高门鼎贵，魁岸豪杰。虞魏之昆，顾陆之裔。岐

---

① （唐）房玄龄等《晋书》卷四二《王浚传》，中华书局1974年版。
② （唐）房玄龄等《晋书》卷九六《列女·虞潭母孙氏传》。
③ （晋）陈寿《三国志》卷五七《吴书·虞翻传》注引《会稽典录》，中华书局1982年版。

巍继体,老成奕世。跃马叠迹,朱轮累辙。陈兵而归,兰锜内设。冠盖云荫,间阎阗喧。①

据此,其时余姚虞氏政治地位之高、家族声望之大和经济根基之厚实,亦当不难想见。一般认为,魏晋之交是士族形成的关键阶段,当时累世显贵的大族最有资格成长为士族。虞氏家族既已在孙吴政权中把持了一定的职位,也应当具备了向士族转化的可能。

二、两晋之际虞氏的士族化

在孙吴亡国之后,虽有个别虞氏族人譬如虞耸、虞昺兄弟,仍得以在西晋政府中分别官至河间相和济阴太守,但在中州士人有意无意地冷落、歧视和排抑孙吴亡国之余的当时,虞氏族人在政治上的发展不能不受到阻遏。大抵因此之故,虞氏族人一方面对时局表现出极大的不满,另一方面则将更多的精力倾注于学术研究和家族伦理规范的构建。虞耸在此期间的所言所行,即其显著实例。他不但创立《穹天论》,而且寄信与族子虞察,内称"世之取士,曾不招未齿于丘园,索良才于总猥,所誉依已成,所毁依已败,此吾所以叹息也",尔后又"疾俗丧祭无度,弟昺卒,祭以少牢,酒饭而已,当时族党并遵行之"。②

虞氏族人在政治上的再度崛起始于西晋后期,且主要以军功为凭借,其中尤以虞忠之子虞潭最为典型。曾被举为秀才的他,本以文才见长,当其入仕之初,曾任扬州从事、大司马祭酒、涔乡令等职,但动荡的时局既改变了他原有的生活轨迹,也为其提供了发挥潜在才能的契机。自从惠帝太安二年(303年)弃笔从戎以来,虞潭先后参与平定了分别以张昌、陈敏、杜弢为首的叛乱,并在克定杜弢之乱后,被吸纳到琅琊王司马睿的幕府之中,从此仕途畅通。在建武元年(317年)司马

---

① (南朝·梁)萧统《文选》卷五左思《吴都赋》,上海古籍出版社1986年版。
② (晋)陈寿《三国志》卷五七《吴书·虞翻传》注引《会稽典录》,中华书局1982年版。

睿即位晋王之后直到东晋建国初期,历任屯骑校尉、右卫将军、宗正等职,①从而成为余姚虞氏家族有史以来完全凭借军功战绩晋身黄屋庙堂的第一人,也为其他虞氏族人走向朝堂奠定了坚实的基础。

正如《晋书》本传所论,"清贞有检操"的虞潭,对于晋室的忠诚几乎无所保留。还在惠帝永宁元年(301年)三月,他就与扬州主簿赵诱一道,劝说刺史郗隆起兵讨伐篡夺帝位的赵王司马伦。②时至元帝永昌元年(322年)四月,值大将军王敦举兵犯阙之际,虞潭又与王导等人"三道出战",以卫东晋皇权。③即便在被迫辞去宗正一职返归故里之后,他依然心系皇室安危,故当王敦再度兴兵作乱之时,"于本县招合宗人,及郡中大姓,共起义军"④,声讨王敦死党吴兴武康人沈充,予朝廷以极大的声援。降及成帝咸和三年(328年)五月,时任吴兴太守的他,又与吴郡太守庾冰、会稽内史王舒起义兵于三吴,讨伐举兵作乱的历阳太守苏峻,⑤对于最终平定苏峻之乱颇有其力。

自西晋后期以降,虞氏族人较为明显地呈现出多元发展的趋向,在虞潭以军功致显的同时,虞察之子虞喜(281—356年)、虞预(285—340年)则主要"以儒学立名"。⑥虞喜除了一度在建兴(313—316年)末年"屈为功曹"外长期隐居乡里,"专心经传,兼览谶纬"⑦,终以志节高尚、博学多闻见重当时。虞预历任余姚县功曹、会稽郡主簿、散骑常侍、著作郎等职,并在参与平定苏峻之乱后进爵平康县侯。他虽然比较婴心于功名利禄,但还是撰成了数十篇诗赋碑诔论难之文,以及《晋书》、《会稽典录》等史书,是虞氏家族史上最有成就的史家。

史称虞预"雅好经史,憎疾玄虚,其论阮籍裸袒,比之伊川被发,所

---

① (唐)房玄龄等《晋书》卷七六《虞潭传》,中华书局1974年版。
② (唐)房玄龄等《晋书》卷六七《郗鉴传附郗隆传》。
③ (唐)房玄龄等《晋书》卷六《元帝纪》。
④ (唐)房玄龄等《晋书》卷七六《虞潭传》。
⑤ (唐)房玄龄等《晋书》卷七六《虞潭传》。
⑥ (唐)房玄龄等《晋书》卷六八《贺循传附杨方传》。
⑦ (唐)房玄龄等《晋书》卷九一《儒林·虞喜传》。

以胡虏遍于中国,以为过衰周之时",《晋书·虞预传》的这条史料,往往被用以实证东晋虞氏族人的学风偏于保守,但此种理解似有问题。事实上,虞氏家学固然以研习孟氏《易》为主,却早在孙吴时期,就有个别族人颇染玄风,譬如《太平御览》卷四九一引《会稽典录》称虞俊在客游吴地之时,就曾"与张温、朱据等会,清谈干云,温等敬服,于是吴中盛为俊谈"。即便是虞翻,也曾诵习太玄,并撰有《扬子太玄经注》、《老子注》等书。时至东晋,为邀取时誉而讲道论玄的虞氏族人已非个别,虞骈更因此颇得王导的推许,被认为是兼有才望者。① 当然,相比较而言,虞氏族人的玄学素养并不甚高,难以与当时的玄谈名士媲美。

较之于孙吴时期,虞氏家族的族资门望在西晋后期以降又有显著提高。这首先表现为,随着家族规模的扩大和经济实力的增强,虞氏家族开始对地方行政产生了较大的影响,此则揆诸《晋书·山涛传附山遐传》,即可推知大概:

> 遐字彦林,(成帝咸康初)为余姚令。时江左初基,法禁宽弛,豪族多挟藏户口,以为私附。遐绳以峻法,到县八旬,出口万余。县人虞喜以藏户当弃市,遐欲绳喜。诸豪强莫不切齿于遐,言于执事,以喜有高节,不宜屈辱。又以遐辄造县舍,遂陷其罪。遐与会稽内史何充笺:"乞留百日,穷鞫逋逃,退而就罪,无恨也。"充申理,不能得。竟坐免官。

其次,表现为入仕为官的虞氏族人,不但其数激增,而且多居清要之职(详见表2)。其中虞潭一门尤为显达,其孙虞啸父"少历显位,后至侍中,为孝武帝所亲爱"②,即其显例。

累世为官的政治地位、坚实雄厚的经济基础、出入儒玄的文化风貌,这三者通常被当下学界认为是构成士族的必备要素。此种理解是否过于简单化、机械化,姑且置之不论,假如按照这一标准加以衡量、定性,完全可以将余姚虞氏的士族化,大致确定在虞潭以军功贵达的

---

① (唐)房玄龄等《晋书》卷七六《虞潭传附虞骈传》,中华书局1974年版。
② (唐)房玄龄等《晋书》卷七六《虞潭传附虞啸父传》。

东晋早期。事实上,时流也确实以此相许,而将该家族与山阴孔氏、上虞魏氏、山阴谢氏并称为会稽"四族",譬如《世说新语·赏誉第八》云:"会稽孔沈、魏𫖮、虞球、虞存、谢奉并是四族之俊,于时之杰。孙兴公目之曰:'沈为孔家金,𫖮为魏家玉,虞为长、琳宗,谢为弘道伏。'"类似的记载又可见于《晋书·孔愉传附孔沈传》。余姚虞氏延续至此,仅就其所拥有的政治地位和社会声望而论,实已臻至其在六朝时期乃至整个中古时代的顶点。

表2 西晋后期至东晋末年余姚虞氏族人仕宦考

姓名	血缘关系	主要或最终官爵	资料来源
虞潭	虞忠之子	右光禄大夫、开府仪同三司,武昌县侯	《晋书·虞潭传》
虞仡	虞潭之子	右将军司马,武昌县侯	
虞楚	虞潭之子	督护	《晋书·列女·虞潭母孙氏传》
虞啸父	虞仡之子	侍中、吴国内史、左民尚书	《晋书·虞潭传附虞啸父传》《南齐书·虞悰传》
虞騑	虞潭兄子	吴兴太守、金紫光禄大夫	《晋书·虞潭传附虞騑传》
虞谷	虞騑之子	吴国内史	
虞喜	虞察之子	会稽郡功曹	《晋书·儒林·虞喜传》
虞预	虞喜之弟	散骑常侍、著作郎,平康县侯	《晋书·虞预传》
虞阳	不详	散骑常侍	《世说新语·政事第三》注引孙统《虞存诔叙》
虞伟	虞阳之子	扬州西曹	
虞存	虞伟之子	卫军长史、尚书吏部郎	

续表2

姓名	血缘关系	主要或最终官爵	资料来源
虞骞	虞存之弟	会稽郡主簿	《世说新语·政事第三》
虞基	虞授之子	右军司马	《世说新语·赏誉第八》注引《虞氏谱》
虞球	虞基之子	黄门侍郎	
虞宗	不详	尚书库部郎	《南齐书·虞玩之传》《南史·虞玩之传》
虞玫	虞宗之子	通直常侍	
虞赉	不详	给事中,监利侯	《南齐书·良政·虞愿传》《南史·循吏·虞愿传》

三、南朝至唐初虞氏的由盛转衰

从《晋书·虞潭传》的相关记载来看,余姚虞氏早在东晋立国之初,就与龙亢桓氏建立了较为密切的联系,因而在桓玄执掌朝政乃至篡夺帝位期间(402—404年),虞啸父得以历任护军将军、会稽内史等要职。也惟其如此,时当晋安帝元兴三年(404年)五月刘裕起兵攻灭桓玄,虞啸父被就地免职。① 在刘裕当政之后,因党附桓氏而被迫去职的虞氏族人,肯定不止虞啸父一人。譬如晋安帝义熙七年(411年),虞亮因"藏匿亡命千余人"②而被诛的这一事件,就很有刘裕党同伐异的嫌疑。也部分因此之故,自晋宋易代之际至宋文帝元嘉后期的四十余年间,在各类史书中未见有虞氏族人入仕为官的记载。

在此期间,虞氏族人之所以失意于仕途,最初固然与刘裕的排挤有关,但更为根本的原因,恐怕还在于其尚武精神的失落。历观虞氏家族自东汉中叶以来的发迹史,尽管其门风偏重于崇文,却非但始终

---

① (南朝·梁)沈约《宋书》卷五四《孔季恭传》,中华书局1974年版。
② (南朝·梁)沈约《宋书》卷二《武帝纪中》。

未曾摒弃其尚武传统,而且虞氏族人在政治上的每一次崛起,莫不以军功战绩为依托。但时至东晋末年,在席卷江左的人文风气的浸润下,曾与崇文门风长期并行不悖的虞氏尚武传统业已荡然无存。由此而导致的直接后果是,虞氏族人无从利用晋宋之际的动乱时局,以建功疆场的方式,改变其政治发展空间陡然狭窄的艰难处境。于是,再无官场权势可资凭借的余姚虞氏,也就不可避免地被政治边缘化。

在历经四十余年的沉寂之后,终有若干虞氏族人入仕宋朝(详参表3)。这其中,虞秀之通过曲意逢迎吏部尚书庾炳之,至晚在文帝元嘉二十五年(448年)庾氏去职之前仕为黄门郎;① 虞玩之则以"少闲刀笔,泛涉书史",于元嘉二十八年解褐东海王刘祎征北行参军。② 时至明帝泰始、泰豫年间(465—472年),虞愿(426—479年)一则由于"儒吏学涉",二则凭借"蕃国旧恩",故得以"意遇甚厚"。③

表3 宋朝余姚虞氏族人仕宦考

姓名	血缘关系	最终官爵	资料来源
虞秀之	虞啸父之子	黄门郎	《南齐书·虞悰传》《南史·虞悰传》
虞悰	虞秀之之子	黄门郎	
虞玩之	虞玫之子	黄门郎	《南齐书·虞玩之传》《南史·虞玩之传》
虞愿	虞赉之孙、虞望之之子	廷尉	《南齐书·良政·虞愿传》《南史·循吏·虞愿传》
虞季	虞愿之兄	上虞令	
虞通之	虞愿宗人	步兵校尉	《南史·文学·丘巨源传》
虞龢	不详	廷尉	

① (南朝·梁)沈约《宋书》卷五三《庾登之传附庾炳之传》,中华书局1974年版。
② (南朝·梁)萧子显《南齐书》卷三四《虞玩之传》,中华书局1972年版。
③ (南朝·梁)萧子显《南齐书》卷五三《良政·虞愿传》。

自刘宋末年以降,部分虞氏族人由于尽心翼戴萧道成并支持其篡夺帝位,从而获得了更大的政治发展空间(详参表4)。譬如虞玩之,宋后废帝元徽(473—476年)中为尚书右丞,以善于理财颇得萧道成的称许,于是深自结附,被引为骠骑谘议参军,比及萧氏建国称帝,又受诏与骁骑将军傅坚意"检定簿籍";①又如虞悰(435—499年),也因"结厚于布素"而致位通显;②即便是以学行文才见称的虞羲、虞炎,也莫不通过攀附齐室宗王而得以活跃于学界、政坛。至此,余姚虞氏继东晋之后又迎来了一个发展高潮。不过,虞氏家族并未因为这个高潮的出现而重返士族行列,这其中最主要的原因,还在于虞氏族人过于"忠直謇谔"。

表4 齐朝余姚虞氏族人仕宦考

姓名	血缘关系	最终官爵	资料来源
虞悰	虞秀之子	光禄大夫	《南齐书·虞悰传》 《南史·虞悰传》
虞玩之	虞玫之子	黄门郎	《南齐书·虞玩之传》 《南史·虞玩之传》
虞羲	不详	晋安王国侍郎	《南史·王僧孺传》
虞炎	不详	骁骑将军	《南齐书·文学·陆厥传》 《南史·陆慧晓传附陆厥传》

此期虞氏族人的立身行事,颇类虞翻当年。譬如虞愿在任职通直散骑侍郎期间,就曾多次犯颜直谏,对宋明帝斥巨资修建湘宫寺的非议,即其显例。③ 虞玩之也但求"竭诚事君",而"未尝厌屈于勋权,畏溺于狐鼠"④,时人王俭所谓"虞玩之至死烦人"⑤云云,即其反证。虞

---

① (南朝·梁)萧子显《南齐书》卷三四《虞玩之传》,中华书局1972年版。
② (南朝·梁)萧子显《南齐书》卷三七《虞悰传》。
③ (南朝·梁)萧子显《南齐书》卷五三《良政·虞愿传》。
④ (清)严可均编《全齐文》卷一八虞玩之《上表告退》,商务印书馆1999年版。
⑤ (唐)李延寿《南史》卷四七《虞玩之传》,中华书局1975年版。

惊亦复如此,深受齐武帝宠遇优渥的他,对西昌侯萧鸾的谋篡皇位之举潜怀敌意,始则在郁林王被废之时,窃叹曰:"王、徐遂缚袴废天子,天下岂有此理邪?"继而当萧鸾入篡大宝,又"称疾不陪位",终乃上表"乞解所职",也因此被尚书右仆射徐孝嗣赞为"此亦古之遗直"。① 虞愿、虞惊等人的忠直风操固然可贵,却也自我葬送了仕进前途,进而不利于本家族的发展,这也是当时虞氏族势门望虽有所回升,却始终未能返归士族行列的关键所在。

有学者曾称自孙吴、东晋以降,包括余姚虞氏在内的会稽士族群,其政治地位业已渐趋下滑。② 但此种推论难以成立,其他会稽士族姑且不论,单就余姚虞氏而言,该家族呈现出确定无疑的持续没落趋向,实始于萧齐皇族高、武一系惨遭屠戮的齐明帝在位年间(494—498年)。而虞惊作为整个南朝时期最为显贵的虞氏族人,其在齐东昏侯永元元年(499年)不明真相地去世,在虞氏家族发展史上具有毋庸置疑的象征意义。它不仅意味着虞氏族内传衍最为久长、声望最为显赫的房支,从此彻底寂尔无闻,而且意味着虞氏家族在政治上的全面失势。即便是留存于江左士庶记忆之中的余姚虞氏作为东晋高门士族的模糊印象,至此也荡然无存。

时至梁代,虞氏家族被政治边缘化的迹象更形显著。这一则表现在入仕为官的虞氏族人,其数明显下降,而且职微权轻(详参表5);二则,入仕梁朝的他们,莫不出自虞氏族内先世无闻前史的庶支旁系,因而都只能通过个人努力起家,而未见有以门第得官者,其政治角色和社会身份主要是御用的经师或文人。也正因为虞阐等人不足以庇护其在余姚故里的宗族乡党,故而县令沈瑀也就无所顾忌,敢于严加管束。③ 此与晋成帝咸康初年山遐因冒犯虞氏家族而被迫去职的情形,不啻有天壤之别,两相对比,更可见出虞氏门第之衰败。

---

① (南朝·梁)萧子显《南齐书》卷三七《虞惊传》,中华书局1972年版。
② 刘淑芬《六朝会稽士族》,载刘氏著《六朝的城市与社会》,第277页,学生书局1992年版。
③ (唐)姚思廉《梁书》卷五三《良吏·沈瑀传》,中华书局1973年版。

表5　梁代余姚虞氏族人仕宦考

姓名	血缘关系	最终官爵	资料来源
虞僧诞	不详	国子助教	《梁书·儒林·崔灵恩传》《南史·儒林·崔灵恩传》
虞骞	不详	王国侍郎	《梁书·文学上·何逊传》《南史·何承天传附何逊传》
虞权	不详	永嘉太守	《陈书·虞荔传》《南史·虞荔传》
虞检	虞权之子	平北始兴王谘议参军	《陈书·虞荔传》《南史·虞荔传》
虞荔	虞检之子	镇西谘议参军兼中书舍人	《陈书·虞荔传》《南史·虞荔传》
虞寄	虞荔次弟	和戎将军、中书侍郎	《陈书·虞荔传》《南史·虞荔传》
虞阐	虞荔从伯	中书侍郎	《广弘明集》卷一五沈约《佛记序》

《陈书·虞荔传》有关虞荔(503—561年)、虞寄(510—579年)生平行迹的叙述,颇有曲笔粉饰之嫌疑,此则《通志总序》早有讥评,①清代史家赵翼也曾以实例为据加以质疑。② 倘若别加研核,则虞荔一门的发迹当不早于梁末陈初,虞荔迟至陈武帝永定二年(558年),方以五十六岁之高龄生育虞世南,就很能说明问题。入陈之后,虞荔、虞寄兄弟虽分别官至太子中庶子、中书侍郎,却不但历时短暂,而且权寄不重。其实,任职陈氏政权中的其他虞氏族人也莫不如此(详参表6)。他们对于时政几乎毫无影响力可言,对于业已衰败的族势也无力加以重振。至于其聚居在余姚故里的乡族亲党,在历经侯景之乱、张彪之难等一系列社会动乱的摧残之后,是否依旧保有雄厚的实力,也未尝

---

① (宋)郑樵撰,王树民点校《通志二十略》卷首,第4页,中华书局1995年版。
② (清)赵翼撰,王树民校证《廿二史札记校证》(订补本)卷九"陈书多避讳"条,第197~198页,中华书局1984年版。

没有疑义;其家族组织很可能就此完全解体,因为在《陈书》及其他史传之中,再无相关记载。

表6　陈代余姚虞氏族人仕宦考

姓名	血缘关系	最终官爵	资料来源
虞荔	虞检之子	太子中庶子、领大著作、东扬扬州二州大中正	《陈书·虞荔传》《南史·虞荔传》
虞寄	虞荔次弟	太中大夫、戎昭将军	《隋书·虞世基传》、《北史·文苑·虞世基传》
虞世基	虞荔之子	尚书左丞	《旧唐书·虞世南传》、《新唐书·虞世南传》
虞世南	虞世基弟	西阳王友	
虞孝曾	不详	始兴王谘议	《隋书·文学·虞绰传》《北史·文苑·虞绰传》
虞绰	虞孝曾子	永阳王记室	

在隋朝统一南北之后,任职于陈氏政权之中的虞氏族人及其家眷,随例被迁至长安。博学多才的他们,在经历了仕途不畅与家境贫困的短暂煎熬之后,随着隋炀帝的即位及其大力提携江南士人政策的出台和贯彻,而得任用于大业年间。在此期间,或如虞世基(?—614年)被委以亲重要任,"顾遇弥隆"[①];或如虞绰(561—614年),与虞世南、庾自直、蔡允恭等人"常居禁中,以文翰待诏,恩盼隆洽"[②]。时至唐初,虞世南更是深得唐太宗的嘉许和进用,被誉为德行、忠直、博学、词藻、书翰"五绝"兼具者。[③] 但总体而论,除虞世基外,隋末唐初游宦都下的虞氏族人皆实权有限,即便是与唐太宗颇为相契的虞世南,实也未臻大用,其政治命运如同梁武帝天监年间(502—519年)的沈约,

---

① (唐)魏徵等《隋书》卷六七《虞世基传》,中华书局1973年版。
② (唐)魏徵等《隋书》卷七六《文学·虞绰传》。
③ (唐)吴兢《贞观政要》卷二《任贤第三》,《四库全书》文渊阁本。

终身虚荷崇位而未处实权。

虞世基的身份,颇类似于沈约《宋书》所界定的"恩幸",其"唯诺取容"①及种种劣迹,对于大业年间的政治腐败乃至隋朝的乱亡,负有不可推卸的责任。虞绰亦非公忠体国之臣,其"恃才任气"及与杨玄感的结为"布衣之友",②既害己又误国,故而与虞世基一样未得善终。同时也正因为虞世基等人但以个人仕途为怀,而不曾婴心于荐拔宗族乡党,更由于当时政治体制、政权支撑力等外在环境的巨变,久已湮没的余姚虞氏,不但并未因为个别族人的显达而复兴于隋唐时期,而且在虞世南身后,该家族的传衍情况已无迹可寻。

当下学界较为普遍的观点是,任何家族假如不具备一定的文化素养,即便在政治、经济上称雄一时,也难以跻身士流。但由此上考述可见:第一,余姚虞氏在两晋之际的士族化,其所凭借的显然主要是军功战绩而非文化素养;第二,南朝以还,该家族虽则依然崇文不辍,却始终游离于士族圈。更何况,在整个六朝时期,诸如此类的情形并非余姚虞氏一家而已。执此而论,将文化素养视为取得并维系士族身份关键所在的观点,似乎仍有可商榷之处。虞氏家族在六朝时代的盛衰荣枯,无疑作为个案,实证了家族政治社会地位的高低,主要取决于其与当轴执钧者的关系。

摒弃尚武传统,实乃虞氏家族演进史上重大而深远的转折,其负面作用和消极影响显而易见。与此形成鲜明对比的是,在江左士庶纷然鄙武从文的东晋末年依旧习武不辍的吴兴沈氏,始则通过沈林子等人追随刘裕南征北战,不仅在短期内克服了因沈穆夫参与孙恩起义而导致的生存危机,而且得以隆盛于宋初,继而又借助沈庆之等人的军功战绩,最终大约在刘宋中期实现了整个家族的士族化。③ 其实,江左士族尚武精神的失落,不但加速了其自身的衰落,若从更为深层的意

---

① (唐)李延寿《北史》卷八三《文苑·虞世基传》,中华书局1974年版。
② (唐)李延寿《北史》卷八三《文苑·虞绰传》。
③ 唐燮军《六朝政治转型与吴兴沈氏的门风转向》,《华东师范大学学报》2001年第4期。

义上加以理解的话,也是南朝被并入北朝的根本原因所在。

曹文柱的相关研究,表明自入南朝以来,"重视世俗功利超过宗族血亲成为江南人际关系的主流"[1],余姚虞氏作为江南地域屈指可数的累世同居的大家族,亦复如此。虽然在传世文献之中几乎无从觅及有关该家族内部构造的记载,但其在六朝时期的流变,大致可以东晋末年为界分为前后两段,尽管此后虞氏依然聚族而居,却明显呈现出家族结构日益松散、亲缘关系日渐淡漠的趋向。虞氏家族凝聚力的转弱,可能与会稽地域获得全面开发因而个体家庭足以自立有关,但更为重要的原因似乎还在于:由于家族政治权势的低落,虞氏族内既缺乏能够号令全族的代表人物,更缺乏用以凝聚全族的黏合剂。进而言之,南朝皇权之能日趋强化,其境内家族组织的涣散和诸多大家族的解体,不能不说是其中的一大缘故。

第二节 六朝宁波地方经济的成长

从宁波地方历史变迁的整个历程来看,六朝时期无疑是该地继先秦之后的又一发展高峰期,也是该地全面融入汉化文明圈的起始阶段。在全国经济、文化重心不断南移的这一历史时段,宁波的地方经济和区域文化均取得了不小的进步,但这种进步既有其限度,又表现出较大的不平衡性,大致越靠近郡城山阴,其经济文化发展水平越高,从而在大体上显现出自西北至东南逐级而下的梯度差异。

宁波地方经济在六朝时期的发展,一则得益于该地社会局势的相对稳定,二则受惠于为数不少的中原民众迁居于此。当然,此期历代政府所推行的经济政策,也是宁波地方经济获得长足进步的一个不可或缺的重要前提。譬如东晋成帝咸康(335—342年)中,会稽内史孔

---

[1] 曹文柱《六朝时期江南社会风气的变迁》,《历史研究》1988年第2期。

愉见"句章县有汉时旧陂,毁废数百年",遂"自巡行,修复故堰",此后,堰旁二百余顷耕地"皆成良业"。① 又如宋文帝元嘉(424—453年)年间,鄞县令谢凤建成方胜塝,溉田五千余亩。② 正是在土著与移民的长期苦心经营下,该地的经济发展极为迅速,还在晋愍帝建兴(313—316年)末年,已与"昔之关中"相提并论,③时至宋孝武帝大明(457—464年)末年,更是出现了"良畴亦数十万顷,膏腴上地,亩直一金"④的繁华景象。

六朝时期宁波地方经济的成长,首先表现为农业生产技术的进步。当时,该地农民已经普遍采用"火耕水耨"或"火耕水种"的耕作方式。这种耕作方式,以往大多被认为是原始落后的,其实在当时特定的生产条件下,它不但不落后,而且行之有效。此观陆云《答车茂安书》可知:

> (鄞)县去郡治,不出三日,直东而出,水陆并通。西有大湖,广纵千顷,北有名山,南有林泽;东临巨海,往往无涯……遏长川以为陂,燔茂草以为田,火耕水种,不烦人力。决泄任意,高下在心,举钵成云,下钵成雨,既浸既润,随时代序也。⑤

相比较而言,杜预在晋武帝咸宁二年(276年)十二月的上疏中说得更为明白:"诸欲修水田者,皆以火耕水耨为便。非不尔也,然此事施于新田草莱,与百姓居相绝离者耳。往者东南草创人稀,故得火田之利。"⑥这是因为:"火耕"能有效地抑制水稻病虫害的发生;"水耨"既可以耨断一些稻株老根,又有助于疏松泥土,改善土壤通气性能,满足水稻根系对空气的需求。此外,"火耕水耨"还兼有施肥的效应:火烧之后的碱性的草木灰乃是很好的磷钾肥,水淹之后的腐烂野草就成

---

① (唐)房玄龄等《晋书》卷七八《孔愉传》,中华书局1974年版。
② (清)雍正《浙江通志》卷二二〇引(元)陈观《资福庙记》,《四库全书》文渊阁本。
③ (唐)房玄龄等《晋书》卷七七《诸葛恢传》。
④ (南朝·梁)沈约《宋书》卷五四"史臣曰",中华书局1974年版。
⑤ (晋)陆云撰,黄葵点校《陆云集》卷一〇《答车茂安书》,中华书局1988年版。
⑥ (唐)房玄龄等《晋书》卷二六《食货志》。

了优质的绿肥。

其次,则是陶瓷制作、冶铸、纺织等手工业的发展。据考证,浙东地区的原始瓷器制造业的兴起,可上溯至战国时代,时至东汉,已经开始生产精美的黑瓷,并很快发展成为瓷器的主要产区。[①] 在东汉至西晋之际,这种被学界称为"早期越窑"青瓷的主要生产基地显然是在上虞,宁波境内的青瓷生产规模较小,因而不但遗存寥寥,仅在慈溪上林湖(桃园山)、余姚马步龙、陈家岙、鄞州韩岭乡窑岙等地有零星的发现,而且品种不多,大多是罐、罍、壶、坛、碗、钵、盘等日用品。从业已出土的瓷器质量来看,胎质坚硬,颜色以青釉、青绿釉或褐色釉居多,且釉层不匀。然则时至东晋,宁波境内的上林湖制瓷业却异军突起,不但生产规模与上虞平分秋色,而且在器物造型、胎质、釉色、品种、制作工艺等方面,皆可与上虞青瓷并驾齐驱。降及南朝,在越窑青瓷生产规模整体下滑的时代背景下,宁波境内的瓷器制造业仍然较为可观,因而在慈溪上林湖鳖裙山、古银锭湖(彭东)小姑岭、江北云湖等地皆有南朝窑址的发掘。其中,出土于鳖裙山的大量实物遗存,多为规格不一、显系成套生产的碗、盘、盅,另有少量的罐、壶、灯、钵、鸡头壶、砚台,这些瓷器胎体厚薄得当,器形比较规整。此外,从尚未完全发掘的云湖窑中出土的器物来看,品种有碗、钵、盘、壶、盏等,不但成套,而且胎骨稍厚,质地细腻坚实。

六朝时期尤其是在南朝四代,不但篡乱相继,而且在各自立国期间,外有北方强敌之不时侵逼,内则皇室纷争不已、变乱迭起。由内忧外患而导致的对兵器的大量而又持续的需求,极大地推动了金属冶铸业的发展。就宁波境内而言,虽然并无直接的史料足以实证该地拥有发达的金属冶铸业,但通过对相关史料的解读,仍不难发现金属冶铸业确是此期宁波地方经济的重要部类。譬如杭世骏《三国志补注》卷六引《古今刀剑录》载孙权部将余姚人董袭(字元代)事迹云:"董元代

---

① 朱伯谦、林士民《我国黑瓷的起源及其影响》,《考古》1983年第12期。

少果勇,自打铁,作一刀。后讨黄祖于蒙冲河,元代引刀断冲头为二流。拜大司马,号'断蒙刀'。"又如齐武帝永明初年,余姚人陈胤叔"启世祖以锻箭镞用铁多,不如铸作",但"东冶令张候伯以铸铁镞钝,不合用",结果"事不行"。① 无论是董袭的"打铁",抑或是陈胤叔的建议"铸作",都无疑是环境风习影响所致。

在志怪小说《灵应传》中,女主人公九娘子自叙其家世云:"妾家世会稽郡之鄮县,卜筑于东海之潭。桑榆坟陇,百有余代。"②据此足以断言,六朝时期的宁波地区不但种植桑树,而且养蚕纺织业已成为当时主要的家庭副业。这也可从史书的相关记载中得到佐证,譬如《三国志》卷五〇《吴书·妃嫔传》云:"吴主权潘夫人,会稽句章人也。父为吏,坐法死。夫人与姊俱输织室,权见而异之,召充后宫。"潘氏姊妹之所以被没入"织室"从事纺织,当然与她俩平时善于织作有关。

商业的发展,是六朝时期宁波地方经济成长的重要一端。此期宁波商业的发展,一方面表现为该地与郡治山阴之间的经贸往来,随着浙东运河的开通,更为便捷也更为密切,此则陆云《答车茂安书》亦有所提及:"(鄮)县去郡治,不出三日,直东而出,水陆并通。"不过,从史书的相关记载来看,六朝时期宁波与外地的贸易,主要以输入外来商品为主,譬如吴兴武康人沈瑀"微时尝至"余姚"鬻瓦器",③又如山阴人吕文度"于余姚立邸,颇纵横"④。而既有的考古发现,也同样表明外来商品在宁波境内颇有市场,譬如汉末三国时期铸造于山阴的神兽镜,因为迎合了宁波民众的宗教信仰需要而源源不断地流入宁波市场。⑤

另一方面,六朝时期宁波商业的发展,又表现为海路交通的便捷

---

① (南朝·梁)萧子显《南齐书》卷三〇《戴僧静传》,中华书局1972年版。
② (宋)李昉等《太平广记》卷四九二(唐)无名氏《灵应传》,《四库全书》文渊阁本。
③ (唐)李延寿《南史》卷七〇《循吏·沈瑀传》,中华书局1975年版。
④ (唐)姚思廉《梁书》卷五二《止足·顾宪之传》,中华书局1973年版。
⑤ 林瑛、李军《宁波出土铜镜探讨》,《浙东文化》1994年第1、2期合刊。

和近海贸易的频繁。其中濒海的鄮县，以其地理之便，成为南北近海贸易的主要中转站，由此"汜船长驱"，既可"北接青、徐"，又能"东洞交、广"。也部分因为海路交通的便捷及其经济的相对富裕，宁波地域一度成为敌国的攻击对象，譬如吴景帝永安七年（264年）四月，曹魏新附督王稚浮海入句章，"略其长吏及男女二百余口而还"[①]。又如在梁末侯景之乱中，割据晋安的陈宝应即"自海道寇临安、永嘉及会稽、余姚、诸暨，又载米粟与之贸易，多致玉帛子女"[②]。至于近海贸易之频繁，可从出土于鄞州上庄山西晋墓葬中的小件玛瑙、玻璃坠饰得到实证。更值得一提的是，此期宁波的海外贸易也有所发展，据说在日本各地相继发现的三角缘神兽镜，是东渡日本的吴人工匠在日本制造的，当然也有可能是经由宁波港转运至日本国的。[③]

第三节　六朝时期宁波境内的战乱

六朝时期的宁波地域，作为孙吴、东晋、宋、齐、梁、陈历代政权的腹地，其社会局势相对而言较为平稳。不过，由于种种缘故，期间仍然爆发了几次规模较小的战乱。兹依其时序，考述如次，同时探讨其缘起。

一、孙吴时期的战乱

桓、灵之际，汉祚不永之兆已著，复遭黄巾之难，又遭董卓之祸，继之以群雄逐鹿，遂使王纲解纽，终成魏晋、蜀、吴三分鼎峙之局。三国纷争就其主线而言，无疑是魏、吴争斗。为此，双方不但在边境线上正

[①]（宋）司马光《资治通鉴》卷七八《魏纪十》"元帝咸熙元年"条，中华书局1996年版。
[②]（唐）姚思廉《陈书》卷三五《陈宝应传》，中华书局1972年版。
[③] 林士民、沈建国《万里丝路——宁波与海上丝绸之路》，第47~51页，宁波出版社2002年版。

面交锋,而且积极策反对方势力范围内的异己武装。譬如汉献帝建安二十二年(217年),丹杨费栈"扇动山越",为曹操内应,①至如孙权,也曾于嘉禾元年(232年)三月"遣将军周贺、校尉裴潜乘海之辽东",策动公孙渊叛魏降吴。② 正是在这样的时代背景下,吴景帝永安七年(264年)四月,"魏将新附督王稚浮海入句章,略长吏(赏林)[赀财]及男女二百余口"而还。③

句章之所以遭受魏军的侵扰,一方面自然与曹魏的对外战略有关,另一方面则是由于该地经济发展招致曹魏的垂涎。自从汉顺帝永建四年(129年)会稽郡移治山阴以来,尤其是在孙吴割据江东之后,宁波地域的经济面貌得到了显著的改观,譬如余姚县,在汉献帝建安五年朱然就任县长之初该县尚无县城,但此后,不但修筑起"南临江津,北背巨海"④的县城,而且一跃而为望县。也正由于宁波的地方经济取得了如此长足的进步,因而成为敌国寇略的对象,遂有永安七年魏将王稚的入寇。

宁波地方经济在孙吴时期的发展,就其历史动因而言,不能不主要归功于孙吴官方的努力。在此期间,或如朱然,引领百姓修建余姚县城;或如朱桓,致力于社会救济。⑤ 尤其是在吴大帝黄武五年(226年)春正式确立"务农重谷"⑥政策之后,包括宁波地域在内的整个吴国经济更趋繁荣。也部分因此之故,宁波人士对于孙吴政权颇为拥护,即便在孙吴亡国之后,他们仍未泯灭对孙氏皇室的政治向心力和心理依附性。假如进而从文化传播意义上加以考虑,确也不妨断言:正是孙吴的统治(196—280年),使得以儒家学说为核心的中原文明

---

① (晋)陈寿《三国志》卷五八《吴书·陆逊传》,中华书局1982年版;(宋)司马光《资治通鉴》卷六八《汉纪六十》"献帝建安二十二年",中华书局1996年版。
② (晋)陈寿《三国志》卷四七《吴书·吴主传》,中华书局1982年版。
③ (晋)陈寿《三国志》卷四八《吴书·三嗣主传》。
④ 陈桥驿《水经注校释》卷二九《沔水》,第516页,杭州大学出版社1999年版。
⑤ (晋)陈寿《三国志》卷五六《吴书·朱桓传》。
⑥ (唐)房玄龄等《晋书》卷二六《食货志》,中华书局1974年版。

真正地扎根于宁波地域,并使得汉化成为此后宁波历史演进的难以移易的发展方向。

二、东晋末年的孙恩起义

东晋一代,发生在宁波境内的自然灾害并不算少,其中成帝咸康元年(335年)的特大旱灾,更是引发了"米(斗)[升]五百价,人相卖"的悲剧。① 在此情景下,宁波境内既未因此涌现难民潮,更未形成大规模的民变。其原因除了东晋政府对这个赋税重地控制较严之外,关键还在于:由长期的经济发展而导致的规模不等的财富积累,使得当地百姓不同程度地具备了自我抗灾能力;在持续已久的宁静生活中自然形成的思维定式,使得他们不但无意采取消极逃避或者铤而走险的对策,而且对在短期内重建家园充满自信。

这就涉及宁波民风的转变问题。尽管缺乏直接的可用于说明问题的史料,然而,宁波地域如同江南其他地区,其社会风气确实发生了一个从尚武到崇文的明显转变,其中最为显著的史实,即是余姚虞氏在此期间的门风转向。该家族自从东汉中叶发迹以来,虽然更多地予世人以儒学世家的印象,但实际上始终文武并重,即便时至东晋初期,虞氏族人也未曾摒弃尚武传统,本以文才吏干见长,却终以军功致显的虞潭,即其典型代表。不过,大致从成帝咸康初年开始,虞氏门风中的尚武特质日益弱化乃至荡然无存,此后再也不曾涌现出以将才名世的虞氏族人。近来,有学者不但精确地勾勒出六朝时期江南社会风气从"轻悍"、"好勇"到"怯懦"、"敦庞"的变迁轨迹,而且从江南统治集团的构成与心理素质的变化、宗教因素、社会发展不平衡与社会风气变化的关系等三个方面,详尽地分析了导致这种变化的动因。② 不过,具体到宁波地域,促成该地社会风气转变的根本原因,似乎仅仅在于:

---

① (唐)房玄龄等《晋书》卷七《成帝纪》,中华书局1974年版。
② 曹文柱《六朝时期江南社会风气的变迁》,《历史研究》1988年第2期。

自东晋建国至孝武帝太元之世的近百年间(317—396 年),该地不但社会秩序比较稳定,而且地方经济发展较快,是以当地民众更热衷于追逐经济实利,这就不可避免地淡化并最终丧失了传承已久的尚武精神。

也正因为宁波地域虽然较为殷实,却不但武备松弛,而且民不习战,故而在东晋末年的孙恩起义中,至少两次遭受战乱的创伤。其一在安帝隆安三年(399 年)十一月间,孙恩在攻占会稽山阴后,随即以吴兴武康人沈穆夫为"前部参军、振武将军、余姚令"①,使之带兵寇乱余姚;其二在隆安四年四月,孙恩躬擐胄甲,自海岛寇浃口,攻入余姚,②次年二月又从浃口出发攻打句章。③ 很显然,孙恩的动机,乃在于利用会稽郡的资财建立割据政权。

然则会稽既为财赋重地,东晋政府自然不会坐视孙恩盘踞于此,故而积极调兵遣将,予以弹压。于是,宁波地域如同会稽郡的其他地区,成为这场动乱的重灾区,并先后有余姚之战、句章之役爆发。其中,余姚一战发生在隆安四年十一月,此战之后,北府名将刘牢之受诏再度东征,亲率主力驻屯上虞,而刘裕受领偏师继续东进,戍守句章。其时句章故城不但"卑小",而且"战士不盈数百",④故而刘裕改筑句章新城于小溪镇以加强防御。次年二月,即有句章之役发生。在这场战役中,句章城"被围数十日,无日不战"⑤,最终在刘裕、刘敬宣两路兵马的内外夹击下,孙恩"退远入海"⑥。

史称孙恩军在攻打会稽之初,得到了会稽、吴、吴兴、义兴、临海、永嘉、东阳、新安八郡民众的积极响应,以至于"旬日之中,众数十

---

① (南朝·梁)沈约《宋书》卷一〇〇《自序》,中华书局 1974 年版。
② (唐)房玄龄等《晋书》卷七九《谢安传附谢琰传》,中华书局 1974 年版。按,(宋)李昉《太平御览》卷一〇〇、(宋)司马光《资治通鉴》卷一一二均作"五月"。
③ (宋)司马光《资治通鉴》卷一一二《晋纪三十四》"安帝隆安五年"条,中华书局 1996 年版。
④ (南朝·梁)沈约《宋书》卷一《武帝纪上》。
⑤ (南朝·梁)沈约《宋书》卷四九《虞丘进传》。
⑥ (南朝·梁)沈约《宋书》卷四七《刘敬宣传》。

万"①。诸如此类的记载无疑是可信的,因为此前,居中执政的司马元显为与藩镇势力相抗衡,特"发东土诸郡免奴为客者,号曰'乐属',移置京师,以充兵役"②,这就极大地损害了吴会士庶的经济利益,因而当孙恩聚众作乱,遂投身其中以宣泄不满。然而,被东方八郡民众冀以厚望的孙恩之师,在军事行动过程中,或肆意劫掠财物,或无端滥杀平民,使得民众在失望之余,转而支持官军的剿灭行动。而就在此时,刘裕所部由于"法令明整",被民众视为足以保护其生命财产的代言人,故其"所至莫不亲赖焉"。③ 民心向背的此种转换,正是孙恩军骤兴骤亡的主因之一。于是,不但宁波地方秩序从此日趋稳定,刘裕也凭借此一靖乱之功,初步奠定了其在晋末军界的地位,扩大了其在晋末政坛的声望,进而以此为起点,踏上了"义取天下"④的进程,最终完成了晋宋易代,中国历史也由此演进到了南朝时期。

三、南朝时期的战乱

南朝时期,宁波境内虽然仍旧置有余姚、句章、鄞、鄮、宁海 5 县,但其州级行政管理机构却发生了频繁的变更(详参表 7)。这种变更在宋文帝元嘉三十年至前废帝景和元年之间(453—465 年),仅仅表现为州名的不同,其所统郡数则未变;但此后直至陈亡(465—589 年),不仅名称屡有更改,而且管辖范围盈缩较大,即便同为东扬州,其所统郡数在宋、梁、陈三代各不相同,甚至同在陈代,也颇有出入。州级行政管理机构的此种频繁变更,看似与宁波地域无甚干系,其实不然,因为从中不难发现:不管州级行政管理机构及其辖区如何变化,会稽、东阳、新安、永嘉、临海等浙东 5 郡,除特殊情况外(特殊情况主要

---

① (宋)司马光《资治通鉴》卷一一一《晋纪三十三》"安帝隆安三年"条。
② (唐)房玄龄等《晋书》卷六四《简文三子传》,中华书局 1974 年版。
③ (南朝·梁)沈约《宋书》卷一《武帝纪上》,中华书局 1974 年版。
④ (宋)李昉等《文苑英华》卷七五四裴子野《宋略总论》,中华书局 1966 年版。

发生在易代之际),始终属于同一大行政区,并自成一独立的军事防御单位,而且它们在政治军事业已连为一体的基础上,通过内河、陆路和海上交通,相互间发生了日益密切的经贸与文化联系,从而联结成为一个难以分割的整体。

表7 宋陈之际(453—589年)宁波五县州级行政管理机构变更一览

余姚、鄮、句章、鄞	宁海	起讫时间
会州会稽郡	会州临海郡	宋文帝元嘉三十年(453年)三月至同年五月孝武帝定乱
东扬州会稽郡	东扬州临海郡	孝武帝孝建元年(454年)六月癸未至大明三年(459年)二月乙卯
扬州会稽郡	扬州临海郡	大明三年二月乙卯至大明八年(464年)十二月壬辰
东扬州会稽郡	东扬州临海郡	大明八年十二月壬辰至前废帝景和元年(465年)八月庚戌
扬州会稽郡	扬州临海郡	景和元年八月庚戌至宋顺帝昇明三年(479年)三月甲辰
齐国会稽郡	扬州临海郡	昇明三年三月甲辰至齐高帝建元元年(479年)四月甲午
扬州会稽郡	扬州临海郡	建元元年四月甲午至梁武帝普通五年(524年)三月甲戌
东扬州会稽郡	东扬州临海郡	普通五年三月甲戌至梁敬帝绍泰二年(556年)三月丙子
扬州会稽郡	扬州临海郡	绍泰二年三月丙子至太平二年(557年)十月戊辰
陈国会稽郡	陈国临海郡	太平二年十月戊辰至陈武帝永定元年(557年)十月乙亥
扬州会稽郡	扬州临海郡	永定元年十月乙亥至陈文帝天嘉三年(562年)六月丙辰
东扬州会稽郡	东扬州临海郡	天嘉三年六月丙辰至后主祯明三年(589年)正月陈亡

事实上,这个难以分割的整体的形成,对南朝时期宁波地域的历史发展产生了极其深远的影响。假如说汉晋之际的宁波地域尚具有一定独立性的话,那么时至南朝,该地已经不再具备相对独立发展的

可能性。这是因为山阴作为州治所在地,通过政治集权垄断了几乎所有的资源,并对毗邻的宁波地域产生了强力的辐射。正是这种辐射,极大地冲击了宁波地方经济,不但使其境内的余姚、句章、鄮诸县城沦为星散于山阴东南的卫星城镇,而且使之一度成为山阴的移民对象。[①]与此同时,宁波地域在政治、文化上也颇受制约。凡此种种,至少在一段时期内弱化了宁波地方当局对社会局势的控制力,爆发于宋明帝泰始五年(469年)的田流之乱,在很大程度上就是宁波地方当局兵力寡少无从弹压的结果。惟其如此,宋廷始则被迫采取招抚之策,遣闻人袭招降之。然而,田流不但降而复叛,而且杀害鄮县县令耿猷,于是次年,龙骧将军周山图受诏围剿,征战经年,才终于得到平定。

也正是有感于现有的统治术不足以治国安邦,梁武帝在崇儒兴学以整顿社会风气的同时,从天监三年(504年)佛诞日开始,大力推进佛教的"国教化"运动,以期用佛教的教义和戒规约束、规整民众的思想与行动。然而,梁武帝对佛教的崇敬和对佛法的弘扬,虽用心良苦,却不但没有收到预期效果,反而因为过分佞佛,自生种种流弊,社会下层民众遂因此揭竿而起,仅宁波地域就先后发生了两次流民暴动。其中,爆发于大通年间(527—528年)的以益诞为首的"奴抄兵"之乱,曾"寇会稽、永嘉、临海、海盐",据说"并海郡邑,咸被其害";[②]至于中大通二年(530年)八九月间的"山贼"之乱,虽历时短暂、规模较小,却也曾惊动庙堂。[③]

从总体上来看,无论是田流之乱,抑或"奴抄兵"及"山贼"之乱,其规模和破坏程度皆相当有限;真正对宁波地方经济和社会秩序造成致命打击的,乃是梁朝末年的侯景之乱。这场大动乱对宁波地域所造成的灾难如此之巨,以至于本地名士虞世南久久难以忘怀:

值梁室板荡,大盗潜移,四海沸腾,九夷交乱。其壮骑

---

① (梁)沈约《宋书》卷五四《孔季恭传》,中华书局1974年版。
② (宋)《宝庆四明志》卷一一《郡志十一·叙祠》,《宋元方志丛刊》本。
③ (唐)姚思廉《梁书》卷三《武帝纪下》,中华书局1973年版。

之所凭陵，戎马之所躏轹，燎原薙草，邑无遗噍。玉堂金穴，余构莫存；甲第高门，尺椽皆尽。浙河之左，尤钟其弊，于时禹川殷阜，举袂成帷，云栋绣连，雕甍绮阁，皆夷漫涤荡，万不一存。润屋为墟，曝骸如莽，家靡余爨，路无行迹。①

此外，见诸史册，亦有"东境饥馑，会稽尤甚，死者十七八，平民男女，并皆自卖"②的记载。至此，宁波地域几百年来的建设成果遭到了毁灭性的打击。

---

① （宋）孔延之《会稽掇英总集》卷一六虞世南《唐大龙泉寺碑并序》，《四库全书》文渊阁本。
② （唐）姚思廉《陈书》卷三五《陈宝应传》，中华书局1972年版。

第二章

六朝时期的宁波文化

- 政治思想和经史研究
- 文学与艺术
- 科技成就

六朝时期宁波地区作为土著的虞氏家族和盘踞于此的渡江士族一起,共同创造了较有特色的文化。虞氏家族文化具有儒家气息,而渡江士族的文化则以玄和隐为典型特征,这两支文化既有明显的分野,又声气相通,有着一定程度的融合。由于他们的努力,促使会稽民俗进一步从轻悍好勇向平和富足、风流儒雅转轨。

第一节 政治思想和经史研究

六朝时期以句章任奕和余姚诸虞为代表的宁波学者,在子学和经史研究方面取得了较好的成绩,充分显示了浙东土著学者去虚玄、尚沉实的学术品格。

一、政治思想

1. **任奕的德治思想**。任奕,字安和,句章人。任奕与虞翻、阚泽同时,入吴官至御史中丞。太平二年(257年)朱育向濮阳兴夸耀会稽郡人物时说:"其文章之士,立言粲盛,则御史中丞句章任奕、鄱阳太守章安虞翔,各弛文檄,晔若春荣。"[①]任奕有《任子》10卷,今仅存寥寥380字,张寿镛刊于《四明丛书》中,这是我们研究任奕思想的直接材料。

---

① (宋)孔延之《会稽掇英总集》卷二〇《杂文·朱育对》,《四库全书》文渊阁本。

《任子》所发议论,老生常谈固不能免,但亦有不少见道之言。

任奕提出了君子必须明了"治乱所因"的观点。他说:"生于治,长于治,知世之所以治者,君子也。生于乱,长于乱,知世之所以乱者,君子也。若不知治乱所因者,凡民也。"任奕将"君子"定义为立足社会、关注政治、探知当前社会治乱因由的知识之士,君子在世的责任无非是治世以防乱,乱世以求治。东汉末年,军阀混战,群雄并起,社会处于无秩序的极度混乱中,任奕要求君子知"治乱所因",字里行间表露了他对治世的渴望之情。他说:"萧何守文法,曹参务无苛,相继作相,天下获安。"任奕认识到汉初社会之所以安定的原因在于决策者自觉遵守国家的典章法令,废除苛政,而"武帝轻人命,重武功,饰宫室,厚赋敛,土地益广,德惠弥狭",他对汉武帝的尖锐批评很明显地揭出了他以德惠治世的政治主张。因此之故,任奕也颇有悯民之心,指责"处高位"者"知人主之贵"而"不恤卑贱者"的"意满"之态,企图劝说统治者实行节俭来缓和矛盾,布广德惠。任奕身处乱世,痛心于"贤人直士常不容于世",要求君子知乱世之因,并大声疾呼"智者不辅乱君"。其对治世与明君的呼唤之情溢于言表。

任奕提出德惠于民,对道德在统治人民中的怀柔作用有很深的认识。他说:"道德之怀民,犹春阳之柔物,履深冰而不寒,结木条而不折。"他把道德在人们心中的作用看作如春阳之柔照万物,认识到道德怀民的温暖人心的作用。

任奕非常重视学习和教育。他说:"学所以治己,教所以治人。"提出了学习对于管理自我,教育对于管理别人的作用。他又说:"治己审则可以治人,治人审则可以治天下。"他深刻地认识到学与教、治己与治人的内在紧密联系,并从逻辑上阐明了治天下的圣人必须具备治己与治人均审(精审,有条有理)的能力,这种能力的培养又离不开学与教的涵茹之功,这无非就是儒家所谓修身、齐家、治国、平天下理论的翻版。他又更进一步指出:"不勤学无以为智,不勤教无以为仁。"学在于开智,教在于为仁,智德相济为用才能致治,说得非常精辟,因此被王应麟赞为"天下名言"①。

任奕还特别强调集体的力量。他认为:"一人之智,不如众人之愚,一目之察,不如众目之明。"指出一个人的聪明才智是有限的,应该发挥众人的智能和才能,再聪明的人,如果离开了集体力量,个人才智的发挥必然会受到限制。也就是说,在大社会中,任何人都不能自恃聪明,独断专行。这种观点无疑是正确的。

任奕的有些观点还颇富哲学意味。他说:"水可干而不可夺湿,火可灭而不可夺热。金可柔而不可夺重,石可破而不可夺坚。"任何物质都具有它赖以存在的物理上的本质属性,不可能抽去它的本质属性而独立存在。

任奕的思想无疑属于儒家体系,所存虽然仅有寥寥片段,但"立言綮盛",迸射出了几缕民主的光芒。《任子》行文简洁明净,不愧作手,劲如秋松,与汉魏之际子书如徐干《中论》、刘劭《人物志》大体为近。张寿镛评其"发挥隐微,翼赞风教,悯世之切,悲世之深,纯乎纯者也"②,应该是恰如其分的。任奕与阚泽、虞翻均精研儒学,犹如三驾马车奔驰在吴国学坛,同时揭开了四明思想学术史的华章。

2. 阚泽的仁义思想。阚泽(?—243年),字德润。《三国志》本传记为会稽山阴人,但是《宝庆四明志》卷八却提出异议:"按今慈溪县(按,汉属句章县,今宁波市江北区慈城镇)之普济寺乃泽旧居,峰曰'阚峰',湖曰'德润湖',山水犹识其姓字,则泽为句章人也可知。"其实这两说可以兼容,阚泽本籍当为山阴,但在慈湖有居室有土地,自然在宁波寓居过一段时间,也有后裔生活其间,说其为句章名士也谅无大过。

阚泽家世务农,生活贫困。但阚泽十分好学,常为人抄书,等书抄完,已把书中内容记住。他又"追师论讲,究览群籍,兼通历数"③,自学而成通才,名闻东南。他被地方官察举为孝廉,任钱塘长。孙权称帝后,又任阚泽

---

① (宋)王应麟《困学纪闻》卷八,《四库全书》文渊阁本。
② (民国)张寿镛《任子·序》,《四明丛书》本。
③ (晋)陈寿《三国志》卷五三《吴书·阚泽传》,中华书局1982年版。

为尚书令。吴嘉禾(232—238年)间,为中书令。赤乌五年(242年),拜太子太傅,领中书如故。阚泽精通经学,以经传文多,难得尽用,乃斟酌诸家,刊《约礼文》及诸注说以授二宫。又注刘洪《乾象历》以正时日。每逢朝廷大议,对儒家经典不能理解时,就派人向他征询。阚泽也因"儒学勤劳"被封都乡侯。

阚泽没有著作传至于今,他的儒学思想现在仅能从一二遗事中窥见一鳞半爪。阚泽曾向孙权进贾谊《过秦论》,"欲讽喻以明治乱"①。贾谊的《过秦论》反复点明严刑峻法的暴政是秦朝走向灭亡的根本原因,阚泽让孙权读《过秦论》,正是要孙权总结历史经验,从秦王朝的迅速覆灭中得出教训,施行仁义,使人民休养生息,以达到巩固统治的目的。对于施行仁义的具体举措,阚泽认为应该废除酷刑,不赞成"有司穷治"罪犯的做法。他也反对官僚部门随心所欲地"增重科防",主张依礼、律检御臣下,"和而有正"。阚泽的观点,常被孙权采纳,有利于吴国统治基业的稳固,因此人们给予他很高的评价。虞翻赞扬说:"阚生矫杰,盖蜀之扬雄。""阚子儒术德行,亦今之仲舒也。"贺循也美誉他是"学通行茂,作帝师儒。其雄姿武毅,立功当世"②。

二、经史研究

(一)经学成就

经学是训解或阐述儒家经典的一种理论形式,它是适应地主阶级大一统的需要而形成的,自董仲舒提出"罢黜百家,独尊儒术"以来,儒家思想才真正成为我国封建社会治理国家的指导思想,经学的治学方法也就被社会普遍接受,于是经学发展为汉代学术的主流,自汉以后经过经学化过程的儒学也就成为中国传统文化的正统。浙东之有经

---

① (晋)陈寿《三国志》卷五三《吴书》,中华书局1982年版。
② (晋)陈寿《三国志》卷五三《吴书·阚泽传》注;(晋)贺循《会稽记》;(宋)施宿《嘉泰会稽志》卷二〇引。

学研究,约始于东汉中后期的上虞王充、山阴赵煜和余姚虞氏。但王充非经学专门,赵煜治韩诗,而以解易蜚声江东的当推虞翻。此后,余姚虞氏家族经学人才辈出,在六朝学界有重要影响。

1. 虞翻的象数易学。虞翻(164—233年)"生遇乱世,长于军旅",但他矢志于学术研究,"习经于枹鼓之间,讲论于戎马之上",即使身处流放中,仍"讲学不倦,门徒常数百人"。① 虞翻开创了四明学者的博洽学风,研究领域极为广泛,著作繁多。仅经学方面就有《郑玄解五经违目》、《孝经注》、《论语注》、《周易注》(10卷,一作9卷)、《注京房周易律历》、《周易日月变例》(与陆绩同撰)、《周易集林律历》(1卷)、《易律历》(1卷)等著作。虞翻是三国时江东士人中最杰出的学者,但以虞翻为代表的江东学者对中土学风怀有激烈的抵触情绪,他曾指出注经权威郑玄"所注五经违义尤甚者百六七十事"②,除了具体的文字训释可以确定是非外,主要还是因为学风的不同所致,但也足见其经学功力之深湛。

虞翻一生在文化上的成就最主要的体现在易学研究上。虞翻易学得自家传,追根溯源,又出自西汉以孟喜、京房为代表的官方(今文)易学。此派易学,宋人称之为象数之学。汉易作为易学史上的一大发展阶段,也以孟京易学为代表,东汉以来的经学家解释《周易》经传,都不同程度地受其影响。但是,易学发展到东汉,孟京易学中衰,而讲求义理的费氏易大兴,代表人物有马融、郑玄、荀爽和宋忠(衷),马、郑都是今古杂采的通儒,宋忠是新易学的启蒙者,都和虞翻的专家之学不同,虞翻对他们都没有好评,指责他们"未得其门",只对荀爽注说了一句"有愈俗儒",那可能是因为荀爽也兼采孟氏易的缘故。虞翻易学是以家传的孟京筮占派象数易学为其渊源的,以他为代表的江东学人对荆州学派的新易学进行了有力的抵制,使占验派象数易学继续盘踞江东学坛,延续着汉学的命脉。但虞翻"依经立注、以象解经"的治学方

---

① (晋)陈寿《三国志》卷五七《吴书·虞翻传》注,中华书局1982年版。
② (晋)陈寿《三国志》卷五七《吴书·虞翻传》注。

法,主要还是继承了东汉荀爽等的经学派象数易学并加以创造性发展,遂成为两汉象数易学的集大成者,也是经学象数易的最后一位大师。他的易学成就主要表现在:

(1)提出了一些新的解易体例。由于追求卦爻象和卦爻辞间的内在联系,在卦气说的影响下,虞翻提出了一些新的解易体例,总的说来,可以称之为"卦变说"。虞翻的"卦变说"是对汉代卦变理论的融会和总结。他在吸取孟喜"十二辟卦"、焦延寿"六十四卦变占"、京房"八宫卦变"、郑玄"爻辰说"、荀爽"刚柔升降说"以及魏伯阳"坎离匡廓说"的基础上,创立了一套自成体系的卦变理论。在这一理论的指导下,虞翻揭示了八卦之间及六十四卦之间的内在联系和相互转化。虞翻以卦变说解释《周易》经传,取代了京房易学和《易纬》中的阴阳灾变说,这无疑是一种进步。

(2)将"取象说"发展到了顶峰。《周易》一书无往而不有"象",对其《说卦传》中的实取诸物之"象",汉易学者进行了无尽的比附。特别是虞翻,把卦爻弄出许多变化的形式,经由旁通、互体、半象之类的方法,牵涉到无穷的卦,获得所欲得到的各种象,以便进行广泛的比附和解说,从而使汉代象数易学中的"取象说"发展到一个高峰。据惠栋《汉易学》统计,虞翻所取的八卦逸象,共达 326 个,何其繁多!虞翻如此取象,主要在于旁通、互体、半象之类的方法的应用。虞翻易学通过其卦变、旁通、互体、半象之说,将汉易引向极其繁杂的解易道路。这种烦琐的象数之学,不能不走向反面,终于引出以王弼为代表的义理学派。①

(3)进一步发展了熔儒道于一炉的经学路向。东汉儒者,多喜《老子》,引《老子》释《易》,已成风气。东汉道教的早期著作《太平经》,就引用了神秘、烦琐的象数哲学。虞翻虽然标榜为"依经立注"、以象解经的经学派,然而他的《易》注中却明显地带有道家色彩。虞翻

---

① 周立升《两汉易学与道家思想》,第 287 页,上海文化出版社 2001 年版。

不仅以《老》注《易》，而且多处引用魏伯阳《周易参同契》的思想学说，企图熔儒道于一炉，使《易》、《老》相契而通。尽管他的做法显得有点勉强，却反映了汉末三国之际思想界的一种新动向，这种新动向正是魏晋玄学的滥觞。

虞翻的《周易注》尽管被公认为"儒门正宗"，然而他在传承浙东魏氏道派易学的同时，不时杂入《老子》之言，从而进一步开启了后世以老解易的风气。可惜的是其《老子注》早已失传，但他的易注中广泛地援引了老子之说而不及仁义。更为突出的是，虞翻易学之所以能标新立异，与纯熟地运用老子思想大有关系。如他的旁通说可视为对老子"正言若反"思想的具体运用；伏藏说（阴中伏阳，阳中伏阴，阴阳互伏，故可会通），充分体现了老子的对立两极互相倚伏的思想。可见，虞翻易学从表层到深层，均与老学密切相关。易老契合、儒道会通无疑是汉末涌动的一股新的学术思想风尚。降及魏晋，王弼一方面痛扫汉易设立的"象"的迷魂阵，另一方面，玄学家所掀起的易学玄风，也正是汉末这种新的学术风尚的逻辑发展。

2. 虞喜等人的经学。 东晋、南朝经学虽不及汉、唐之兴盛，但也颇为可观，浙东为当时经学研究的重要基地，山阴的贺循、贺玚、贺琛与孔子袪，余姚的虞喜、虞愿、虞僧诞，皆为当时儒林中的一时之选，山阴诸贺与余姚诸虞更是并美浙东的经学世家。

虞喜（281—356年），少立操行，博学好古，专心经传，兼览谶纬。《晋书·儒林传》记贺循"每诣喜，信宿忘归，自云不能测也"。晋帝的诏书赞其"絜静其操，岁寒不移，研精坟典，居今行古，志操足以励俗，博学足以明道"[1]。虞喜尤精通礼学，迭有论著。永和（345—356年）之初，朝廷官吏因祭礼问题争论不休，最终只得派人专程前往虞喜处咨询。[2] 虞喜所著经学著作有《释毛诗略》、《周官驳难》（5卷）、《赞郑玄论语注》（9卷）、《论语新书对张论》（10卷）、《孝经注》（3卷）、《释

---

[1] （唐）房玄龄等《晋书》卷九一《儒林·虞喜传》，中华书局1974年版。
[2] （唐）房玄龄等《晋书》卷九一《儒林·虞喜传》。

滞》(1卷)、《广林》(1卷)、《通疑》(1卷),另有《志林新书》(20卷)、《后林新书》(10卷)也涉及诸多经学内容。如他继郑玄之后为《论语》作解释,从鲁迅先生辑录的《论语赞注》的佚文看,颇能订正郑氏的失误。鲁迅辑本《广林》凡12页,大抵辑自《通典》,内容几乎全是论礼的。永和二年(346年)朝廷曾派人至会稽向虞喜请教如何处理宗庙中世代过远的祖先神主问题,虞喜提出了比较合乎礼法正统的意见,因未必合于当局之意而未被采纳,这在《广林》中就有记载。虞喜非常致力于运用礼法解决现实问题。如他在《广林》中分析一些古礼并无明确规定的疑难问题时,能运用礼法的基本原则或著名案例,灵活地提出一些对策。① 清人严可均在《全晋文》中辑入虞喜《中山王立庙论》等12篇经学论文,这在《全晋文》中是不多见的。魏晋时期既崇尚风流放诞、清谈玄虚,又严格讲究礼法,虞喜的经学著作提供了不少有价值的材料。

南朝特重文学和玄学,但余姚虞氏家族却少沾玄佛之风,而重视经学传统的继承,尤以齐时为甚。如虞龢精通礼制,在大明五年(461年)至泰始八年(472年)至少8次上书议礼,涉及服制、祭礼、庙礼、婚礼、献牲礼等;虞通之继承家学,"善言易";②虞遰著有《论语注》(10卷)及《孝经注》,③虞愿著有《五经论问》(10卷),这些论著均已佚失。据《南齐书·虞愿传》,虞愿博学强识,敢于针砭时弊,痛陈佛害。宋明帝大修寺庙,他批评说:"陛下起此寺,皆是百姓卖儿贴妇钱。佛若有知,当悲哭哀愍。罪高佛图,有何功德?"此虽片言,却爆出了虞愿儒学思想的进步火花。身任萧梁国子助教的虞僧诞,精于《左氏春秋》,"该通义例,当时莫及",门下弟子常数百人。④ 虞僧诞师传的是晋杜

---

① 顾农《关于鲁迅辑本〈范子计然〉等五种》,《文献》2000年第4期。
② (唐)李延寿《南史》卷七二《丘巨源传》附,中华书局1975年版。
③ (唐)陆德明《经典释文》卷一(上海古籍出版社1985年版);(宋)王钦若等《册府元龟》卷六〇六(中华书局1960年版)。
④ (唐)姚思廉《梁书》卷四八《崔灵恩传》,中华书局1973年版。

预注,杜预的《左传集解》比汉代服虔的《左氏春秋解谊》在六朝更受人推崇,原因是杜预在序中指出孔子《春秋》的五种笔法,即微而显、志而晦、婉而成章、尽而不污、惩恶而劝善,这样的笔法更合乎封建统治者的需要,因而到南朝时汉儒的章句已不大为人们所重视。时有博士崔灵恩师传服虔的《解谊》,二人由此展开争辩,崔氏著《申服以难杜》,虞氏著《申杜难服》反驳崔氏,各有价值,在当时并行于世。

(二)史志滥觞

六朝时期,史学摆脱了经学的附庸地位,真正发展成为一门独立的学科。会稽史学也在这一时期异军突起,取得了令人瞩目的成果。其中四明学界的拓荒性史著是虞翻的《国语注》(属于古文经学说),此书已佚,但其史注成果为韦昭所吸收,在《国语解》中多有引用。虞翻另有《史记注》28卷、《春秋外传国语注解》21卷。虞翻无疑是东吴的史注权威。虞翻也是姚江第一位具有强烈的"载光郡国"意识的学者,汉献帝初平末年(193年),他在答太守王朗问时,以"海岳精液,善生俊异"自夸,并分学者、官吏、修行数项,如数家珍,一一道来,其中尤其强调浙东之士的抗节逸行和忠臣死义。这种问对风土的形式,后来的浙东文人多有继承,并易以虚拟的主客问答手法,如王应麟之《四明七观》、全祖望之《湖语》,莫不受虞翻问对的启导。此后余姚虞氏家族殊多好史之辈,诚如张寿镛所说:"四明史学,肇自虞氏"①。虞氏学者的史著形式多样,断代国史类有虞预《晋书》44卷;传记类有虞预《会稽典录》24卷、《虞氏家传》(一作《诸虞传》)、虞贤《虞氏家记》5卷、虞通之《后妃记》和《妒记》2卷;谱牒类有虞贤《虞氏家谱》1卷;地志类有虞愿《会稽记》2卷,另有西晋木华《四明山记》②;笔记类有虞喜《志林新书》20卷、虞荔《古今鼎录》1卷,惜大多散佚。下面仅就影响

---

① (民国)张寿镛《约园杂著三编》卷六《虞预〈晋书〉序》,1945年铅印本。
② (晋)木华作《四明山记》,宋僧赞宁所作《笋谱》曾引其书,今不传。今传《丹山图经》,据黄宗羲在《四明山志》中考证,乃是托名木华之作。

较大的作些记述。

1. 虞预的《晋书》和《会稽典录》。虞预(285？—340？年)，字叔宁，余姚人。从小好学善文，同族荐为县功曹，后来任主簿。又经诸葛恢、庾亮举荐，被召任丞相参军兼纪室。不久担任佐著作郎，历秘书丞等职。太宁二年(324年)，虞预追随王导平乱，赐爵为西乡侯。咸和三年(328年)，晋爵平康县侯。约在咸康六年(340年)病死家中。东晋初年，著作郎王隐等受命修撰《晋书》。时亦任著作郎的虞预正在私修《晋书》，但苦于生长江南，不熟悉西晋之事，因而多次拜访王隐，并借阅王隐父子史著原稿，私抄暗诵，见闻渐广。但后来虞预却"交接权贵，共为朋党"，多方排挤王隐，是很不光彩的。虞预经长期努力，广采博收，终于修成《晋书》。该书为纪传体史书，记述西晋及东晋初的历史，虞预以当代人修当代史，具有较高的史料价值。故唐刘知几评论说："江左之王隐、虞预……斯并史官之尤美，著作之妙选也"，"故《晋史》有王、虞，而副以干《纪》……各有其美，并行于世"。① 可见虞预《晋书》曾在一段时间里产生过重要影响。唐初设馆大规模重修魏晋南北朝国史，批评《晋书》十有八家，虞预之作"味同画饼"②。唐修《晋书》成后，虞预之著也就逐渐失传了。

浙东在东汉初期已率先孕育了雏形方志，至六朝出现了区域性的第一个方志发展的洪峰，品类齐全，形式多样，但主要还是地记和传记并行。它的兴起与发展、内容与体式，都具有深层的地域社会背景，即"与会稽郡豪族共同体的产生，及其豪族统治着的具有自立性的地方社会的形成是同步的"③。主导这个时代会稽郡方志编撰的是该地域社会中的豪门士族，他们最突出的表现是撰写了大量的地记和传记，其中六朝时浙江地区总计7种人物传记中，就有6种为浙东士族所撰，其主旨在叙旧劝善，夸耀乡邦，载光郡国。四明人士撰写的地记已

---

① (唐)刘知几《史通》卷一一《史官建置第一》、卷二《内篇·二体第二》，《四库全书》文渊阁本。
② (宋)王应麟《玉海》卷四六"晋史十八家"条，《四库全书》文渊阁本。
③ 傅振照等辑注《会稽方志集成》之《代前言》，团结出版社1992年版。

经失传,难以考论,至于传记则有虞预《会稽典录》洵称一时杰作。

《会稽典录》共20篇(一说24卷),明初尚有完书,此后失传,辑本收入丛书的很多,以鲁迅所辑最负盛名。今据《六朝地域丛书·会稽方志集成》的最新辑本,尚保存有82个人物的佚文,所传人物纵观古今,既有春秋末年越国的范蠡、计倪,又有两汉、孙吴时的会稽名人如王充、朱育等,而东汉末年以来迁入会稽郡的北方士族一概没有阑入。它的"排外性"正可见其"矜其州里,夸其士族"的鲜明的地域自立意识。

《会稽典录》最可宝贵的是记载了东汉会稽人物三十余位,保存了这一时期相当丰富的会稽人文活动的资料,集中展现了东汉时期会稽的社会风貌。从这部书中不难窥见,东汉时期浙东经济发展带来的贫富分化,以及诞育于本地的人物,"虽然在中央为官的极少,但偏隅一方的自我满足的居民心态,造就了以'忠'、'孝'为本,维护地域安定仍可载光郡国的人物群体"①。这些人物资料,正好弥补了汉代会稽地方史料的缺漏。虞预本是史学家,精通史书人物传的编写法则,因此所作《会稽典录》与东汉赵晔的《吴越春秋》相比,体例更为完善而严谨。仅就佚文判断,一般都能完整记叙,注意记录人物的字号、籍贯、简历诸要素,甚至略记其子孙,体例基本同于正史人物传的写法,而不同于正史往往神其形、智、事以饰人的做法,文笔平朴,不尚藻彩。地方志书中的人物专志的体例至此已基本完备,赵宋之后方志中的人物传写法大体上没有超出这一格局。

《会稽典录》作为一部早期浙江地方人物志,具有较高的史料价值。如"江东五隽"的名目即首见于此书;正史列传的人物如严遵、钟离意、郑弘等,《会稽典录》仍可补其不足;许多会稽英秀的活动赖此而保存,为历代史家所引用。所以《会稽典录》是研究汉吴会稽地域社会面貌所不可不读的最重要的参考资料。清人浦起龙将《会稽典录》与《陈留耆旧传》、《汝南先贤传》、《盖都耆旧传》合称为"郡书四种"。②

---

① 傅振照等辑注《会稽方志集成》之《代前言》,团结出版社1992年版。
② (清)浦起龙《史通通释》卷一〇,《四库全书》文渊阁本。

明代王世贞在《艺苑卮言》中评价说:"偏方纪以《华阳国志》、《荆州纪》为第一,而谓虞预《会稽典录》亦其流亚。"但是实际上《会稽典录》的成书年代要稍早于《华阳国志》。

2. 虞喜等的学术笔记。虞喜有《志林》30篇,观鲁迅先生辑本,多为考证性札记,内容涉及礼制、职官、历史、地理、典故、训诂等等,也有一些片段的记事,大抵精确可据。如他驳正了韦昭注《史记·南越尉佗传》以"恃为介胄"的说法,他还引《会稽贡举簿》对《吴志·妃嫔传》进行了疏证。由此可见,《志林》是一部较早的学术性笔记,唐宋以下沿着这个路子著书立说的人很多,虞喜则导夫先路。虞喜的《志林新书》有马国翰辑本,属于杂记体的史乘类著作,有史述、考订、志怪、志人等内容,作者长于考据,其学术成果多可订经注。

虞荔有《鼎录》1卷,①主要著录秦汉以来帝王士大夫铸鼎的名称、尺寸、铭文、书法,条文比较简单。其所收录的鼎形形色色,按其用途有酒鼎、食鼎、膳鼎、药鼎、君臣鼎等,因为鼎制历来具有政治象征色彩,所谓"鼎以象形,铭以象德",故可从铸鼎中"觇政治之得失,民心之向背"(张寿镛序)。如此,虞荔《鼎录》不失为我国早期器物鼎文化研究的专著,涉及政治、风俗、礼制、书法、文学等方面,有一定的价值。

第二节 文学与艺术

宁波的书面文学,首先发源于姚江,由余姚虞氏家族开创风气。此后这个家族几乎垄断了宁波的学坛和文坛。可以说自汉至初唐,宁波文学以虞氏家族一枝独秀。余姚虞氏以学术起家,在东晋末年之前以服膺儒术为主,并辅之以史学研究,其后则侧重在文史之学。在汉魏六朝时期,官方的诠叙标准曾经发生了从"二汉求贤,率先经术"到

---

① 今传此书有后人加入的文字,详见《四库全书总目提要》卷一一五的考证。

"近世取人,多由文史"①的重大变化,而江左学术也随之呈现出从经史之学到文史之学的总体转向。故虞氏家学侧重点的转移,既反映出虞氏族人急于从政的心态,也暗合了学术世风的丕变。

一、文学创作

(一)散文创作

黄宗羲曾说:"吾姚文章之统,代不乏人。隋唐以上,归之虞氏。"②确实如此。四明地区正式诞生自己的作家是在汉末吴初,开四明文学风气之先的是余姚虞歆,他比较擅长于碑铭。《会稽典录》记载:"魏曹植为东阿王,东阿先有三十碑,铭多非实,植皆毁除之,以歆碑不虚,独全焉。"这是四明作家之文首次受到曹氏家族的特殊礼遇,同时也表明姚江文学在诞生之初就与宫廷结缘。继虞歆之后登上江南文坛的是任奕和虞翻。句章任奕文名甚著,时人称其为"文章之士,立言灿盛……晔若春荣"③。任奕所著有《任子》10卷,不但思想深刻,而且在艺术上也别具一格。它像是随感录,又像是格言集,字里行间闪烁着哲人沉思的智慧火花。《任子》经常引用民间谚语,有的直接标出,这使其文充满着民间智慧的光彩。任奕之文散中寓骈,韵律感强,语言精粹,富有警句,并能用生动的比喻来说明抽象的道理,深得先秦《老子》一派散文的风采。同时期的虞翻主要是一位学者,但也写得一手好文,有《文集》5卷,今已失传。虞翻流传至今的有贬谪交州时所作的上孙权书,颇能写出罪人的复杂心理,又有奏《易注》文,创用"青蝇吊客"一语,生动地抒写出生无知己之恨。此后,"青蝇吊客"变成文人熟知的典故而被广泛运用。

虞翻之后,余姚诸虞大多能文。如吴时虞耸著《穹天论》,很有影

---

① (唐)姚思廉《梁书》卷一四"陈吏部尚书姚察曰",中华书局1973年版。
② (清)黄宗羲《小野集序》,见倪宗正《倪小野先生全集》卷首,《四库全书存目丛书》集部第58册。
③ (宋)无名氏《三国志文类》卷三六《朱育对濮阳兴》,《四库全书》文渊阁本。

响。晋代虞喜有集11卷,虞预著诗赋碑诔论难数十篇;南齐虞愿有文翰数十篇,虞通之、虞炎均有专集问世;梁朝虞骞工属文,有文集,虞羲亦盛有才藻,为竟陵王萧子良西邸文学集团的重要成员;梁陈朝时虞荔、虞寄兄弟也以"善属文"见诸史籍,虞荔被梁武帝署为士林学士,退居西省以"文史见知";虞寄的《瑞雨颂》曾深得梁武帝赞赏,谓其"典裁清拔,卿家之士龙也"。① 从流传至今的寥寥数篇散文看,南齐虞玩之的《告退表》,情长意切,深得知足不辱之旨。陈朝虞寄所作的《谏陈宝应书》尤为有名,此书对起兵反陈的陈宝应,晓以天下之大势,给以规谏,指出陈宝应往年"文武兼资,英威不世"、"杖剑兴师,援朝誓众,抗威千里",是因为"四郊多垒,共谋王室,匡时报主,宁国庇民"。后来陈宝应"惑于邪说",逆流而行,其事甚危。为此他劝陈宝应"释甲偃兵,一遵诏旨"。此文洞见明切,言之入理,富有气势。无奈陈宝应不听逆耳忠言,"览书大怒",终于招来杀身之祸。

(二)诗歌创作

余姚虞氏家族在文化上是由学者起家转向文的写作,吟咏初非其所擅长,但到晋代时这一家族也开始附庸风雅。这是因为,东晋时浙东的南渡氏族以文会友已很普遍,士人如果不能谈玄作诗,都被认为是很失体面的事。南渡氏族的这种作风,很自然地成为土著氏族仿效的榜样,从而推动了以经学擅长的土著氏族向文学领地发起进击。因此,四明境内真正的诗咏活动起自东晋,如虞潭筑养亲堂,亲友会集,作诗言志,即是明证。② 此外虞喜也有诗赋之作,均未见流传。即使如此,时任山阴县令的虞谷参加著名的兰亭集会,因未作成诗而被罚三觥,③更说明这个家族初涉诗歌领域时的稚嫩。至南朝时,这个家族在

---

① (唐)姚思廉《陈书》卷一九《虞荔、虞寄传》,中华书局1972年版;(唐)李延寿《南史》卷六九《虞荔、虞寄传》,中华书局1975年版。
② (清)光绪《余姚县志》卷一四《古迹》,《中国地方志集成》本,上海书店出版社1993年版。
③ (宋)张淏《云谷杂记》卷一,《四库全书》文渊阁本。

诗歌创作中取得明显进步,有作品流传的有虞龢、虞炎、虞羲、虞骞诸家,且多有专集问世,今尚可见少数作品。

刘宋时代的虞龢曾因病隐退到山野,在山林峡谷间寻求乐趣,遇上高人韵士,就和他们一起登山,一起乘船游览,一起写文章,一起作诗聚会。① 虞龢诗今仅存宋泰始年间(465—471年)创作的两首配乐诗。② 虞炎在齐"永明中以文学与沈约俱为文惠太子所遇,意昐殊常"③。虞炎曾与谢朓、王融等唱和,又曾奉太子命,收集鲍照遗文,编次成集,并撰序介绍,成为研究鲍照生平的重要材料。虞炎有集七卷,今存诗4首,以《玉台新咏》所载《玉阶怨》一诗为代表,诗云:"紫藤拂花树,黄鸟度青枝。思君一叹息,苦泪应言垂。"这是一首闺怨诗,前两句写春景,富有色彩感、动荡感和活泼感;后两句情因景发,代抒了闺中人的精神痛苦。《玉阶怨》是齐永明年间(483—493年)产生的"新体诗"中的成功之作,很注意修辞、调声和情景配合,形式上已很像唐代的近体绝句。虞炎《饯谢文学离夜》是送别谢朓之作,颇见真情,结尾"一乖当春聚,方掩故园扉",写园扉本为君而开,君离去后,设想自己只能关门来独自品味孤独,这种表现惜别之情的手法颇为新颖,在后来诗歌中经常可以见到。我国的南北朝是探索和形成格律诗的起步阶段,古诗格律化的趋势是普遍发生和发展着的,在形式上,虞炎《饯谢文学离夜》已经是一首首句入韵的对式格律诗。

虞羲(子阳)曾以文学游于竟陵王萧子良门下。入梁,任晋安王侍郎。虞羲诗可贵之处在于不完全与时风合拍,追求奇句清拔,谢朓常"嗟颂"之,今存诗十余首。虞羲诗工于咏物,如《见江边竹》写品高韵清、质美形秀的竹子,却见弃于江边,表达了自己怀才不遇、知音莫赏的一腔幽恨,委婉含蓄,寄慨遥深;《橘诗》则借凌霜之橘荣丽中州发抒晚节坚贞的志向,也属托物言志的佳作。虞羲这类诗不与永明新体诗

---

① (唐)张彦远《法书要录》卷二引虞龢《论书表》,《四库全书》文渊阁本。
② (南朝·梁)沈约《宋书》卷二二虞龢造《明君大雅》、《宋世大雅》,中华书局1974年版。
③ (南朝·梁)萧子显《南齐书》卷五二,中华书局1972年版。

完全同流，这主要是因为虞羲诗的内涵高古、气骨清拔所致。最足以代表虞羲"奇句清拔"一面的是《文选》所录的五古《咏霍将军北伐》，当作于永明中齐武帝令毛惠秀画《汉武北伐图》前后。诗人借歌咏霍去病击败匈奴一事，抒发了为国建功立业的豪情，这样的主题在南朝诗中殊不多见。全诗慷慨淋漓，用笔高壮，一洗南朝纤靡之习。它上承鲍照边塞诗，下开唐人边塞诗，只是在情调上尚不及唐人俊快刚健，用笔也稍嫌粗率一些。虞羲此诗虽然气骨不凡，但在表现形式上，则为当时律化的潮流所裹挟。全诗是一篇熟练的长篇对式律诗。在南北朝时期，长诗的格律化还是很不容易做到的，虞羲在这方面作出了开先河式的尝试，应予充分肯定。

虞骞，梁时曾任记室，官至王国侍郎。善作五言诗，与何逊齐名。今存诗5首，以写景见长，用笔清新工稳。其《拟雨》诗云："清风送凉气，薄暮荡炎氛。虹照涟漪水，电出嵯峨云。落晖散长足，细雨织斜纹。"遣词造句，极为精心，如以形容山势的"嵯峨"一词来形容云势，再从嵯峨云势中闪出一条电光，顿将浓云密布、电闪雷鸣的情景传达出来，真可谓是写难写之景如在目前；"落晖"两句用的是拟人化的笔法，想象奇特，尤其是"细雨织斜纹"一句，唐宋诗词中经常可见类似的意象。善于写景，大致可以视为虞骞诗歌的一大特色。

（三）小说创作

六朝时期志怪小说繁荣一时，今存之志怪小说多用记闻之法，原创者与传播者的身份虽混淆难辨，但不少故事先经集体口头创造，后由文士记载下来殆无疑问。

四明作为神仙之窟宅，仙话流传常为猎奇者所采录。较早的如西晋道士王浮《神异记》中有余姚人虞洪入山采茗遇仙的故事。记录在刘义庆《幽明录》中的刘阮故事更是六朝仙话的杰作。它描写剡县刘晨、阮肇二人"经涉山岨"、"饥馁殆死"，终于闯入天台仙境，与姿质妙绝的仙女结合。它创造了一个特殊的生存空间，让人世间的艳情在仙界的遮幕之下恣意进展，不但细腻生动，而且富有生活气息和人情味。小说中仙女形象刻画鲜明，环境描写也具特色。如写女仙所住为铜瓦屋，床上"皆施绛罗帐，帐角悬铃，金银交错。床头各有十侍婢"，送别时，"有三四十人，集会奏乐"，均渲染出一派富贵逸乐的气象，这与同为"思凡"故事的陶渊明《搜神后记·剡县赤城》所展示的女仙并不华贵的生活内容有很大差别。作者越是写尽仙间的富贵逸乐，反而更能托出后来刘、阮的归心之切。刘、阮过了半年，"气候草木是春时，百鸟啼鸣，更怀悲思，求归甚苦"，这是以自然风景来感发人物的归心，富有情景交融之美，明显地借鉴了古典诗词的表现手法。据黄宗羲《四明山志》卷一考证，刘、阮故事实际发生在大俞山的四明石窗，四明山旧时亦被天台山一名所笼括，所以《幽明录》笼统地写作"刘阮入天台"，"其后分之为四明，则以其事归之天台，而石窗之迹无有知之者矣"。此虽是黄氏一家之说，但也可说明四明山应是孕育刘、阮艳情故事的温床之一。这个艳情故事传播广泛，几乎成为旧时代文人笔下的烂熟典故，以此为题材的小说、杂剧也有多部。

　　志怪小说写鬼话，最先出现在魏晋，并构建了完整的鬼魅世界。越地尚鬼，故多鬼话，为志怪小说所采录者不少。《搜神记》记录的余姚琵琶鬼，一会儿变成翩翩少年，一会儿变成耄耋老者，恶作剧时会吐舌擘目显出可怕的嘴脸。鬼可以随意变换狰狞可怖的面孔，虽然不一定是越地人民的一个创造，至少也反映出越地人民的丰富想象力。志怪中的鬼和人一样也有七情六欲，志怪故事将鬼魅人情化、人格化后，出现了不少"人鬼恋"之类的故事，从角色上看，一般人是男子，鬼是女子。志怪记录的四明地区的冥婚故事有吴均《续齐谐记》的王敬伯故事。吴令刘惠明的女儿妙容和大小二婢女相继死去后，仍生活在一起，弹拨乐器、唱歌等技能未失，并依然保持着生前的风姿。该则故事的叙事技巧已臻于成熟之境，不但善于酿造气氛、描写景物，具有浓郁的抒情色彩，妙容女儿婉转悲情的形象刻画非常生动，而且在结构上悬念的设置也非常老到。王敬伯登亭望月，怅然有怀，乃倚琴歌《泫露》之诗,忽闻窗外有嗟叹声,女郎出场,身后跟着两位侍女。她们姓甚名谁,是何身份来历? 小说并不急于表明。直到天明,将要分别,女郎也只是赠敬伯礼品,说二人的邂逅"盖冥契","非人事"。此日,王敬伯船至虎牢戍,吴令刘惠明亡女的船中丢失物品,恰好在敬伯船中查获,并在刘女帐后即巾箱内奁中发现了敬伯所赠的牙火笼、玉琴轸,这才水落石出,真相大白。另外,作品所插入的《宛转歌》词所表达的对生命与爱情的眷恋、向往之情,尤为缠绵悱恻。

六朝四明的精怪故事也不少。《搜神记》记载有怪冒充余姚贵人虞定国(似当为虞国)奸淫乡里苏氏美女的故事,苏父之巴结贵人的心态,能曲曲流露出来。这类故事以"白鱼江郎"为代表,出《三吴记》,记余姚百姓王素有女姿色殊绝,与少年江郎婚后,生下一物,状若绢囊。母以刀割之,悉是鱼子。王素又发现江郎衣衫有鳞甲之状,原来系白鱼所化。在六朝志怪中,"白鱼江郎"情节较长,故事也很别致有趣。

六朝志怪小说有所谓"释氏辅教之书"流行一时,其内容"大抵记经像之显效,明应验之实有,以震耸世俗,使生敬信之心",自觉地把鬼神志怪当作因果报应的工具。[①] 六朝时期随着佛教在中国的深入传播,观世音信仰便在我国广泛流行开来,产生了许多观音菩萨救苦救难的故事。最早意识到观音故事对于扩大佛教影响的重要作用并加以记录、传阅的是东晋的余姚太平山隐士谢敷。由谢敷原创、傅亮再编的《光(观)世音应验记》,是现存第一部宣扬观世音应验事迹的作品,也是最早的一部"释氏辅教之书"。此书一卷十余事,由谢敷赠与居于会稽的好友傅瑗。在孙恩之乱中,原书失去,傅瑗之子傅亮追记得 7 则。它们大都是写在天灾人祸临头之际虔诵观世音而脱厄免灾,在一定程度上反映了在当时天灾人祸频仍,百姓无力抗拒,生命朝不虑夕的极端危急、极为悲惨境遇下,渴望有某种神秘力量将他们从水火中救拔出来。[②] 他们把观世音应验故事记录下来,"不是以追求有趣

---

① 鲁迅《中国小说史略》,第 39 页,人民文学出版社 1973 年版。
② 王枝忠《汉魏六朝小说史》,第 264 页,浙江古籍出版社 1997 年版。

的情节为目的。收集、记录这种故事本身就是由他们的信仰心情发动的一种宗教性行为",有力地反映了会稽郡地区"正在酝酿着的新的内容的佛教信仰"。① 在艺术上,这些应验故事虽然并无突出之处,但其真实与幻想相结合的构思方法,旨在通俗解释、便于广泛流传的文体特征,新鲜生动而不求华饰的口头语言,富有波澜及矛盾转折、注重突变和惊人效果的故事情节,足以使社会上的士庶民众产生共鸣,并对以后的小说有着特殊的影响。② 后来张演看到傅亮之作,又续撰10则。到了萧齐时期,张演的堂外孙陆杲又搜辑观世音应验故事,成《系观世音应验记》。王琰的《冥祥记》几乎全部收录了谢、傅记录的7则故事。天台宗智颚大师的《观音义疏》中也十数次引到这些应验故事,唐代唐临的

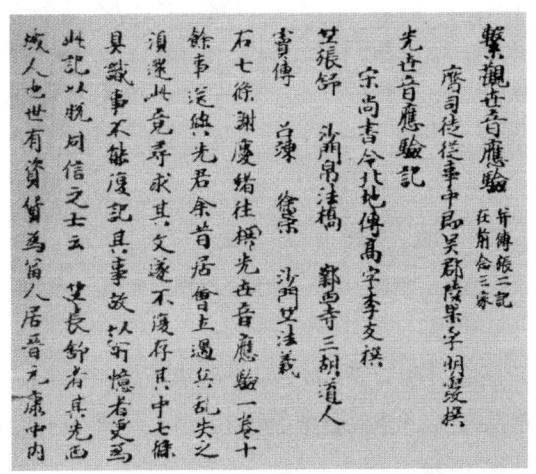

日本青莲院藏古抄本《光世音应验记》书影

《冥报记》也受到其启发。估计在唐代时被日本来天台的求法僧传入日本。后来谢敷、张演、陆杲三书在国内失传,20世纪上半叶在日本京都府东山区粟田口的天台宗佛教寺院——青莲院的吉水藏中发现了古抄本,由孙昌武率先引回大陆,并得到整理出版。

六朝的志人小说亦称发达,虞通之的《妒记》是《世说新语》影响下的专记上层妇女言行、语言应对的轶事小说集,成书约在宋末。鲁迅《古小说钩沉》辑录佚文7则,主要内容是劝谏、讽喻上层妇女妒忌

---

① [日]小南一郎《〈观世音应验记〉排版本跋》,见孙昌武点校《观世音应验记三种》,中华书局1994年版。
② 孙昌武《关于日本所见〈观世音应验记〉》,《学林漫录》第13辑,中华书局1991年版。

的行为,提倡赞扬上层妇女不忌之德,肯定一夫多妻制,维护封建夫权,其基本倾向是不可取的。但是从客观上说,《妒记》刻画出了被沉重封建枷锁扭曲了的妇女思想、性格和行为,有的逆来顺受,有的严管其夫,有的施威于同类,表现形式不同,描写角度也是多方面的。如《李势女》描写了一个小国国君的女儿,在国破家亡后沦为胜利者的宠妾,她的肉体虽然还活着,但她的心已经死去,她的言行颇具感情深度。《刘夫人》讽刺了蓄妓纳妾的男子,触及了男性中心主义文化的偏颇性,刘夫人的睿智过人,包含了发人深省的内容。《妒记》笔墨幽默诙谐,令人忍俊不禁,有些篇章描写细腻曲折,能注意细节的运用和喜剧化场面的构思,小说色彩甚至堪比《世说新语》。

二、书法与鉴赏

我国文字起源甚早,汉字的形体结构多次演变,而书法作为一种专门艺术供人欣赏,却是东汉以后的事。四明的书法艺术源远流长,产生于民间对汉碑晋砖的实际需求中,直至南朝才真正拥有自己的书法艺术家。

东晋时渡江士族在四明境内活动的,多书法名流。如太平山隐士谢敷"善隶草","写经亦入能境,居钟毫之美,迈古流今"。[①] 王羲之为会稽内史,亦多垂青余姚之地,其书帖多次提到余姚,又旁及奉化等地,且多有习书遗迹流传。郗愔善众书,齐名庾翼,其法遵卫氏,尤长于章草,纤能得中,意态无穷,筋骨亦胜。王僧虔曾赞扬"郗愔章草亚于右军"[②]。隐居余姚东山的谢安也是工画善书,曾学书于王羲之,尤善行书。梁庾肩吾《书品》称"越郗愔、安石草正并驱"。谢安书迹后为虞龢《论书表》所表彰。这些书家在浙东等地的活动,给予本地书艺以极大的影响。尤其是"二王"(王羲之、王献之),可以说奠定了浙东

---

① (唐)张彦远《法书要录》卷一,《四库全书》文渊阁本。
② (唐)张怀瓘《书断》卷中,《四库全书》文渊阁本。

书学的崇高历史地位。以后的浙东书学,长期被王风所笼罩。

虞龢是四明第一位垂名于书法史的学者,刘宋时期官至中书侍郎、廷尉,是当时最负盛名的书法研究专家。虞龢从小好书,游览各地时悉心搜求书艺作品,自言"其诸佳法,恣意披览,愚好既深,稍有微解"。好书的宋明帝诏求前废帝景和动乱(465年)时散失的二王等名家书迹,乃派遣虞龢"使三吴、荆、湘诸境,穷幽测远,鸠集散逸","数月之间,奇迹云萃"。宋明帝乃诏虞龢与巢尚之等人"科简二王书法,评其品题,除猥录美,供御赏玩"。虞龢精心搜集到的钟繇、张芝、索靖、钟会等名家书迹,多至四千余字,少至四百余字不等,他称之为"希世之宝",小心仔细地加以整理,或齐整纸张,或补接败字,使体势不失,墨色更明。最后虞龢新装二王镇书定目大小王各6卷、羊欣书目6卷、钟张等书目1卷,并写诸杂势1卷。他在编排上煞费苦心,"一卷之中,以好者在首,下者次之,中者最后。所以然者,人之看书,必锐于开卷,懈怠于将半,既而略进,次遇中品,赏悦留连,不觉终卷也"。① 这种按欣赏心理的编排法,很有道理。虞龢另有《法书目录》6卷,恐与上列书目多有干涉。泰始六年(470年)九月,虞龢根据搜集整理书法情况上《论书表》,向宋明帝作了汇报。在这篇长达千字的表文中,虞龢提出了自己的一些独到的学术见解。

1.《论书表》标志着品级论的萌芽。一直以来,关于建立书法方面的品级论,总认为梁朝庾肩吾的《书品》为最早的著作。但在齐初王僧虔的《论书》中提到了无名氏的《书旧品》,以此推测,在南齐初期,或者更早一点的刘宋时代,论述书法品级的著作已经出现。现存作于宋明帝泰始六年(470年)的虞龢的《论书表》依据三品九等(加上"冠冕"则为十等)建立了书法品级论,品第的内容则是以二王书法为中心。二王书法尽管在他们活着的时代就已经获得了很高的评价,但并没有达到人们普遍认同的绝对价值。直到宋代的羊欣那里,二王书法

---

① 以上引文均见(晋)虞龢《论书表》,见(唐)张彦远《法书要录》卷二,《四库全书》文渊阁本。

的地位已经基本定下来了。于是出现了朝廷、宗室、诸王竞相搜集二王书迹的运动,至宋明帝时达到高潮。其最终结果,是让虞龢等人来整理那些搜集得来而鱼目混珠的作品了。因此,不妨将《论书表》视为关于二王书法整理的报告书。在二王书法的评价史上,这部书占有极其重要的地位。它几乎记载着后世有关二王逸话的全部话题,令人想到,后世有关二王的话题,均是以此书为渊源的。随着二王新地位的确立,以他们(包括早有定评的钟繇、张芝)为准绳,才有虞龢等人建立书法品级论的尝试。这就是《论书表》之所以将二王列为"书之冠冕"这一特等品级的时代背景。此后,将钟、张、二王四人置于特等或上上品,在书法品级论中渐成定论。因此,从此层意义上讲,在书法品级史上,虞龢的《论书表》具有重要意义。

  2. 创建了"妍"与"质"的样式概念。深一层看,二王书法的地位确立还暗示了草书地位的提高这一书风演变的历史事实。虞龢以为草书的基本性格是"妍",相对的样式便是"质"。他论述说:"古质而今妍,数之常也;爱妍而薄质,人之情也。"他将"质"归于古,将"妍"归于今,认为从质变化为妍,这是人之情,也是以人的心理为基础的"数之常",这是历史的必然。虞龢从时代审美风尚不断转变的美学观念出发,既充分肯定王羲之所开创的流美书风,更肯定王献之不囿其父已有成就,而在法、势、意上"穷其妍妙",将草书特征发挥得非常出色,从而作出变古开今的历史功绩。虞龢的这一见解是非常杰出的,他没有陷入尚古主义,重视"今",高度评价现代的意识是十分可贵的。虞龢还进一步解说,即使同一作者,也会因为青年与晚年的不同而产生质与妍的差异。他将质与妍的对立,放在古与今的限定之外,以为可置于一个作者的青年与老年、父与子之间来考察,意在说明质与妍的相对性具体表现在时代性和时间性上,后来者比先行者越来越妍媚,今天必然比昨天妍媚,明天的妍媚又必然胜过今天,这显示出他观察的精微。虞龢时代的艺术,不仅书法,甚至书画,都有由质向妍发展的倾向,使这种倾向慢慢成为明确的形式直至升华为样式概念则是虞龢的功绩,可以认为他是最早强调时代美学思想的代表人物之一。虞龢对这一样式概念,曾经作过更加透彻的思考。即,质与妍是样式概念,其间没有价值的优劣。他认为:"然优劣既微,而会美俱深,故同为终古之独绝,百代之楷式。"即所谓的优劣是一个十分微妙的问题,古代的质,只是相对于今天的妍来说的,在当时是美的;今日的妍,乃是一种变化了的时代的美,无论古质今妍,都能取得美的深度,它们同样能称作古今的范式。这正是对于样式概念的深刻洞察。

虞龢称赞草书为妍,是针对单方面主张以古质为价值标准的审美倾向的。他的努力,是为了说明今日的草书之妍也有同样的价值,并将它提高到一种样式概念之上。这就让我们明白了《论书表》为什么那么推举二王尤其是王献之。但在梁陈时期,王献之的书法艺术并未得到学界的应有评价,如袁昂、梁武帝等均扬父而抑子,唐孙过庭更将王献之贬得一无是处。在南朝能真正理解王献之的唯有虞龢一人,他慧眼独具,认为王氏父子的书法"优劣既微,而会美俱新,故同为终古之独绝,百代之楷式",从而确立了二王书法各有千秋的历史地位。这在当时确实是非同凡响的学术见解,即使在今天仍然有其启迪意义。

3. 进一步标举"字形"(功夫)与"天然"(自然)的书法价值判断标准。这一标准大约在宋文帝时期已经建立,羊欣曾经运用这一话语发表过评论。虞龢继承了这一理论,并将其置于质与妍的样式概念框架之下,并由此而形成一个美学体系。当然,要使"字形"(功夫)与"天然"(自然)的书法价值判断的原理进一步精微地展开,则要等到此后齐梁的书法理论了。①

虞龢《论书表》对唐代的书论写作,例如著名的《书谱》和《述书赋》等,产生了重大的影响。

---

① [日]谷口铁雄著、莫小也译《关于书法品级论的创立——以虞龢的〈论书表〉为中心》,《新美术》1999年第2期。

第三节 科技成就

六朝时期宁波的科学发现以虞喜发现岁差最为杰出。此外，宁波人民在长期的生活实践中善于总结经验，在水利设施、青瓷烧造等技术方面也有可资记述的成绩。

一、天文学成就

1. 宇宙结构学说。汉代关于天体的讨论是很流行的，可是三国时期这门学术却只流行于江南，中原几等于绝响，这又是江东学风近于汉代的明证。浑天说、盖天说和宣夜说是我国古代的三大天地结构学说，围绕着汉以来三大宇宙理论的激烈争论，相继出现了王充平天论、虞耸穹天论、虞喜安天论和姚信昕天论，令人惊讶的是其中宁绍学者竟占了三席。所以，这一时期在宇宙学说中独领风骚的还是宁绍学者。

余姚虞耸字世龙，为虞翻第六子，虞喜族祖，在吴历任清官，入晋迁廷尉，历湘东、河间太守。虞耸对天文学很感兴趣，具有扎实的天文学知识。公元265年左右，虞耸提出了穹天论，其基本观点是：天形的圆曲像鸡蛋，天幕周边连接四海。大地与天壳间充盈气，才使天壳不会塌下。太阳并不入于地下，而是绕北极西没而东还。天顶在斜靠北方30度的地方，所以北极之下并非地中。太阳绕黄道运行而绕北极，天极北去黄道115度，南去黄道67度，所以冬至与夏至有昼夜长短的变化。① 现代学者都认为这个学说是盖天说的一种延续，是天圆地方说的一种引申，但它也有一些局部的修正。它把天形比作鸡蛋壳，可

---

① （唐）房玄龄等《晋书》卷一一《天文志上》，中华书局1974年版。或以为《穹天论》系虞翻第八子虞昺所作，见《太平御览》卷二、《锦绣万花谷》后集卷一、《记纂渊海》卷二、《玉海》卷二引贺道养《浑天记》。（清）全祖望《勾余土音》认为耸、昺为一人。按（宋）王应麟《困学纪闻》卷五考证云："虞喜《安天论》云：族祖河间立穹天。耸为河间相，然则非昺也。"故此从《晋书》之说。

能是受到了浑天说的影响,大地与天壳间有气充盈着,也与浑天说的见解相合,这或许代表了当时"浑盖合一"的一种倾向,这比旧的盖天说的天柱等说法无疑要进步。虞耸的太阳不入于地下也是较有想象力的新观点,"北极之下并非地中"的观点也与盖天说不同。盖天说不像浑天说那样符合人们的直觉印象,无法通过单站天象观察加以验证,因而根本无法满足当时定量天文计算的需要。虞耸的穹天论则吸收了浑天说长于定量天文计算的优点,采用了比较简单的数学模式,他所说的天北下于地30度的数值,是由于站在东晋的都城建康(今南京)的地方而言的(实际当32度多),由其所给出的极去黄道度数,可以计算得黄赤的交角值是24度(折合今度约为23°19′18″),与现代理论推算值也基本接近。穹天论虽然很难说是严格意义上的宇宙论,但它最有创获的地方在于提出了一个实验性的比喻,认为天壳覆在海面上不下沉,就像一个盒子反扣在水面上也不会下沉一样,都是由于气在其中托住了。这是经过类比实验才得出的结论,这在中国古代并不具备很强的实证观念的环境中是很不容易的。

虞喜(281—356年)一生高蹈不仕,从事经史与天文学研究。虞喜据"宣夜说"著《安天论》,用以回答天地是否存在毁灭的问题,同时批驳了浑、盖两家之说。他认为天是无限地高,地是不可测地深;天在上是永远安稳的,地在下是永远静止的;天与地的边缘正好相接,要么同方,要么同圆;没有方圆不同的道理;七曜是分散的,各按自己的轨道运行,这就像大海的潮汐、万物的行为各有自己的规律一样。① 在中国古代三大宇宙论中,只有宣夜说认为天的形态不是固态的,而是没有形质的虚空;天也不是什么也没有的绝对虚空,而是被肉眼觉察不到的无形的"气"所充斥着;天和地的位置是上下关系,天是以地面为界向上无限延伸的虚空。从现代科学的角度考察,在天的形态问题上,宣夜说的观点是三大古代宇宙论中最接近客观事实的。现代科学

---

① (唐)房玄龄《晋书》卷一一《天文志上》,中华书局1974年版。

研究表明,日月星辰所在的天完全没有盖天说和浑天说所认为的固态硬壳存在,而是一个充斥着人的感官不能直接感知的极其稀薄的物质微粒的无限空间。因此李约瑟高度评价宣夜说"地有形而天无体"的学说,认为"这种宇宙观的开明进步,同古希腊的任何说法相比,的确都毫不逊色。亚里士多德和托勒密僵硬的同心水晶球概念,曾束缚欧洲天文学思想一千多年。中国这种在无限的空间中飘浮着稀疏的天体的看法,要比欧洲的水晶球概念先进得多"①。可惜的是宣夜说自战国中期稷下道家创立以来,后世少有师法。虞喜关于宇宙无限性和日月星辰各有其自身运动规律的认识,实在是宣夜说在晋代的空谷足音,使宣夜说重新振响于学界。但是虞喜将宇宙的无限性变成一维双向性的,又认为"地深于不测",天在上常安,地在下居静,都是错误的认识。虞喜《安天论》的出发点,是针对"杞人忧天"而作的,它的核心在于强调天是安稳的,绝不会掉下来,它虽然比宣夜说进了一步,但论证并不是十分有力,也没有什么大的突破和创见,终因论证者和接受者都没有达到应有的水平而夭折。葛洪在看到《安天论》后说:要是日月星辰都不附于天,那么天就没有用了,那岂不是直接就说没有天就行了?葛洪的反诘完全迎合了当时人们无法接受没有天这一说法的心理,于是《安天论》居然也经不起这样无力的反诘而销声匿迹,这是非常令人惋惜的。

《晋书·天文志》上说:"自虞喜、虞耸、姚信皆好奇绚异之说,非极数谈天者也。"从现有的材料看,这个评价是中肯的。尽管虞耸、虞喜在宇宙论上创获不多,但他们掀起了探索天体的热潮,其精神是十分可嘉的。

2. 岁差的发现。 岁差是地轴进动引起春分点向西缓慢运行而使回归年比恒星年短的现象。早在公元前2世纪,希腊天文学家伊巴谷

---

① [英]李约瑟《中国科学技术史》第4卷《天学》第1分册,第115页,科学出版社1975年版。关于这一学说的局限性,参看郭盛炽《中国古代宇宙学说的历史地位》,《中国科学院上海天文台年刊》1994年总第15期。

通过比较恒星古今位置的差异,发现了春分点每100年西移1度的岁差现象。我国古代一直相信"天周岁终"之说,直至西汉末年刘歆才注意到当时冬至点位置与古代传说的牵牛初度不符的现象,但他却没有明确承认这一事实,而是闪烁其词。公元85年贾逵等人通过多年实测,终于肯定冬至点已移到斗宿的距星二十一又四分之一度,从而废黜了冬至点在牵牛初度的说法。但贾逵只是对冬至点的宿度作了改进,他并没有意识到冬至点在西移,因而与对岁差的发现失之交臂。公元330年前后,虞喜通过与伊巴谷的不同途径独立地发现了岁差现象。他把古今对冬至中星的观察记录作了对比,发现唐尧时代(约相当于公元前2400年)冬至黄昏中天的星宿为昴宿,而2700年之后的冬至黄昏中星却在东壁。虞喜明确地把这种变迁归结为冬至点连续不断地西移(也就是冬至太阳所在的位置逐渐偏西)造成的。从冬至点的西移,虞喜进而悟到岁终并非天周,如今年冬至太阳在某宿某度,可是到了明年太阳并没有回复到原来的宿度,这样每隔一岁,稍微有差。因此,虞喜把一回归年太阳走过的路程小于一周天的现象称为"岁差"。岁差现象的发现,使得"岁周"(太阳在一回归年的运动)与"天周"(恒星年)截然区别开来,使"岁自为岁,天自为天",这在"天不变,道亦不变"的形而上学宇宙观具有深刻影响和严重束缚的当时确实是很不容易的,充分体现了虞喜尊重客观天象事实、突破旧的传统观念、勇于创新的科学精神。

  虞喜还根据冬至黄昏中星从昴宿到璧室的赤道度变化,推算出岁差的具体数值。他认为从唐尧时代到他所处时代相隔二千七百余年的时间区间内,冬至黄昏中星经历了昴、胃、娄、奎四个宿共53度,因此平均每50年差一度。由于虞喜所用的古代观察值取自传说时代,时间区间也未必与冬至昴宿中天的时代相合,所以得出的结果比1度/77年(赤道岁差)的理论值相差颇大。但是,与从欧洲人沿用了一千多年的每百年差一度(黄道岁差)的数值相比还是要稍强一些。

  虞喜发现的岁差现象在我国得到确认,是经过几番激烈斗争的。

刘宋朝显贵戴法兴以"诬天背经"的罪名横加非难,但祖冲之毫不为所动,首次将岁差作为一种常量而应用到了《大明历》编制中去,使我国历法较早地区分了回归年(太阳接连两次经过冬至点所需的时间)和恒星年(太阳接连两次到达同一宿度所需的时间),从而促进了历法精密度的提高。但由于戴法兴的阻挠,这部历法不能施行。直到僧一行造《大衍历》(727年),奠定后世历法之规范,岁差才被正式确认。

二、法医检验

东汉以来,浙东人士晓习法律者众多,法医检验领域也留下了脍炙人口的范例。五代和凝父子编写的《疑狱集》卷一,记载东吴时张举为句章令,"有妻杀夫,因放火烧舍,乃诈称火烧夫死"。夫家疑之,诉于官,妻不服。(张)举乃取猪二口,一杀之,一活之,而积薪烧之,活者口中有灰,杀者口中无灰。因验尸口,果然无灰。妻乃服罪。[1] 这是我国法医学史上第一次动物实验法例的生动记录,也是早期重视物证技术的重要例证。这种鉴别生前烧与死后烧的科学方法,不但在我国三国时代是非常先进的,时至今日仍为法医学鉴别生前伤与死后伤的基本方法之一。

三、水利设施"碶"的发明

碶无疑是集堰、闸、斗门等水利设施长处并与交通结合的创造性工程。宋元嘉时鄞令谢凤在奉化修筑了一项具有滨海特色的水利设

---

[1] 又见于(宋)郑克《折狱龟鉴·证匿》,有注云:"旧不著出处。按和凝所著二十九条,皆以时代为次,其书举事在吴人之末,晋人之前,岂非孙氏之臣乎?但先既云吴废帝孙亮,则此宜云吴张举,不当于姓名下言吴人耳。句章属会稽郡。"

施——方胜碶,这应是南朝宁波人民的杰出创举。① 谢凤创建的方胜碶可溉民田五千余亩,是南朝时四明地区兴建的最大的水利工程。方胜碶也是已知宁波境内最早的一座碶,当然在结构上还不是很完美。故陈观《资福庙记》说:"又于碶北作桥以济不通,旧名谢凤桥。"②贝琼《宋县令谢公庙记》也说:"碶北阻大溪,复架石为梁,民不病涉,因名谢凤桥,构亭其上。"③这说明,谢凤所造的碶,还没有路的功能,所以还需在碶北造桥一座以便往来。因为谢凤所创的碶与桥是分离的,还只能说是碶的雏形,到唐代它山堰的配套工程时,碶桥合一,碶的功能更加完善,这是可以肯定的。

四、青瓷装烧技术的发展

东晋以来,宁波瓷业是有所发展的,其器物演变的基本特点是,造型的发展趋向于实用,更加服从于实用美观;器物体形由扁矮肥宽到浑圆修长,器物轮廓从刻板的圆弧线到富于变化的优美曲线等,这和当时人们生活方式逐渐由席地而坐改而用桌椅高坐有关。其技术成就大致可以从以下两点略窥一斑。

1. 制作工艺。成型技术以拉坯为主,自东汉开始使用的轴顶碗装置,使拉坯技术更加成熟、碗、盏、罐、钵等的整体和壶等器物的主体部分均已一次性拉坯成型,从东晋、南朝时定型化、大小成套的碗、盘器物来看,当时的成型技术已达到了相当高的水平,已能够精确地控制瓷坯的尺寸大小,器形更加规整,胎体厚薄均匀。同时还使用捏塑、模印等技术。当然,瓷土陶洗不够精细的问题也普遍存在。这一时期的

---

① 周冠明《"碶"创始于鄞县考略》(《浙东文化》1998年第1期)以为"'碶'肇始于它山堰的配套工程",此说恐难成立。"碶"字虽始见于北宋,但历史上实物的存在远早于文献记载的现象屡见不鲜,"碶"或为其中一例。因奉化方胜碶岁久废圮,直到南宋绍兴间复筑,所以文献上"方胜碶"的名字较为晚出一些。

② (清)雍正《浙江通志》卷二二〇引,《四库全书》文渊阁本。

③ (明)贝琼《清江文集》卷一八《宋县令谢公庙记》,《四库全书》文渊阁本。

青瓷,釉料的配方掺入了较多的石灰石,并普遍使用浸釉法,釉层厚且均匀,胎釉结合牢固。

2.**装烧工艺**。越窑青瓷的窑炉技术获得较大发展,经过长时间的探索,在晋代终于完成了分段烧成的技术创新,窑床坡度、炉窑结构逐渐趋于完善,龙窑逐渐延长,大大提高了窑炉的热利用率和装烧面积。由于龙窑的火焰是呈平直状自下向上流动的,同一窑位的不同高度上的温度差异较大,接近窑底的部位不利于瓷器的烧成,必须把瓷坯抬升到一定的高度,才能烧出理想的瓷器。此期窑具形制较之前期有所发展,不但品种增加,器形亦有变化。东吴时流行三足支钉间隔叠烧法,充分利用了窑炉空间,有利于大幅提高瓷器的产量,其缺点是支撑点尖小,承重力集中,支钉易陷入坯件底部,叠高不稳易塌。西晋时窑匠发明了一种着力点多、平面齿口的锯齿状间隔具,克服了三足支钉的种种弊端,但这种间隔具也有叠高不稳的缺点。南朝时窑师又发明了扁圆形平面的间隔具,起到了平衡、均匀的作用,减少了倒塌现象。其时越窑较为流行盂形窑具或扁圆形窑具与托珠组合叠烧法,避免了以往在烧制过程中窑具与器物经常粘连而不能使窑具得到重复使用的缺点。慈溪市上林湖一带窑场,随着瓷器成型技术的提高,生坯机械强度的增强,普遍采用托珠叠烧法,托珠的巧妙运用超越了前代。

第三章

宗教与民俗

- 仙道的传播
- 佛教的传播
- 饮食风俗

六朝时期，道教在四明地区获得了迅速的发展，无论是天师道还是丹鼎派，在四明都有很多信仰者。在四明传播道教的不乏葛洪、陶弘景等杰出人物，四明山已经初步发展为闻名一方的道窟。佛教自两汉之际来华后，通过南路传入浙东地区，从造像到寺院，以及僧人的活动，都给浙东人民的生活带来较大的影响。至于六朝时期的宁波民俗，现有资料中最有特色的记载，是四明居民的饮食内容比较丰富，在烹饪技术上也有较大的提高。

第一节　仙道的传播

吴主孙权，崇信神仙，结交方士，曾给介象、姚象、葛玄以礼遇，其信仙好道的政策，北方和巴蜀流传过来的道团在江南的发展，如于家道、帛家道之类活动频繁，从而为六朝神仙道教的兴起打下了基础。西晋灭亡后北人大批南渡，上层社会的一大批天师道世家移居到江南，使江南成为全国道教发展的中心，这对浙东道教的发展产生了重大影响。

东晋、南朝时期我国道教经门阀士族的改造发生了重大变化，即从早期原始幼稚的民间道教演变为完备成熟的宗教，从主要传播于民间的道团上升为官方承认的正统宗教。这一时期江南各地是道教发生变革的主要地区，道教非但不再受到朝廷和士大夫阶层的抑制和排斥，反而受到上层社会的尊崇，在门阀士族中迅速扩展开来，赢得了许多忠实的信徒。其时浙东地区最有影响的是天师道,会稽的土著高门孔氏、迁居高门的琅琊王氏及陈郡谢氏中的谢琰、高平郗氏均信奉天师道。其中王羲之、郗愔等人在余姚、奉化等地颇有活动,像郗愔信道精勤,"手自起写道经,将盈百卷"①。这说明会稽的渡江氏族高门信奉天师道蔚成风气。

东晋时期,天师道的民间一派也在两浙地区迅速传播。"操米户数万"的杜子恭道团迅速崛起,势力大张。杜子恭道团自孙泰接任掌教后,仍继续传播道法于下层民众之中,同时又在上层社会扩充其势力。后孙泰为司马道子诛杀,他的弟子兼侄子孙恩逃到舟山群岛。东晋末年,孙恩、卢循以"五斗米道"为号召,起兵舟山海岛,攻占浙东,"旬日之间,众数十万",盘踞会稽的高门道徒受到沉重打击,而孙恩所信奉的符水派的五斗米道则在民间拥有广泛的信仰者。

东晋时期对浙东道教发展产生重大影响的还有丹鼎派的丹阳句容人葛洪。葛洪(283—363年)从祖父葛玄为吴方士,曾从左慈学道。后葛玄以其炼丹秘术授弟子郑隐。葛洪随郑隐学习,悉得其法,后来又师事鲍玄,深受鲍的器重。葛洪所著《抱朴子》,将儒家的修身养性与道家的修炼成仙沟通起来,建立了一套内神仙而外儒教的宗教理论,在成仙的途径上,相信"假外物以自坚固",特别是炼制与服食金丹。他相信金丹大药是上品的神药,如同五谷能养人身体一样,服饵金丹大药,定能使人长生和成仙。但金丹大药必须进入深山或穷岛才能炼成,为此葛洪在青年时代不惮险远,徒步冒涉,遍游天涯,踪迹达于浙东海隅,北仑灵峰山、鄞州石臼山、余姚龙泉山、宁海大洪山等地均为他的修炼之处,留有丹井等遗迹。宁海柯仙山学士坪和双峰乡杨染村南的抱朴洞天至今尚保存完好。葛洪在《抱朴子内篇·金丹》中曾写道:"必入名山之中,斋戒百日,不食五辛生鱼,不与俗人相见,尔乃可作大药。"他据仙经认为"可以精思合作仙药者",仅浙东就有"大

---

① (宋)李昉等《太平御览》卷六六六,中华书局1962年版。

小天台山、四望山(即四明山)、盖竹山(在黄岩)、括苍山,此皆是正神在其山中,其中或有地仙之人。上皆生芝草,可以避大兵大难,不但于中以合药也。若有道者登之,则此山神必助之为福,药必成。若不得登此诸山者,海中大岛屿,亦可合药。若会稽之东翁洲、亶洲、纻屿……皆其次也"①。这正道出了他之所以来到浙东深山、海岛炼丹修道的原因。葛洪来四明炼丹的时间史书中均未提到,宁海葛洪 27 代孙宋代进士葛柏《后山记》说先祖葛洪在咸和初(326 年)应王导之召前十年已住于宁海。葛洪的子孙在宁海繁衍成族,其聚居处俗称廿里葛藤棚,宁海今存的十数部葛氏宗谱,皆奉葛洪为一世祖。宁波各地以及舟山群岛一带,很长一段时间以来,民间一直信仰"葛仙翁菩萨",说他能"驱魔、禳邪、医药、祛灾",迄今每年的农历四月初十(传说为葛仙翁菩萨诞日),远近数百里的善男信女,成群结队地赶到北仑灵峰寺进香,这些均足见葛洪对浙东民间信仰所产生的重大影响。

东晋时上清派在四明的传人主要是时荷。时荷为河北巨鹿人,少为道士,入四明山修"胎息众妙之术"。后闻讯许真人(谧、翙)道法盛行江右,乃徒步踵门为其弟子,真人授以秘诀,复遣还四明教导徒众。②

南朝时浙东道教仍在发展,但已远较浙西逊色。从孙恩领导的以天师道组织群众的农民起义失败之后,天师道虽然仍在不同阶级中流行,但在上层信徒中却发生了变化,即本来各行其是的天师道与神仙道逐渐相互结合起来,并同时受到儒玄佛之学的影响。这一演变,亦多反映在浙东道教身上。据黄宗羲《四明山志》等书记载,南朝时在四明山一带修道的著名道士有魏道微、杜京产、孔祐、潘洪、孙韬、陶弘景等。其中杜京产(436—499 年)是钱塘杜子恭道团的后起之秀。杜子恭道团的规模尽管因孙恩、卢循起义的失败而受到削弱,但人们对道教的信仰和崇拜并未因此消失。杜子恭的子孙仍然在世代传播杜氏

---

① 王明《抱朴子内篇校释·金丹卷四》(增订本),第 85 页,中华书局 1985 年版。
② (清)雍正《浙江通志》卷一九九《时荷传》引《神仙通鉴》,《四库全书》文渊阁本;(清)乾隆《鄞县志》卷二〇《时荷传》引《神仙通鉴》,《续修四库全书》史部地理类第 706 册。

道教,后可能汇归于上清派。杜子恭的玄孙杜京产更是一位很有影响的道士,他闭意荣宦,专修黄老,于东山开馆授学。宋明帝泰始年间(465—471年),杜京产"挂冠辞世,遁舍家业,隐于太平","麻衣藿食二十余载"。齐武帝永明十年(492年),孔稚珪等表荐京产,征为奉朝请,京产没有就任,而是到会稽日门山聚徒授教,声价弥高。但杜京产"学遍玄儒,博通史子,流连文艺,沉吟道奥"①,他的学风行为和高祖杜子恭截然不同,已经看不出天师道的特征。杜子京及其同辈的道门子弟,已经在玄佛之学的影响下,从先代宗教的虔诚信仰转向学理的探讨,这就是所谓的"沉吟道奥"②,即在建立道教理论上下了功夫,而且他可能还大胆到玄儒兼修。山阴孔灵产是杜子恭道法的另一嫡传。其子孔稚珪"依奉李老,以冲静为心"③,也以学道著称。他与杜京产关系密切,曾上余姚太平山寻胜访道,而且他也很尊重上清派的宗师陆修静,又曾从兼修神仙道和太平道的褚伯玉受道法。可见孔稚珪虽不背门业,但却不笃守天师道法,出现了倾向于神仙道的迹象。孔氏的另一传人孔佑则在四明山修道,而孔总则似乎传上清道,道风有了明显改变。

丹阳秣陵人陶弘景(456—536年)则是整理和弘扬神仙道上清经法的卓越人物,他继顾欢之后,发心搜集上清派祖师杨(羲)、许(谧、翙)真书手迹,重加编纂。元兴三年(404年),因刘裕起兵讨伐桓玄入建康,许翙之子许黄民奉上清经至剡,受到马朗供养,④大概上清经因此而流散于浙东一带。据《华阳本起录》记载,陶弘景于齐永明庚午年(490年)"启假东行浙越,处处寻求灵异。至会稽大洪山,谒道士娄慧明;又到余姚太平山,谒居士杜京产;又到始宁(今上虞)谒法师钟义

---

① (南朝·梁)萧子显《南齐书》卷五四《高逸·杜京产传》,中华书局1972年版。
② 唐长孺《钱塘杜治与三吴天师道的演变》,《唐长孺社会文化史论丛》,第164页,武汉大学出版社2001年版。
③ (南朝·梁)释僧佑《弘明集》卷一一孔稚圭《与萧子良书》,《四库全书》文渊阁本。
④ (南朝·梁)陶弘景《真诰》卷一九《翼真检第一·叙录》,《道藏》本。

山;又到始丰天台山谒诸僧标,及诸处宿旧道士,并得真人遗迹十余卷,游历山水二百余日乃还"。他这次的主要任务是访求经书,有了很多收获。如菁山女道士樊妙罗藏有杨书《酆宫事》1卷,"樊亡,在其女弟子沈偶间,沈又以与四明山孔总"①,遂为陶氏收罗。他在余姚太平山,为杜京产作《太平山日门馆碑》,称赞杜氏"声高两代,德贯四区,教义宣流,播乎数郡"。

比至萧梁革命,早已退隐茅山修道的陶弘景积极援引图谶,以示拥戴,梁武帝对陶弘景也恩遇有加,有所谓"山中宰相"之称。然而梁武帝素奉道教,至天监三年(504年)四月初八佛诞日,乃舍道入佛,立佛教为国教。在此大背景下,陶弘景无力反对,只能奉命为梁武帝炼丹,并以地近朝市、岩林浅近为托辞,准备移徙远游。天监七年四月,陶弘景从茅山出走,暂居于永嘉楠溪青嶂山,前后约五年。世传陶弘景在浙东之地炼丹,大约在这一段时间内。据象山县志记载,陶弘景在象

陶弘景像

山县城北蓬莱山腰建有石屋,曾在这里结庐炼丹,自写"真逸"于东壁,留有丹灶、丹亭、丹井遗迹。世传来往象山货易之人蹈海垂危,只要志念陶真人就能应效。② 宁海县志也称陶弘景曾隐居本县阆风里,与张小霞炼丹,铁场侧东山犹存庵址。陶弘景的《登真隐诀》曾记载宁海的桐柏山:"其山八重,四面视之如一,有金庭不死之乡,方四十里。"③这显然是他到过桐柏山的真实记录。

天监十一年(512年),陶弘景自永嘉木溜屿返归茅山途中,不得

---

① (南朝·梁)陶弘景《真诰》卷二〇《翼真检第二》,《道藏》本。
② (清)阮元《两浙金石志》卷五《梁朝陶真人应验记》,道光四年浙江抚署刊本。
③ (宋)乐史《太平寰宇记》卷九八,《四库全书》文渊阁本。

不迎合梁武帝，自称信佛，先亲"诣鄮县礼阿育王塔，自誓受五大摄戒"，并作《礼佛文》。① 但陶弘景并没有因此放弃自己的道教信仰。之后梁武帝发誓永弃道教，敕废天下道观，道士皆返俗（事在天监十六年），但茅山道观得以幸存，这与陶弘景前此的礼塔受戒有极大关系。

陶弘景的徒孙有住于余姚奥国四明山馆的潘洪，《太平御览》卷四〇九记载"潘洪字文盛，山阴人。幼辞家入山，修禀上法，陶贞白见而悦之，遂与投分，共游诸处，寻求真书"。可见，陶弘景于齐永明年间在浙东寻找真经的过程中，熟悉浙东道教活动的潘洪起了重要的协助作用。梁天监七年（508年），潘洪为物情所怀，打算出山，"郡邑豪旧遂相率舆出"，并在五县要冲的上虞兰穹山立葛玄观而留住之。② 据陶弘景《招真馆碑》，潘洪有弟子张（道）裕，为天师道创教祖庭张陵的后裔，但他却崇尚神仙道，后住虞山招真馆。陶弘景在浙东的另一个门徒孙（文）韬，则是陶氏书法的最重要传人，《隋书》卷三四著录其著作有《合丹要略序》一卷。另据《三洞玑囊》，师事陶弘景的还有余姚虞氏家族的虞权。③

齐永泰元年（498年），又有沈道士定居桐柏山之金庭，④具有道教信仰的著名文人沈约也于同年短暂退居桐柏山，成为金庭馆的十道士

---

① （元）刘大彬《茅山志》卷一〇，《道藏》本。按，陶弘景至鄮县礼塔受戒的动机，自傅勤家著《中国道教史》以来，几乎所有的研究者都将此事视为齐梁佛道交融的例证。王家葵独认为这是陶弘景不得已而为之之举，见其《陶弘景丛考》，第31页，齐鲁书社2003年版。此从王说。
② （清）黄宗羲《四明山志》卷九《撮残》引陶弘景《葛玄碑》（即《吴太极左仙公葛公之碑》），原碑见（明）张溥编《汉魏六朝百三家集》卷八九收录。
③ （宋）李昉等《太平御览》卷六七九引《三洞玑囊》云："陶宏景字通明，魏郡平阳人也，自云'华阳隐居'。梁高祖太子从而受道，梁简文、邵陵诸王、谢览、沈约、阮忻、虞权并服膺师事之。"（第3032页）按，虞荔、虞寄兄弟之祖为虞见，官终梁永嘉太守。此所云虞权当即其人。
④ 古籍记载金庭之地说法不一，但多认为在天台华顶之东门，宁海之西部，新昌（剡）之东部的边缘地区。《嘉定赤城志》卷二二《山水门四·宁海》云："桐柏山：在县西四十里，连天台山。按神邕《山图》云：桐柏在天台极东宁海界上，父老又传梁王山即古桐柏，昔未建寺时葛玄尝居之。初玄炼丹宁和山中，为鬼物窃去，遂徙此，后隐天台。故宁海、天台皆有桐柏焉。今梁王山下尚有桐柏里，旁复有仙人里，且多葛姓，盖玄之苗裔云。"原新昌飞地，今宁海双峰乡杨染（厂）村南，有参天巨壁环绕如城的金庭洞天（俗称石拦圈），方圆40里范围内景观众多，仙迹累累，此当即道书所谓修真之福地的桐柏金庭。

之首。所作有《游沈道士金庭馆》诗、《桐柏山金庭馆碑》。① 梁朝时因后来梁武帝之崇佛,道教式微,但好道之士仍在四明山活动。如上虞人魏道微好道,"得仙于谢安山(按,当即余姚之东山)"②,后传仙去。《隋书》卷三五著录有梁征士《魏道微集》三卷。

  道馆的兴起是南朝道教发展的又一重要标志。它是出家道士集体生活与宗教活动的场所,也是出家道士人数增多的结果。由于社会的动荡,强化了人们摆脱尘世的幻想,而修炼成仙思想的泛滥,又促使更多的道徒脱离家庭,出家入馆。浙东正式有道馆,应不迟于东吴时期,《历代崇道记》称吴主孙权于天台山造桐柏观,东晋时好道的王羲之又在金庭舍宅为观,初名全真馆,后改金真宫。③ 刘宋以来道馆已普遍出现。齐朝时杜京产"拓宇太平之东,结架菁山之北……栖集有道,多历世年"④,称为太平山日门馆。齐永泰元年(498年),朝廷批准桐柏山金庭馆住"道士十人,用祈嘉祉",沈约为作《金庭馆碑》。⑤ 梁朝时又有潘洪在浙东五县冲要之地想为葛玄立观,⑥周子良姨母则在余姚立有精舍。⑦ 陈永定(557—559年)中,有敕在刘樊升仙处建祠宇观,这是四明山出现的祭祀性的著名道观。

  自后汉以来,浙东四明山一直充满着浓郁的仙风道气,被公认为

---

① 刘跃进《门阀士族与永明文学》、罗国威《沈约任昉年谱》皆未采信。张松辉《汉魏六朝道教与文学》(湖南师大出版社1996年版第13页)、陈庆元《沈约集校笺·沈约诗文事迹系年》均信其事。《金庭馆碑》"置道士十人,用祈嘉祉,约以不才,首膺此任,永弃人群,窜景穷巃"云云,(宋)陈思《宝刻丛编》卷一三以为"盖道士自叙之言,非约所撰",沈约"造之者,疑如后世所立碑之类耳",可备一说。
② (宋)《嘉泰会稽志》卷九《山》(《四库全书》文渊阁本)、雍正《浙江通志》卷二〇〇引《于越新编》(《四库全书》文渊阁本)。
③ (宋)高似孙《剡录》卷八《物外记》,《四库全书》文渊阁本。
④ (唐)欧阳询《艺文类聚》卷七八引《太平山日门馆碑》,上海古籍出版社1982年版;又见(清)黄宗羲《四明山志》卷一《名胜》,《四明丛书》本。
⑤ (宋)高似孙《剡录》卷八《物外记》。
⑥ (清)黄宗羲《四明山志》卷九《撮残》引陶弘景撰《葛玄碑》(即《吴太极左仙公葛公之碑》),《四明丛书》本。
⑦ (南朝·梁)陶弘景《周氏冥通记》卷三注,《道藏》本。

"玄圣之所游化,灵仙之所窟宅"①。会稽、天台、四明三大山脉的纽结之处桐柏山,亦被道家视作崇妙洞天。这为后来四明山、桐柏山成为道教名山、名列"三十六洞天"之内奠定了基石。

第二节 佛教的传播

佛教自天竺来华,是中华文明史上的一件大事。佛教最初向中国的渗融是艰难的,但浙东却很快接纳了这支异域奇葩。

一、古瓷烙印

一般说来,佛教是两汉之际传入中国的。以前学术界对北传考察较多,20世纪90年代以来,人们通过对江南早期佛教造像的深入研究后,相继提出了"佛教南传之路"、"佛教自海路传入中国"的崭新观点,在具体的论证中,越窑青瓷等早期艺术品无疑为刷新人们的眼目提供了重要的实物证据。

考古发现表明早在纪元前后,西域胡人已经通过海路进入我国沿海地区。大约东汉以来,西域胡人形象在各地的画像石、摩崖造像、堆塑罐等载体中殊为多见。就浙东而论,最早见于东汉的早期越窑青瓷中,吴晋时出土较多,但成分复杂。西域胡人多数是从海路过来的,以经商、卖艺甚或传教为生。他们的大量涌入,有意无意地将异质文化播入东南沿海地区,至少在东汉以来西域文化已渗透到浙东地区。不过他们给予中国影响最为广泛和深远的还是佛教文化。如"窣堵波"是佛像出现、流行前分布最广的佛教象征物和崇拜物。鄞州出土的东汉黑釉"蒜头壶",有学者认为其特殊造型应是佛教"窣堵波"的变形,

---

① (晋)孙绰《游天台山赋》,见萧统《文选》卷一一,中华书局1983年版。

上塑西域胡人、若干鸽子和一只鸵鸟,显然象征了一种西域文化。上虞东汉墓出土同类型的褐釉堆塑器,下部为覆钵形塔身,器身上下分别塑有若干鸽子和三只坐熊,顶上的那只鸽子造型较大,其宗教寓意昭然若揭。如果这个观点得以成立,那就意味着佛教文化观念和艺术可能早已在东汉以西域胡人为中介先行传入了浙东。只是东汉堆塑器上佛教文化的含义还不是一目了然的,后人必须对之进行一系列的解读后才能感受到,所以我们把东汉早期越窑青瓷传播佛教文化视为隐性传播方式,这也是佛教南传的原初阶段。

东吴西晋时期,我国长江中下流地区的砖室墓中,经常出土带有佛教色彩或内容的器物,佛教文化在江南已是赫然登场了。在手工艺品上,它主要附丽于青瓷器皿和铜镜身上,图形是简单的,也没有以单独的形象出现,和此后单独雕铸作为供奉的佛像不同,但其意义却不可等闲视之。因为这是佛教传入中国后留在江南的早期造像,佛教只有在其造像传入后才真正踏上它在异国的蓬勃发展之路,越窑青瓷对于佛教文化也由隐性传播一变而为显性和具象的传播,这对于了解早期佛教的传播状况,及人们对这一外来宗教的认识程度等,都有重要的价值。

我国佛教造像首先是在南方兴起的,据阮荣春考察,川地以汉代为多,鄂地以三国为多,江浙一带以三国至两晋为多,在时间上西早东晚,亦即汉末的四川首先引发佛教造像活动,然后顺势东下,向吴地传播。[1] 根据目前的考古发现,江浙地区的早期佛像见于日用青瓷,如1987年嵊州大塘岭东吴永安六年墓出土的一件樽,中腹的铺首间贴塑有三尊盘座佛像。当然,佛像最多见的是在堆塑罐上,而堆塑罐的原产地主要在浙江越窑的中心上虞、始宁一带。堆塑罐开始出现佛像堆贴的年代,大致在东吴中晚期,堆贴的部位一般在器物的肩部和腹部,贴于腹部的一、三尊不等,贴于肩部的,有的往往绕罐一周,有的置于

---

[1] 参阅阮荣春《佛教南传之路》一书,湖南美术出版社2000年版。

二层的楼阁之中,周围伴有跪拜僧人或乐人及幻人。佛像的数量多寡不一,模制而成,形式无多大变化,大多作结跏趺坐,身披袈裟,头后有背光或项光,下有狮子座、莲花座。从造型上看,佛像所着通肩衣的衣纹紧贴肉身,一道道V形衣纹清晰可见,头顶上均有肉髻或螺纹肉髻,与印度马土腊(秣菟罗)艺术风格相一致。如余姚马渚乡青山夏王宅村出土的东吴时代堆塑罐塑有佛像五尊。西晋时期,堆贴佛像的堆塑罐更为常见。余姚龙山西岙陈家山(现属慈溪)西晋墓出土青瓷簋,三尊佛像等距离贴塑于斜方格网带上,佛像头项有佛光,作结跏趺坐式。显然,这些佛像的大量出现是佛教在东吴流行的必然结果。越窑青瓷上的佛教造像应是外来宗教渐为江南人民接受和认同的反映,它的地位不如此后单独雕铸作膜拜用的佛像,这是当时佛教初传江南的基本特征。

余姚出土的西晋堆塑罐

更能说明问题的是,堆塑罐上常见佛道杂糅、混同的现象。如余姚城北出土西晋堆塑罐,颈部塑15尊佛像,肩部饰7尊,佛像高3厘米,头顶有佛光,作结跏趺坐式。腹部贴塑6个骑神兽仙人。余姚郑巷五联克山西晋墓出土堆塑罐,其龟跌纪年碑有"西晋元康四年九月越州会稽"字样,表明了其生产年代和产地。楼阙之中塑佛9尊,紧挨颈部,分为两层,上3下6,佛高4厘米,头顶螺状肉髻,有佛光,结跏趺坐于莲花座上。腹部贴塑等距离3个骑神兽的仙人以及凤凰等图案。慈溪鸣鹤乡龙潭山西晋墓出土的堆塑罐,通高47厘米,堆贴繁复,造型生动,罐上百鸟云集,麒麟、凤凰荟萃,还有8个仙人骑着麒麟,也有佛像6个,图案的整体布局显然是以道教为中心而又容纳了佛教,氤氲着浓郁的神怪气氛。总之,堆塑罐上常见的佛道并列这一现象是非常耐人寻味的。从工艺的角度看,它把东汉会稽出产的画像镜的神仙、神兽题材推进到仙佛混杂的新阶段,但从社会意识看更具价值。因为一种外来文化要传播或移植到其他文明地区和国度,并转化成为这一地区的本地文化,在激烈的碰撞中不得不认同和接受本土文化的滋养。初传江南的早期佛教混迹于道教中自有其不得已之处,这首先是因为道教在本区域的存在早于佛教,先入为主,而且因为当时的江南世家大族多信奉道教。谁都不会否认,秦、汉、吴、晋时期,浙东仙风炽烈,四明山、天台山为神仙之窟宅,浙东还是道教思想的发源地。神仙方术和道教思想笼罩浙东,根深蒂固,势力强大。佛教初传中国时,早期的重要教义是神灵不灭,轮转报应,与道家、道教追求灵魂不灭、长生不老、羽化升天的思想较为接近,所以佛教在其势力最微不足道的时候,不得不依傍道术而流行。佛教徒为求生存,也往往迎合当时社会上的神仙方术。虽然在东吴、西晋时期,佛教不再是高高在上,仅仅为上层社会所接受,开始融入中下阶层中,然而普通百姓对佛教的认知仍是极为肤浅的,他们仅仅把佛教等同于黄老神仙之术,相信这位外来的"神仙"能超度亡灵,保佑平安,赐予恩惠,禳灾除晦。所以,供需双方的拍合,使得早期流行的佛教呈现"长生不老为主的道教性佛教"的特点。普通百姓对深奥的佛教教义只是略知皮毛,佛教的地位并不因为流行渐广而有大幅提高。这也说明,佛教最初的传播并不是靠深奥的教义,而是通过造像等方式引起人们注意的。所以越窑青瓷的工匠们更易于接受佛像造型,但他们对佛教朦胧模糊的认识又使他们在自己的产品中混同佛道,杂处一器。如上述几件西晋堆塑罐上贴塑的仙人骑神兽,分明是道教图像,它与佛像一起装饰在同一件堆塑罐上,显示出当时人们的宗教信仰的多元化杂糅。显然,工匠们是并不把佛像当作崇拜物来看待的,佛像装饰被投入炉窑浴火而生,既可算是他们的重大创造,但它的原始性也取决于工匠的认知水平,其最终目的可能仅仅用来超度亡灵、祈求吉祥。当然也由于传播时空及个体接受上存在的某种差异,堆塑罐上的佛像装饰也不可执一而论,除仙佛像混杂者外,亦有许多非仙非佛的形象,如盘双髻穿神仙装的佛像有之,肩部生羽纹的佛亦有之,供养作揖的佛亦有之,这实在是历史条件使然,无足深怪。

西晋以后,由于政治和经济等原因,盛行于南方的厚葬风迅速消退,作为明器的堆塑罐亦很快销声匿迹。仅仅作为超度亡灵、祈求吉祥而存在的堆塑罐上贴印的佛像也随之消失殆尽,代之而起的是各式莲花纹的流行,佛的主体由具象化跃进到抽象化阶段。

越窑青瓷中的外来动物形象也留下了佛教传入浙东的鲜明印记。中国视野中的狮子来自西域,它最早是作为"殊方异物"的西域贡品而引入中国的。以狮的形象作为器物造型,是汉以来的传统。历史上狮子多经海路输入汉地,所以它的形象在东南地区汉代动物造像中较为常见。狮子形象传入浙东,现知应以越窑青瓷为最早,这是越窑匠师对狮形陶器的一种发展。那么是什么样的文化心理促使越窑匠师采用了狮子造型呢?我们认为这与佛教徒的传扬有关。在公元3世纪的古印度,狮子形象就与佛教艺术结合在一起,此后随着佛教的广泛传播,狮子的佛教寓意更为明确,如《大智度论》就曾喻"佛为人中狮子",故而最初传入浙东的狮子形象的原初文化含义应是佛教的象征物。越窑三国西晋瓷器上印贴的半身佛像,多以两只背对背的狮子为座,从而为狮子造像象征佛教提供了有说服力的证据。鸽子在隋唐以前的中国,大多被视为自然界的禽类,常被人射杀作为肉用,因而其身上的文化含义是稀薄的。在古印度,广泛流传着如来佛化鸽的传说,鸽子因此便成了佛祖的另一象征,也成为佛教艺术的重要题材之一。当佛教经海路传入东南沿海后,鸽子这一佛教艺术形象也就自然地发展起来,越窑青瓷堆塑罐上鸽子是很常见的形象。当东吴堆塑罐异军突起之后,佛教文化成为显性主题,鸽子的形象更是层出不穷,其佛教的意义也是很明显的。

二、佛寺肇兴

浙东佛教虽然传入颇早,但到三国时才真正有所发展。建安二十五年(220年)孙权首先在湖北夏口建昌乐院,30余年后孙亮、潘夫人(句章人)又在鄂城建惠宝院。孙权都建业,西域僧人支谦、康僧会等先后入吴,说服孙权信佛,于是建业有了瑞相院、建初寺。随之浙人纷纷效法,修建佛寺。东吴时期浙江有史料记载的寺庙共有16座,浙西仅有一座海盐金粟寺,其余均分布在浙东,其中台州地区独占9处,绍兴3处,宁波2处,这种地理分布格局意味深长,它似乎暗示了佛教最早传入浙东的路线极有可能是从台州的章安港经剡溪到达会稽的。①嘉禾六年(237年),林村(今属鄞州区)浣溪南畔建成高两丈余的"蜚声宝塔"。②此塔虽然为祠祀庙神之用,但塔的形制显然源于佛教,并已为林村人所接受。赤乌二年(239年),东吴太子太傅、都乡侯阚泽舍献自己在句章的住宅,建造了普济寺(寺址在今宁波慈城),这当是宁波境内最早的寺院。赤乌年间(238—250年),又有印度来华高僧那罗延到句章五磊山(今慈溪市宓家埭乡)结庐静修,是为五磊寺的开山祖。

佛教在浙江率先传入浙东一带后,影响迅速扩大,至两晋时境内新崛起了不少寺院。宁波的三大名寺即肇始于两晋,但最早又最有神奇色彩的莫过于阿育王舍利殿的建造了。西晋太康三年(282年)僧人慧达(俗称刘萨诃)在鄮山乌石岙得阿育王造舍利塔一座,③小巧精

---

① 参见陈荣富《浙江佛寺史话》,第18~19页,宁波出版社1999年版。
② (民国)《鄞县通志·文献志·碑碣分类考略》,宁波出版社2006年版。
③ 阿育王是印度孔雀王朝第三代王,在位时间约当我国的周秦时期。他诉诸武力,开疆拓土,建立了印度第一个空前统一和繁荣的大帝国。后阿育王皈依佛门,弘播佛法,佛教始成为世界性宗教。梵典称阿育王造八万四千塔,但没有提到曾到中国造塔。汉籍佛典则记载阿育王在中国境内19处造21塔,"独鄮阴之塔显示世间,可获瞻礼"(释志磐《佛祖统纪》卷二四),这自然不足以采信。其实江南地区礼拜佛舍利,肇始于三国时代,孙权父子在江南建寺造塔,安奉舍利,阿育王的名字也开始为江南佛教界所熟识。鄮县阿育王旧址的所谓阿育王造舍利塔,很可能是早期供奉者的遗留物而等待有识者的发现。慧达和尚感应舍利塔的故事,详见《法苑珠林》卷五一及《明州阿育王寺志》,并谓是慧达南行至会稽海畔山泽,处处求觅,于鄮山乌石岙(现属北仑区大碶镇),有宝塔及舍利从地涌出。《高僧传·慧达传》则称塔为刘萨诃掘出,记载比较平实。

五磊寺开山祖那罗延高僧像

致,独具一格,遂结茅供之。《会稽记》记载:"晋相王导初渡江,有道人神采不凡,自言来从海上,告导曰:'昔与阿育王同游鄮县,安真身舍利塔,阿育王与真人捧塔飞行,虚空入海,诸弟子攀引不及,一时俱坠,化为乌石,如人形。'"①这故事的背景很可能是慧达浮海至建康交结名相王导以寻求政治支持。东晋义熙元年(405年)舍利由乌石岙迁至今址,建造了安置舍利的塔亭禅室,此即为阿育王寺舍利殿的起源。这个神奇的灵塔,成为后来阿育王寺的镇寺之宝,并对唐五代产生过极大影响。

西晋永康元年(300年),义兴法师在鄮县太白山麓结茅修行,渐成精舍,为今天童寺之前身,惜东晋隆安三年(399年),寺毁于孙恩起义。东晋时又有尼姑结庐奉化雪窦山顶,因山川瀑胜,遂建瀑布院(其址在今雪窦寺后的乳峰),此即为雪窦梵刹草创之始。另外,东晋咸康二年(337年),余姚县民王阳及虞弘实等为"修未来之胜果",于是舍净财建龙泉寺,太和二年(366年)在余姚县署南又修建了建初寺。义熙元年(405年),天竺高僧昙猷尊者自海泛槎至今宁海之港头村,见

---

① (宋)《宝庆四明志》卷一三引。《会稽记》当为南朝宋孔灵符所撰。日本学者西胁常记在《舍利信仰和僧传——为了有助于理解〈禅林僧宝传〉》一文中,以为自后汉至梁初,"在中国出现的舍利和阿育王造塔之间并没有发生任何联系","认为在中国的土地上存在着一部分阿育王所造之佛塔,并且积极意识到舍利所带有的历史性和造塔的阿育王之存在,这正好是慧皎的《高僧传》成书的时代,即梁以后的事了"(吴言生主编《中国禅学》第三卷第108页,中华书局2004年版)。如果孔灵符《会稽记》所记资料确凿可靠,则西胁常记的观点需要修正。

此处背山面海,松竹参天,将锡杖往地植立而泉涌,色白味甘,乃建兰若,名白水庵。《嘉泰赤城志》卷二九还记载昙尊者另创普济院、龙祥院,又在原清居院建庵。

南朝统治者崇佛佞佛,尤以梁武帝为甚,故江南兴寺成风,杜牧因有"南朝四百八十寺,多少楼台烟雨中"的名句。单在浙江这片土地上,南朝又兴建了佛寺132所,四明境内的佛寺也大有增益,梁武帝时增益尤多。如象山相继建造了凤跃院、涌乐院,奉化在梁大同元年(535年)立宴坐院,后又有崇福院、白雀寺;宁海先后出现丹邱寺、永乐寺、妙相寺、崇教寺、大智寺、吉祥寺、法海寺;余姚有天香院。鄮县的阿育王寺迭经增修,规模大具,先是元嘉二年(425年)道佑和尚建筑佛寺,立阿育王寺常住田,十二年又建塔寺,阿育王寺乃初具规模。梁武帝在位时,对阿育王塔尤为信仰,在全国接连不断地建起冠有"阿育王"之名的寺塔。在这种形势下,天监二年(503年)改造了鄮县阿育王寺塔,后又将阿育王寺舍利塔的舍利迎请到京城供奉,京师百姓倾城出迎,观者达一百几十万人,盛况空前。梁普通三年(522年),梁武帝皇命扩建大雄宝殿、法堂、禅室,赐额阿育王寺。大同五年(539年),梁武帝听说阿育王寺藏舍利塔的木浮屠遭损坏,立即诏令岳阳王萧詧负责修建,由三层增至五层,藏武帝及昭明太子萧通像于塔内,并赐"黄金五百,为造铜佛四百躯,写经论五百卷,铸四铁鼎,以镇四角",拨兵士三千守护舍利塔,敕免阿育王寺田赋。阿育王寺从此闻名天下,初步显露了我国江南名刹的风采,甚至梁朝道教首领陶弘景也专程到此礼诣。《释文纪》卷四二晋王《答遗旨书》(隋开皇十八年给天台宗祖师智顗)称:"鄮境灵塔,吴内石像,剡县弥勒尊仪,卧疾之处,并使装饰。"同卷智顗《发愿疏文》:"鄮县阿育王塔寺颓毁,愿更修治。"由此可见鄮县阿育王塔寺在当时的全国影响之一斑。此外,余姚的龙泉寺伽蓝在"侯景之乱"的洗劫中岿然不动,时人以为神,以致"履锋介士,弯弧剑客,莫不释戈免胄,望崖顶礼"①,在当时产生了很大影响。

南朝时期,浙东寺院的地产已有了非自主的初步发展,寺院地产的来源主要有赐田、施田等类型。元嘉二年(425年),宋文帝赐田鄮县阿育王寺,此乃南方国家赐田给寺院之始。② 此常住田在寺东15里处,萧梁时正式称为"塔墅常住田"③。官民施田,一般只有供佛功德的性质。梁天监二年(503年),宁海县民葛蕴德、敬德兄弟"捐田九顷余",施法海寺。④

三、学派义林

六朝时期浙东佛教人才成长迅速,名僧辈出。最早活动于浙东的名僧除了上面提到的慧达等开山祖师外,在理论上有所发挥的则有支遁。支遁在西晋永嘉(307—312年)中渡江至浙,入剡住岇山,晚年又到新昌石城山立栖光寺,又住余姚坞山(今余姚清贤岭下),卒葬于此(一说终于剡之石城山)。相传余姚明真讲寺,最初即为支遁讲道之所。⑤ 支遁不但精通玄谈,而且因积极宣讲《维摩诘经》而受到热烈欢迎;他又是佛教般若学派中"即色"宗的代表。支遁作《即色论》,阐发了"即色即空,非色灭空"的观点,意指即色(现象)而能悟空(本体),非是色灭而生空,这种思想实际上更为直接地来源于庄学。⑥ 支遁的

---

① (唐)虞世南《唐大龙泉寺碑记》,见光绪《余姚县志》卷一六《金石上》,《中国地方志集成》本,上海书店出版社1993年版。
② 张弓《汉唐佛寺文化史》上卷,第281页,中国社会科学出版社1997年版。
③ (唐)万齐融《大唐越州都督府鄮县阿育王寺常住田碑》,见俞福海主编《宁波市志外编》,第788页,中华书局1998年版。
④ (清)光绪《宁海县志》卷二二《流览志》,《中国地方志集成》本。
⑤ (元)刘仁本《游余姚灵源山明真讲寺》,见《羽庭集》卷一,《四库全书》文渊阁本。
⑥ 关于这一问题的研究,详见孙昌武《佛教的中国化与东晋名士名僧》(《传统文化与现代化》1993年第4期)、孙昌武《中国文学中的维摩与观音》第四章《六朝名士与维摩诘》(高等教育出版社1996年版)等文。

"即色"义对于佛学与玄学的交融起了推动作用,为佛教在江南逐渐取代玄学的地位,作了理论上的准备。

还可注意的是,东晋时期浙东佛教产生了一些新的动向,正如日本京都大学小南一郎教授指出的:"那个时代,在以东晋王朝的首都建康为中心的地区,士人们玩弄着所谓'格义佛教'的高级哲学议论;或者在宫廷里,像皇族当权者司马道子一样沉溺于淫祠似的低级佛教。但是在离开首都远一些的会稽郡地区,士人们正在酝酿着新的内容的佛教信仰。这种信仰注重心情的纯粹性。也许可以说,以这种内容为特征的佛教才与信仰一词相称。谢敷所撰、傅亮再编的这本《光世音应验记》,就是反映佛教思想史上的新动态的作品。"①

这一时期,来自宁波的僧人还对京师等地的佛学活动产生一定影响。南朝宋齐时期的江东佛学盛行"成实"之风。其中《成实论》南系由鸠摩罗什东来弟子僧导据安徽寿春东山寺时所创。学出寿春的道猛,"《成实》一部,最为独步"②,宋明帝于建阳门建兴皇寺,命道猛主讲,声名鹊起。时余姚人道慧,寓居建业,初出家为僧远弟子。慕东晋名僧慧远学识,远游庐山,涉历三年。后从兴皇寺道猛受业,亦成南系《成实》的名师,曾代其师应答,"言必诣理",一一化解了张融的构难,不但张融本人深为悦服,而且道慧也受到褚澄、谢超宗等名流的推礼。道慧又"善《大乘明数论》,讲说相续,学徒甚盛,区别义类,始为章段焉"③。后道慧住持于京师庄严寺。梁武帝对佛学初重《涅槃》,后尊《般若》,促进了三论宗的兴起。据梁陆云公《御讲般若经序》记载,大同七年(541年)三月十二日梁武帝讲经于华林园,发讲之日,来者云集,有"会稽鄮县阿育王寺释法显修习苦行,志求慧解……乃于讲所,

---

① [日]小南一郎《〈观世音应验记〉排版本跋》,见孙昌武点校《观世音应验记三种》,中华书局1994年版。
② (南朝·梁)释慧皎《高僧传》卷七《道猛传》,《高僧传合集》本,上海古籍出版社1995年版。
③ (南朝·梁)释慧皎《高僧传》卷八《道慧传》,《高僧传合集》本。

自陈愿力,刺血洒地,用表至诚"①。看来,释法显对于般若之学是有慧解的。

自佛教东传中国,"禅道亦授"。早期习禅者大都托钵云游,山居野处,诛茅为庵,凿石为室。永嘉乱后,北方群僧南迁,义学在江南发荣,西域禅僧亦将禅道南传。晋宋之间吴会一带习禅颇成风气,尤以浙东为盛,浙东的石城、寒石、赤城、灵秘诸山已成早期禅窟,此即为浙东禅风之初起。东晋末年,慧开、慧真入余姚灵秘山各造方丈禅龛,至梁朝时尚保存完好;②刘宋时罽宾人昙摩蜜多(法秀)远近皆号"大禅师",会稽太守孟𫖮好禅,请法秀在鄮县之山建立塔寺。东境旧俗多趋巫祝,法秀"妙化所移,比屋归正",转变了当地的风俗。③这是四明境内最早有据可查的禅窟。

佛教的兴盛,唤起了虞氏家族的注意,一方面如虞愿对皇帝起造浮图很有意见,但另一方面如梁时散骑常侍虞孜颇好佛典,所著有《内典要》30卷,是为最早对佛教经典进行梳理的四明籍学者。④

第三节　饮食风俗

宁波两汉时期的饮食情况在六朝时期基本上承传下来了,所不同的是,由于大量北方人口的南迁,刺激了生产的发展,农副产品的品种

---

① (南朝·梁)陆云《御讲般若经序》,见(唐)释道宣《广弘明集》卷一九,《四库全书》文渊阁本;(明)梅鼎祚《释文纪》卷二六,《四库全书》文渊阁本。
② (南朝·梁)释慧皎《高僧传》卷一一《竺昙猷传》,《高僧传合集》本。
③ (南朝·梁)释慧皎《高僧传》卷三《昙摩蜜多传》;(唐)释智升《开元释教录》卷五上,《四库全书》文渊阁本。
④ (宋)《宝庆四明志》卷一七,《宋元方志丛刊》本,中华书局1990年版;(元)《延祐四明志》卷七,《宋元方志丛刊》本,中华书局1990年版。按,梁时另有湘东王记室虞孝敬,撰《内典博要》40卷(《隋书》卷三四著录,作30卷,未明著者),颇同《皇览》、《类苑》之流。又撰《高僧传》6卷,《莲社赞》文,后得出家,改名惠命。事见《法苑珠林》卷一一九,《秘殿珠林》卷九,《新唐书》卷五九。考《隋书》卷七六,虞绰之父孝曾,疑虞孝敬、虞孝曾系宗人。

与数量出现增长的势头,加之南北食俗的交融,使得浙东居民的饮食内容较之两汉更为丰富,烹饪技术也大为提高。

一、饮食结构

东汉六朝时期浙东人民的主食无疑是稻米,除了传统的煮食外,裹粽蒸食是南方稻米在食法上的一大改进。粣是粽的一种,余姚籍美食家虞悰所裹优质名粽"扁米粣"闻名京师,齐世祖幸芳林园,曾特意"就悰求扁米粣,悰献粣及杂肴数十舆,太官鼎味不及也"①。这里的所谓扁米,其实并不是稻米的一个品种,而是一种古老且特殊的食用糯米加工方法,即采用未充分成熟的糯米压而扁之,色碧而软,清香怡人。扁米这种加工方法,一直到清代还流行于西南少数民族,约在唐代传入日本。②

麦类作物起源于西部地区,六朝时传入江南并得到推广,在会稽一带种植面积较大,如谢灵运在上虞经营的始宁墅中就栽培有麦、粟、菽、麻等北方旱田作物,与上虞近邻的宁波想来也应有所栽培。麦是耐寒的作物,在寒冷的冬季可以越冬生长,种植麦类可以利用冬闲地,

---

① (南朝·梁)萧子显《南齐书》卷三七《虞悰传》,中华书局1974年版。(宋)司马光《资治通鉴》卷一三七"(永明)九年正月辛丑上祀南郊"条,下文有注云:"粣,《类篇》云:'色责翻,糁也;又侧革翻,粽也。'《南史》:'虞悰作扁米粣',盖即今之徽子是也,可以供茶。"
② "扁米粣"以"扁米"为原料,但"扁米"究为何物,历来学者均不得其解。其实"扁米"的食法在近代还流行于西南少数民族中。嘉庆四年云南《临安府志》物产表云:"扁米,五郎沟僰人当糯米谷方实时,采其稚者(即未充分成熟的),焙而舂之,色碧而软,美且芳,谓之扁米。"道光六年《新平县志》也说:"扁糯米,即白糯米。初生时,夷人用以压扁。"1934年出版的《新平县志》说得更清楚:"匾糯米,即小白糯,半熟时,夷人取而压扁者,非别为一种也,味清香。"这些资料都说明扁米并不是糯米的一种优质品种,而是食用糯米的一种特殊加工方法。这种加工方法最早可以溯源至六朝,虞悰创制的扁米粣就是例证。"扁米"又作"糒米",《广韵》谓"烧稻取米曰糒",释义并不十分贴切。日本文献说糒米是平安时代贵族的食用方式,又供祭祀用,后世则应用于兵粮和旅行食品,其加工方式与中国毫无二致。看来,扁米的食法至迟在唐代已经传入日本,它无疑可以看作是吴越文化向外传播的又一例证。参阅游修龄《稻作史论集·中国稻作的起源、分化与传播》,第70页,中国农业科技出版社等1993年版。

延长土地的利用时间,而且它又是重要的粮食作物,它的引入使南方稻麦轮作作为农作物基本组合形式之一成为可能。麦的食法基本上是磨成面粉后做饼,但南人普遍以麦食为贫贱,所以作为美食家的虞悰在父亲死后为示哀痛,"日惟食麦饼二枚"①。大豆是短日照作物,且喜温,因此,秦岭—淮河以北的北温带,便成为汉唐时期中国大豆的主要栽培区。魏晋南北朝时期,北方人口大批南渡,且气候也转入寒冷期,这在客观上促使大豆往南方移植,促进了南方大豆生产的扩展,不过当时浙东地区可能仅在丘陵山区有少量种植,除了谢灵运《山居赋》提到它以外,文献中很难发现浙东栽培大豆的踪迹,更谈不上进入主粮之列了,看来大豆作物还没有在当时的宁波人民生活中产生广泛的影响。

六朝时期四明人民的副食比较丰富,据《四明山志》等古籍及考古资料,蔬菜有薑、韭、蔓菁(蔓菁还可以顶粮食)、竹笋等;畜菜有鸡、鹅、鸭、牛、羊、猪等;水果有梨、桃、橘等。其中继桃树之后,橘树已在庭院栽种,是本地常见的水果。刘宋时余姚虞贵家,"中庭橘树冬熟,子孙竞来取之"②,便是一个有力的证明。越地因多柑橘类水果,果品的交易量很大,故政府设官征收橘税,任昉曾说:"越多橘柚园,越人岁多橘税。"③应是可信的事实。从植物特性上说,柑橘宜斥卤之地,凡圃之近涂泥者,实大而繁,味尤珍,这是东越之地多栽柑橘的地理原因。

海味在浙东人民的饮食结构中占有重要地位,宁波菜肴的烹制自然也以海鲜最为擅长。六朝时期宁波海洋捕捞业有所发展,初步突破了

---

① (清)光绪《余姚县志》卷二三《虞悰传》,《中国地方志集成》本,上海书店出版社1993年版。
② (南朝·梁)萧子显《南齐书》卷五三《虞愿传》,中华书局1974年版。
③ (宋)李昉等《太平御览》卷九六六引任昉《述异记》,中华书局1962年版。

浅海滩涂的插簄、堆堰和随潮进退捕捉鱼虾的格局,①为海鲜烹饪准备了丰富的原料。六朝时宁波烹制海错肴馔已跃上新的台阶,东晋陆云举出的著名的甬式菜有"脍鲻鳆、炙鳌鯸、烝石首、臛鲎蟹"②。这几款菜肴的烹饪技法分别为脍、炙、蒸、臛(做成肉羹)。烹饪原料中,鲻鳆,据《闽书》当即鲨鱼;鳌即鳓,③宁波近海盛产;鯸即河豚,此鱼内脏有剧毒,东汉王充在《论衡·言毒篇》就有"人食鲑(按,即河豚)肝而死"的记载,但到了东晋宁波人已经掌握了食用河豚的正确方法;石首即黄鱼,除了蒸食外,还可作鲞,盐渍而干者,则名为"含肚",《隋遗录》称"越人镪耕以含肚为上馔",隋时大都督会稽人杜济曾作此等食法以献炀帝;④鲎(jì)同"鲚",即刀鱼。蟹亦属海洋鱼类,具体未详。此外,陆云《答车茂安书》提到的烹饪原料还有蚌蛤之属、石首鱼科的鳃齿(银牙鳒的古称)、鲟科鱼类中的鳣鲔、鲽形目鱼类中的比目鱼等。谢灵运《答弟书》还提到永嘉郡"蛎不如鄞县"⑤,说明宁波出产的牡蛎已闻名遐迩。

至于奉蚶之类的贝类食品,早在汉代就是佐餐的佳品。2005年11月28日,由浙江省考古研究所、宁波市考古研究所及奉化市文保所组成的联合考古队,在奉化白杜一考古点的一座古墓中挖掘出满满的

---

① 吴家骅在其主编的《浙江渔业科技志·概述》中认为:"秦代以后到汉唐之间,浙江海洋捕捞业发展缓慢,只停留在浅海滩涂的插簄、堆堰和随潮进退捕捉鱼虾。"(1995年内部印刷,第1页)但从一些相关的六朝海洋生物的文献资料来看,一些海洋鱼类如石首鱼、鲍鱼已经成为烹饪的常见原料,但这些鱼类一般无法通过滩涂插簄等办法捕捉到,所以这个观点需要修正。
② (晋)陆云撰,黄葵点校《陆云集》卷一〇《答车茂安书》,中华书局1988年版。
③ 鳌,旧籍有不同的训释。一说即鳓,详见(明)孙能传《剡溪漫笔》卷三,但孙氏提出了若干疑问;另一说即黄雀鱼,清李元《蠕范·物化》云:"鳌,酬鳌也,黄雀鱼也,多刺而肥,其美在额,黄雀所化。谚云:'宁去累世宅,不弃酬鳌鱼头。'"但明屠本畯《闽中海错疏》卷中却列酬鳌与黄雀为两物。又一说鳌即鲚,即刀(鲚)鱼,钱大昕纂乾隆《鄞县志》卷二八云:"按:旧志鲚鱼、鳌鱼分列,误。鲚、鳌一物而异名,实则鲚也。"钱大昕此说与(明)鄞县人屠本畯《闽中海错疏》的记载相矛盾,不可取。
④ (宋)朱长文《吴郡图经续记》卷下;(宋)范成大《吴郡志》卷三〇《大业杂记》,《四库全书》文渊阁本。按,"含肚"以鲍鱼和石首为原料,是一种全身腌制的鱼,但在腌制之前,先不剔除鱼的内脏,要让鱼在空气中先暴露两天,待鱼体微微腐化,再迅速抽去内脏,用盐腌透,经过晒压而成。具体做法见李昉等《太平广记》卷二三四《吴馔》引《大业拾遗记》,中华书局1986年版。
⑤ (宋)李昉等《太平御览》卷九四二引,中华书局1962年版。

一罐奉蚶,重约 2.5 公斤。出土的奉蚶色泽如新,保存完好。从挖掘到的器物推断,古墓年代为西汉中晚期,从古墓为土坑墓这一点,可以推断这一古墓的墓主为平民百姓,而出土的奉蚶系随葬物品。这说明早在两千多年前,奉化先民已经普遍食用

奉化白杜西汉古墓中出土的奉蚶(王力军摄)

奉蚶。2006 年在奉化市白杜南岙石菊花地古墓群考古发掘中,考古人员在清理一座西汉晚期墓葬随葬的陶壶时,发现其中装满了贝壳。盛贝壳的陶壶为当时人们日常生活用器,显然贝类应为死者随葬的食物。出土的近二百枚贝壳色泽如新,形状、质地与现在的贝壳看不出有多大区别,甚至还有几枚未食用过的蚶子。

总之,由于原料丰富,烹技多样,烹艺精湛,陆云有"东海之俊味,肴膳之至妙"①的高度赞誉。宁波海味闻名遐迩,常作为馈献的佳品,东晋侍中虞啸父曾对孝武帝保证说:"天时尚暖,䱹鱼、虾鲊未可致,寻当有所上献。"逗得皇上抚掌大笑。②

二、饮食专著

六朝时期士族地主在经济上的优势,使他们有条件和可能在饮食

---

① (晋)陆云撰,黄葵点校《陆云集》卷一○《答车茂安书》,中华书局 1988 年版。
② 余嘉锡《世说新语笺疏·纰漏第三十四》,第 915 页,中华书局 1983 年版。该书引李慈铭云:"案鲩当作鲝。"鲝即"藏鱼"。《晋书·虞啸父传》作"虾鲊"。

上精益求精,追求美味佳肴,从而对这一时期饮馔水平和烹饪技艺的提高起了推动作用。余姚虞氏家族中的一些人追求现实嗜欲,重于滋味,享受美食。晋虞预撰《食要》一帙十卷,①当为饮食经验的总结。刘宋黄门郎虞秀之擅长吃喝,于庾炳之"门生事之,累味珍肴,未尝有乏,其外别贡"②。其子南齐大臣虞悰"治家富殖,奴婢无游手"③,这在经济上为他精研饮食之道创造了条件,成为第一位有名可考的四明籍美食家兼烹饪师。《南齐书》称"悰善为滋味,和齐(烹饪调和)皆有方法"。在饮食烹饪方面,虞悰敢于与皇室一争高下,他可以快速地烹制出数十舆杂肴,供皇上享用,滋味之美甚至连御用厨师烹制的美食都比不上。

虞氏家族在学术文化上的优势,又使虞悰有条件有可能总结和研究饮馔经验,他撰写的《食珍录》④一书,与崔浩的《食经》并称为南北高门士族的饮食学代表作。《食珍录》收于《说郛》仅仅二百余字,其中还掺杂了一些后人的东西。它的一个重要内容是收集记录了魏晋以来帝王名门家族珍贵的烹饪名物,如邺中鹿尾、谢朓传膻汤法、宋明帝蜜渍等。虞悰对前代的食经食谱是很熟悉的。有一次豫章王萧嶷曾"盛馔享宾,谓悰曰:'今日肴羞,宁有所遗不?'悰曰:'恨无黄颔臛,何曾《食疏》所载也。"⑤可见虞悰对魏晋人何曾的饮食学名著《食疏》的内容烂熟于心,因而魏晋以来的名肴珍馔自然成为《食珍录》的重要内容之一。

《食珍录》的另一重要内容是关于各种肴馔的饮食方,即烹饪原料

---

① (南朝·梁)梁元帝《金楼子》卷五,《四库全书》文渊阁本。
② (南朝·梁)沈约《宋书》卷五三《庾炳之传》,中华书局1987年版。
③ (南朝·梁)萧子显《南齐书》卷三七《虞悰传》,中华书局1972年版。
④ 虞悰此书,唐宋文献罕见有提及者,仅宋初湖州人沈作喆《寓简》卷七有著录。今《说郛》本《食珍录》仅12则,杂有虞悰身后之事,已非虞悰原著。《四库全书》文渊阁本《说郛》题作虞宗,虞宗乃虞玩之之祖,官晋库部郎,未闻其善于烹饪,恐非。
⑤ (南朝·梁)萧子显《南齐书》卷三七《虞悰传》。

与烹制方法、程序以及某些食疗方的介绍,亦即所谓"和齐皆有方法"。从这一方面看,虞悰《食珍录》称得上是已知浙江最早的菜谱专著。如云:"浑羊设最为珍食,置鹅于羊中,内实粳肉五味,全熟之。"就写明了这道菜肴的原料、烹制方法及其过程。据《南齐书》记载,虞悰掌握了许多饮食方,秘不示人,甚至连皇帝亲自讨要,也不肯给。后来,齐世祖醉后身体不适,他就献出了醒酒鲭(青鱼)鲊方,此后这个方子便在社会上广泛流传开来,隋人谢讽的《食经》中即收录有用多种鱼肉合制而成的"虞公断醒鲊"。虞悰所记录的饮食方,一部分来自魏晋以来流传的名肴之方,更珍贵的一部分则来自自身的独创之方,《食珍录》的饮食方应是虞悰对前人经验和自身经验的综合性总结。

虞悰《食珍录》中的菜肴虽有北方风味(如邺中鹿尾、浑羊设),但其主要内容应是江南风味的菜肴,而且还以会稽风味为主。《南齐书》称虞悰"虽在南土,而会稽海味,无不毕致焉",这里的"南土",指的是其出任豫章(今江西南昌)内史、蜀郡(今四川成都)太守等离海岸较远的内陆地区,这不但说明南齐时会稽海派菜肴曾一度被虞悰带至江西、四川等内陆之地,而且更证明虞悰特重会稽海味,故而他的书中所记载的饮食方多有以鱼类为原料的江南风味的菜肴。《食珍录》作为一部以南方风味为主的食经,正好与以北方风味为主的崔浩《食经》南北辉映,分别代表了当时南北方不同的饮食特色和风味,以及南北士族地主在饮食学上所达到的最高水平,也标志着当时已经形成了南北不同风味的菜系。[①]

继虞悰之后,又有人写出了《会稽郡造海味法》一书,专门总结了会稽郡的饮馔经验。徐时栋说:"按,《隋书·经籍志》有《会稽郡造海味法》一书,考六朝以前,会稽封域甚广,而蒲网海物,则为句章、鄞、鄮

[①] 参见黎虎《魏晋南北朝史论·魏晋南北朝饮食学的确立和发展》,第374~376页,学苑出版社1999年版。

所独擅之技,书名虽题会稽,其实亦吾乡方物也。"[1]徐时栋所论难免有局限于一隅之嫌,但《会稽郡造海味法》这部著作主要包含了宁波先民烹制海鲜的经验则是可以肯定的。这些事实都说明六朝时期越菜已崭露头角。

[1] (清)徐时栋《四明六志校勘记》卷九余考《明越风物志》条下附记。

第三编

隋唐五代时期的宁波

唐玄宗开元二十六年(738年)浙东出现了历史性的明、越分治局面,唐穆宗长庆元年(821年)又把明州州治从小溪移至三江口,这给宁波进入实质性的开发带来极好的契机。摆在地方政府官员面前的首要任务,在于如何努力维持地域社会的稳定局面,如何致力于中心城市的建设,如何积极兴修水利和利用区位优势发展经济,如何适应新的形势对外开放。在本区人民的共同努力下,唐五代宁波基本上处于和平的环境中,尤其是具有全局意义的它山堰水利系统工程的兴修,子城与罗城的建设,陶瓷业的异军突起和独领风骚,以及港口的全新开拓和地位的迅速上升,使宁波的实质性开发取得了显著的进展。

第一章
政治、军事和对外交往

- 隋唐五代宁波的行政建置
- 明州城的市政建设
- 唐代明州海外交往的空间拓展
- 浙东人民的起义斗争
- 唐末宁波的政治变动

唐代明、越分治以来,宁波地方政治基本稳定,城市建设积极开展,人民安居乐业,对外交往步伐明显加快,城市地位持续上升。尽管唐代宁波一带发生过若干次乱象,但这只能算是安定环境下的插曲,和平建设才是唐代宁波社会发展的主轴。

第一节 隋唐五代宁波的行政建置

唐代宁波最重大的建置沿革是明、越分治,明州相应地形成了较为严密的地方统治体制。

一、隋唐宁波的建置沿革

隋朝统一后,宁波地区自汉以来长期延续的行政区划开始变动。隋文帝开皇九年(589年)改会稽郡为吴州,置总管府,并鄞、鄮、余姚三县入句章,隶吴州。句章县治自城山迁至小溪(今鄞江镇)。隋炀帝大业元年(605年),废吴州总管府,置越州,句章县属越州。大业十三年(617年),越州改为会稽郡,句章属于会稽郡。

句章县治小溪位于宁波平原西南边缘的四明山麓,地处奉化江支流鄞江之端,水源丰富,极宜发展农桑,经数百年来的经营已成为宁波平原的主要产粮区。但作为句章全境的政治经济中心,地理位置过于偏僻,小溪虽拥有港口及道头,但水上交通需经鄞江、奉化江干流才能到达甬江,不论东行出海,还是西往余姚、会稽的水道,都不及原来的城山渡来得便捷,而且治所背靠四明山,腹地狭窄,物资供应有限,因而后来的发展较为缓慢,文献记载仅有开元宫道馆、咸宁佛塔等寥寥几座文化设施。因此,句章县治虽迁,但从大趋势看,港口主体却分迁到了三江口。

唐高宗武德四年(621年),唐将杜伏威击败李子通,执送长安,淮南、江东之地属唐。唐以其地置越州总管府,统辖越、嵊、姚、鄞等十一个州。四明之地以余姚属姚州,以旧句章、鄞、鄮三县地属鄞州,并试探性地设鄞州治于三江口(今宁波市区)。① 仅仅过了四年,又废鄞州和句章县,恢复鄮县的名称,隶越州,鄮县县治仍在三江口。② 虽然这

---

① 一说鄞州治在小溪镇,如(明)张时彻《嘉靖宁波府志》卷一《沿革》即认为句章县治在句章乡之小溪镇,"后鄞州、鄮治同"。按,《宝庆四明志》卷一《沿革论》注云:"其里实为小江里。盖自析句章为鄞州时已治此矣",又卷一二云:"当时县治乃今州治,非古鄮治矣",注云:"县南有《鲍郎庙记》"云:'唐圣历二年(699年)县令柳惠古徙祠于县。'是知初置鄞州已治此,继废州为鄮县,不复在鄮山之东也。"(清)徐兆昺《四明谈助》卷一一"鄞州治"更是明确指出:"以旧句章、鄞、鄮之地置为鄞州,不设县,其治在三江口即刘牢之所筑处。"(桂心仪等点注本第298页,宁波出版社2000年版)据此,笔者认为鄞州治在三江口(小江里)一带是较为可信的说法。(清)乾隆《鄞县志》卷一则认为:"案唐初鄞州,新、旧史及《寰宇记》皆不言其治所。《嘉靖志》谓在小溪,李、曹二志谓在三江口,即今府城外地,晋刘牢之所筑,未审谁是。"见《续修四库全书》史部地理类第706册第25页。

② 今人多认为鄮县治迁至小溪,恐是据《新唐书》推断而来。按,《新唐书》卷四一云:"(鄮县)南二里有小江湖,溉田八百顷,开元中令王元纬(晖)置,民立祠祀之。"(中华书局1975年版第1061页)今人据"小江湖"的地理位置,判断鄮县治迁至小溪。关于小江湖的地望有多说,当以全祖望之考证为是。全祖望《鲒埼亭集外编》卷四七《奉答万九沙编修宁志纠谬杂目》云:"唐志以小江湖在鄮县南二里,溉田八百顷,开元中令王元晖置,是今城外它山之湖也。但此语本有谬误。它堰以太和中始立,非开元也。古句章城尝在溪上,古鄮城不能接溪上也,而谓其二里而近,是以古句章之地望混于鄮也。舒中丞《引水记》据《图经》,以小江湖在鄮县南二里,正(贞)观中王君照修,则是城中之湖。清容谓今千丈镜河之惠光塔院,旧名小江塔院,则小江湖自它堰直至镜川皆其地,盖元晖所置也。而城中之湖,特以其东有小江里,因亦误称为小江湖。其说近之。"全祖望认为,《新唐书》将小江里误作了小江湖,从而将古句章之地望混于鄮地,此说值得重视;复据前引《鲍郎庙记》中圣历二年(699年)迁祠的记载,则鄮治当仍在三江口。但徐兆昺《四明谈助》卷一一"唐州治"则以为:"八年废鄞州为鄮县,徙治故鄮城(在贸山),仍隶越州。"但钱大昕纂乾隆《鄞县志》卷一仍坚持小溪说,文云:"至武德八年废州为鄮县,县治仍当在小溪。考《元和郡县志》云:鄮县隋省入句章,武德八年再置,仍移句章城。句章城即小溪城也。然则唐初之鄮县与汉之鄮县名同而实异。李志云'治育王山故鄮城',特以意度之,不若《元和志》之可据。"见《续修四库全书》史部地理类第706册第25页。

时的鄮县管辖范围大为扩大,"实兼三县为郡之全境,非先鄮县也"①,但其仍为县级行政建制殆无疑问。宁波本区第一次建州失败的原因在于,当时平原中心还没有真正开发,还是泻卤之地,淡水易泄,灾害频繁,无法保障城市集聚人口所需的生活用水。作为州级行政中心的三江口,不仅缺乏有力的治理,而且远距西部的经济腹地。这一切只有在甬江流域的经济开发由平原边缘山麓丘陵地带向平原推进的渐进过程中才能获得解决,因此明州港口城市的建立实际上蕴涵了宁波平原由滩涂、沼泽向灌溉式农田开拓的历史进程。

随着盛唐以来甬江流域的经济开发迅速向平原中心推进,以及鄮县港口地位的上升,宁波的行政区域又进行了大调整。唐玄宗开元二十六年(738年)七月十三日,采访使齐澣奏请将鄮县划分为慈溪、奉化、鄮县、翁山(今定海县)四个县,别立明州以统之,因其地有四明山而得名,并从润州招流人500户安辑到明州。② 这样,明、越开始分治,明州与越州同隶江南东道。不过,明州的州治,设在小溪,鄮县则复

唐代明州区域图

(选自俞福海主编《宁波市志》,中华书局1995年版)

---

① (明)张时彻《嘉靖宁波府志》卷一《沿革》,《中国方志丛书·华中地方》第495号,台湾成文出版有限公司影印明嘉靖三十九年刊本,1983年版。
② (宋)欧阳修等《新唐书》卷四一《地理志》,又卷一二八《齐澣传》,中华书局1975年版。

鄮山旧治。① 慈溪县治在慈湖之南（今为慈城镇）。奉化县治在大桥西。翁山县治初在顼河之滨筑城，后徙于鳌山之麓为镇。唐玄宗天宝元年（742年），改明州为余姚郡，唐肃宗至德二年（757年），仍复称明州。唐代宗广德二年（764年），象山划归明州，至此明州所辖由四县扩为五县。象山原为宁海、鄮县两县辖区，唐中宗神龙元年（705年）准监察御史崔皎之奏，析置为象山县（治彭姥村），②初属台州，以后一直为明州属县。

宁海县在隋唐期间的建制发生了多次撤置的变化。隋开皇九年（589年），宁海县废，并入临海县，属处州（后改为括州）。隋大业三年（607年），隋朝罢括州置永嘉郡，宁海属之。唐武德四年（621年），析临海县，重置宁海县，治徙海游（今属三门县），属台州，武德七年并入章安县。武后永昌元年（689年）再建宁海县，治迁广度里（今宁海县城关镇），仍属台州。

唐代宗大历六年（771年），废翁山县，明州仍为4县，但其时最值得注意的是鄮县治移到了三江口。《乾道四明图经》以翁山、鄮县二县为袁晁农民军所占领，官兵不能克服，遂移鄮县治于三江口以防之。明代黄润玉《宁波城隍庙记》亦云："大历六年，鄮县被寇，移治过鄮江，即今之附郭鄞县也。"③这明显属于误断，因为其时离袁晁起事失败已有10年了。乾隆《鄞县志》卷一认为"《图经》所言殆非其实，当时县治之移，实以三江口据江海之冲，为善后之备，非因故城未复而别立治也"④，这是从防务的视角看问题，因为对宁波本土构成最大威胁的

---

① 今人多以为鄮治在小溪，此采张时彻之说。张时彻《嘉靖宁波府志》卷一云："明皇开元间立为明州，分四属县，而鄮复旧治为其一（复鄮山治）。"黄润玉《莆田方公重修浮梁记》（光绪《鄞县志》卷五）谓"开元间改曰明州，治在鄮山"，恐亦指"复鄮山治"而言。
② （唐）李吉甫《元和郡县图志》卷二七。按，刘昫《旧唐书》卷四〇《地理志》、（宋）欧阳忞《舆地广记》卷二三、（宋）陈耆卿《嘉定赤城志》卷一、（宋）《宝庆四明志》卷二一并作"神龙二年"。（宋）乐史《太平寰宇记》卷九八云："唐贞观三年六月置，后二年十一月割入明州。"此说后世普遍不予认可。
③ （清）乾隆《鄞县志》卷七《坛庙》，《续修四库全书》本史部地理类第706册第127页。
④ 见《续修四库全书》本史部地理类第706册第25页。

确实是来自海上的武装力量,这正如明人余寅所说:"鄞地舄卤,饶鱼盐,有海虑。其虑不特以风涛,又属军兴。"① 但防备海上"军兴"应该不是唐代迁县治的唯一原因。最根本的原因恐怕还得从经济方面去找,即与港口功能的培育和发展密切相关。三江口最终成为鄞县县治,意义重大,这标志着句章港东迁三江口这一历史过程的最终完成,也标志着甬江流域经济开发从低山丘陵地带向平原中心推进过程的基本完成。

唐穆宗长庆元年(821年),刺史韩察向浙江东道观察使薛戎建议,以小溪北临鄞江,地形卑隘,请移明州治于鄞县。这样,明州州治移到了三江口,刺史韩察"易县治为州治,撤旧城,筑新城"②,此即子城(即内城),又在"旧城近南高处置县"③,使鄞县成为州治附廓。子城是当时官府的办事机构驻地,周长420丈,居民则多住在子城之外。现在宁波的鼓楼,就是明州最早的子城南城门。经过1997年1月公园路唐代子城遗址考古发掘,已基本搞清了唐代子城的范围。子城是唐代明州政治、经济、文化的中心,也是接待海外来宾的地方。明州迁州治在三江口建城,意味着明州港口型城市的正式确立,从此明州城步入了新的发展时期。

从疏散的低丘聚落趋向更为繁复紧密的城市定居方式,城市化的进展基本上是一个内向聚合的过程。明州港城人口增多,日益繁荣,为保护居民、客商安居乐业,唐末明州刺史黄晟从景福元年(892年)起建造了罗城(外城)。④ 罗城周长2527丈,按照明州港自然水系而规

---

① (明)余寅《农丈人文集》卷一《鄞令翁侯去思碑》,《四库存目丛书》本。
② (宋)《宝庆四明志》卷一《郡守·韩察》,《宋元方志丛刊》本,第5册,中华书局1990年版。
③ (宋)《宝庆四明志》卷一《沿革论》。
④ (元)《延祐四明志》卷八认为:"长庆所移之城,即罗城是也。"(清)乾隆《鄞县志》卷二《城池》云:"据袁氏说,罗城、子城皆创于长庆初,至黄晟增拓之耳。"(清)徐兆昺《四明谈助》卷九,"黄刺史增筑罗城"条引闻志云:"城故罗以土,树栅,景福初,刺史黄晟拓基甃筑,始用砖石,屹成重镇。"是说罗城是在原来罗土树栅的基础上筑成的。但这些说法普遍不被后世接受。全祖望《羊府君庙碑铭》又认为:"耆老相传,是城之筑,创始于府君,而黄晟踵而成之者也。"(见《鲒埼亭集外编》卷一三)(清)乾隆《鄞县志》卷七《坛庙·羊府庙》则认为:"僖宗时(羊)僕权明州刺史……又授方略,俾完筑州城,遂屹然成重镇。"

划设置,"奉化江自南来限其东,慈溪江(即姚江)自西来限其北,西与南皆它山之水环之"①。文献记载和考古发掘都证明,唐代罗城成梨形,北面沿姚江、东面沿奉化江筑城墙,西、南两面沿运河而筑城。罗城与子城相比,面积至少大20倍,城市规模大为扩展,从而奠定了古代宁波城市的空间形态。

二、唐五代宁波的地方统治体制

隋唐王朝把汉以来的州、郡、县三级管理体制,改为州、县两级行政管理体制。唐代按户籍,把州分为三等,4万户为上州,3万户为中州,3万户以下为下州。据《旧唐书》卷四〇,天宝年间(742—755年)鄮县有户42027,口207032。按唐规定,明州应是以上州的规模设置的。州设刺史,刺史由政府任命,但到了唐末,由于藩镇割据,明州刺史钟季文、黄晟并非由政府任命,而是自封的,唐王朝也是莫奈其何。

唐代实行州领县的上下级行政管理体制。一般的县亦按户口分为紧、上、中、下数等,6000户以上为上县,2000户以上为中县,不满千户的为下县,但这种分等是动态而非恒定的。据《乾道四明图经》记载,奉化、慈溪县在贞元中(785—804年)为上县,象山贞元间为中县,鄮县元和间(806—820年)定为上县。余姚则属紧县。县不分大小,设县令掌管一县行政。如鄮县令王元暐,其裨益乡里的政绩有口皆碑。

县以下的基层行政单位是乡、里,其组织网络比起前代更加齐全。据《旧唐书·食货志上》,唐代以百户为里,五里为乡,乡署耆老,里设里正。与官府的配备相适应,明州农村为了维持社会治安和征发赋税,也有必要实行乡里制。唐代奉化辖19乡、慈溪辖21乡,鄮县辖18乡,象山辖5乡,余姚(属越州)辖15乡。乡各有里,唐代余姚有70

---

① (宋)《宝庆四明志》卷三《城郭》,《宋元方志丛刊》本,中华书局1990年版。

里,奉化有13里,慈溪有石仁里、象山有三山里等,鄞县有唐昌乡沿江里、永安乡梢树里、灵岩乡金泉里等①。乡、里以下还有最基层的行政组织保、邻,一般四家一邻,五家一保。② 1977年在上林湖吴家溪出土的凌倜墓志罐,有"中和五年岁在乙巳三月五日终于明州慈溪上林乡石仁里石贵保"之语。距上林湖吴家溪南约900米的焦家湾,曾出土唐光化三年(900年)瓷质墓志罐一件,墓志记载墓主马氏夫人生前居住地是"上林乡石仁里三渎保",葬于当乡湖内山北保。瓷墓志另有"上林乡使司北保"、"当乡湖东保内地"等用语,③反映了晚唐时慈溪上林乡的乡保组织的存在。此外,从唐圣历二年(699年)鄞令柳惠古请以甬水村杨给事宅更置鲍王祠、陆羽《茶经》提到鄞县榆荚村看,唐代宁波还有村的基层组织。

镇是另一系统的行政单位。唐代的镇,一般是指军事设防的地方,主要是为了适应军事上的需要,职官有镇将、镇副,次为戍将、戍副。镇的职能是防务、维护治安和镇压人民的反抗。明州管辖的鄞县就设有下庄镇、鄞塘镇、望海镇(元和十四年后不属明州管辖)④,咸通十年(869年)阿育王寺经幢石刻,其列衔有下庄镇使押衙程稔,镇副使衙前总管何郊,均属于军镇之官。镇一般隶属于刺史,唐宪宗元和十四(819年)年,从浙东观察使薛戎奏,望海镇改属观察使。⑤ 望海镇

---

① 唐昌乡沿江里见宁波市祖关山出土(唐)何洸撰《唐故浙江东道都团练押衙试左威卫长史罗府君徐氏夫人墓志铭并序》,永安乡梢树里见(唐)史谦撰《唐会稽郡夏氏夫人墓志铭并序》,均见俞福海主编《宁波市志外编》第二辑《碑记选》,第867页,中华书局1998年版。灵岩乡金泉里见(清)陆心源《唐文拾遗》(中华书局1985年版)卷四六梁鉴玄《梁故明州军事押衙充勾押官银青光禄大夫检校太子宾客兼殿中侍御史王府君墓志铭》,此文作于后梁乾化(911—914年)中。
② 唐保、邻的"家"数有不同的说法,今依《唐六典》卷三《尚书户部》"户部郎中、员外郎"条校勘记和《通典·食货三》"乡党"条校勘记。
③ 章均立《越窑瓷墓志》,《浙东文化》2000年第1期。
④ (宋)《宝庆四明志》卷一八云:"今定海地乃为鄞县之望海镇,元和十四年浙东观察使薛戎奏弃望海镇,不属明州,从之。"详见《唐会要》卷七八。
⑤ 后人多以为元和十四年明州始设望海镇,此说有误。董沛《四明系年录》卷二明确指出:"《宝庆志》云:海堧旧有望海镇,从薛戎言,不隶明州,何等明晓。而嘉靖以后诸府志,乃云元和中置镇,亦卤莽矣。"

常立表择募军校,唐末黄晟曾去应聘,惜因身材矮陋而落选。到五代时,望海镇的建置又发生了新的变化。钱镠改旧望海镇为静海,并置望海县(后改为定海)。于是吴越国时出现静海镇、望海县一度并存的局面。据谢鹗所撰《朱府君墓志铭》,朱行先于宝大元年(924年)去世,去世前的职务是"静海镇遏使",在镇凡15年,卒以官,则静海镇直至此年仍未废止,与望海县并存于世。谢鹗记载朱行先担任望海镇遏使的事迹说:"仍委之望海剧镇。府君之屯细柳也,钽耰荆棘,板筑城垒,不日而就。不恃其宠,不劳于民,卒众辑睦,镇县和同,商农工贾,不改其业,亲载耒耜,遍植桑麻,以备祗奉使臣,供承南北,十五年内外无间言,盖恩威并行、缓猛得所矣。"①这里的"钽耰荆棘"是民政事务,"板筑城垒"是军政事务。朱行先手握军政、民政大权,侵夺了原来属于县令的某些职权,但墓志铭又说"镇县和同",似乎他与县令相处得很好。

需要指出的是,唐代明州也有一些镇属于经济性的而非军事性的,鄞县的光溪镇就有榷税的性质。袁桷明确指出:"唐曰光溪镇,以监酒税烟火得名。治平元年,罢酒税以便民。"②《鄞县通志》于唐代榷税下列光溪镇,承袁说云:"唐制于水陆通津驻有监税,以察商旅。此当系监税,非军戍"③。奉化公塘"唐文德元年置镇,民户买扑名课,管纳管钱"④。这意味着明州经济性的市镇已经破土而出。

第二节　明州城的市政建设

唐代明州是一个新兴的港口型城市,为了适应人口聚居和社会活

---

① (元)徐硕《至元嘉禾志》卷二四《碑碣》,《宋元方志丛刊》本,第5册,中华书局1990年版。
② (元)袁桷《鄞县小溪巡检司记》,《清容居士集》卷一九,《四部丛刊初编》本。
③ (民国)《鄞县通志·政教志甲编》,第25页,宁波出版社2006年版。
④ (宋)《宝庆四明志》卷一四《奉化县·公塘巡检》,《宋元方志丛刊》本,中华书局1990年版。

动的多样化需要,以及发展海内外贸易和文化交往的需要,围绕着城市街道、桥梁交通、码头设施、寺庙建筑等,开展了一定规模的市政建设。

一、城池街道的建设

首先,明州官员重视城市的空间形态即子城和罗城的建设。子城和罗城都是州一级的防御工程,文献记载只有寥寥数字,对它的详细了解只能依赖于考古所得。据记载,子城创建于长庆元年(821年)。公园路考古发掘大面积揭露的唐代子城西边城墙,呈南北走向,城墙宽为4.8~6.0米,残高0.6~1.30米,断面呈梯形,夯土残高1.3米,包砖残高0.4米,基本上可以看出子城的规模、规格和构筑的具体工艺。为了处理雨水的侵袭,构筑唐城时还设置了窨井,城墙上的雨水聚集起来排至窨井,然后通过窨沟联接排放于护城河中。由发掘出的

考古清理出的唐代罗城遗迹(宁波市文物保护管理所提供)

护城河与古城基址的位置,更加准确地肯定了子城的范围:南至鼓楼,西到呼童街以东,东从蔡家巷向北转弯,经过渡母桥到中山公园前公园路,北侧即现公园一带,与呼童街相连,其周长、位置与《宝庆四明志》卷三记载的"子城周围四百二十丈,环以水"相吻合。①

约894—898年间,刺史黄晟发动民众构筑了罗城,这是对明州城的一次大的拓展,基本上奠定了封建社会宁波州城的空间分布格局。1993年在东门口至东渡路一带考古发掘,清理出唐罗城的夯土城墙。保存的黄褐色唐夯土城墙体,从唐代地坪面算起,有2.5米的高度,长达200多米。夯土大多来自四周稻田的表土,夯实后十分坚固。夯土作为城墙的内芯,内芯填土约有10米宽,两侧全用砖头砌叠,整齐而有规律。这段唐城构筑方法与和义路唐城、子城唐城的构筑工艺基本相同。因该段唐城面临奉化江,属于冲积的软土地段,所以施工人员在构筑罗城时打下了许多梅花木桩,以加固堤岸。

唐代罗城很可能有10个城门,现经过考古发掘的有东渡门和渔浦门。渔浦门位于东渡城门北、盐仓城门东,在修筑罗城时就已经开辟,城门内是直接通向集市的渔浦巷,它既是一个陶瓷贸易的集散地,更是渔类货运的集散地,因名渔浦门。② 考古人员在挖开的唐代地坪面上,清楚地看到城门是一次性构筑而成的,构筑讲究。经实测,方向为南偏西28度,全部用长方形砖头砌筑。城门东壁宽0.8米,西壁宽1.22米,城的外墙全部包砖;城门道宽3.02米,门道深9.6米,城宽10米;门地道坪都经过加工,为5~10厘米的"三合土"硬地面,十分坚固平整。五代时的渔浦门道路面则有规律地铺设着长方形窄形砖,其内皆以错缝竖砌,整齐美观。唐渔浦门紧靠姚江,土质比较软,当时在墙基打下了成排的木桩,在木桩上堆砌基础,使用规格一致的砖与

---

① 林士民《宁波城市考古亲历记·子城发掘的前前后后》,《宁波文物古迹保护纪实》,第66页,宁波出版社2000年版。
② 唐代是否亦称渔浦门,不得而知。据《宝庆四明志》卷一三,宋太平兴国二年(977年)建有渔浦门外院,表明至迟在吴越国末年已有了渔浦门的名称。

泥浆相间叠砌。这个基础非常牢固,虽然沿用了好几个世纪,一点也没有变动,充分显示了唐时明州人民在处理软土地基时的科学智慧。在长江以南,真正的唐城与唐代城门的发现与发掘这还是第一次。[①]

再次是重视州城的道路布局。由于明州城内河网密布,桥梁众多,许多道路随河道的走向而建。从总体上说,唐代明州城内以东渡城门到望京城门作为州城的主干道,先后向南北两个方向辐射。现在宁波最大的街道中山东路、中山西路,在唐代时就是城内的主要东西向街道。南北纵向的开明街,在大历六年(771年)也已存在。此外还有沙泥街、咸塘街等。当时明州城已形成井字形街坊布局的雏形。考古发掘表明,唐时城内主干道是一条以砖砌路面为主的大道,路的宽度不会少于2.3米,并且经过几次修补。子城外罗城内,还设有都税务、常平仓、州学和锦织坊。

二、城市水系的建设

古代城市水系包括城内沟渠、湖池,环城壕沟、城外河流,湖池。充分利用天然水体,建设完善的城市水系,可以综合解决城市供水、灌溉、排水、调蓄、防御以及航运和防火等一系列问题,并且可以改善城市生态环境。

明州城首先要解决的是城市供水问题。明州城处于濒海枕江的低湿地带,三江流贯其中,淡水难蓄易泄,故水利建设实为开发港口型城市的关键。明州移治之后,这座新兴城市人口激增,淡水供求矛盾日益突出,原有的日、月两湖和井水供水系统已远远不敷所需,"水难蓄而善泄,岁小旱则池井皆竭"[②],"非特民渴于饮,而河内海潮,以之

---

① 林士民《宁波城市考古亲历记·唐代城门遗址和龙舟的发现》,《宁波文物古迹保护纪实》,第54页,宁波出版社2000年版。
② (宋)舒亶《西湖引水记》,见魏岘《四明它山水利备览》卷下,第222页,俞福海、方平点注本,当代中国出版社2001年版。

灌溉，田皆斥卤，耕稼废矣"①。为了解决城中居民的供水问题，唐文宗大和七年（833年）亦即州治确立12年后，王元暐开始营造它山堰。它山堰虽然位于州或县的直接腹地，但实际上与治所的城市化密切相关。王元暐通过自它山凿渠至明州城的配套工程，引四明山水流入城内日湖、月湖，以及州城内的各大小河渠、池塘，以供人民生活之需。而城市居民的生活废水，则通过东渡城门旁的食喉、气喉等排水沟排入甬江。为了阻止江海咸潮进入市区，王元暐将城里通东门口碶闸移至东门口奉化江边，使市内水道畅通、船只往来自由。这些重大的水利设施，极大地改善了明州的城市环境，赋予了这一港口型新兴城市以旺盛的生命活力，成为千百年来明州港城繁荣发展的基础，诚如魏岘所说："民食之所资，官赋之所出，家饮清泉，舟通货物，公私所赖，其利无穷。"②

其次是重视排水与排污的处理。排水和排污直接关系到一个城池居民的生活和健康，所以这类公共设施的建设理所当然地受到当局的高度重视。考古人员仅在公园路发掘中就清理出排水、排污沟6条，有的揭露出三十多米还没有清理到头。排水沟大多用砖砌筑，成凹槽形，上面用长砖或方砖覆盖，排列整齐。排污沟都用较大规格的砖头构筑，其沟底用二顺一丁砌法，不仅底部错缝平整，两边也错缝砌叠，一般比排水沟来得高深，盖板用石板覆盖，安装极为紧密。这些水沟、污沟有的平行，有的呈南北向，有的在天井下，从布局方向判断，均与护城河相通。③

三、桥梁交通的建设

一个城市的出现和发展，无不与当地的水陆交通条件密切相关，

---

① （宋）魏岘《四明它山水利备览》卷上《日月二湖》，第202页，俞福海、方平点注本，当代中国出版社2001年版。
② （宋）魏岘《四明它山水利备览》卷上《它山水源》，第199页。
③ 林士民《三江变迁——宁波城市发展史话》，第51页，宁波出版社2002年版。

而城市的规模大小与盛衰,又往往与其腹地广阔与否分不开。唐代明州的开发与建设就很注意创造和运用这两个条件。明州在兴修水利的同时,平原各地河渠水运网开始形成,初步构成了后世称之为"三江六河塘"的内河航运的基本格局,成为明州港与腹地之间货物集疏的通道。为了进一步开发江东地段,在三江口建城后的第二年即长庆三年(823年),明州刺史应(殷)彪①征集民力,在东渡城门外的奉化江上,以16条木船排成基础,上铺厚板搭成浮桥(现灵桥),这座浮桥使州治与江东连结,促进了物资交流和经济发展。清初李邺嗣在《鄮东竹枝词》中歌颂说:"东津桥板跨江浮,一字平盛十六舟。千载人驱车马过,可知遗泽是应彪。"

  杭甬运河的开通对明州港发展的意义尤为重大。运河雏形在六朝时已经存在,隋唐时经过多次整治,全线通航。船只从明州州治三江口出发,溯姚江,经七堰,抵曹娥江、钱塘江,到达杭州,与京杭大运河相接,可直至扬州,或至中原重镇洛阳和京都长安。明州港的天然航道比杭州港优越,宜于发展海上贸易,许多来浙的船舶,由于杭州湾和长江口的浅滩和涌潮等不利因素,不得不在明州卸货,然后再通过浙东运河运往杭州、江淮流域。这样就很自然地把甬江流域与江淮平原在经济贸易上联系起来。唐朝驿传制度有所发展,水陆交通要道上设有驿站。明州在月湖边上设置了水驿站,作为浙东到长安内河水运的起点。明州去京四千里,其贡品淡菜、海蚶等海味,就是取道运河昼夜兼程运至长安的。后因水陆劳费,邮卒不胜其疲,长庆年间元稹奏罢之。晚唐时,"旧制东川每岁进浸荔枝,以银瓶贮之,盖以盐渍其新者,今吴越间谓之鄞荔枝是也。此乃闽福间道者,自明之鄞州来……

---

① (元)《延祐四明志》等地方志书均作"应彪"。按江苏镇江焦山碑林有殷彪墓志残石刻云:"长庆初拜金州刺史兼侍御史,又迁明州刺史。"《白居易集》卷四八也有《扬子留后殷彪金州刺史……制》,又(唐)陈正言《解府君墓志铭》云:"殷公作鄮江守……不料殷公薨于鄮川。"见周绍良主编《唐代墓志汇编·大和〇九八》,第2165页,上海古籍出版社1992年版。据此,似以作"殷彪"为是。

咸通七年以道路遥远停进"①。可见晚唐时福建的荔枝贡品也取道于此。自然,长江流域的各类物资,也可循这条千里水道汇集明州装舶出海。而且明州港的对外交通也比以前发达,迅速发展成为唐代著名的贸易中转港。

四、码头建设

木帆船时代舟楫行驶的动力主要依靠自然风力和潮流,因而在很长的历史时期内,船舶制造的吨位有一定的限制,对停靠的码头的吃水深度要求不是十分严格。唐代明州城以港兴,三江口一带即为舟舶聚集的地方,东渡门到姚江边的渔浦门,沿江建有海运码头,向西沿岸地方为船舶修造场。考古专家从和义路靠姚江边的唐代遗址中,就清理出了经过夯筑的三合土(鹅卵石、黏土、砖头)的江岸地坪,这种讲究的地坪,无疑是船舶停靠的码头。还有两边用木板夹住中铺石板的伸向水面的引桥式码头。考古人员又在东渡路市舶司遗址唐代地层中发现了一批唐越窑青瓷和长沙窑产品,还在三江口至灵桥一带的唐城外临江岸发现成排的木桩,有的木桩中还夹杂着木板,其功能显然是为了加固堤岸,便于舟楫停泊。由此可见,唐代的码头分布在奉化江的灵桥门外至三江口,三江口至姚江南岸的盐仓门一带,唐代的海运船舶大多停靠于此地段。②

---

① (宋)钱易《南部新书》丙,第37页,中华书局2002年版。
② 关于奉化江西岸江厦街、东渡路一带是否存在唐代海运码头,学术界有不同意见。林士民是肯定派的代表,如其《日本遣唐使入明州地点考》一文,谓"江厦街一带已清理出唐代江岸地层,出土了大量中唐到晚唐时代的越窑青瓷制品。在江岸外有成排的木桩,似为加固江岸的固定码头。"(见《浙东文化》2001年第2期)他的不少著作都重申了这一观点,此不详举。许孟光《唐明州港形成时间及其确切地址考》一文,主张唐明州的城市格局以和义路一带为海运码头址最为合理,并谓"历年来,在奉化江西岸江厦街、东渡路一带所进行的考古发掘,其面积大大超过和义路,但至今从未发现过能证明为唐海运码头遗址的任何遗物"(见《浙东文化》2001年第2期)。笔者以为目前江厦街一带虽然尚未发现确凿的唐代海运码头遗址,但从出土的大量唐代遗物判断,这里设有海运码头有其可能性,故此处采用林士民的说法。

望海镇是唐代明州港外来船舶的第一个停靠站。这里不唯拥有优越的自然海岸线,而且招宝山和金鸡山恰为控制港口的两座屏障,为"固六邑之咽喉",全浙江之关键。招宝山历来为"商舶所经,百珍交集"之地,从唐代开始形成了明州港第一码头的地位。这里的海口岸边都有码头,在招宝山下还专门设置了上岸的大码头。唐代有许多文献记载外来船只从望海镇入明州,继而溯浙东运河而上,或在鄮廓下望海镇停泊,候风归国。这样,望海镇第一码头成为浙东运河的终点,也是江海联运的起点,舶商往来十分繁忙,所以这里也是国防的要塞,唐王朝一直派镇将镇守于此。

五、宗教建筑的兴建

唐以前宁波平原尚未开发,寺院主要分布在山麓四周。唐五代三江口明州城确立之后,佛教迅速流播,因此城内外林立的塔寺便成为标志性文化建筑。三江之畔最早耸立的标志性建筑应是天封塔。该塔始建于唐武后天册万岁年(695年),讫于万岁登封年(696年),故以"天封"为名。建造天封塔的原初目的,是由于三江口海涛为患,形家建塔用以厌胜,①该塔客观上成为三江口的一个夜间航海的航标,亦为后来全城的最高建筑。自移治以来,州城的塔寺建筑渐次兴起。据《宝庆四明志》统计,唐五代兴建的城内寺庙建筑就有24所,以五台开元寺、国宁寺最为有名。其中五台开元寺在东南隅采莲桥东,建于开元二十八年(740年),以纪元名寺。会昌五年(845年)寺废,大中(847—859年)中由释宗亮主持修复,有子院6所。国宁寺(即天宁寺)兴建于大中五年(851年),有相当规模,是城内很有代表性的一所寺院,迭有高僧住持。国宁寺门前,于唐咸通三年、四年分别建东、西

---

① (清)光绪《鄞县志》卷六七《寺观上》引张时彻记略云:"治所盖当甬江之汇,控海六十里,东北来直指巽隅,民屡罹昏垫之灾,弗适而居。方治之未开也,已尝为浮屠厌胜之,秀丽殆甲方域,自是海涛不为害,灾民免播迁。诸长老人人言者若此。"

二方形砖塔。至今西塔岿然不动,成为长江以南方形唐砖塔实例之一。万寿寺建于咸通十三年(872年)。后周广顺三年(953年)在日湖边所建延庆报恩院,为后来延庆寺的前身。位于今江东百丈街东首的东津禅院,始建于唐大中十二年(858年),为七塔寺之前身。这些遍布城内外的塔寺建筑,初步确立了甬城基本的佛寺群系,使明州城氤氲着浓郁的宗教气氛。此外,为适应民间多神信仰的需要,州城内还逐渐兴建了各类庙祀建筑。

国宁寺东塔塔基
(宁波市文物保护管理所提供)

如州城东南立有纯孝庙,甬水村建有鲍盖庙,今之大沙泥街建有祥符庙,鄮治半里许建柴家庙,县东五里建汤君庙等。这些庙祀建筑,寄托了民众多样的情感心理,满足了民众多样的信仰需求。

唐代明州开拓性的市政建设,增强了城市的吸附能力,城与港的合一,延伸了对外交往的臂翼。明州城的商业气息浓厚,市场发育较好,但城市功能培育不足,尤其是文化活动不够丰富,使得文化气息的缓慢积淀严重滞后于经济的起飞,这方面尚有待于下一阶段的大力开拓。

第三节 唐代明州海外交往的空间拓展

中国的海岸线大约以长江口为界,南北有异。北方主要为泥质海岸,岸平滩阔,潮汐左右横流;南方主要是石质海岸,水深岸陡,潮汐上下涨落。两地海船因此构造不同,北船平底吃水浅而南船尖底吃水深。这就要求在长江口附近找到一处转口港。在上海尚未开拓之前,杭州因钱塘江潮不能成港,于是宁波就成为比较理想的港口。宁波港是一个河口海港,溯姚江而上到上虞通明坝就可接通浙东运河,越过杭州湾不宽的水面,又与京杭大运河接通。这样,宁波港成为南北海运和内河大动脉的交汇处。天台山余脉入海后所形成的舟山群岛,有效地阻挡了宁波主要的风害——台风,使宁波成为十分优良的避风港。这种特殊的地理交通位置,使宁波在我国古代的交通中有着非常重要的意义。宁波港经历了从原始寄泊点、河(江)埠头、近海船只停靠码头到对外交通贸易港的发展过程。唐代之前,宁波与海外的联系还处于自发的状态,唐代可以说是明州港的正式形成时期,其异于往古的一个新气象,就是开拓出了对外交往的新格局。

一、南北洋航线的拓展

航海作为一种交通与生产方式,是人类文明发展水准的综合尺度之一。因此,东亚在古代开拓形成的中、朝、日海上航路,必然受到三国地理位置、航海工具与航海技术以及特定时代的政治、经济、文化等因素的制约。

1. **明州至朝鲜的航路**。唐与朝鲜半岛之间的海上航路,在传统航路的基础上延伸到了明州,即从明州港出发,沿大陆海岸北上,行至山东半岛成山角附近,与渤海航路相接,或东渡朝鲜半岛西海岸,或北驶跨岛沿岸续航至朝鲜半岛。这条航线,在唐元和年间(806—820年)已经开通。据《旧唐书》记载,开元十六年(816年),"新罗饥,其众一百七十人求食于浙东",当地政府概予接待。[①] 在8至9世纪,朝鲜半

---

① (五代)刘昫《旧唐书》卷一九九;(宋)王溥《唐会要》卷九五,《四库全书》文渊阁本。

岛特别是南部随着经济的发展,出现了以经营内外贸易为主的海上活动家,清海镇大使张保皋即为杰出代表。张保皋曾直接将贸易船开往明州,经过后继者的不断探索,终于开辟了一条从灵岩(在全罗南道)附近出发经黑山岛到达定海(今镇海)的新航路,这条航路比传统的"北线北路"和"北线南路"都要快捷得多。圆仁撰写的《入唐求法巡礼行记》中,有留学生长岑宿祢申云:"案旧例,自明州进发之船,为吹着到新罗境。"这里所说的"案旧例",当指横渡东海、黄海直达新罗;所谓"吹着",即按照惯例自明州港出发,利用季风、自然的海流流向所形成的航线,到达新罗。正是这条新航路的开辟,使得浙东发达的制瓷手工业技术,直接传到新罗经济文化交流的重要窗口全罗南道以及政治经济中心京畿道。现经大量的考古发掘,全罗南道康津郡、高兴郡都发现了一批9至10世纪的青瓷龙窑,证实那里确是越窑技术东传的接收点。

2. 明州至日本的航路。唐代中日间的海上航路,除北方人民仍沿用北路北线和北路南线外,东南沿海尤其是地处南北洋分界线的通商大埠明州,随着地缘政治及经济的变化,开辟了新的航路,即南路南线和南路北线。

南路南线也称东海南线。据《新唐书·东夷传》说:"新罗梗海道,更繇明、越州朝贡。"这就是说,在唐朝中期,朝鲜半岛政治、军事形势发生了重大变化,新罗统一了朝鲜半岛,与日本关系趋于紧张。而日本对九州岛以南各小岛的开发有了进展,于是放弃北路,选择南路。唐代中期开辟的南路南线的走向是:由明州、越州的沿海港口起航,扬帆东驶,横渡东海,到达日本南方的奄美大岛附近,然后由此逐岛北行,经吐火罗、夜久等,越大隅海峡而至九州岛岛西南萨摩,再沿肥后、肥前抵筑紫大津浦,最后入关门海峡,由濑户内海抵达难波的三津浦。这条航线绕程虽然比北路短,但风波之险远过于北路,几乎每次遣使船舶中都有遭遇风险而覆没的。因此这还不是一条安全便捷的航路,日本第四期遣唐使时期,基本上不走南路南线。

唐代后期,技艺精湛的中国航海家李邻德、张友信、李延孝等活跃于东海水域,他们熟练地掌握了东中国海的气象规律,加之唐舶的驾驶制造技术更为先进,从而创拓了航程短的快速新航线南路北线。其基本走向是:从明州(或扬州)港口起航,向东偏北横渡东海,直抵日本肥前松浦郡的值嘉岛(今五岛列岛),再转航驶向筑紫的大津浦和难波。明州望海镇外面的金塘岛,与日本九州岛岛西端的值嘉岛两地之间的距离仅650公里,利用海流和季风,帆船驾驶一般为5天左右。加之明州所处位置,海上冬季风力和全年的大浪频率,与北方航线相比较小得多,这更有利于外海航运的开展。因此,南路北线是中日之间最为理想的便捷航路,日本的使节、学问僧和留学生改乘唐舶,多次往返于这条航路,都能平安到达,极少漂流遇难。据《安祥寺惠运传》记载,张友信的船于大中元年(847年)六月二十二日从明州望海镇出发开往日本,"得西南风三个日夜,才归著远值嘉岛那留浦,才入浦口,风即止"。[①] 张友信正确熟练地利用了季风,从而创造了帆船时代的最高航速。咸通三年(862年),张友信船从日本值嘉岛开航,"九月三日从东北风飞帆,其疾如矢",途中忽遇逆浪打舻,即收帆下碇以防止船舶漂流,待风顺时扬帆续航,靠泊明州杨扇山石丹岙,也仅用了四昼夜时间。[②] 南路北线的创拓,使中日之间的航海水平从幼稚跨入成熟阶段,它很快发展成为中日交通最重要最便捷的航路,明州也随着丝、瓷等手工业技术的崛起,越来越显示出它在中日海史上的重要地位。

3. **明州与南洋航路的连接**。明州地处我国海岸线中段,是南北洋航路的分界线。南洋航线的拓展,使明州与南洋诸国很早就发生了经济文化的交往。这条航线的基本走向是:自明州港南下至温州、福建、广州,在广州与南洋航线相接。早在六朝时鄞县就已经"东洞交广"。唐代乾符间有姜氏为避乱,自广南航海来象山,集居于丹城,也证明唐代明州与广东的航海联系的紧密。这条传统航路发展到唐代,随着越

---

① [日]木宫泰彦著、胡锡年译《日中文化交流史》第121页,商务印书馆1980年版。
② [日]木宫泰彦著、胡锡年译《日中文化交流史》第121页。

窑青瓷的输出,更增加了它对外经济文化交流的意义。

二、唐代明州的对外交往

唐代明州的对外交往大致可以划分为两个历史阶段。一是9世纪前的日本遣唐使与朝贡贸易阶段。遣唐使是日本向大唐学习的高潮。特别是大化政新之后,日本的封建社会开始建立并发展,十分需要学习大唐的制度和文化,所以朝廷也更加积极地派遣遣唐使。他们不仅来唐学习,也带来了大批物资进行互相贸易。大唐的大批制品运往日本,这样,除了官方贸易外,民间交易也很频繁。日本朝廷多次派出遣唐使来唐时,明州是主要的停靠登陆与返航的口岸之一。

唐高宗显庆四年(659年),日本第四次遣唐使团乘船两艘于七月三日自日本难波港起航,九月十三日到达百济南端的海岛。因为百济正与新罗发生军事冲突,而唐王朝也有一定程度的军事介入,因此,日本遣唐使不能再走从山东半岛上岸赴长安的传统线路,两艘使船便改变航线,次日径向东海驶去。大使所乘一艘船遇到强风失控漂流,发生海难,而副使津守吉祥一艘反而借着这股强风,以两昼夜斜穿东海,于十六日夜半安抵越州。龙朔元年(661年),该使船仍从越州起航返日。据考证,此次使船抵达的应是鄮县港,其时鄮县属于越州。但鄮县政府只有初步迎接的义务,却没有安排国使的权力,他们必须到越州州治办理涉外事务,这就有可能被误解为他们到达的是会稽港。如果这一说法成立,那么这应是宁波港历史上最早的对外国使船的开放。这次日本遣唐使船到达鄮县虽说是一次意外,但以后日本遣唐使船继续来到明州港,很可能与首次到达的经验有关。[①]

日本第12次遣唐使团,于天平胜宝四年(752年)来华,其中第二、三、四舶在明州平安登岸。据汪向荣、夏应元编《中日关系史资料

---

① 施存龙《宁波对外开放于一千三百五十年前——宁波历史上对外开放诸说考辨》,《浙东文化》2001年第2期。

汇编》引《古今集》,阿倍仲麻吕在天宝十二年(753年)"既而至明州,与唐人别",随这次遣唐使舶,从明州放洋归国,不幸中途遇险漂至安南。第二、三舶归国共220人,受到日本朝廷的赏赐。

第18次遣唐使团,于延历二十二年(804年)从难波出发,大使藤原葛麻吕,副使石川道益,实际发舶两只。空海等乘第一舶至福州长溪县。副使石川道益率领的第二舶在鄞县登陆,同船到达的有日僧最澄、义真等人。朝廷准许27人入京。次年特派录事山田大庭把在福州长溪县的第一舶驶到明州,于五月十八日和第二舶于鄞县解缆放洋归国。副使石川道益身亡于明州,事见圆仁《入唐求法巡礼行记》。

第19次遣唐使团,日本承和五年(838年)共发四舶,这是日本遣唐使来唐的最后一次,在扬州海陵县登陆。次年归国则从明州起航,明州奉观察(使)之命,赐给从明州归国的日本仁明朝遣唐使一行270人绢1350匹。

物质产品是文明接触过程中最容易交流的中介物。唐代通过明州港与域外物质产品的交换比较频繁。如明州港与日本列岛的海事活动中,在中唐以前日本遣唐使舶往来时期(752—838年),日本使团到达明州后,被允许入京的只是少数,大部分留在明州,免不了会拿日本朝廷所赐物品与当地市民私相交易,即使入京人员也有在明州"下船往市"的。所以遣使一行每次回国,总是带回去很多中国货物,日本宫廷还为此特设宫市,让他们出售"唐物"。

在日本遣唐使逐渐进入尾声的8世纪后期,随着明州陶瓷技术的突破,明州港对外贸易已经自主地开展起来了;到9世纪后,明州的对外交往进入了如火如荼的以民间商团为主宰的新阶段。

9世纪上半叶,新罗杰出的海上贸易活动家张保皋,不仅掌握了东方三国的商业权,而且在政治上也有很大权力。日本对唐贸易的商人、留学唐朝的僧侣,大多搭乘过张保皋的商船。张保皋的主要活动区莞岛清海镇,考古出土的唐代遗物中以玉璧底碗、大环底碗、执壶、罐等陶瓷品最为引人注目,不论造型、釉色、支烧方法,均与唐代宁波上林湖的青瓷产品毫无二致,时代上也相吻合。这正说明9世纪中期前后,宁波上林湖的越窑青瓷产品,通过海路被带到了韩国的莞岛等地。

不但新罗商人来到明州,而且波斯商人也接踵在明州国际海运码头——东渡门外江厦码头靠岸登陆。1997年在宁波公园路唐宋子城遗址考古发掘中出土了波斯釉陶残片9块,所处时代约为9世纪,使宁波成为发现唐代波斯陶的三个城市之一(另外两个为扬州、福州)。宁波发现的波斯陶质地明显劣于越窑青瓷,因而不大可能是贸易商品,而仅仅是波斯商人的日常生活用品。它是唐朝宁波人民与波斯人民友好交往的可靠物质证据。波斯商人汇集了大量越窑青瓷及其他窑系瓷器、丝织品等商品后从明州出口,经广州绕马来半岛,过印度洋运抵波斯湾沿岸的希拉夫港、霍尔木兹岛、巴士拉港等,再从这些港口转运至西亚各地。从国外考古资料看,越窑青瓷器的足迹遍及西亚各地。这些青瓷器不论造型、釉色,很大一部分与宁波海运码头遗址附近发现的准备外运的出土瓷器相一致。

唐朝是中日交往史上的一个高峰,既有官方的遣唐使,又有民间的僧人、学者和商人。当时日本人学习中国文化的热情非常高涨,在政治与文化的交往中绝大多数是他们采取主动,但在经济交流中采取主动的常常是中国人。这样就形成了一个有趣的现象,来到中国的日本人大多是官员、僧人和学生,而去日本的中国人大多是商人。日本自仁明天皇承和五年(838年)最后一次派出遣唐使后,双方的官方往来完全终止了。此后来华的僧人和学生也逐渐减少,日本进入了它在外交上的保守时代。尽管如此,双方在经济上的交往并没有终止,大量的中国商人仍然不断前往日本。自日本遣唐使废止之后到醍醐天皇延喜七年(907年)唐朝灭亡为止约70年的时间里,中日关系中的民间交往络绎不绝。往来于日唐之间的船舶,其中并不是没有日本船和新罗船(如圆仁回国时在明州准备搭乘的神御井等船就是日本船),但大体说来,其中绝大部分还是唐朝的商船。其中具有纯熟航海经验的明州商帮,取代衰落的新罗张保皋商团,也取代了以官方为主体的中日航海交往。作为唐舶的基地,明州造就了大批航海家,如李邻德、张友信等,甚至连渤海国商主李延孝也穿梭于明州港与日本之间。①明州赴日商船,每次都多赍货物,大致以绵绮、瓷器为大宗,还有香药、经卷之类,从日本换回砂金、水银等。明州港输往朝鲜的主要是瓷器,另有舍利子等宗教物品。在输出的林林总总的唐物中,明州港主要出口商品无疑是丝织品和瓷器。

第四节　浙东人民的起义斗争

唐代我国的经济重心开始出现了逐渐南移的趋势,南方的经济地位日趋上升。但随之而来的是封建统治者对南方人民的盘剥也日益加重,南方逐渐成为社会矛盾激化、尖锐的地区,南方人民不得不铤而走险。两浙在唐代一直是起义的多发地区,浙东一带尤甚。

早在天宝年间(742—755年),浙东沿海就发生过来自海上的严重骚乱。天宝二年(743年)鉴真大师东渡日本经天台国清寺时,"海贼大动繁多,台、温、明海边并被其害,海路阻塞,公私断行"②。《资治通鉴》记载天宝三年(744年)二月,"海贼吴令光等抄掠台、明,命河南尹裴敦复将兵讨之"③。《册府元龟》也记载:"狂贼吴令光扇聚凶党于四明间,据海以叛。"④由于吴令光起义很快被裴敦复、刘同升等率兵讨平,而且吴令光暴动并非发生于明州本土,其"抄掠台明"的军事行动

---

① 学者多笼统地说李延孝为明州航海家。但据搭乘过李延孝船的日僧圆珍《行历抄》记载,李延孝实为渤海国商主,见白化文、李鼎霞校注《行历抄校注》第107页,花山文艺出版社2004年版。渤海国是唐武后圣历元年(698年)我国东北靺鞨粟部首领大祚荣建立的政权。
② [日]真人元开撰,汪向荣校注《唐大和上东征传》,第43页,中华书局2000年版。
③ (宋)司马光《资治通鉴》卷二一五,中华书局1956年版。
④ (宋)王钦若等《册府元龟》卷三五八《将帅部》,中华书局1960年版。

仅从外围威胁到明州,并未对明州社会造成较大的破坏。

发生在四明地区或近邻而对本境造成较大影响的武装暴动主要有龚厉父子、袁晁、裘甫起义。

一、"安史之乱"时期的浙东起义

四明境内真正有影响的农民起义,主要发生在两个时段内。第一阶段主要有余姚的龚厉父子和台州袁晁起义,时在757—763年间。其时北方正值"安史之乱",人烟断绝,井邑榛棘,唐王朝为了平叛,不得不把财政军输压在江南人民的头上,地方官府加紧侵渔、驱逼人民,弄得人民靡室靡家,无衣无褐。刘长卿诗就曾指出句章之地"征税及渔竿"[①],浙东"疲于赋敛"的人民纷纷加入袁晁起义队伍也就不难理解了。而且这一时期,江南又连续发生灾荒,在天灾人祸的打击下,走投无路的人民只好蚁聚蜂起而为"盗贼"了。

由于特殊的地理环境所致,自来四明一带的武力对抗事件,以"海贼(寇)"造成的为多。但自中唐以来,四明的山间"草贼"也揭竿而起,较有影响的是余姚的龚厉父子。至德二年(757年),龚厉父子乘北方陷入"安史之乱"的大动乱之机,在四明发动起义,率兵进攻余姚、明州,给予当地统治者以沉重打击。独孤及曾记载说:"自顷胡寇作逆,吴越震恐。龚厉父子乘间起兵,劫明州之人,略余姚之地,负隃海口,凭陵江干,蚁聚偷安,蚕食取给。属王师北伐,未遑南征,迨兹二年,侵掠益甚。将拟得东瓯故地,窥南越,借迹边邑,黎庶为之骚然。"[②]龚厉父子坚持斗争达两年多,他们凭借着"负隃海口,凭陵江干"的地理形势,展开了针对余姚、明州的一系列"劫"、"略"行动,可能还一度

---

① (唐)刘长卿《送州人孙沅自本州却归句章新营所居》,见《全唐诗》卷一四七,中华书局1985年版。
② (唐)独孤及《为江淮节度奏破余姚草贼龚厉捷出表》,见《毘陵集》卷五,《四部丛刊初编》本。

攻占了台州。① 甚至他们还有进一步袭取"东瓯故地"等军事计划，引起了统治者的恐慌。为了镇压龚厉父子的起义，唐廷采取了"计灭"的手段，派遣军将潘景兰"领辎驮数十辈，伪为商旅，傍山谷往来而饵之"，另又派遣军将吕道光领拍刀手100人埋伏在便道上，遣军将左璋、余能变各率弩手150人为左、右两翼以为策应，又遣军将张思览率拍刀手100人为中军，"操中权之制，以节其进退"。乾元二年（759年）三月十九日，唐军逼近义军的据点青烟洞口，他们诱骗义军出来，然后四面合围，义军遭伏，仓促应战，转战四十余里，被杀三百余人，损失惨重。龚厉收集余部八九十人更登高堽，背山借势，继续战斗，很快陷入张思览的重围中，龚厉及其余部英勇战死。唐军又"搅山搜谷，刮野扫地。倾其巢窟，返斾而旋"。② 龚厉领导的农民起义就这样在封建统治者的残酷镇压下失败了。

唐代宗宝应元年（762年）八月，北方"安史之乱"尚未平息，浙东台州爆发了声势浩大的袁晁农民起义。③ 袁晁本为台州胥吏，具体工作是催缴地方租庸和参与征剿地方民乱。他同情农民的艰难处境，不肯卖力擒捕被迫逃亡和反抗的贫民，受到鞭背刑罚，于是聚其类而反之。袁晁农民起义军率先攻下台州，十月攻占明州。由于一路上号召有力，"民疲于赋敛者多归之"，不到三月，袁晁起义军迅速壮大，拥众二十余万。由于南方是唐朝防御的薄弱地区，袁晁全面出击的军事战略大获成效，兵锋波及江东十余州，很快发展成为震动全国的江南大起义，并建立了宝胜农民政权。袁晁领导的农民起义其声势和规模在

---

① 张钫《千唐志斋藏志·崔凡〈陈公墓志铭〉》云："其在临海也，明人为乱，公以台有连山负海之固，尝与袁晁、龚厉之所据。"文物出版社1984年版。
② （唐）独孤及《为江淮节度奏破余姚草贼龚厉捷出表》，见《毘陵集》卷五，《四部丛刊初编》本。
③ （宋）乐史《太平寰宇记》卷九八云："废翁山县。唐开元时，与州同置，大历六年因袁晁反于此县，遂废之。"《乾道四明图经》记载："唐代宗大历六年三月，海寇作乱于翁山，而鄞久不能复，乃移治鄞。"此为后世袁晁起义于翁山说之所本。按，此说有误，袁晁起义于宝应元年，首发地在台州而不在翁山，次年失败。大历六年翁山县被废，已在袁晁被擒10年之后。以上史料一方面证明了袁晁起义军曾攻得翁山之地，另一方面也由时间差证明了废翁山县与袁晁起义并没有直接的因果关系。参阅光绪《鄞县志》总纂的考证。

唐代浙江是首屈一指的,远非唐代浙江其他几次农民起义所能比。

明州虽然不是袁晁农民军战斗的主战场,但因为山海相连,自然成为农民军的军事战略要地。袁晁取得台州之后,旋即率部三路出击,一路由"渠魁"率领,由天台出明州,越海取舟山北上,进吴淞,直逼广陵、建业。但袁晁农民军在攻占了明州之后的情况,由于缺乏史料,不甚了了,只有王密记载说:"句章控吴越之口",袁晁屯"战卒数万"。① 另《宋高僧传·唐明州慈溪香山寺惟实传》中透露了一些信息:"时属海寇袁晁蜂蚁屯聚,分以剽劫,杀戮无辜。至于香山,众皆奔窜。"② 这支到达慈溪香山的袁晁部队有两三百人,他们多数还是信佛的。战乱带给明州的创伤是比较深重的,如王密所说:"是郡罹灾逾苦,井邑焚爇,遗骸积而不掩,生民仅有存者,教养未完,其危犹未安。"③ 而白居易《唐杨州仓曹参军王府君墓志铭》说,王士宽大历中权知余姚县事,"时海寇初邑殄,焚田荒"④,这说明袁晁农民军曾攻破了余姚。戴叔伦(732—789年)有《送谢夷甫宰余姚县》诗写道:"君去方为宰,干戈尚未销。邑中残老小,乱后少官僚。廨宇经兵火,公田没海潮。到时应变俗,新政满余姚。"⑤ 虽然我们无法考知谢夷甫宰余姚县的确切年份,但根据戴叔伦的生活年代和诗意推测,应在袁晁起义被平定之后,傅璇琮定其为代宗广德元年(763年)作。⑥ 其时的余姚呈现的是经过天灾人祸之后一派破败的景象,正期待着新任官僚以新政化俗,有所作为。

袁晁农民大起义席卷富庶的浙、苏、赣、皖地区,切断了唐两京和淮南、江东地区的漕运,阻绝了江南的财税,严重威胁到唐王朝的统

---

① (唐)王密《明州刺史河东裴公纪德碣铭》,见(元)《延祐四明志》卷一九,《宋元方志丛刊》本,中华书局1990年版。
② (宋)释赞宁《宋高僧传》卷二六,《高僧传合集》本,上海古籍出版社1995年版。
③ (唐)王密《明州刺史河东裴公纪德碣铭》,见(元)《延祐四明志》卷一九,《宋元方志丛刊》本。
④ 朱金城笺注《白居易集笺校》卷四二,上海古籍出版社2003年版。
⑤ (宋)李昉等《文苑英华》卷二七三,中华书局1982年版。
⑥ 傅璇琮《唐代诗人丛考》,第360页,中华书局1981年版。

治。唐王朝急忙征调平叛"安史之乱"的主力,天下兵马大元帅、名将李光弼率师南下,并敕江南地方武装,全力围剿。李光弼采取剿抚兼施、避强击弱的军事策略,在训练有素的唐军面前,农民军应对不当,屡战失利,形势急转直下,袁晁被迫退回剡县,以保全台、温、明三州。广德元年(763年)四月,李光弼率东路主力袁傪、王栖曜等攻下越州,连下剡县,最后袁晁在退回天台时为李光弼部将袁傪擒获。袁晁之弟袁瑛也从永嘉、黄岩退回临海,欲图从宁海突围出海,不幸被李光弼军包围在宁海北面40里的紫溪洞(在今紫溪乡)。唐军驻兵围之,绝其粮道,面对唐军的封锁,起义军坚贞不屈,最后全部饿死。这样,袁晁农民大起义急起急败,坚持不到四个月就被唐王朝镇压下去了,这为后世的农民起义留下了深刻的教训。

二、百年安定中的插曲

自广德元年(763年)袁晁农民起义被镇压之后,到大中十三年(860年)裘甫起义爆发之前的近100年间,四明社会显得较为安定,政府官员致力于发展生产,经济有了较大发展。权知余姚县事的王士宽在袁晁起义甫被平息之后,乃"营邑室,创器用,复流庸,辟菑畬",使境内户口倍增,其"辟田增户"之政绩,冠江南列邑之首。① 大历六年(771年)裴儆甫任明州刺史,体恤民情,"改令创痍之境,熙熙如衣之食"②。贞元之时余姚县令李汲"子人济俗,展平生之志,户口增倍,歌谣至今"③。这期间明州的各级官员如韩察、于季友、王元昕等,无不以兴利除弊为己任。尽管这一时期明州人民的土木之役负担十分沉

---

① (唐)白居易《杨州仓曹参军王府君墓志铭》,见朱金城笺注《白居易集笺校》卷四二,上海古籍出版社2003年版。
② (唐)王密《明州刺史河东裴公纪德碣铭》,见(元)《延祐四明志》卷一九,《宋元方志丛刊》本,中华书局1990年版。
③ 周绍良主编《唐代墓志汇编》下册《贞元072·唐故越州大都督余姚县令李府君(汲)墓志铭》,上海古籍出版社1992年版。

重,但主要用在公共建设上,同时因为兴修水利、桥梁而改善了环境,进一步促进了当地经济的发展,便利了人民的生活,付出的代价还是有丰厚回报的。对于那些积极兴修水利的官员,老百姓立祠立庙予以纪念,而且地志上像刺史韩察"撤旧城,筑州城,民不知役"之类的记载尽管有点美化,但也可以看出一些明州官员有意减轻役使劳力的沉重负担的意图。至于一些不合理的运输之役,官员们也敢于上疏为民陈情。如自元和四年(809年)以来,明州岁贡海味。元和九年,一县令奏罢之,时华州刺史孔戣亦因"明州岁贡蚶蛤淡菜,水陆递夫劳费","自海抵京师道役凡四十三万人",奏疏罢之;①元和十五年(820年)复令贡进,长庆三年(823年),元稹又写了《浙东论罢进海味状》,指出明州岁贡海味,沿途需役邮子万人,不胜其疲,使皇帝不得不下诏停办。②虽然明州进海味屡罢屡复,但那些体恤民情的官员不断上疏,终于达到了停贡的目的,大大减轻了人民负担。贪渎的官员也并非没有,如明州刺史陈审于贞元十九年(803年)坐赃配流崖州,王仲周于元和四年(809年)坐赃贬韶州司户,③即为典型之例。但总的说来,这一时期的明州长官还是比较能够体察民情,有所作为的。史载裘甫起义爆发之时,"二浙久安,人不习战"④,这也说明了浙江社会长期的安定情况。

当然百年安定,并不是说没有短暂的、小规模的骚乱。如贞元四

---

① (宋)司马光《资治通鉴》卷二四〇,中华书1956年版;韩愈《唐正议大夫尚书左丞孔公墓志铭》,见《东雅堂昌黎集注》卷三三;(宋)《宝庆四明志》卷五,《宋元方志丛刊》本,中华书局1990年版。按,王应麟《困学纪闻》卷一四阎若璩注云:"按状云海味起自元和四年,而九年以一县令论罢;十五年复令供进,至孔戣奏罢,则在元和二年。只当云一罢于元和二年孔戣,再罢于元和九年某县令,三罢于长庆二年元稹也,方合乡邦故实。"(清)钱大昕纂乾隆《鄞县志》卷三〇《辩证》"孔戣奏罢海味"条,推考华州刺史孔戣奏罢海味实在元和九年,而非元和二年,与一县令所奏应为同时。此采钱说。
② (唐)元稹《浙东论罢进海味状》,见《元稹集》卷三九。按,元稹言每年常役万余人,乃指沿途役用的邮子、排夫的总数,不是仅指明州而言。后人以为常役万余人全由明州一地负担,以证明州人徭役之繁重,实出误解。
③ (宋)王钦若等《册府元龟》卷七〇〇,中华书局1960年版。
④ (宋)司马光《资治通鉴》卷二五〇。

年(788年)正月,福建兵乱,逐"观察使吴诜。既而福州兵四百余人溃亡入海,延至温、台、明州,寇掠乡闾,颇为人患"。德宗命皇甫政设策备御,数月而平。① 这次福建兵乱对明州的冲击较小。影响较大的只有一次,由不满政局的地方军将栗锽乘势发动。唐德宗贞元十四年(798年)十二月,明州镇将栗锽诱山越作乱,杀刺史卢云。② 胡三省注认为"明州山越,今慈溪、鄞州南界奉化县,西北界山民也"③。全祖望进一步指出:"以今地里质之,当为鄞之傅霸河,慈之钟乳山、潘屿,奉之箬坑等地。"④栗锽组织这些山地农民"陷浙东郡县"⑤,次年二月,浙东团练观察使裴肃召州兵讨平之,栗锽在台州被擒杀。裴肃作《平戎记》详细记载了平定栗锽之乱的经过,惜今不传。由于资料所限,栗锽起兵究属何种性质难以探明,但因栗锽是军中之将,比起前此缺少军事经验的浙东农民起义来,骚乱对和平状态下明州人民所造成的伤害可能更大。唐《元和郡县志》所记浙东人口,只有婺州达4.8万户,越州仅有2万户,而明州唯剩4000户,全道人口密度远不及浙西。我们虽然很难相信这一统计数字,但其背后可能隐藏着栗锽之乱曾对明州社会造成了严重的人员损耗的事实。⑥ 但无论如何,栗锽之乱不过是明州社会百年安定中的一段历史插曲,不足以打断明州社会的发展进程。

---

① (宋)欧阳修等《新唐书》卷一三(中华书局1975年版),(五代)刘昫等《旧唐书》卷一五五(中华书局1975年版);(宋)王钦若等《册府元龟》卷六六七、卷七四二。
② (宋)欧阳修等《新唐书》卷七;(五代)刘昫《旧唐书》卷一七七《裴休传》。按,(唐)李德裕《会昌一品集》外集卷四《祥瑞论》谓所杀者为余姚守。
③ (宋)司马光《资治通鉴》卷二三五,中华书局1956年版。
④ (清)全祖望《裴府君庙碑铭》,见《鲒埼亭集外编》卷一三,《全祖望集汇校集注》中册第994页,上海古籍出版社2000年版。
⑤ (五代)刘昫《旧唐书》卷一七七《裴休传》。
⑥ 谭其骧《历史人文地理研究发凡与举例》下篇,《历史研究》第10辑。陈勇、刘秀兰《唐后期长江下游户口考》一文指出,《新唐书·地理志》所记天宝元年明州有42207户,《元和郡县志》所记元和明州仅4083户,升降比例达-90.33%。唐后期全国的户数普遍呈下降趋势,但在长江下游地区下降90%以上的州只有浙东的明州一州(指在籍户,不包括浮寄户与逃户),这一升降可能是不符事实的。陈文见《中国史研究》1997年第4期。

三、裘甫起义

明州经过近百年的社会安定之后,进入了第二个动荡时期。唐朝末年,社会更加黑暗。浙东是唐政府财赋所出的主要地区之一,农民受着残酷的剥削和压迫,同时又是统治者军事力量较为薄弱的地区,"甲兵朽钝,现卒不满三百"①。大中十三年十二月(860年1月),浙东爆发了裘甫领导的农民起义,揭开了唐末农民大起义的序幕。

裘甫(或作仇甫、求甫)为浙东剡西人,②为贩盐来象山,适值朝廷明令禁止私贩,乃揭竿而起,率众百人首克象山县邑。次年春正月乙卯台州唐兴桐柏观一役中,裘甫义军大败浙东军,明州官员闻讯,不得不在大白天也关上城门。一旬后,裘甫率军千人北上攻占剡县,已拥众数千。浙东观察使郑祗德不得不更募新卒,然而这些募来的新卒由于"军吏受赂,率皆得孱弱者",郑祗德情急之下顾不得这些,匆忙派遣子将沈君纵、副将张公署、望海镇将李珪,率领新兵500人,二月辛卯与裘甫激战于剡西。裘甫设伏于三溪之南,全歼官军,三将无一逃脱。剡西大捷使义军威名大振,于是"山海诸盗,及他道无赖亡命之徒,四面云集,众至三万",附近的贫苦农民闻风响应,纷纷加入了起义队伍。为了适应迅速发展的形势,义军整编为三十二队,裘甫自称天下都知兵马使,废弃唐朝年号,改元曰罗平,铸印曰天宁,在剡县建立了农民政权。三月,裘甫以剡县为根据地,"大聚资粮,购良工,治器械,声震中原"。他们又分兵

---

① (宋)司马光《资治通鉴》卷二五〇,中华书局1956年版。
② 林志龙《读志撷记·裘甫起义琐闻》(内),第14页,象山县机关印刷厂2001年版。宁波市档案馆藏《慈溪横山裘氏宗谱》卷首裘伯英撰《别传》谓裘氏居剡,"唐大中初余祖讳金字德宗,拜侍御史,以功封端国公。大中十一年避宗人之难,托言择善地,葬其父于四明之鄞阳乡,因挈家庐墓,绝不复至剡。十三年甫决计发兵,公发病,卒葬白岩山下",则知四明裘氏与裘甫同宗,裘甫确为剡人。但《新唐书·王式传》作"宁国剧贼裘甫"。(宋)张君房《云笈七签》卷一一八引杜光庭《道教灵验记》亦仅云"起自农亩"。

四出掠地,其中一支"掠明州,明州之民相与谋曰:贼若入城,妻子皆为菹醢,况货财能保之乎? 乃自相帅(率)出财,募勇士,治器械,树栅,浚沟,断桥,为固守之备"。① 这些有"货财"的"明州之民"当指当地地主,他们出财物募卒组建地方性的地主武装,守卫明州城。裘甫派出的分兵,"有众数万",纵兵占领了明州城东的东津禅院。② 由于义军分兵旨在掠资自实,并不是要陷地自据,所以兵力薄弱的明州城才得以自全。

面对急剧恶化的形势,郑祗德不得不求救于邻道,特别是累表告急于朝廷。朝廷知郑祗德怯懦,乃选前安南都护王式任浙东道观察使,调发忠武(陈、蔡等州)、义成(滑、郑等州)和淮南的军队前来镇压农民起义军。王式南下,给惊惶不安的浙东官僚地主起了安抚镇定的作用,使得"浙东人心稍安"。而裘甫忌惮王式的威名,犹豫未决,最终没有采纳刘暀"宜急引兵取越州"的建言,而实践了王辂的退守方案,乃于三月十九日亲率万余人的主力进行战略转移,一路上"掠上虞焚之,癸酉入余姚,杀丞、尉,东破慈溪,入奉化,抵宁海,杀其令(陈仲通,一说陈仲翁)而据之。分兵围象山,所过俘其少壮,余老弱者,蹂践杀之"。③ 义军之所以要退居宁、象一线,目的在于据险自守,陆耕海渔,急则入海,这反使义军陷入了被动挨打的境地。

相比之下,王式更老谋深算,他到达浙东之后,暂时按兵不动。他首先对内修军令、严法纪,经过此番整顿,使"告馈饷不足者息矣,称疾卧家者起矣,先求迁职者默矣"④;其次捕杀了为保全身家性命而与义

---

① 以上引文均见(宋)司马光《资治通鉴》卷二五〇,中华书局1956年版。
② (宋)《宝庆四明志》卷一三,《宋元方志丛刊》本,中华书局1990年版。
③ (宋)司马光《资治通鉴》卷二五〇。按,《通鉴》记裘甫获闻王式除书时间在离剡入据宁海之后,桂心仪《裘甫起义史实考辨》一文从之。何灿浩《试论裘甫获闻王式除书的时间及其它》一文首次提出王式除书抵越时间当在三月上旬或上旬、中旬之交,裘甫获闻王式除书决不迟于三月十九日,至三月十九日裘甫率师离剡转移。桂、何两文均见《宁波师院学报》1991年第2期。因何文比较能够解答裘甫何以不取越州之谜,故此处从何说。
④ (宋)司马光《资治通鉴》卷二五〇。

军暗中往来的文武将吏,使义军失去耳目,难测动向。接着他采用剿抚两手策略,一方面散仓粮赈济饥民,收买人心,另一方面兵分两路包围起义军,又把浙东地主武装"土团子弟"数千人配合各路军作战。王式还擅长于多兵种的协同作战,特别征集留居在浙东的吐蕃、回纥人百余组建骑兵,由骑将石宗本统领。这支骁悍的骑兵曾作为前锋急趋奉化,解象山之围。由骑兵参加的东路军曾几次击败义军将领孙马骑于宁海。同时,王式为了防止义军失守宁海后入海,还动用了水军。他急命高罗锐屯军海口以拒之,又命望海镇将云思益、浙西将王克容率水军巡海澨,使得义军将领刘从简弃船而走。这样,王式的四方堵截方略大见成效。他遣军阻断了义军的南出之路和入明州之道,又封锁了海口,对义军形成钳形夹击态势。万余义军被压缩在弹丸之地,几乎没有战略回旋的余地,多达 19 次的突围战均告失败,义军处于生死存亡的危急关头。五月中旬,唐军义成将高罗锐(属南路军)率兵 300 人,益以台州土军,径取宁海,大破义军于宁海南 90 里的海游镇,后又袭破义军别帅刘平天寨。宁海作为裘甫起义军后期的重要据点,据守了近两个月。宁海失陷后,王式料到裘甫义军"无所逃矣,唯黄罕岭可入剡"①。果然,裘甫义军被迫由宁海转移到剡县坚守,由此而展开了最后的剡县保卫战。这场保卫战整整打了 9 天,战斗异常频繁而激烈,甚至连城中妇女也编成女军参战,终因寡不敌众,剡县失守,裘甫、刘暀、刘庆等被擒,刘从简率领 500 义军突围,奔走四明大兰山,据险自守,坚持斗争。约旬余,大兰既破,刘从简走入台州,为部下所杀,起义至此最终失败。

裘甫起义前后历时 8 个月,失败的原因是多方面的。作为起义军的首领,裘甫在面对强敌、内部分歧的关键时刻,犹豫不决,举措失当,而义军内部的自相残杀,也挫伤了士气。而浙东军统帅王式则谋定后战,练

---

① (宋)司马光《资治通鉴》卷二五〇,中华书局 1956 年版。

兵简马,处处得当,完全掌握了战争的主动权。裘甫起义虽然被绞杀了,但这次农民起义揭开了唐末农民起义的序幕,其历史意义不容低估。

第五节 唐末宁波的政治变动

在黄巢农民大起义期间,产生了一批新兴军阀,有乘乱而起的草莽英雄,有以防"盗"锄"贼"而建立起来的新兴地主武装等,也有南下的中原藩镇军人。各种政治势力在相互混战中,重新分化组合,构建成新的政治格局,这对明州地方政局影响不小。

一、王郢之乱

王郢原为浙西狼山镇遏使,有战功,但节度使赵隐仅赏以职名,而不给衣粮,王郢等论诉无门,一怒之下劫库兵作乱。王郢乘舟往来,泛江入海,转掠两浙,南及福建。王郢曾通过温州刺史鲁实请降,朝廷敕王郢至京,王郢心有疑忌,拥兵迁延不至,要求朝廷直接任命他为望海镇使,遭到了朝廷的拒绝。于是王郢将温州刺史鲁实诱入舟中而逮捕之。朝廷闻讯,遣右龙武大将军宋皓为江南诸道招讨使,率兵1.5万征讨之。乾符四年(877年)二月,王郢攻陷望海镇,掠明州,接着又攻台州。朝廷诏两浙、福建各出水师讨伐之,闰二月王郢部下朱实投降,王郢率余部逃至明州,被埇桥镇遏使刘巨容射杀。[①] 刘巨容以功拜明州刺史。

---

① (宋)欧阳修等《新唐书》卷一八六,中华书局1975年版。(清)乾隆《鄞县志》卷三十《辩证》"甬桥非甬水桥"云:"甬桥,地名,在宿州。《新唐书·刘巨容传》作'埇桥'。巨容,徐州人,为州大将。庞勋之反,自拔归,授埇桥镇使。李志不辨《通鉴》句读,以'甬桥'连上句,改为甬水桥,又以巨容为明州镇遏使,岂非痴人说梦耶?"《浙江通史·隋唐五代卷》又谓王郢"在路经甬桥镇时不幸被镇遏使刘巨容以筒箭射杀"(第200页,浙江人民出版社2006年版),亦属误读。

二、第一次杭越战争与明州

唐王朝经过黄巢(？—884年)起义之后,已经名存实亡,史称"郡将自擅,常赋殆绝;藩镇废置,不自朝廷"①。这种方镇相望的局面,对唐末明州的政治形势产生了重要的影响。自王郢之乱平息后,崛起的地方土豪势力左右了明州的社会。

广明元年(880年)十一月,来自北方的刘汉宏担任了浙东观察使,直辖越州。次年,董昌担任了杭州刺史。之后就发生了董昌与刘汉宏争夺两浙霸权的斗争,史称第一次杭越战争。在第一次杭越战争期间,浙东诸郡除婺州外,都不同程度地站在刘汉宏一边。

刘汉宏初来越州时,明州的最高地方行政长官是羊(一作杨)僎,继之者是钟季文。中和元年(881年)九月,浙江形势发生很大变化,一些地方土豪乘乱而起,如浙西有董昌和钱镠据有杭州,浙东有刘文(一作娄文)攻占台州,朱褒攻占温州。"草寇"刘文与副手杜雄自海道攻陷台州,杀害刺史罗虬。但刘文想占有明、越之地,很快与刘汉宏发生了武装冲突,以刘文失败、投降而告终。事后,刘汉宏命刘文知明州事,杜雄知台州事。但刘文去明州赴任时,因其并不是受命于唐王朝,权知明州事的羊僎不肯交出权力,起兵击败了刘文部。② 当时羊僎

---

① (五代)刘昫等《旧唐书》卷一九下《僖宗纪》,中华书局1975年版。
② (宋)欧阳修等《新唐书》卷九《僖宗本纪》记载中和元年六月,邓贼钟季文攻陷明州。全祖望《羊府君庙碑铭》以为钟季文陷明州之后,刘文旋夺而有之,钟氏尚未得据其地。但此说仅仅是推测,缺乏文献依据。何勇强认为"中和元年六月邓贼钟季文攻陷明州"一说很可疑,理由是:"刘文攻陷台州是在中和元年九月,他攻陷台州后才与刘汉宏发生冲突,与刘汉宏的战争失败后才被任命为知明州事,被任命为知明州事才有可能与杨僎开战。据此,刘文攻打明州的时间最早也要到中和元年九月以后,也就是说,杨僎至迟到中和元年九月还统治着明州,钟季文怎么可能在此三月之前就已经攻陷了明州呢?"此从何说。详见何勇强《钱氏吴越国史论稿》第81页,浙江大学出版社2002年版。

署黄晟为奉化平嘉(浦)[埭]将,领众千余人。刘文同党杜宗自宁海镇乡民据奉化,黄晟从平嘉(浦)[埭]率所部攻击杜宗,"执杜宗等不杀,尽驱之使还台州",将战争中缴获的粟帛全部送交给本道刘汉宏,黄晟因此当上了奉化镇将、钦飞都知兵马使。① 羊僎是由唐王朝正式任命的最后一任明州刺史。"唐自僖、昭而后,西方绎骚,浙东虽远在海隅,兵争之患,亦所不免",而羊僎遣黄晟击败刘文,使刚遭受王郢之乱不久的明州人民免于战乱之苦,其对本土"良有保障之功",因此当年羊僎逝世之后,即受到明州人民的隆重纪念,如全祖望所说:"吾乡牧守之祀,莫有盛于羊府君者,每岁八月,其趋祀于府君庙下者,远郊近郊相望也。"②

台、明事平之后,继任的明州刺史为钟季文。中和二年(882年)七月刘汉宏主动挑起了第一次杭越战争,至中和三年五月间以钱镠大败浙东兵结束了第一阶段的战争,杭州兵占领了西陵至越州之间的大片土地。这场战争使刘汉宏吞并浙西的企图遭受严重挫折,渐渐地从战略进攻转入战略防御。杭越战争第一阶段结束后,整整三年双方处于暂时的休战阶段。因刘汉宏来自北方,不习水性,而杭越之间隔着波涛汹涌的钱塘江,水上作战对于双方最后的胜负起着非常重要的作用。第一次杭越战争的焦点是渡江与反渡江的战争,刘汉宏的失利在很大程度上是由于水师力量不足所致。在一次西陵之役中,士卒大半溺死。因此在战争结束之后,刘汉宏吸取了惨痛教训,即着手加强水师建设,"密征水师于温州",想借助温州刺史朱褒之力来培养水师,于是在中和四年四月,"朱褒出战船习于望海",③即刘汉宏派遣朱褒将

---

① (宋)钱俨《吴越备史》卷一《吴肃王》开平三年五月丁巳《黄晟附传》,《四库全书》文渊阁本。
② (清)全祖望《羊府君庙碑铭》,见《鲒埼亭集外编》卷一三,《全祖望集汇校集注》中册第990页,上海古籍出版社2000年版。
③ (宋)钱俨《吴越备史》卷一《武肃王》中和四年四月条。按,中华书局1985年版《丛书集成初编》本第36页无"习"字。

战船开到明州的望海镇,在此练兵。《新唐书》也记载刘汉宏派朱褒在明州望海镇"治大舰习战"一事。① 这支浙东舰队由史惠、施坚实、韩公汶三大将统领。但后来的事实证明,刘汉宏这支精心训练的舰队,简直不堪一击,根本不是杭州兵的对手。广启二年(886年)十月,钱镠发起讨伐刘汉宏的最后决战。这年的十月癸丑(初八日)钱镠亲率大军开山路直扑越州背面,在越州东南的水道要冲大败韩公汶;与朱褒遭遇,"水师战艀,皆焚而溺之"②;一天后,浙东水军的另一员大将施坚实投降;不久,史惠被杀。到此为止,刘汉宏赖以倚重的水师全军覆灭。两天后,钱镠攻下越州城。这样,董昌离开杭州,赴越州就任义胜军节度使,名义上领有浙东七州,但实际仅仅控制了越州一地,其余各州大都独立为政,不受董昌的约束。于时钟季文守明州,遂转而羁属于董昌,但仍保持着独立色彩。

三、黄晟摄守

黄晟是明州刺史钟季文手下的得力干将。余姚镇将相嘉侵掠越州,节度使董昌一时抵御不了,钟季文遣黄晟攻杀之。唐昭宗景福元年(892年),明州刺史钟季文卒,众人拥戴属将黄晟摄守。

在政治上,黄晟始拥董,后反董助钱,讨平邻寇,保护乡井,作出了十分正确的抉择。董昌节越时,黄晟能善事之,但在乾宁二年(895年)正月,越州义胜军节度使董昌称帝,国号罗平,黄晟"移书谕之",旗帜鲜明地表示反对。钱镠素有吞并浙东的野心,乘机发兵讨伐董昌,史称第二次杭越战争。乾宁三年二月,钱镠手下名将顾全武(余姚人)、王球发动攻击,扫除了越州城的外围势力。但顾全武并没有立即

---

① (宋)欧阳修等《新唐书》卷一九〇《刘汉宏传》,中华书局1986年版。
② (宋)钱俨《吴越备史》卷一,《四库全书》文渊阁本。

进攻越州,而是先派兵进攻越州东面的余姚袁邠。明州刺史黄晟审时度势,遣指挥使梁从晊率兵响应,使余姚受到两面夹击。董昌派出的增援部队被顾全武手下的刘彦章击溃,其将徐章被擒。四月,余姚失陷。钱镠的军队进而包围了越州,八月,董昌无奈地交出牌印投降,结果被杀,传首京城。

钱镠因讨伐越州军阀董昌有功,升任镇海、镇东两军节度使,拥有两浙十三州之地。但当越州事平之后,浙江各州又卷入了各种战乱,直到天祐四年(907年)两浙才全部掌握在钱镠手中,907年,后梁封钱镠为吴越王,都于杭州。但明、越两州的局势自董昌自取灭亡之后,一直显得比较平稳。明州刺史黄晟在"讨平邻寇"之后,善事钱镠,并积极致力于内政建设,取得了明显的成效。

首先是修筑了罗城。唐代明州"虽有子城而无罗郭,备御所以难也"①。黄晟为了保境安民,最大的一项政治性决策就是在景福元年(892年)起兴工构筑了罗城(外城),这是群雄并起的时代用以自保的必然举措。②正如明代黄润玉《宁波城隍庙记》所说:"唐末天下大乱,刺史黄公晟率乡兵增筑外罗城十八里以大之。"③罗城不但大大扩大了唐城规模,而且奉化江自南来限其东,慈溪江(今姚江)自西来限其北,西与南皆它山之水环之,其形势可谓天造地设。构筑罗城的意义,正如黄晟墓碑所云:"此郡先无罗城,郭民若野居。晟筑金汤壮其海峤,绝外寇窥觊之患,保一州生聚之安。"④此外,他还重置甬江浮桥,沟通

---

① (宋)《宝庆四明志》卷三,《宋元方志丛刊》本,中华书局1990年版。
② (清)全祖望《鲒埼亭集外编》卷一三《羊府君庙碑铭》云:"耆老相传,是城之筑,创始于府君,而黄晟踵而成之者也。"可备一说。又据奉化文管会藏《峨阳楼氏宗谱·人材录》,楼茂郊"年十七为郡帅,充黄巢隰副将。二十四岁讨余姚狂寇吴坦有功,加御史,与黄司徒晟收叛帅董昌,转国子祭酒,兼御史中丞,奉化虞侯,监筑明州罗城"。按,此所述楼茂郊姓名及官职、事迹等,均不见于其他文献记载,颇有可疑之处,楼茂郊是否曾"监筑明州罗城",有待进一步查证。
③ (清)乾隆《鄞县志》卷七《坛庙》,《续修四库全书》本。
④ (宋)《宝庆四明志》卷三。

了城内外的水陆交通。

其次是确立了文化政策。一是崇佛。唐末乱世正需要佛教对人心的抚慰,作为刺史的黄晟身体力行,对寺院和名僧关怀备至,经常请慈溪伏龙山惟靖和尚出州,"供施繁委"[1]。文德初恒通从安徽领徒至四明,郡牧黄晟请留住雪窦,造成该地"蔚然盛化"[2]。南山律僧慧则在育王寺弘扬律法,黄晟还成为他的"八戒弟子"。二是礼士。《吴越备史》卷二记载:"晟颇尚礼士,辟前进士陈鼎、羊绍素为门宾,江东儒学多依之,悉加优待,仍筑其居,号措大营。"[3]《十国春秋》卷八六还记载:侯官人林无隐"有诗名,流寓明州,刺史黄晟颇好礼士,无隐依之"。地方官员如此优礼士人,这在明州历史上还是没有先例的。

黄晟乘乱而起,在任明州刺史18年,政绩斐然,因而受到后世明州人民立庙的纪念。清代全祖望说:"太傅既守郡之后,保固乡里,不随董昌之乱,筑君子营,以居避兵之士,建雉堞,置浮梁,临终封上仓库,不令其子袭守。其于兹土,固有深仁厚泽。"[4]对黄晟在唐末的作为予以很高的评价。

武肃王天宝二年(909年)黄晟卒。这样,明州才结束了唐末以来地方土豪自立为刺史的政治局面,完全纳入了吴越国的行政体制之中。

---

[1] (宋)释赞宁《宋高僧传》卷一二,见《高僧传合集》本,上海古籍出版社1991年版。
[2] (宋)释赞宁《宋高僧传》卷一二,见《高僧传合集》本。
[3] (清)吴任臣《十国春秋》卷八五《黄晟传》同。但路振《九国志·吴越书》作前进士陈晁年、羊绍素,未知孰是。据《唐才子传》卷七《王毂传》,羊绍素为乾宁五年进士,王定保《唐摭言》卷五有羊绍素作《画狗马难为功赋》故事一则,可参看。据《四明谈助》卷二七引《黄氏家乘》,措大营在城东隅,后称"君子营"。
[4] (清)全祖望《黄太傅庙碑阴》,见《全祖望集汇校集注》上册,第452页,上海古籍出版社2000年版。

第二章
唐代明州社会经济的发展

- 兴修水利与开发土地
- 手工业的发展
- 商业的繁荣

唐开元二十六年(738年)明越分治,从此宁波进入了实质性的独立开发的新阶段。明州单独建州以来,人口不断增多,土地垦辟扩大,水利得到有力的治理,以陶瓷业为龙头的手工业出现了迅猛发展的势头,而商业市肆也出现繁荣景象,尤其是海上贸易迅速崛起,宁波商帮一度在东海上独领风骚。所有这些,使唐代宁波的社会经济面貌获得了极大的改观。

第一节　兴修水利与开发土地

隋朝的统一,标志着政治重心向北回归,宁绍地区失却了昔日充当建业政权后方基地的重要地位,因而也失却了中央政府对此地开发的强力关注,开发速度不可避免地延滞下来。唐高祖武德四年(621年)后,宁波地区虽有单独设州(鄞州)的尝试,但由于条件不成熟,仅维持四年就废除鄞州,重归越州。直到开元二十六年中央政府终于批准成立州级行政建制——明州,才为这一地区社会经济的独立开发带来历史的契机。

开发宁绍地区,首先碰到的就是水利问题。水利建设与土地开发这两个过程从一开始就表现出了相互依存的密切关系,水利开发的过程也就是内陆平原耕田化的过程。自汉以来,浙东水利建设已有所建树,特点是以拦蓄为主,偏重于利用洼地兴修湖陂,用以蓄淡御咸,抗洪抗旱。这主要是从山麓冲积扇聚落及孤丘聚落向平原聚落推进初期所采取的手段。不过,隋唐以前浙东水利建设的重点在绍兴,宁波一带只零星地点缀着句章旧陂等小规模的水利工程。直至初唐时期,也仅有唐太宗贞观十年(636年)鄮令王君照发民开凿小江湖(溉田800顷)、景龙年间(707—709年)余姚县令张辟疆主持修筑白洋湖两项较大工程而已。①

明州单独建州以后,人口不断增多,土地垦辟扩大,急切需要解决居民的饮水和农田灌溉问题,于是在这块地势平坦、河网密布的海积平原上,第一次掀起了兴修湖陂的高潮。唐代宁波的水利工程多为新建工程,又大多是以大规模新开地的营造作为目标的新型水利工程。据不完全统计,唐代宁波开凿或重修的水利工程达二十多项,无论从整治规模、灌溉面积上都远超前代,也远超同时代的绍兴,从而促进了把泛滥沼泽平原变为稳作地区的进程,加快了农田水利建设的步伐。其中东钱湖是东面较为重要的水利工程。东钱湖为地质时代遗留下来的海迹湖泊,在晋时已经形成。唐玄宗天宝三年(744年)鄮令陆南金来到东钱湖,相度地势,开而广之。他将湖西北部几个山间缺口筑堤连接,又大废民田,开挖蓄水。据清人周道遵《甬上水利志》,陆南金废田21213亩(清人李暾《修东钱湖议》称废田121213亩,据《宋史》卷九七记东钱湖"方圆广阔八百顷"推算,以周道遵之说近似),废去湖田的赋税分摊给受益田亩,"每亩加米三合七勺三抄。"②经过这一次大规模的整修,使东钱湖具备淡水灌田(溉田500顷)的功能,成为我国最早的人工水库之一。西面的主干工程是广德湖和它山堰。广德湖旧名罂脰湖,大历八年(773年)储仙舟加以治理,更名广德湖,溉田400顷,中经德宗贞元九年(793年)刺史任侗的浚治,大中年间(847—859年)王元暐修治之后,溉田增至800顷。至于西面整治四

---

① (清)光绪《余姚县志》卷八《水利》云:"唐景龙元年乃创二闸于漾塘,南曰双河,北曰洋浦,泄上林暴水。"从时空上看,漾塘二闸的修筑可归入到白洋湖工程的范围内,故不单独立项计算。

② (清)周道遵《甬上水利志》卷三,《四明丛书》本。

明山和大雷山下水系的它山堰工程,无疑是唐代明州最富创造性的水利工程。大和七年(833年),王元暐相地之宜,择取四明山水分流的地方叠石作堰,疏通河流。一方面保证了与奉化江隔离的淡水源的正常畅流,由南塘河注入宁波城内日、月二湖,起到"蓄淡"作用;另一方面,设堰排洪,导入奉化江,避免奉化江对其他河流施加过度压力,可以"拒咸"。与此同时,王元暐还在南塘河一线修筑了乌金碶、积渎碶、行春碶三个水利调节点,初步建立了以它山堰为中心的小水利网络,担负着鄞西大片农田的灌溉任务,兼及宁波市民的饮水。州城西郊之西北沿江地带大率浦溆,大历中(766—779年)刺史吴谦筑九里堰塘,以御咸潮,于是"西郊之湖膏泽渗漉,甫田登成"[1]。州城之南,刺史于季友于大和元年(827年)开凿河渠,引山水入诸港,置仲夏堰而蓄之,溉田数千顷。全祖望指出:"前此它山之未有堰也,江潮深入内地,长春门外两岸五十余里之田,俱不可耕;而望京门外之田,赖广德湖以得振,然犹恐桓溪前后港之水西向撞击,此仲夏堰所以为二水之界也。"[2]可见在它山堰未建之前,仲夏堰发挥着重要的阻咸蓄淡的作用。明州南部由于地势较高而水量缺乏,就在奉化江、白杜水、横溪水的河道上随处修筑堰闸,挖掘东西走向的小运河来灌溉高地。奉化在开元时因"境内民渴水",道士叶天师修建了"仙师渠",[3]元和年间又接连兴修了3项水利工程,即元和三年(808年)陆明允在龙潭溪叠石障水,修新河,溉田数千顷;元和十二年奉化令赵察开掘北河,溉田800顷;元和十四年,赵察又开白杜河,溉田400顷。唐末,奉化又开水利工程2项,一即乾宁中(894—898年)开铜山碶;另一即天祐三年(906年),奉化县开国子郑准在县东八里筑土塿堰,有功于水利,当地人为建土

---

[1] (清)光绪《鄞县志》卷六"九里堰塘"条,光绪三年刊本。
[2] (清)徐兆昺《四明谈助》卷三六引,第1162页,宁波出版社2000年版。
[3] (宋)黄震《虚白观记》,见《黄氏日抄》卷八八,《四库全书》文渊阁本。

埭庙以祀之。① 尽管唐代明州水利工程都是由州县长官组织的县域中小型水利工程,但这些大大小小错落分布的水利工程,已经开始改变唐前点状式的分布格局,而初现网络化的端倪。虽然明州水利网络功能的健全完善和有效发挥尚待宋元,但它对早期宁波平原的开发已经起了至关重要的作用。

从时间上说,唐代明州的水利工程绝大多数兴修于大历至大中年间,恰处于明州百年安定期内。唐代明州的水利建设不是执行中央政府的意志,而是以地方官员为主体根据海积平原特殊的地理特点具体实施的,地方官员既是水利工程的规划者,也是水利开发的组织者。对于地方官员来说,"水利实为四明阖郡之命脉,丰歉所关,治乱所系,凡为政于是者,不可不悉心以究利病,为久远无穷之计"②。唐代明州的历任官员充分认识到了水利对于明州农业和社会安定的意义,并能深入调查,较多地了解和掌握地方水情特点,这样他们才会再接再厉,兴利除弊,治水有成。经过地方官员的积极治理,唐代明州水利的灌溉功能大为拓展,如广德湖从代宗大历八年(773 年)到宣宗大中年间(847—859 年)的近 70 年时间里,灌溉面积增长了 1 倍。慈溪县花屿湖本为一潴水小塘,德宗贞元十年(794 年)刺史任侗劝田修筑,溉田达 6000 余亩。慈溪的白洋湖经刺史任侗重加浚筑后,鸣鹤一乡之田仰其灌溉,俗号"第二天"③,可见其对鸣鹤乡农业生产的特殊意义。毫无疑问,唐代明州"历选良守,溉田兴利",水利建设惠泽于民,使"膏泽渗漉,甫田登成"④,产生了极为显著的经济效益,这又反过来进

---

① (清)全祖望《奉答万九沙编修宁志纠谬杂目》:"其筑土埭有功奉化水利,恐是奉化县令,否则镇将耳。"见全祖望《鲒埼亭集外编》卷四七,《全祖望集汇校集注》中册,第 1779 页,上海古籍出版社 2000 年版。按,据雍正《浙江通志》卷二二〇"土埭堰祠"条引《成化四明郡志》云:"在县东八里。神姓郑,名准,唐天祐中为镇东节度使,兼殿中丞侍御史,奉化县开国子。筑土埭堰,灌田五千余亩。明封开国子郑公之神。"
② (元)《至正四明续志》卷四《河渠》,《宋元方志丛刊》本,中华书局 1990 年版。
③ (清)雍正《浙江通志》卷五六,文渊阁《四库全书》本。
④ (元)《延祐四明志》卷一五引王应麟撰《吴刺史庙记》,《宋元方志丛刊》本,中华书局 1990 年版。

一步促进了明州社会的稳定发展。《宝庆四明志》引《会稽志》说四明人民"力沟洫,有禹之遗风"①,这一点从唐代明州的水利建设中完全可以得到验证。

唐代明州由于湖陂水库的大批建成,促成了平原聚落的兴起。人口的急剧增加,也使对土地的需求显得迫切起来,仅在湖陂水库近旁垦殖已远不能满足需要,向北开发势在必行,而慈、姚滨海地区的土壤地质为浅海沉积,质地均匀,含盐量在四分之一左右,确也适宜于围涂开发。这样,筑塘围涂、开垦种植的另一场改造自然的战斗也随之打响,并构成唐代明州水利事业中的次要一翼。比如,今慈溪市龙南乡孙氏烛溪派始祖,当时已定居孙家境从事垦殖。据无名氏《唐故徐处士故朱氏夫人墓志铭》,开成五年(840年),有朱氏夫人"窆于北浦首,北去海塘一百余步"②,此墓志铭光绪年间出土于今慈溪周巷泥丘塘下,则此泥丘塘当在唐时已经修筑。不但三北地区在唐时开始了较大规模的筑塘围涂活动,象山也开始"围南庄上洋海涂"。从浙东海塘兴修史观察,最初的海塘只以防止高潮泛滥为目的,因此大都建在平均高潮位以上的后海滨地区,塘身低薄,且为土塘,不唯规模较小而分散,且塘身质量较差,远不及同时期绍兴的海塘工程,自然不能有效地解决海岸崩坍和滩地防护问题,但无论如何,唐代开始的宁波建设海塘防御工程的实践,开了后世本地开垦海涂的先河。从此,宁波的水利建设由过去的以拦蓄为主进入了内泄外阻并举的新阶段。

宁波地区水利事业的发展过程,也就是该地区的土地开发过程。水利建设是土地开发的前驱,而土地开发则是水利建设的结果,两者是相互关联、浑为一体的。土地的开发,只是为发展农业生产提供了一个基础,要使土地面貌发生根本改变,关键还在于对土地的利用手段,即耕作方法。从文献记载看,宁波地区一直到魏晋还采用"火耕水耨"的粗放耕作方式,唐代的情况向无学者论及。开元中秘书正字郎

---

① (宋)《宝庆四明志》卷一,《宋元方志丛刊》本,中华书局1990年版。
② (民国)杨积芳《余姚六仓志》卷二〇《金石》,王清毅点校本,第367页,杭州出版社2004年版。

万齐融曾记阿育王寺在东钱湖畔的常住田"真陆水膏腴之沃壤",禾稼如云,"及夫寒蝉记时,农乃登谷,完积聚,筑场圃",一派丰收景象,又称"火耕水耨,常有助于上农"。① 刘长卿也有诗道及句章之地:"火种山田薄,星居海岛寒。"②而唐末的杜荀鹤《题历山舜祠》所云"杉松野火烧"③,应指余姚历山一带的烧畲习俗。这些记载至少说明中唐时期四明地区"火耕水耨"的遗风还很浓厚。"火耕水耨"主要运用于草莱初辟、杂草丛生的新垦山田,通过开荒挖潜来增加农业收成,似乎精耕细作还没有作为农业增产的有效途径而被重视和强调。尽管唐代没有留下明州地区改变耕作方式的史料,但我们从适应于浙东土地开发大趋势的情形加以推断,明州的耕作方式必然地处于从火耕水耨向精耕细作的演变过程中,从而加速了化斥卤为膏腴的历史进程。相应地,随着精耕细作程度的逐渐提高,本区的农业经济地位也更趋重要,而终成为国家财赋所出的重要地区。

唐代宁波的水利建设和土地开发非常有力,促使本地的农业结构在依循传统的同时有所改变。宁波平原的冲积土壤适合水稻生长,像阿育王寺东15里的塔墅常住田,经法言沙门"溉高凑仰,增卑培薄,分杀水势,承达土气"的一番努力,遂为陆水膏腴之沃壤,粮食产量很高。④ 唐僖宗广明元年(880年),罗甫自桐庐挈眷渡江,徙于明州之罗江(今属余姚),乃"招人民,审地利,因水势,浚沟渠,辟草莱,治田里",播植了优良的稻种"早黄"。⑤ 就是四明山下,晚唐诗人李频(?—876年)来游时也看到了用池塘水灌溉的禾黍。⑥ 唐五代明州除

---

① (唐)万齐融《大唐越州都督府鄮县阿育王寺常住田碑》,俞福海主编《宁波市志外编》第二辑《碑记选》,第789页,中华书局1998年版。
② (唐)刘长卿《送睦州孙沇自本州却归句章新营所居》,《全唐诗》卷一四七,中华书局1985年版。
③ (唐)杜荀鹤《唐风集》卷一,《四库全书》文渊阁本。
④ (唐)万齐融撰《大唐越州都督府鄮县阿育王寺常住田碑》,俞福海主编《宁波市志外编》第二辑《碑记选》,第789页,中华书局1998年版。
⑤ 天一阁藏《慈溪罗氏宗谱》卷首上无名氏《顺惠侯传》,民国八年重修本。
⑥ (唐)李频《游四明山刘樊二真人祠题山下孙氏居》,《全唐诗》卷五八九,中华书局1985年版。

了主产水稻之外,还种植了不少经济作物,最常见的是桑麻、柑橘和药材,如象山有人在"溪谷迥无人处"①种麻。《宝庆四明志》卷六也说:"俗种苎麻,人多衣布。"唐末慈溪上林湖焦家湾出土马氏夫人墓志记载,马氏夫王弘达从马氏堂弟马弁处购得"当湖山北保内荒废桑园"②,这说明晚唐时上林湖一带曾种植桑麻成园。这样,"锄织"成为本区农业的主要特征。唐时宁海汪氏女"锄织以奉其亲"③,是对这一历史的真实写照。不过,宁波平原可以开发的土地资源毕竟有限,故不适宜于大规模种桑养蚕,与粮争田,所以唐代这一带的蚕桑业并不发达,而是处于家庭副业零碎经营的状态。这种状况一直延续到南宋,故《宝庆四明志》卷四云:"俗不甚事蚕桑、纺绩,故布帛皆贵于他郡。"积久才能成俗,由宋代的情况反推至唐代,我们就不宜对唐代明州的蚕桑业估价太高。

唐代宁波人民在发展粮食、桑麻生产的同时,扩大了主要用以出售的水果、茶叶、药材等的生产。柑橘无疑是唐代明州最重要的经济作物,栽种广泛,影响较大。四明的茶叶生产也有起色,陆羽的《茶经》曾提到了四明山出产的名茶瀑布仙茗。四明山还因地制宜发展了药材生产,已经形成了较为成熟的栽培技术。皮日休《云北》诗:"犬能谙药性,人解写芝形。"写到了蜚声遐迩的四明山药业。皮日休、陆龟蒙还提到吴郡重玄寺药圃中有元达和尚从四明山一带采来的芝术。李频在四明山下也看到"池塘来乳洞,禾黍接芝田"④,这里的"芝田",应该是指人工栽种的药圃。这些史料都佐证了四明山药业的兴起。自名"云北畸人"的明末学者黄宗会考察四明山时曾亲眼看到:"自此(指石潭)至三菁十里而遥,皆种杉,莳白术、芍药,又产黄精、二冬,亦

---

① (唐)牛僧孺《卢公涣》,《玄怪录》卷三,中华书局2006年版;(宋)李昉等《太平广记》卷三九〇"卢涣"条引《玄怪录》作翁山县事。
② 章均立《越窑瓷墓志》,《浙东文化》2000年第1期。
③ (宋)陈耆卿《嘉定赤城志》卷二五,《四库全书》文渊阁本;《台州丛书乙集》本"锄织"作"防治"。
④ (唐)李频《游四明山刘樊二真人祠题山下孙氏居》,《全唐诗》卷五八九,中华书局1985年版。

胜地也"①，黄宗会提到的这类药材大概是四明山云南（在过云之南，即奉化雪窦山桃花坑下）、云北（在过云之北）自古以来种植的传统药材。再对照唐皮日休咏吴中重玄寺药圃诗："香蔓蒙笼覆昔邪，桧烟杉露湿袈裟。"②那种"桧烟杉露"下的药圃甚至有模拟四明山药圃环境的意味。由此可见，药材的采集种植已然成为唐代四明山区人民经济活动的重要内容，众多药材的采卖，不仅增加了人民的经济收入，而且也丰富了人民的医药知识，还吸引了巴蜀之地的商贩来此收购。总之，唐代宁波人民把一部分劳动力投入到商品生产中，使农业活动范围从粮食生产进一步向经济作物拓展，并从平原推进至山区，这对于打破单一的粮食生产，走向综合经营，促进农业商品化具有重要意义。

第二节　手工业的发展

唐代明州城市化发展，人口增加，百姓生活趋向安定，造成了对物资需求的大量增加。于是市场扩大了，也刺激了生产的分化，手工业也随之出现了迅猛的发展势头。如果说唐五代宁波在农业经济领域的商品化还仅仅是初步的，那么在手工业和商业领域则更显著地反映出商品货币经济发展的新动向，这与唐五代长江中下游地区的经济发展新趋势是一致的。

唐代宁波手工业最突出的表现是制瓷业的异军突起，尤其是上林湖的越窑青瓷名闻中外。"南青北白"是我国古陶瓷学界对唐代瓷业分布格局的特征概括，而越窑青瓷则是南方青瓷的典型代表。越窑可以说是中国瓷器史上的第一个名窑，考古调查证明，越窑青瓷的主要产地在宁绍地区，唐代越窑窑址，上虞县28处，鄞州区东钱湖3处，慈溪县仅上

---

① （明）黄宗会《四明山游录》，《藜照庐丛书》本。
② （唐）皮日休《重玄寺元达年逾八十，好种名药，凡所植者，多至自天台、四明、包山，句曲丛萃纷糅，各可指名，余奇而访之，因题二章》，《全唐诗》卷六一三，中华书局1985年版。

林湖一地就有84处。此外,余姚(牟山湖窑群)、奉化、镇海、象山等地均有散窑分布。这说明唐代越窑窑场遍布明州,尤其是上林湖一带最为密集,窑场林立,制品质量上乘,数量巨大,堪称越窑的代表。

上林湖越窑在中唐时技术上已酝酿着突破,器物造型除少数承袭初唐形制外,种类增多,初唐时常见的酱褐色釉产品基本消失,由施半釉向满釉发展,釉面光洁度已有改善。晚唐五代上林湖窑业进入兴旺时期,产品质量已位居各地名窑之首,朝廷选择在此设立贡窑。1977年上林湖吴家溪出土一件唐光启三年(887年)凌倜青瓷墓志罐一件,志文有"殡于当保贡窑之北山"之语,说明晚唐时上林湖确有"贡窑"存在。顾名思义,地方上烧制上贡越器的窑场就是贡窑,具有官府定点的性质。从窑址的地理位置、生产规模和采集标本判断,"贡窑"应在今上林湖的后施岙、施家㠀、黄鳝山窑场一带,这里还出土过"贡"、"方贡"等铭文器以及"窑务"、"鲍五郎者烧官场"、"内"等铭文窑具。贡窑的设立时间决不会晚于凌倜墓志罐铭刻的光启三年(887年)。唐末五代徐夤有《贡余秘色茶盏》诗云:"捩翠融青瑞色新,陶成先得贡吾君。"可知"贡窑"中生产的极品就是秘色瓷,"贡窑"自然是烧造秘色瓷的窑场。当然,秘色瓷并非严格地局限于专设的"贡窑"所烧,以致"贡窑"也不完全烧制单一的秘色瓷品种。诸多窑点的精粗两类制品的同层混积,均表明秘色瓷生产主要靠越窑这个群体来共同完成,也就是说,"贡窑"烧造秘色瓷,同时伴烧民用商品瓷,而秘色瓷则不全是"贡窑"烧造的专利,非"贡窑"中也会有部分精品产品,两者在釉色、器形、工艺、款式、胎质等方面并无多大差异。

秘色瓷无疑是越窑制瓷工艺技术进步的集中体现。"秘色"一词在文献中屡见不鲜,但历来学术界说法不一。秘色瓷的庐山真面目直到1949年以后才逐渐被考古工作者揭开。1958年以来,浙江省文物考古部门先后在杭州、临安发掘了吴越国钱氏家族及其重臣的墓葬近10座,出土了许多秘色瓷,器物有龙瓶、壶、罐、碗、盘、洗、碟、罂、缸、盏托、盒、器盖等。特别是1987年陕西省文物考古部门对扶风县法门寺塔唐代地宫进行了发掘,出土越窑青瓷14件,器物有瓶、碗、盘、碟等,其釉色以青绿为主,润泽晶莹。其中2件银扣碗,外涂黑漆,并用金银团花等装饰,使器物显得极为华贵,伴随出土的账单把这批瓷器明确记为秘色瓷。① 从上述墓葬及地宫出土的"秘色瓷"来看,其主要特征有:器物品种繁多,制作规整,造型端庄优美;胎质细腻、灰白、坚密,器壁较薄;釉色以青和青绿为主,还有青灰、青黄等;釉层均匀滋润,呈半透明或透明状,有的开冰裂纹,胎釉结合紧密;器表装饰以素面为主,有少量刻划花,纹饰有龙纹、云纹、云鹤纹、水波纹、缠枝花等,线条娴熟纤细。此外,还有镶嵌金银、涂金和褐色彩绘。上林湖是秘色瓷的主要产区,大多数中唐至北宋时期的窑址大都烧过秘色瓷,各地出土的秘色瓷均可从上林湖窑场中找到同类产品,有的甚至毫无二致。

　　唐代明州丝织业的发展亦颇引人注目。唐中叶以后,全国丝织中心从黄河流域向长江流域转移。越州在唐开元至贞元不到百年的时间里,丝织技术突飞猛进,率先成为江南的丝织中心。即使相对落后的明州地区,这时也是"其下桑土,蚕㰅茧纯,红女织桼"②的喜人景象。唐代明州所设官营织锦坊,其址在今宁波市开明街和解放南路交合处的三角地纺丝巷。光绪《鄞县志》在"纺丝巷"条目中作案语说:"鄞自唐至宋皆贡绫,巷盖为贡绫时,杼柚郡聚之。"③这说明纺丝巷聚有大批的织锦布机进行织作。官营作坊的主要产品有高档丝织品吴绫和交梭绫,作为土贡,专供皇室、贵族、官僚使用。《新唐书》记载开元二十六年(738年)采访使齐澣上奏,称越州之鄞县"土贡吴绫、交梭绫"④。天宝(741—755年)末,李惟燕为余姚郡参军,秩满北归,舟中带"有吴绫数百匹",⑤应是明州当地的土产,证明天宝末年明州的织绫技术已

---

① 《扶风县法门寺塔唐代地宫发掘简报》,《文博》1988年第10期。
② (宋)王应麟《四明七观》,见(元)《延祐四明志》卷一,《宋元方志丛刊》本,中华书局1990年版。
③ (清)光绪《鄞县志》卷三《街巷》。
④ (宋)欧阳修等《新唐书》卷四一《地理志》,中华书局1986年版。
⑤ (宋)李昉等《太平广记》卷一〇五引戴孚《广异记·李惟燕》,中华书局1986年版。

经相对发达起来了,不仅丝织产量相当可观,而且质量也高。清代全祖望所写的《吴绫歌》曾想象唐代明州织绫技术的高超:"未若吴绫夸独绝,大花璀璨状五云。交绫连环泯百结,濯以飞瀑之赤泉。"①此外如大中五年(851年)有女弟子包氏向奉化岳林寺舍绢一匹,似可说明土贡之外留于民间的绢布也不在少数。唐代明州出产的高档丝织品,曾通过海舶输到域外。日本文物宝库奈良正仓院藏有大量唐代的精美丝织品,肯定有从明州港输入的外地和明州本土所产的丝织品。

  隋唐时期,宁波造船业发展成为国内同行中的一支重要力量。隋文帝杨坚于开皇十八年(598年)下诏说:"吴越之人,往承敝俗,所在之处,私造大船,因相聚结,致有侵害。其江南诸州人间有船长三丈以上,悉括入官。"②这个诏令既表明官办造船业具有封建的垄断性,也承认了吴越之地造船业的发达和民船数量的众多,所云"江南诸州",自然也包括越州辖境。为了防止有人利用舟船组织叛乱,隋帝才下令没收三丈以上的民船。唐太宗贞观二十一年(647年)八月,"宋州刺史王波利等发江南十二州工人,造大船数百艘,欲以征高丽"③,其中浙江即占有湖、杭、越、台、婺、括六州。次年八月,"敕越州都督府及婺、洪等州造海船及双舫千一百艘"④。另据今阿育王寺所存唐万齐融《大唐越州都督府鄮县阿育王寺常住田碑》记载:"有山栖旷和上(尚),道尊人杰,德贵天师。中宗孝和皇帝亲降玺书,愿同金辇,击鼓而陈,其入国造船,而捧其登座。"看来,初唐阿育王寺有一个山栖旷和尚,似乎有高超的造船技艺,后被唐中宗征去造船。随着明州工匠丰富经验的积累,自中唐以来明州造船业迅速崛起。当时的船场已经能建造载重为25~50吨上下的海船,商船能载客40~60人,比日本遣唐使船小

---

① (清)全祖望《句余土音》卷中,见《全祖望集汇校集注》下册,第2419页,上海古籍出版社2000年版。
② (唐)魏征等《隋书》卷二《帝纪第二》,中华书局1973年版。
③ (宋)司马光《资治通鉴》卷一九八,中华书局1956年版。
④ (宋)司马光《资治通鉴》卷一九九。

而较快,质地牢固而能承受风浪,船舶性能显著提高。1974年至1978年,宁波市区和义路一带发现了大面积的唐代文化堆积地层,在城外临江面获得造船场遗迹一处,出土许多木头和加工过的碎残船板、木渣等遗物,以及成排的建造棚舍用的柱、桩和造船用的油灰、绳索、船钉,还有独木船一艘。船中发现"大中二年"铭文的鹤纹碗等越窑青瓷残器。这一考古资料证明了明州在唐代确实设有船场。

唐代明州的造船技术还东传日本。在日本奈良时代和平安时代早期,唐舶从未在该国出现,但从9世纪中叶以后却有唐舶经常往来中日之间。而在这时,日本内海沿岸各港驶往中国的船只失事频繁,这不仅是因为船员驾驶技术不良,而且还由平底船的构造不适于远洋航行所致。9世纪中叶,明州商人到达日本,就开始在日本施展造船技术。会昌二年(842年),明州人李处人在日本肥前国松浦郡值嘉岛花3个月时间,用楠木打造了一艘货船。① 咸通三年(862年),为了让真如法亲王入唐,明州商人张友信又在肥前国松浦郡柏岛打造了大船。②

唐代四明地区的制盐业同样发展迅速。浙东地区的制盐业发轫甚早。古时钱塘江河口段,江道从南大门入海,今宁绍平原北部的南沙半岛和三北半岛均未形成,所以盐场多位于翠屏山丘陵一线。《越绝书》卷八说:"朱余者,越盐官也,越人谓盐曰余。"既然越地方言称盐为"余",则余杭、余暨、余姚等地名亦应与盐有关。据此,今翠屏山丘陵北麓诸盐场,从春秋越国起就已经存在,至今已有2000年历史。③《宝庆四明志》卷一《风俗》亦云:"古鄞县乃取贸易之义,居民喜游贩鱼盐,颇易抵冒。"这说明西汉时期鄞县居民已习于"游贩鱼盐"。汉献帝初平末年(193年),虞翻在答太守王朗问时,夸耀会稽"水有鱼、盐、珠、蚌之饶"④,可见东汉末期会稽的盐业已经有了相当的发展。齐时樵者何昕

---

① [日]木宫泰彦著、胡锡年译《日中文化交流史》,第109页,商务印书馆1980年版。
② [日]木宫泰彦著、胡锡年译《日中文化交流史》,第112页。
③ 陈桥驿《陈桥驿方志论集·慈溪盐政志序》,第486页,杭州大学出版社1997年版。
④ (晋)陈寿《三国志》卷五七《虞翻传》注引,中华书局1982年版。

曾在大梅山石库得盐少许,归而遗母,白发尽黑,①这个传说也可见盐在唐前明州人民生活中的重要作用,但其产量未必很高,所以显得比较珍贵。由于翠屏山丘陵一线的海岸不断向北淤涨,因此盐场也随着北移。慈溪市档案馆藏《沈氏家谱》记载:"粤溯兹土,秦则海也,汉则涂也,唐则灶也。"既生动地说明了三北海涂的淤涨变迁,也指出了唐代慈溪人民在沈师桥一带煎盐的事实。但是由于中国的政治中心在北方,北方也有盐业基地,所以唐以前浙东一带的盐业在很长时期内缺乏区际意义。②张泽咸指出:"唐以前的海盐生产主要分布于渤海和黄海沿岸地带,中唐以后,海盐生产在东海和南海岸,获得了空前的发展,这是和江南经济迅速发展的总步调相一致的。"③确实如此。代宗永泰二年(766年),分天下财赋、铸钱、常平、转运、盐铁,置二使。刘晏(716?—780年)任盐铁使者时,在重要的产盐地点设置了四场十监。唐德宗贞元中,顾况说:"淮海闽骆,其监十焉,嘉兴为首,……遂有采山煮海之役,十年六监,兴课特优。"④可见那时海盐生产已自江浙沿海而南,向福建、广东沿岸推进。唐朝廷在越州设立兰亭监,管理越州的盐务。其下有官办的盐场5处,在余姚的石堰(今属慈溪)所设的余姚场,⑤即属越州兰亭监管辖。鄞县也开办大嵩盐场,唐政府直接插手管理盐务,刘晏所置的浙西巡院还在此缉捕私盐,⑥故全祖望才有"鄞盐始唐代,大嵩尤所尊"⑦的诗句。另据《宝庆四明志》卷二〇,昌国在唐代设富都监,亦为十监之

---

① (元)无名氏《丹山图咏》注,见黄宗羲《四明山志》卷五,《四明丛书》本。
② 车越乔、陈桥驿《绍兴历史地理》,第176页,上海书店出版社2001年版。
③ 张泽咸《唐代工商业》上编十一《制盐业·海盐》,第153页,中国社会科学出版社1995年版。
④ (唐)顾况《嘉兴监记》,《华阳集》卷下,此文作于贞元十七年。
⑤ 竺岳兵《唐诗之路唐代诗人行迹考》(中国文史出版社2004年版第94页),认为戴叔伦《送谢夷甫宰余姚县》诗之"公田没海潮"一句的"公田"为盐民利用潮涨潮退、围堰晒盐的田。按,公田即官田,戴诗的意思是说在海潮的冲击下,堤岸崩坍,公田被淹没。此为四明濒海常见的自然灾害。戴诗所言公田未必指盐田。
⑥ (宋)王应麟《四明七观》注,见(元)《延祐四明志》卷一,《宋元方志丛刊》本,中华书局1990年版。按,巡院为盐铁使所属重要机构,当时全国有13个巡院,在浙江者为浙西巡院。
⑦ (清)全祖望《大嵩土物·大嵩盐》,见《句余土音》卷中,《全祖望集汇校集注》下册,第2379页,上海古籍出版社2000年版。

一,《新唐书》卷四一亦记载翁山县"有盐"。唐代宗时刘晏主持盐务,"吴、越、扬、楚盐廪至数千,积盐二万余石",四场十监"岁得钱百余万缗,以当百余州之赋"。① 显然,唐代浙东盐业生产的区际意义已大大增强,并大大有助于提高唐政府的赋税收入。

此外,奉化有铜山,在唐代曾得到开采。②

第三节　商业的繁荣

《隋书》卷三一《地理志》云:会稽数郡"川泽沃衍,有海陆之饶,珍异所聚,故商贾并辏。"唐代明州的经商风气比前代更浓,且与福建等地的市场联系十分密切。独孤及曾说:"闽越旧风,机巧剽轻,资货产利,与巴蜀埒富。"③照他的说法,闽越人重视商业是有历史传统的,但唐代明州出现了政治的、地理的、文化的一系列新变,具备了发达的水运条件,丰厚的物产,以及相对稳定的政治环境,从而将长期来此地的传统的贸易活动推进到全新的境界,遂与福建等地并为唐代南方贸易最发达的区域之一。

首先是地方商业的发展,具体表现在近距离的州、县、镇的集市贸易及乡村交易的发展上,其中就有日常生活最离不开的盐、酒、药等货物。由于城市化的客观要求,必定要针对州城的补给而建立起有效的货物采集、调配网络。尽管限于史料,我们对唐代明州城货物采集、调配的详情无法了解,但商人经过官府允许后是可以进入明州城内自行销售产品的。如晚唐时王可交从四明山携至州城叫卖的药、酒,非常

---

① (宋)欧阳修等《新唐书》卷五四《食货志》,中华书局1986年版。
② (宋)欧阳修等《新唐书》卷四一"奉化"下注:"有铜。"又见(宋)《宝庆四明志》卷一四《奉化县·山》,《宋元方志丛刊》本,中华书局1990年版。
③ (唐)独孤及《福州都督府新学碑铭》,见《毘陵集》卷九,《四部丛刊初编》本。

畅销,以致"明州里巷皆言王仙人药、酒"①。各县城的商业市场也呈现一定的繁荣景象。慈溪县城(今慈城镇)大街阔七丈,两边设有店肆铺。宁海徙治广度里后也是人烟辐凑,商贾贸迁,店肆遂兴。唐代的镇一般是指军事设防的地方,但宁波已出现了经济性的市镇。《宝庆四明志》记鄞之小溪酒务,"唐谓之光溪镇",实行监税征商;奉化公塘,"文德元年(888年)置镇,民户买扑名课,管纳官钱",买扑(包税)自是宋制,但渊源于唐朝始置的经济性市镇当无疑问。明人水静亦指出:鄞西"桃源镇之名,自唐已有之"②。从以上一鳞半爪的史料中,我们可以窥见由于唐代镇的意义正在发生蜕变,即由军事镇戍向经济性的征课转化。即使是四明偏僻的山地,也有交换的需求,且不乏商旅往来其间。如乾元年间(758—760年)为了镇压四明山"草贼"龚厉父子的起义,军将潘景兰"领辐驮数十辈,伪为商旅,傍山谷往来而饵之"③。这群伪装的"商旅"人数不少,货物或车载或畜驮,定有不少吸引人的山间稀缺的物资。正因为"商旅傍山谷往来"是本地山民习见的现象,所以这些新出现的"商旅"并没有引起义军的应有警惕。

唐代四明的鱼盐之利十分丰厚,唐代盐的生产和管理,地方有榷盐院,唐中叶以后则设盐铁使者,刘晏采取官制官卖商销的盐法于唐后期被长期采用。当然,唐代明州盐场生产的盐主要由官府垄断销售,恐怕也有属于私营的所谓"私灶"。明州出现的盐商,既有遵守"国家榷盐,粜于商人,商人纳榷,粜于百姓"④政策的合法商人,也不乏以私盐干禁挠法的事例。早在中唐时刘晏就在浙东置巡院缉捕私盐。大中十四年(860年),余姚豪民徐泽专鱼盐之利,被浙东观察使王式称为"巨猾",穷治至死。⑤ 但这并不能阻断私盐的贩卖。明州的

---

① (清)黄宗羲《四明山志》卷三《灵迹》,《四明丛书》本。
② (清)臧麟炳、杜璋吉著,龚烈沸点校《桃源乡志》卷一,中国档案出版社2006年版。
③ (唐)独孤及《为江淮节度奏破余姚草贼龚厉捷出表》,见《毘陵集》卷五,《四部丛刊初编》本。
④ (唐)韩愈《论变盐法事宜状》,《韩昌黎集》卷四〇,《四库全书》文渊阁本。
⑤ (宋)欧阳修等《新唐书》卷一六七《王式传》,中华书局1975年版。

海滨地带多有盐商出没,如咸通二年(861年)九月,日本头陀亲王乘船泊于明州石丹岙,就见到有数十盐商,盐商向亲王献上"土梨、柿、甘蔗、白蜜、茗茶等数般"。头陀亲王感叹说:"虽是商人,体貌闲雅如此也。"①这说明这些盐商的经营收入是比较丰厚的,所以能够拥有一些物质佳品,并能养得"体貌闲雅"。由于腌鱼巨大的耗盐量和市民日常饮食的需要,这些盐在本地市场销售的数量一定相当可观。

其次表现在为了扩大市场和提高地域消费而进行的远距离的商业交往上。诚如宋人王谠所说:"凡东南郡邑,无不通水,故天下货利,舟楫居多。"②唐代浙东内陆水路和港口的开发,使物资大量而迅速地船运移动成为可能。宁波人可以溯浙东运河而上进行长途贩运,如晚唐时明州就有杨宁、孙得言结伴业商,踪迹达于太湖流域。③ 也有外地商人来到甬上采购货物的。陆龟蒙《四明山诗·云南》云:"药有巴賨卖。"④所谓"巴賨"是指四川渠县一带的少数民族。陆诗意思是说四明山云南药材小有名气,就有巴賨人千里迢迢来这里进行收购贸易。四川是唐代最重要的产药区,⑤川人精于药材,他们来到四明山,正好说明四明山地道药材不仅质量上好,而且不能为川药所包容,这种呈现浙东地带性分布的重要药材(主要为芝术之类),对于川药无疑是一种重要和有益的补充,否则我们将难以解释为什么出生在川药大基地的巴賨人还要来四明山采购药材。皮日休也有《重玄寺元达年逾八十,好种名药,凡所植者,多至自天台、四明、包山,句曲丛翠纷糅,各可指名,余奇而访之,因题二章》,范成大《吴郡志》卷九记载有唐末僧元

---

① 日本收藏的东寺观智院本《头陀亲王入唐略记》,转引自林瑛《从明州港入唐的日本头陀亲王》,《浙东文化》2001年第2期。
② (宋)王谠《唐语林》卷八,上海古籍出版社1985年版。
③ (清)光绪《鄞县志》卷六六引元释昙噩《崇教寺伽蓝记》。按,全祖望《鲒埼亭集外编》卷四八有《崇教寺杨义妇纪疑》,对杨家事有所疑问,认为与宋徐仲车集中的《淮阴义妇传》相肖,"疑人代之有舛误"。
④ (唐)陆龟蒙《四明山诗》,《甫里集》卷六,《四库全书》文渊阁本。
⑤ 严奇岩《从唐代贡品药材看四川地道药材》,《中华医史杂志》2003年第2期。

达建重玄寺药圃,其部分药苗来自四明山,并引起了寓居吴中的士大夫的高度注意。由此足见四明货物的集散已初步形成了广阔的腹地。

在明州的土特产和手工艺品不断输入外地之时,外地的产品也源源不断地涌入明州。通过远距离商贸输入明州的最有代表性的手工艺品是铜镜。唐代是我国铜镜发展史上的又一高峰,以精湛的工艺和绝伦的纹饰著称于世,并深受明州人民的喜爱。宁波出土的唐代铜镜不仅数量多,而且取材广泛,式样众多,装饰精美,有盘龙丽匣瑞兽镜、瑞兽葡萄镜、花鸟葡萄镜、真子飞霜镜等。特别是满花装饰的海兽葡萄镜,既具外来图案意趣,又象征着富贵长寿和祥瑞,在武周至盛唐社会上非常流行,在宁波境内的出土也较多,这从一个侧面反映唐代前期宁波人民的欣赏趣味,即有财力的民众在高档商品的消费中已经出现了追求流行时尚的趋向。① 宁波境内出土的唐镜产地多不明确。唐代明州境内虽然已经出现了采矿冶金业,如奉化的铜山就是当时的一个采矿点,但因铜镜技术含量极高,而宁波本土素无冶铸铜镜的传统,这些出土的铜镜无疑是从外地输入的最有代表性的工艺品。

更主要的是,与港口的有力开发和娴熟的航海技术相适应,海上贸易成为主流而迅速崛起,使宁波与北方、南方市场的联系更为紧密。当然,唐代明州港海上贸易的兴起有一个发展过程。大致说来,三江口一带在初唐时期船运还是相对冷落的,而象山港则成为商旅往来的重要通道,在初唐承担着繁忙的船运任务,会稽商旅经常往来其间。这个现象或者可以解释为台州章安港衰落之后、明州港的功能尚未充分发育之前的一种替代性的港口经济现象。如贞观中有会稽贩客金林屡经象山石浦东门岛,每次经过时都要上东门庙,恭敬地献上供品。永徽年间(650—655年),又有会稽工人蔡藏自泉州造佛像回,获缗钱数百,上东门岛祈祷,后在东门数里外覆舟遇难。② 不但会稽手工业者经常往来于象山、福建间,而且象山本地的手工产品也通过海运开拓

---

① 林瑛、李军《宁波出土铜镜探讨》,《浙东文化》1994年1、2期合刊。
② (宋)《宝庆四明志》卷二一《象山县·叙祠》,《宋元方志丛刊》本,中华书局1990年版。

市场。1974年在象山港距出海口不远的黄避岙发现初唐龙窑两条,从遗址堆积物看,该窑场产品种类比较单纯,主要有碗、高足盘、钵、瓶、罐,造型古朴,稳重实用,装饰简单,常施以大片的酱色彩斑装饰。这虽然是象山窑最早的发现,但其工艺水平在初唐时实属翘楚。值得特别注意的是,象山窑远离城镇,背面是延绵不断的大山环绕,面向大海,窑址选在这人烟稀少的地方,陆上交通不便,而窑场的规模却很大,是完整的瓷窑作坊。这只能说明它主要不是一个就地销售的手工作坊,它的大部分产品就利用便利的海运交通运往沿海各地销售。[①]象山窑的诞生为我们提供了重要信息,即越窑青瓷开始通过海路开拓市场,而域外市场的产品认同与大规模需求更加形成了通畅的销售渠道,反过来刺激了近港越窑的生产,从而引起了生产格局的变化。在原料与燃料得到有效保障的前提下,窑场的分布会更加集中到港口附近来,便于产品的直接启运。由于明州沿海出没的商旅很多,在难以掌握海上航行命运的时代,海商们只有祈求神的保护,所以助建了不少庙宇。如昌国之蓬莱乡(今岱山)洋山,"海贾有见羽卫森列空中者",大中四年(850年)为建洋山庙,[②]这是舟山历史上有记载的最早神庙之一。洋山地处今江浙沿海交界处,与苏州距离不远,是南北航海的要冲,洋山海域风急浪高,海商之所以在此建庙,就是为了保佑海上航行的安全。

明州港的真正发育成熟是在三江口成为地区的政治、经济、文化中心之后。明州与福州一样,虽然开发都较迟,但一旦进入实质性的开发后,都很快显示出独特的港口优势。

虽然在唐代之前,甬人、闽人都有经商风气,但未形成规模。闽商集团与甬商集团均崛起于唐代后期市场,[③]两者又有着密切的海上交往。他们驾驶帆船,经营鱼盐、陶瓷等物产,又积极开拓海外市场,控

---

① 李知宴《浙江象山唐代青瓷窑址调查》,《考古》1979年第5期。
② (宋)《宝庆四明志》卷二〇《昌国县》,《宋元方志丛刊》本,中华书局1990年版。
③ 徐晓望《妈祖的子民——闽台海洋文化研究》,第297~298页,学林出版社1999年版。

制了中国对外贸易的主要部分,具有较多的共性。大约自 9 世纪中叶以来,关于明州港的贸易才有了较多的记载。作为唐、五代著名的对外贸易港,明州的国际贸易经历了从"朝贡"贸易到半官方贸易到民间商团贸易的转变。

唐朝、新罗、日本间的贸易在 9 世纪以前以官方贸易为主。日本主要以遣唐使的"朝贡"贸易为主,新罗使也是通过"朝贡"回赐。唐后期浙江丝绸生产崛起于江南,越州、杭州独步一时,明州也设立了官营织锦坊,生产吴绫和交梭绫。浙江丝绸通过明州港主要出口到日本。其中少部分是由唐廷以赏赐形式赠给遣唐使一行,大量的是由明州商人直接运销到日本。中国丝绸在日本十分抢手,唐舶赍到后,必须通过内藏官出售,为王公贵族高价竞买的爱物。至今日本文物宝库京都正仓院还珍藏有大量产自唐土的精美丝绸品,只是它们的具体产地已难以指实了。9 世纪以后,随着航海技术的发展,航路的开拓,朝贡贸易逐渐淡出,民间商团占据了东海国际贸易的主导地位。9 世纪初,新罗清海镇大使张保皋(?—841 年)以清海镇(港)为基地,经营海上贸易,纵横驰骋于三国之间,演变成一个国际性的商团。这个商团以其雄厚的资本控制了海上贸易,其与大唐的贸易,既有随同外交使节来往所进行的贸易,也有纯粹由商人进行的交易,因而带有半官方半民间的色彩。明州港是张保皋商团向东南沿海拓展贸易的一个主要港口,他们自新罗灵岩附近或清海镇出发,经黑山岛,横渡东海,即可到达明州望海镇。张保皋的贸易船直接开到了明州。从旧方志的记载看,舟山普陀山有新罗礁,象山港东门有新罗岙[①],临海有新罗山、新罗屿,这些都应是张保皋贸易船于航道必经之处留下的作为航标的地名。张保皋贸易的经营范围很广,不过他特别青睐精美的越窑瓷器,想方设法从明州带回了陶工。

张保皋被害之后,以张保皋为代表的新罗商团很快从历史的舞台

---

① (宋)《宝庆四明志》卷二一《象山县》云:"新罗岙山,县北七里。耆旧相传新罗国人尝泊舟于此。"《宋元方志丛刊》本,中华书局 1990 年版。

上消失了。9世纪中期,大唐商团取而代之,担当了唐日贸易的领导角色。尽管中国与海外国家的贸易可以上溯到汉代,但是,早期中国人出海,或是由于宗教的原因,或是由于政治的原因,从正史中很难找到唐以前中国商人去海外经商的例子,倒是海外商人来华贸易的记载不少。这种局面一直延续到9世纪中叶才发生显著的改变。其中明州商帮和福建商帮异军突起,成为国际贸易的佼佼者。明州作为唐舶基地造就了一批航海家。如唐会昌二年(842年),李邻德驾驶贸易船自明州港启程去日本。① 宣宗大中元年(847年)六月二十日,张友信的商团贸易船,也由明州望海镇启程,于六月二十四日到达日本肥前值嘉岛那留浦。② 大中十二年九月十三日,明州张友信商团贸易船从日本起航,七日后到达明州港。③ 懿宗咸通三年(862年)九月三日,张友信等从日本开船,九月七日到达明州石丹岙,次年四月又从明州港返航日本。④ 咸通六年七月李延孝商船从明州港出发驶往日本。⑤ 从这些只不过是见于记载的一部分事例中,已经不难看出明州商团往来穿梭于日本的博德港与大唐的明州港之间进行国际贸易活动的事实。这些商团规模之大、人员之众、船舶之良、经验之丰,比之张保皋商团是有过之而无不及。

  唐代宁波的海外贸易中影响最大的无疑是陶瓷贸易。公元9世纪前后,中国瓷器便开始作为一种新型商品大量出现在国际贸易市场。古代中亚地区地理学家伊本·法基在《地理志》(903年)中将中国丝、瓷和灯并列为世界三大名牌货。当时,无论是陆上丝绸之路的中亚、西亚和埃及,还是太平洋、印度洋上的海上航线,都有唐瓷的踪影。越窑青瓷是中国首先大量出口的贸易陶瓷之一。明州港则是东

---

① [日]木宫泰彦著、胡锡年译《日中文化交流史》,第109页,商务印书馆1980年版。
② [日]木宫泰彦著、胡锡年译《日中文化交流史》,第110页。
③ [日]木宫泰彦著、胡锡年译《日中文化交流史》,第112页。
④ [日]木宫泰彦著、胡锡年译《日中文化交流史》,第112页。
⑤ [日]木宫泰彦著、胡锡年译《日中文化交流史》,第113页。

方陶瓷之路的主要始发港之一,其外销陶瓷以上林湖越窑青瓷为最大宗,并接纳遥远的长沙窑产品,通过海路广播世界,对环球文明产生了重大影响。考古工作者在东门口、和义路码头遗址典型唐代地层中,发掘出大量瓷器文物。如1973年底发掘姚江码头遗址750平方米,出土唐代青瓷器、漆器、陶器及建筑构件共700余件。1978年发掘东门口沿江国际海运码头遗址,出土一批唐代越窑青瓷,数量之多,质量之精,品种之丰富,为新中国成立后陶瓷考古史上所罕见,还出土独具特色的长沙窑产品。1998年在和义路邮电楼附近的考古发掘中,在20平方米唐文化层中竟出土4担千余件越窑青瓷瓷片,主要出土器物为碗、罐、盏托、灯盏、粉盒、执壶、器盖等,器物釉色滋润,均为上林湖产品,质量较高,造型基本完整且能复原的达上百件,此外还发现带彩长沙窑罐。从考古发现的材料看,唐代明州港贸易瓷的时代为:中唐贞元朝(785—805年)前后一期、元和朝(806—820年)二期、晚唐大中朝(847—859年)三期,显然,明州港自中唐晚期开始,就已成为东方海上陶瓷之路的主要始发港之一。当时明州港不但输入本地的陶瓷产品,而且还接纳遥远的长沙窑产品。当时以生产外销瓷器为主的长沙窑产品主要是在铜官镇码头上船,沿着湘江至岳州,然后过洞庭入长江,抵达扬州,并以扬州为主要中转站,然后再经京杭大运河到杭州,入曹娥江转入姚江到达明州,跟越窑青瓷一起装舶出海。越窑青瓷除了运销到朝、日及东南亚周边诸国外,还远涉重洋,销往印度洋诸国、非洲的埃及以及伊拉克等波斯湾沿岸国家。1997年宁波市海曙区公园路子城遗址考古发掘,首次出土波斯商人的生活用具波斯陶,证明唐代确有波斯商人在甬上活动,这些来甬的波斯人很可能与陶瓷的外销有关。世界各地凡发现有一定数量越窑青瓷的,往往都是古港、海峡、沿海城市等,这也从一个方面说明了越窑青瓷的外传途径是通过海路进行的。[①]

---

① 关于外销瓷的详细情况,参看林士民《青瓷与越窑》,第300~315页,上海古籍出版社1999年版;徐定宝主编《越窑青瓷文化史》,第229~242页,人民出版社2001年版。

越窑瓷器的大量输出,不仅对世界各国人民的物质生活产生影响,例如,它使得不少国家和地区的人民寻找到理想而又卫生精美的生活用具,改变了部分区域无饮食器皿的风俗习惯;而且在精神文化方面也起到了重要作用。从越窑瓷器的仿制品中可以看到,越窑瓷器的大量出口,改变了不少国家和地区的社会审美观,以至于社会上流行的陶瓷器皿审美观以与中国式样相近为准,东非的许多建筑物也以嵌镶中国瓷器为美。越窑瓷器还作为重要的观赏瓷之一,被大量带到日本,为收藏家所珍藏。而与此同时,世界上热爱越窑瓷器的风气和越窑瓷器的高昂身价,又推动了国外制瓷工艺的产生、发展乃至提高。越窑青瓷的外销,形成了著名的"海上陶瓷之路",直接推动了世界海运业的发达。

综上所述,唐代宁波的经济比起六朝来确实有了较为明显的改观。明越分治之后,浙东的区域经济甚至出现了某种程度的移位现象。如东汉六朝,水利建设以绍兴为重,唐代明州的水利工程在质和量上均超过绍兴;春秋以来绍兴造船业闻名全国,唐朝则明州造船业开始崛起,影响及于国外;陶瓷生产的演变更为典型,春秋时期原始瓷的烧造产区主要分布在越国都城四周,东汉六朝时瓷器的烧造中心已移到曹娥江两岸地区,到了唐代,慈溪上林湖窑区一跃而成为越窑青瓷产业的领头羊,并将青瓷烧造技术发展到炉火纯青、臻美完善的境界,从而使明州港更有条件成为海上陶瓷之路的始发港。这一切都意味着明州的历史地位正在逐步上升。

第三章
隋唐宁波的文化成就

- 史学成就
- 文学艺术
- 科学技术
- 佛道的兴盛

唐代宁波的文化建设总的说来滞后于城市建设和经济发展,人文气息也落后于毗邻的绍兴和台州。尽管如此,唐代宁波还是涌现了著名的四明籍学者,在史学、医学等领域取得了相当成就。唐代宁波文化以佛教的发展最快,并深入到社会基层,初步奠定了四明佛国的基础。

第一节　史学成就

隋唐时期宁波学者的史学成就集中体现在虞世南身上,他编纂的《北堂书钞》、撰写的《帝王略论》都是颇具代表性的著作。

一、图志与类书的修纂

隋至初唐,虞世基、虞绰、虞世南在图志和类书的编纂上取得了重要的成绩。

隋唐一统,统治者对编纂全国性的地理著作以了解和掌握全国各地的山川、物产、户口和风俗等情况较为重视,开始把地方志书的编撰工作集中到中央政府来管理,并在各郡志书的基础上大规模编纂全国性的图经和图志。隋大业五年(609年),内史侍郎、余姚虞世基总检《区宇图志》,虞绰分序京兆郡风俗,纂成800卷的全国性志书。隋炀帝嫌部秩太少,更遣重修,成"十郡志"一千二百卷。此书"卷头有图,别造新样,纸卷长二尺。叙山川则卷首有山川图,叙郡国则卷首有郭邑图,叙城隍则卷首有公馆图,其图上山川、城邑……"①。这标志着以单一文字记载的地记为主要形式的两汉、六朝方志雏形阶段的结束,图文并茂的新颖方志脱颖而出,成为志书的主导形式。这部规模宏大的敕修全国性志书早已散佚,从《太平御览》、《太平寰宇记》中保存的吉光片羽看,记载了地理、古迹、神话、传说等类目,应该可以算作是我国最早的一统志。

中国古代的类书,是把赅括自然界和人类社会的一切知识的历史文献资料分类汇集在一起,兼有"百科全书"与"资料汇编"的双重性质。魏文帝曹丕召集群儒纂辑《皇览》,给后来许多封建王朝在开国之初集中人才大规模地编纂类书以示文采之盛做了一个示范。四明学者参与类书编纂,以隋时的虞绰和虞世南为最早。虞绰博学有俊才,仕隋为秘书学士,"奉诏与秘书郎虞世南、著作佐郎庾自直等撰《长洲玉镜》等书十余部,绰所笔削,帝未尝不称善"②。《长洲玉镜》238 卷(一作 400 卷)是隋炀帝时官修的一部类书,始编于大业初(605 年),次年六月成书,虞绰担任总纂一类的角色。这部类书以梁武帝征诸学士所修的《华林遍略》为蓝本,采事宏富,但又避免了复见的毛病,可惜此书至宋代不传。虞绰另纂有《类集》113 卷,又参与了我国最早的一统志《区宇图志》的分修。虞绰在隋朝参加了诸多国家级大型文化工程项目,并作出了重要贡献。

虞世南在隋大业中任秘书郎时,除协修《长洲玉镜》外,还摘抄庋藏于秘书省后堂的群书以备为文之用,编成《北堂书钞》。《北堂书钞》系隋末的一部私修类书,原本 173 卷,分 80 部 810 类(门),今本 160 卷,分 19 部 851 类,有帝王、后妃、政术、刑法、封爵、设官、礼仪、艺文、武功、衣冠、仪饰等类目,每类之下则排比汇辑从各种书中抄录的

---

① (宋)李昉等《太平御览》卷六〇二,中华书局 1962 年版。按,其卷帙,《隋书·经籍志》仅著录为 129 卷,或系就当时残存而言。(唐)李延寿《北史》卷八八作 600 卷,此从《太平御览》之说。
② (唐)李延寿《北史》卷八三《虞绰传》,中华书局 1974 年版。

原书材料，一般都直接引录原文或语汇，有的地方加有编者的按语或夹注，注明材料出处。《北堂书钞》是流传至今的最早而有相当规模的一部类书，它固然有引文不连贯、多不注明出处的缺点，但由于其成书时代较早，征引陈隋以前的古书约 800 余种（除集部外），且原书已大半亡佚，因而文献价值极高，长期来成为辑佚、校勘古书的渊薮，得到清以来学者们的特别重视。1464 年，日本建仁寺住持天与清启受将军足利义政之委派访华，表文录列未曾东传而又希望获得的中国图书目录中，就有这部《北堂书钞》。《北堂书钞》虽然成于隋末，但因虞世南是初唐名臣，因而此书长期来与《艺文类聚》、《初学记》、《白氏六帖事类集》并称为"唐代四大类书"。虞世南入唐后修辑的类书有《兔园册》10 卷、《群书治要》50 卷。关于《兔园册》，南宋晁公武《郡斋读书志》卷一四著录云："唐虞世南奉王命纂古今事为四十八门，皆偶俪之语。五代时行于民间村塾，以授学童，故有'遗下《兔园册》'之诮。"《兔园册》的体例是以偶俪形式编排的，本非鄙朴之谈，后来成了唐五代广为流行的民间私塾童蒙教科书。我国古代的蒙学课本种类繁多，但以社会、自然常识教育为主的知识性课本却滥觞于《兔园册》，"但家藏一本，人多贱之"①。这从反面说明了《兔园册》之家喻户晓，影响巨大。虞世南《兔园册》原编久佚。②《群书治要》50 卷，贞观五年（631 年）受太宗之命，以魏征领衔，虞世南等参与编辑，所采"爰自六经，讫于诸子，上始五帝，下尽晋年"③，旨在"览前王之得失"，吸取教训，巩固政权。此书中土久佚，日本金泽文库藏有镰仓僧人的手抄本全帙，1616 年德川家康命用活字排印刊行。此书后来回流到中国，受到清代学者阮元的高度重视，对清代典籍的校勘帮助极大。

---

① （宋）孙光宪《北梦琐言》卷一九《诙谐所累》，中华书局 2002 年版。
② 今传敦煌遗书本《兔园册府》残卷，实系贞观年间安州都督蒋王恽令僚佐杜嗣先仿应科目自设问对、引经史以为训注而写成的。
③ （宋）王溥《唐会要》卷三六，中华书局 1955 年版。

二、虞世南的史学成就

虞世南（558—638年），字伯施，系余姚虞氏家族最卓越的代表。早期仕隋而未受重用，直至李唐建立，命运才出现重大转折。先为秦王府记室参军，唐太宗即位后任著作郎，兼弘文馆学士，官至秘书监，成为最高政权机构中参与决策的智囊人物。他经常和李世民一起评论古今为政得失，追述往古兴亡之道，必存规讽，多所补益。他性情刚烈，议论持正，也是唐初著名的谏诤之臣。唐太宗曾赞誉虞世南有"博学、德行、书翰、词藻、忠直"五善，这可以说是对他一生的最高评价。

虞世南于唐初政治、文化建设上的贡献是多方面的，但他首先是一位政治谋略家，具有高度敏锐的政治洞察力，他"商略古今"的史学活动也是为现实政治服务的。他所著的《帝王略论》5卷，是中国史学史上较早的以政治家身份系统评论历代帝王才智贤愚、为政得失的历史评论专著。① 全书由事略和评论两部分构成，因称"略论"。事略叙史事，冠以"略曰"，评论采用问答式，冠以"公子曰"、"先生曰"，并按历代帝王所处时代编次。此书约成于李世民即位之前，"公子"指李世民，"先生"指作者自己。

《帝王略论》是初唐别具一格的史学著作，序中揭示的"将为子（指秦王）说治乱之迹，贤愚两贯"应是全书的主旨。在内容的取舍上，三皇五帝"非凡庸所敢轻议，但略陈其事，存而不论"，所以选取三代以下，"世有治乱，兴亡之运，可得而言"者，故"择其明者可为轨范，昏者可为鉴诫"而"试论之"，"至于守文承平，无咎无誉"，没有什么轨范、鉴诫之处的"亦所不谈"。可见此书并非泛论"古今"，而是要在确有可"商略"处做文章。时唐朝建立不久，天下未定，书中谈论的内容，确是当时的形势和李世民所迫切需要的。该书以帝王为评论对象（间

---

① 虞世南《帝王略论》原著已在元以后亡佚，今传有敦煌故书伯2636号《帝王论》残本、日本东洋文库购得镰仓时代写本残卷，佚文散见唐人赵蕤《长短经》、马总《通历》等书中。

涉个别执宰国是的大臣），反映了虞世南卓越的史识和进步的历史观。其主要内容有：

1. 提出了领袖人物的政治素质条件。 虞世南在评论中多注意于历代帝王的"功德"、"功业"、重大政治举措以及他们个人的"智略"和才能，并指出了作为领袖人物所必备的政治素质。虞世南认为人之才是多样化的，不同身份的人亦要求有与之相适应的才能，帝王之才"在乎文德武功而言。文则经天纬地，词令典策；武则禁暴戢兵，安人和众"。虞世南虽然以文德武功、宽猛相济为善政，但他为了限制帝王肆意的骄奢淫逸，滥用威权，又特别强调人君之宏大器量与德才涵养。他说："夫人君之量，必器度宏远，虚己应物"，"夫修道法冥，以宏济为怀，仁恕为体"，而人君之修道不只是个人品德的"区区一介之善"，而应"推此一心，以及万体"。尤其是"创业垂统"不同于"平一天下"，历史条件的变化对君王的德才提出了更高的要求。只有具备"仁惠之德"的人君，才能使"万姓推而不厌也"。反之，人君如果仅有"浮狡之小智"，而没有"含宏之大德"，则孽由自作，国不永祚。总之，虞世南认为智、才、德是英明领袖的必备条件，具备了这些素质，在一定的条件下就能走向成功，这些都是非常高明的见解。

2. 大胆肯定一些君主的历史作用。 虞世南评价历代帝王，能将其放在特定的历史进程中多角度、多方位地进行考察，从而能够提出超越流俗的看法。如他不赞成梁代史家裴子野的历史比较法，从出身、创业、度量、谋略几方面衡量，认为"匹夫"出身的刘裕有"汉高之风"、"光武之匹"，这在门阀观念作崇史界的初唐时代确乎难得。再如他从民族关系上，特别是从"声教"方面高度评价了北魏孝文帝的汉化措施，并称其为"非常之人"和"命代之才"。作者在那个时代能够超越民族关系对"异族"统治者作出这样积极的评价，也是颇不简单的。

3. 着意于成败得失的总结。《帝王略论》之所以从多方面评论历代帝王的贤愚明昏，根本的一条是着意于历代政治成败得失的分析和总结。如虞世南论秦朝的统治，着重批评了秦始皇一味任用"威力"的政策,殊不知在"守成"时亦需要仁义相辅。这在无形中启导了后来唐太宗与群臣讨论"教化"及"草创与守成孰难"的问题。

在总结历代皇朝成败得失的时候,虞世南还能够指出那些获得了巨大成功的君主的失误处,决不因其功业之大而讳言其短。如他充分肯定了刘邦在政治上的谋略和成功,但也批评了他对待吕后的"邪辟"上的迁就和无力,以至于弄到"几亡社稷"的地步。这样评论帝王就包含了作者的朴素辩证思想。在具体的评论中,虞世南还能摆脱"天命"观的束缚,将政治动乱与朝代更迭的原因归之于"人事"的失误。

4. 体现了三教融汇的文化意识。虞世南的思想无疑属于儒家思想,但他在谈论三教的关系时表现出了融合汇聚的文化意识。如他论梁武帝留心释典时指出,佛教的"六波罗密"与儒家的五常本没有什么区别,不认为君主笃信佛教是可以非议的。在论周武帝毁灭二教的是非时,他指出释道之"止恶尚仁,胜残去杀并有益于王化,无乖于舆俗",若以"众僧犯律,道士违经"为由毁弃其教,无异于井底之蛙,眼孔狭窄。这表明儒家学者在吸收、融化外来思想方面的能力有所提高,心胸也更为广阔。他还特地为天台宗祖师智𫖮创建的赤城大慈寺书写《华严经》,这部作品直到南宋初才被秦桧取去。① 至于虞世南与道家的关系,虽然在《帝王略论》中没有涉及,但可从贞观年间虞世南奉唐太宗之命校写老子《道德经》这一富有象征性的事件中看出端倪。虞世南在说明校写原委时,自称"穷百氏之阃奥,探六书之清微",他以王弼注《老子道德真经》为底本,用韩非、河上公本校勘。虞世南死后60年,武后执政时的神功元年(697年)五月五日,出内府所藏虞世南校本,命娄师德、狄仁杰等钩模勒石,公诸天下,嘉惠学林。宁波籍学者路工访得石刻拓片,经与马王堆三号汉墓出土的《老子》本比较后,证实这是迄今所见王弼本系统中存世最早、最为接近王弼注老原本者,对于探讨《老子》一书在初唐的传播与影响、道教与政治的关系,以及虞世南的校勘成就和老学造诣,均

---

① (宋)陈耆卿《嘉定赤城志》卷二八,第402页,徐三见点校本,中国文史出版社2004年版。

有重要的研究价值。① 隋唐之后,三教合一便成为一种时代的潮流,这与虞世南等先驱者的推动是分不开的。

虞世南的《帝王略论》是唐初史学家自觉运用历史比较法的典范之作,作者在写作体例上设置了一系列带有历史比较性质的设问,或以同一君主的前后期相比,或以同一皇朝的不同君主相比,或以不同时期的皇朝的君主相比,或以同一时期的不同皇朝相比,既注重客观效果的评价,也注意个人修养的分析,并意识到了历史评价标准和道德评价标准的区别。《帝王略论》又是现知我国最早的贯穿古今的历史评论专著,而以问答形式撰写一部完整的历史评论专著,乃是虞世南的首创,在中国历史评论发展史上具有相当的代表性和不可忽视的地位。②

第二节 文学艺术

六朝以来四明的文学艺术以余姚虞氏家族为支撑,初唐虞世南的诗文、书法曾在当时产生过重要影响。虞世南之后,四明本土的文学艺术在中晚唐有所兴起,虽然成就不大,但对活跃和浓化地方文化,仍具有相当的意义。

一、稍具气候的文学创作

(一)初唐虞世南的文学创作

虞世南是唐太宗最宠信的宫廷文人,成为封建时代君臣一体的典范。他的文学业绩也受到了高度评价,太宗赞其"德行淳备,文为辞

---

① 路工《虞世南校写的〈老子〉石刻拓本》,《访书见闻录》,第4~19页,上海古籍出版社1985年版。
② 参见瞿林东《〈帝王略论〉——唐初史论的杰作》(《华北石油教育学院学刊》1987年2、3期合刊)、《论〈帝王略论〉的历史比较方法》(《史学月刊》1987年第3期)等文。

宗"①。虞世南著述颇富,有集30卷,已散佚,鲁迅、张寿镛均有辑本,仅存诗32首,文若干篇。

虞世南、李百药等作为贞观宫廷文学集团的领袖,经历过宫体诗风炽盛的深度熏陶,他们的文学内质无疑属于梁陈时代。但由于唐太宗倡导文学革新,标举雅正诗风,使艳情文学在宫廷中丧失了存在的土壤,宫廷文人的创作取向随之发生了微妙的改变,那就是将声色歌舞与某种政治需要巧妙地融汇在一起,以顺应时代环境的变化。在贞观宫廷诗的新变中,虞世南是把宫体诗题材与歌功颂德主题出色地结合起来的诗人之一,他竭力使香艳内容进入颂诗轨道,把对艳曲靡音和妍姿美色的描写转化为表层欣赏和深层谀颂的混合体,从而体现了宫体题材的新变。他又竭力回避与女性相联系的声色,更多地将目光引向自然景色,虽然未能在景物画面中融入真挚动人的情思而达致情景合一的境界,但其画面形象确实在渐渐向讲究浑朴无迹、兴象玲珑的盛唐山水诗逼近。

虞世南由于将言志注入到宫廷诗形式中,从而将囚禁于宫廷男女狭小范围的"情"稍稍解放出来,使事类的剪裁获得了新生命。如他的咏物绝句《蝉》云:"垂緌饮清露,流响出疏桐。居高声自远,非是藉秋风。"全诗融合前人咏蝉诗文中的有关意象,别出心裁地采用人格化的写法,尾联言志,讴歌了蝉的高洁品格,隐然自写怀抱,清狂而自负。他的咏物诗立意不俗,形象丰满,洗濯浮夸,兴寄独远,其标格之高,在贞观诗坛中罕有人比。其中《蝉》诗与后来骆宾王、李商隐的同题之作,被论者推为唐人咏蝉的"三绝唱"。

虞世南的言志抒情,最出色的是把北方刚健质朴的诗风带了进来,表现在乐府体的边塞诸作,格调苍老,辞气劲健,造语精工。《出塞》诸作,以凝练精工的笔触,将酣畅之笔伸向荒寒之域,涂饰了浓重的苍茫雄浑的塞外风光,体骨上"追琢精警,渐开唐风",体式上又为

---

① (五代)刘昫等《旧唐书》卷七二《虞世南传》,中华书局1975年版。

"唐世五言古风之始"。①

虞世南也是初唐的散文名家。他所作的《白鹿赋》、《秋赋》、《琵琶赋》等辞赋作品,祖述徐陵,"典而不野,丽而有则"②。太宗贞观九年(635年),太宗皇帝得到了一头由康国贡献的狮子,命虞世南作赋赞誉,虞世南写了一篇词藻华丽的《狮子赋》,生动地表达了中世纪时的中国人对于兽中之王的敬畏态度。他的《帝王略论》,以见解超卓,视野开阔取胜,笔势激越,藻采飞扬,是初唐少见的骈俪文佳作。虞世南的《笔髓论》属于书法美学论文,亦用骈体文写成,许多段落不惟内涵深刻,而且文笔极为妍美,充分体现了他的散文造诣。其艺术特点是多用赋法渲染,立象设譬,精妙形象,遣词造句,笔势矫健。作者联想翩翩,所立之象,常采博喻,但对所用喻体,复加描述,务求本身的形象。这样借助于一个个喻体生成的形象,传达出了本体的审美特性。

(二)中晚唐时期明州诗歌的初步发展

唐代是诗的时代,但四明地区除了初唐虞世南外,没有出现可以名表中国诗史的人物。如果将隶属于越州的余姚虞氏家族作家群析出的话,那么明州域内从来就不存在风雅的人文环境。唐代明、越的分治,还只是政治和经济意义上的独立和整合,并没有给明州文学带来发展的契机。直到中唐,才有几位姗姗来迟的拓荒者耕耘在这块荒芜的文学园地里,诗歌的芽苗算是破土而出了。但是由于先天不足,后天失调,唐五代的明州文学一直处于发育不良的状态,成为浙江文学发展的落后地区。据陈尚君《唐诗人占籍考》统计,唐五代越州有诗人28家,温州10家,台州8家,明州仅有6家,在浙江10个州中位居倒数第三,无论是作家的著名度还是作家的数量、作品的质量,比较落

---

① (清)沈德潜《唐诗别裁集》卷一,上海古籍出版社1979年版;(明)高棅《唐诗品汇》卷一,上海古籍出版社1982年版。
② (明)都穆《金薤琳琅》卷一八收虞世南《破邪论序》。

后于周边的越、台两州,仅略强于衢州和括州。① 尽管如此,明州的文学风气也总算慢慢地培育起来了。据现有的资料,这一时期的宁波诗歌可以从以下三方面窥其一斑。

1. 文人创作,难成气候。王应麟曾叹息说:"明自唐为州,文风寥寥。"②这确实道出了这一时期宁波文坛总体上的不开化状态,即使偶然涌现出几个文人,创作质量不会很高,也没有产生过多大影响。胡幽贞、邢允中、陈深③、吴商浩是明州建州后诞生的第一批本籍诗人。胡幽贞,署四明山大方广无生居士,唐德宗时代人。④ 唐末张为《诗人主客图》以孟云卿为"高古奥逸主",将胡幽贞与李贺、杜牧、李余、刘猛、李涉列为"入室",可见胡幽贞的诗有一定影响。甬东人吴商浩,屡应进士试不第,曾南游巴蜀,西至塞上,现存诗9首,擅长近体,内容上全写羁旅思乡、年光空流的感慨,情韵悲凉,格调衰飒,锻炼颇工,而又不失自然晓畅。他们是明州文学的拓荒者,也算是对本地寂寞文坛的一点点缀和安慰。

2. 禅僧诗歌,独霸一方。唐代明州的文学风气虽然有限,但诗僧的创作却引人注目。唐代浙东盛产诗僧,明州大梅山法常禅师(752—839年)即为其中之一。禅宗自六祖慧能开宗以来,偈颂开始盛行,并成为押韵的精炼的诗偈,诸大师就以诗偈作为接引学人、证悟道体的主要工具。不过,早期禅宗祖师除神秀和慧能的示法偈算是较生动形象的说理诗外,其余诸禅师的偈相当枯燥乏味。这种情况在中唐开始出现转变,

---

① 陈尚君《唐代文学丛考》,第159~160页,中国社会科学出版社1997年版。参见陈耀东、陈思群主编《浙籍文化名人评传·唐五代卷》附录二《浙籍文化名人区域分布名录表》,第570~572页,浙江大学出版社2003年版。
② (宋)王应麟《先贤祠堂记》,《四明文献集》卷一,《四明丛书》本。
③ (宋)晁说之《景迂生集》卷四《偶见陈诚之一诗,不胜钦叹,辄纪赠,求其巨篇,深愧芜累》云:"四明唐中叶,处士有陈深。书既殚万象,诗想瑶华音。惜哉不并传,裔孙自苦吟。"可知陈深为中唐人,善诗书,乃北宋后期四明诗人陈诚之的先祖,但其作品已只字无存。
④ 胡幽贞的生活时代,学界历来未得其详。今考唐有《大方广佛华严经感应传》一卷,署"四明山大方广无生居士胡幽贞刊纂",题记云:"幽贞以有唐建中癸亥纪敬发此愿,为此归命文。"此之"建中癸亥"即唐德宗建中四年(783年)。胡幽贞的时代即可据此而定。

偈颂的诗意越来越浓,大梅法常的两偈可以算作是最早有诗性质的禅诗了,不但平仄、音韵完全符合近体诗的格律,而且善用比兴手法。

如果说中唐宁波仅有大梅和尚横立一时的话,那么到了晚唐,僧家军已飙起一方,宗亮嫣然秀出,执定牛耳。宗亮(奉化人)开成(836—840年)中据鄞州开元寺,大中五年(851年)再造宁波国宁寺,征选清高者隶名,亮预住持。晚年专事禅寂,不出寺门。据赞宁《宋高僧传》记载,"(宗)亮恒与沙门贯霜、栖悟、不吟数十人,皆秉执清奇,好迭为文会,结林下之交"。这不但是宁波地区最早而又颇具规模的文学社团,而且也可能是唐代僧人自觉结成的唯一的文会组织。宗亮有诗300首结为集子,连赞、颂之体并行于世,惜今散佚不传,遗诗仅存4首。宗亮诗最可贵之处在于不为宗教所限,能关注现实,赋予作品以社会质感,故其咏它山堰两诗,尤为乡贤所推崇。其中《它山堰长歌》,用的是七言古体,放笔叙述四明的水害,以及王元暐深入调查筑堰兴利的伟功。此诗概括地提到了它山堰的建造年代、工程主持者、工程内容与工程作用,这是有关它山堰水利工程的最早文字记载,极富史料价值。诗的结尾,宗亮感慨后人没有在堰旁立祠纪念王元暐,反而为闲鬼立庙,心中很有些不平。他议论道:"山边却立它神庙,不为长官兴一祠。本是长官治此水,却将饮食祭闲鬼。"①指责乡人,秉持公心。这两首诗评断乡史,立意高拔,开辟了歌咏乡土人事的新题材,难能可贵。

3. 旅游诗歌,初具风采。唐代诗人旅游成风,据不完全统计,经历从新昌到天台的剡溪旅游线(学界命名为"唐诗之路")的唐诗人多达三百余家,这些诗人有不少顺道到了宁波。据《全唐诗》等统计,唐代诗人来游四明且留下作品的有十余家,他们创作的诗歌,有对四明地理特点、自然风景的真切描绘,有对四明风土人情、宗教气氛的生命体验,在一定程度上使本地的文学氛围变得更加浓厚了。

中唐来游四明山的诗人以刘长卿和施肩吾为代表。刘长卿于肃

---

① (宋)魏岘《四明它山水利备览》卷下,俞福海、方平点注本,当代中国出版社2001年版。

宗上元二年(761年)至大历三年(768年)春主要游息在越州剡县石城山的碧涧别墅,以此为基地,足迹踏遍越州所属各县,远及四明、天台。刘长卿有《游四窗》长诗,前半描写了四明山心四窗岩景色的绝奇形声,诗人悠游其间,寄傲长笑,但觉白云悠悠,仙风习习,这使饱尝忧患的诗人顿生"对此脱尘鞅,顿忘荣与辱"的出世之感。[①] 著名道士施肩吾曾居四明山学道求仙,并将自己的生命体验深深地融入四明山水之中。他的仙游代表作无疑是《同诸隐者夜登四明山》绝句:"半夜寻幽上四明,高攀松桂触云行。相呼已到无人境,何处玉箫吹一声?"[②] 又是夜半,又是寻幽,既攀松桂,又触云行,探险到无人之境,在空寂的夜半山巅,忽然传出玉箫一声,这种高峰体验充满着强烈的宗教神秘色彩,这种色彩又反过来强化了四明山水的"仙窟"效应。施肩吾喜欢寻求幽夜高巅的高峰体验,同样表现在《忆四明山水》、《寄四明山子》两诗中,那杳顶闻鸡、虚窗落泉、风雨啼猿的种种经历,无不是以"幽声"来渲染神秘氛围,这几乎构成了施肩吾吟咏四明山诗歌的艺术特色。

晚唐时来游四明的诗人不少,最著名的是新定方干,留下纪游诗8首,山海映带,虚实结合,是其特点。细而论之,方干在余姚作的诗偏重于主观夸张,如《登龙泉山绝顶》(未明先见海底日)一首,极为清晰地表现了龙泉山绝顶远近上下的景象层次,时空错落,笔势恢弘,物象丛集,感知分明。但龙泉山只不过是浙东一低矮小丘陵,方干登临绝顶的色听感受,不免掺杂了浓重的主观夸张的色彩。这种亦虚亦实、主观夸张的笔墨在《再题龙泉寺上方》再次得到鲜明表现。方干在奉化所作的纪游诗偏向于运用拟人化的意象构成。如《登雪窦僧家》:"登寺寻盘道,人烟远更微。石窗秋见海,山霭暮侵衣。众木随僧老,高泉尽日飞。谁能厌轩冕,来此便忘机。"动词"侵"、"随"赋物以人的行为,尤其是"众木随僧老"一句,是因了生命的体验和禅机的参悟而伸至宇宙生命的最深处,包孕着深广的境界和哲理。

---

① (清)彭定求等《全唐诗》卷一五一,中华书局1985年版。
② (清)彭定求等《全唐诗》卷四九四。

皮日休和陆龟蒙虽然没有游历过四明山,但他们凭着隐士谢遗尘的描述而作的《四明山九题诗》,堪称神游佳作。皮、陆"九题"诗的特点是想象丰富,仿佛仙界。陆龟蒙所作滞于实笔,艺术性稍差,但像"一半遥风雨,三条古井烟"(《云北》)、"草细眠应久,泉香饮自多"(《鹿亭》)、"倒穴漂龙沫,穿松溅鹤襟"(《潺湲洞》)等,不失为佳句。皮日休的和作凌空着笔,奇想翩翩,如写青棂子:"味似云腴美,形如玉脑圆",谁嚼过云腴之美?谁见过玉脑之圆?惟其如此,方堪作仙果。《潺湲洞》中间两联:"敲碎一轮月,镕消半段天。响高吹谷动,势急喷云旋。"想落天外,气势磅礴。《云南》是唯一一首人间味稍浓的作品:"儿童皆似古,婚嫁尽如仙。共作真官户,无由税石田。"这是最早描写四明的风土人情诗,用笔疏淡朴古,作者却有意把它描绘成人间仙乡,这样就与其他八首融为一体,较好地完成了"仙游"的主题。此后"九题"也就成为诗家喜咏的题目,如黄宗羲、高士奇、靳治荆等纷纷拟作,不乏佳品。

(三)唐代宁波实用散文的文学因素

唐代宁波流行的实用散文体裁主要有墓志铭、碑、铭、记等,目前可以考查到的有数十篇。它们都是以记述、实用为目的的一般应用语体文,并不追求语言的艺术化,也不以语言的生动性为主要标准。在表达方式上,一般以叙述、说明为主,但不排除必要的议论、抒情甚或描绘。在体式上,基本以骈俪为主,兼有散体穿插其间。虽然流传下来的作品绝大多数风格朴实,不尚文彩,而且还可看到一些套语,但毕竟也有一些作品讲究对偶声韵之类的技巧,因而蕴藏着某些文学因素。

这类散文较早的佳作如开元中秘书正字郎万齐融撰《大唐越州都督府鄮县阿育王寺常住田碑》,是用骈文写就的,夹杂着一些散句。此文先从农为政本叙起,引出释氏与农的关系。然后述及明州阿育王寺的来历,其中描写阿育王寺占人寰之一胜的文字颇为生动:"左赤岸而千里,右青田而一曲。霞标莽苍,幽幽迷鬼谷之祠;日刹晶明,的的识丈人之馆。天未雨花,宿传龙界之香;地籁无风,时起鱼山之梵。"以下以时间和人物为线索,胪述常住田之来历,以及历代阿育王寺之高僧辛苦经营常住田的业绩,写到陵谷迭居,寺田废兴,既有丧乱造成的农野萧条,也有农民与僧人的争田风波,其间曲曲折折,可当作阿育王常住田的小史来读。作者的描述常充满感情,如写前寺主简、皎二法师"就先畴之畎亩,敦老农之底绩",不幸去世,"流沙忽去,荒凉紫陌之田;影壁空存,摇落青园之寺"。写惠炬阇梨与法言沙门的长算、苦节,安排了长短错杂的句子,颇有气势。孙谏卿《唐明州象山县蓬莱观碑铭》(大中二年,公元848年)文颇平顺,结尾之铭更见精彩,如"兴焉何自,自肃皇帝。天半瀑泉,高秋鹤唳"(其六),"七十许年,犹孤殿口。愁大风起,吹落沧海"(其七),"海月微明,仙衣栩栩。高坛步虚,声入松雨"(其八)。或用描绘,或用渲染,或用拗句,或见意境,颇可玩味。

与人物有关的碑铭之类的文体,作者大多不注重于人物形象的刻画,喜欢穿插一些抒情、议论。大历八年(773年)崔殷撰《后汉孝子董君碣铭》也是一篇骈散结合的作品。作者在略叙董黯之孝的事迹之间,插入其对世上各种孝行的议论,批评非天性之孝、《礼经》之孝及非教之孝,更反衬出董黯"明诚必感,庸德惟懋"之真孝。其铭诗部分写得更佳,融化《诗经》的句子于董黯的事迹中,颇能以真情感人。这篇散文对唐代浓郁孝风的养成起了推波助澜的作用。范的《唐天童寺太白禅师塔铭》散中间骈,以生、死两段骈文写得最有文采。其渲染观宗出世之异:"不薰不腥,肌窕为泽。藏珠川媚,蕴玉方流。至宝处而殊伦,至人出而体别。异香袭乎襁褓,重颜清于冰雪。"善用大自然作比,颇见文采;抒发禅师化灭后的世俗之哀:"州尊邑尹,祭奠交衢。缁素齐道,幢幡翳野。慈云聚而还散,定水咽而更流。猿鸟悲吟,声惨风雨。物感如此,人哀可知。"不惟抒情浓郁,而且恰好体现了牛头禅系倡导的万物有灵、鸟兽感应的"无情有性"的泛心思想。也有个别散文于人物形象能稍作点染,如晚唐时明州刺史崔琪所作《心镜大师碑》,总体上写得很平实,但在追叙藏奂离姑苏时的情景,注意"微言奥旨"

的记录,细节生动,也可一读。乡贡进士林埏所作《唐故福州侯官县丞汤府君墓铭》写汤华以秩满寓岭南连江而卒,夫人王氏泛海护丧一段云:"感形影之未亡,叹梧桐之半死。望故乡以泣血,泛沧溟以护丧。蓬首逝波,没身殉义,艰险不惮,旌旐之情,今古罕及。"①用一系列的动词凝聚情感力场,确有回气荡肠的艺术效果,尤其是铭文部分采用骚体,为甬上唐文之所罕见。

此外,出为明州长史的李吉甫于贞元九年(793年)编辑《大同古铭》及郑悦钦解,并著后记一篇,历引"理乱之运,穷达之命,圣贤不逢,君臣偶合"的史实,发出了"岂大圣大贤犹惑于性命之理欤?将浼身存教示人道之不可废欤?"的困惑之感,全文议论兼抒情,质朴的文笔中充满了对圣贤以及自身命运沉沦不遇的深沉感慨。

二、别有风姿的书法艺术

(一)初唐虞世南的书学成就

初唐时期的书艺,法魏晋风猷,承二王余绪,重法式,重典则,又以一种欣欣向荣的清新姿态展现出来,极为妍美漂亮。最能体现初唐书风的大方之家,是号称"欧、虞、褚、薛"的"初唐四家"。

虞世南书既有深厚的家学渊源,也有深刻的地域渊源。魏晋以来,大书家二王等在浙东活动,书艺广为传播,奠定了浙东书法的雄伟大厦。浙东书法有崇尚王派书系的特点,虞氏家族可谓是最早的突出代表。刘宋时期虞龢的《论书表》,实际就是整理二王书法的报告书。此后虞氏家族在书艺的造诣上愈出愈奇,隋朝时虞绰"尤工草隶",唐李嗣真《书后品》谓其书"锋颖迅速",韦续《九品书人论》将虞绰行草列为第九品。虞世基博学高才,兼善草隶,其弟虞世南更是攀上了书法大家的地位,辉耀后世。虞世南师法同郡名僧、王羲之七代孙智永,妙得王体真髓,又广

---

① (唐)林埏《唐故福州侯官县丞汤府君墓铭》,见(清)阮元《两浙金石志》卷三,道光四年浙江抚署刊本。

泛地临习魏晋南北朝以来的诸碑版,创造出在凝重严肃之中含流美飞扬韵味的虞体书法,其特点是用笔沉粹典丽,结体平和稳定,风格遒劲,具有一种势柔而局密、锋廉而韵厚的艺术美感。

虞世南传世书作不多,最能代表其书法创作风格和成就的是《孔子庙堂碑》和《汝南公主墓志铭》。《孔子庙堂碑》书于贞观元年(627年),是其书艺纯熟时期的杰作,也为唐楷典范之一。其楷书行笔,行气相贯,而且整饬有法,字字精神,温润圆浑,秀色俊发,尤称精美的"戈"法,突出表现主笔的风格特征。当年虞世南刻立《孔子庙堂碑》时,特以此碑书的石本进呈唐太宗,太宗赐给一颗当年王羲之所佩的银印。不久,因"车马填集碑下,毡拓无虚日",原碑毁坏。① 武周长安二年(702年)又重刻一次,复因捶拓太多,导致字迹漫漶不能再拓了。由此可见虞书的巨大影响和人们的喜爱程度。传为虞氏所书的《汝南公主墓志铭》墨稿,作于贞观十年(636年),已非全帙。从此帖可见虞氏的行书清婉而无寒伧气,体势常带欹侧,如纵却敛,受《兰亭序》影响明显。明代王世贞评论说:"晚得永兴《汝南公主墓志铭》草一阅,见其萧散虚和,风流姿态,种种有笔外意。"②认为此帖的行书成就在褚遂良《枯树赋》之上,甚至可以和《兰亭序》并驾齐驱。虞世南书法虽然真迹寥寥,但后人的临

孔子庙堂碑(局部)

---

① (清)孙承泽《庚子销夏记》卷六,《四库全书》文渊阁本。
② (明)王世贞《题唐虞永兴汝南公主墓铭稿真迹后》,见《弇州四部稿》卷一三〇,《四库全书》文渊阁本。

摹或伪托本尚有不少,如《破邪论序》小楷,清秀文静,笔韵清回,孙承泽在《庚子销夏记》卷六中竟声称:"有唐三百年,书法当以永兴为第一,而永兴书又以《破邪论》为第一。"《积时帖》行兼草书,下笔如天马行空,奔放流畅,挥洒自如,给人以淋漓酣畅、变化万千的感觉;《左脚帖》行书,从容平和,行笔流畅,气象飘逸。凡此,均可侧面窥见虞世南在书法上的造诣。

　　虞世南是有书学理论建树于初唐并影响于后世的最重要人物,有《笔髓论》、《笔体论》、《书旨述》,并为唐太宗主持编定的《禁经》所收集。他的书法理论引人注目之处是提出了神遇—心悟—无为论。其《笔髓论·契妙》无疑是书论的核心部分,也是自有书法史以来最有思想容量、最有认识深度的一篇书法美学论述。他认为"达性通变"的"无为"无疑是书法艺术的最高境界,但若要达到这个境界,还要有主体的心悟,而心悟阴阳变化之"至道",又只能依靠神遇(神思独运)而不可力求。虞世南还提出了运笔之妙的基本法则。他以心为君,手为辅,力为任使,管为将帅,毫为士卒,字为城池的比喻,精妙地指明了书家如何处理心、手、力、管、毫、字之间的关系。他还第一次总结出"指实掌虚"的执笔原则,这是中国书法教育史上最有权威性的执笔观点。唐人执笔有深浅的不同,又有手式的差异,虞世南充分认识到手的运动方式和状态对笔的运动有决定性的作用,提出"指实掌虚",可谓理足论精,入木三分。虞世南对真、行、草各种书体的书写技法及要领均有说明,但又特别强调不可尽拘于法,应该掌握字体的一般结构和书写定势而又不"质滞"。这些深得书学三昧的深刻见解,对指导后学的创作大有帮助。

(二)中唐范的等的书法作品

　　明州建州后没有涌现出本籍书法家,但一批外籍名书家或在明州活动(如范的、徐浩),或应邀为明州书碑(如颜真卿、柳公权、贝泠该),其墨宝为甬人所珍。如颜真卿书《唐刺史王密德政碑》、州判徐浩书《后汉孝子董君碣铭》,并被视为"郡中至宝",柳公权书《金刚经》被立于州宅进思堂西壁外,今均不存。贝泠该素以八分书擅名,所书《唐明州象山蓬莱观碑铭》"摹仿元宗而得其神者,《宣和书谱》载此碑,墨迹曾入御府,则宋时内廷已重其书法矣"①。清道光时冯登府亲自拓之,"可识者得六百五十余字,波磔生动",评其为"唐隶之佳者"。② 不知名者书于大历十二年(777年)的《董孝子碣铭》,"刻画精妙,石质亦坚致"③,大和九年(835年)余姚《龙泉寺造象题名》,"书法颇似李北海,绝可爱玩"④。但幸存于世的唐碑书法仅有《大唐越州都督府鄮县阿育王寺常住田碑》,通高2.7米,宽1.35米,全文为万齐融撰,洋洋洒洒2021字,初为刺史徐峤之书,后毁于兵火。大和七年冬,明州刺史于季友从阿育王寺看到旧文,萌生了重新立碑的念头,便请隐于剡州的名士范的按原文重书。范的,顺阳人,史书无传,碑后记说他"业文工书,未遇时,常萍泊云水间"。接到于季友邀请,范的一叶扁舟自剡间至甬,书碑之余并与于季友作诗吟和,诗亦刻于碑后。范的以行书入碑,得二王精髓,字迹圆润而遒劲,点画多姿,体态妍美,文中89个"之"字,其写法大多各异,若无深厚书法功底,决不能办到。此碑书

阿育王寺常住田碑(局部)

---

① (清)阮元《两浙金石志》卷三,道光四年浙江抚署刊本。
② (民国)陈汉章总纂《象山县志》卷一九《金石考》,第1096页,方志出版社2004年版点校本。
③ (清)光绪《慈溪县志》卷五〇《金石》,《中国地方志集成》本,上海书店出版社1993年版。
④ (清)阮元《两浙金石志》卷二。

法风采动人,颇似怀仁《集王圣教序》。范的之名由此而传。上海《书法》杂志将该碑列为"百块唐碑"之一。范的在四明另书有《建灵前桥碑》、《唐天童岩寺碣》(长庆三年)、《唐天童岩寺太白禅师塔铭》(元和十年)、《唐龙泉寺常住田碑》等,①均失传。从书写时间看,范的在宁波的活动时间是很长的。此外,曾任明州刺史的郑审则也有娴熟的书法技巧和深厚的功力,他于贞元二十一年(805年)所书《最澄将来目录跋》(现藏日本滋贺延历寺),系用硬笔所书,绝无刻意安排的故作之态,在运腕行笔时毫无顾忌地多用露锋和侧锋,风格峻利挺劲,圆润婉畅,颇得唐人写经书体丰腴跌宕之韵味。

三、壁画、雕塑和建筑工艺

大中时释宗亮等创五台开元寺,其大殿壁画有《维摩问疾相》,东庑有梵王、帝释、四天王行道变相,天神、天男、天女歌乐形相,皆协唐律,其乐系《霓裳羽衣》曲调。此壁画画艺极精妙,为吴越中画宝,惜今无存。全祖望《湖语》云:"风流余事,则开元六院,梵宫所尊。中有阇黎,绘事轶群,天男天女,天王天神,维摩问疾,如闻咿呻。《霓裳羽衣》,调律悉均。"全氏还推测此壁画当出宗亮之手。

漆器的夹纻做法,是用漆灰造形并用麻布粘贴作为漆胎,这是在战国以来始流行的传统工艺。魏晋南北朝时佛教徒为了扩大宗教影响,开始利用夹纻工艺塑佛像。唐代明州佛教盛行,高僧辈出,真身夹纻造像开始兴起。晚唐明州德润寺僧遂端(?—861年)坐化后二十余年,形质如生,众迎至寺,漆纻饰之,②这是见于记载的明州最早的夹纻造像。后明州乾符寺王罗汉于北宋开宝(968—975年)初年坐终,"三日后漆布之",后又"召漆工剥起"。③可见夹纻造像工艺在明州流

---

① (宋)无名氏《宝刻类编》卷五"范的"条,《四库全书》文渊阁本。
② (宋)释赞宁《宋高僧传》卷二五,《高僧传合集》本,上海古籍出版社1991年版。
③ (宋)释赞宁《宋高僧传》卷二二,《高僧传合集》本。

传有绪。五代时还有僧延寿募缘造夹纻育王塔一万所。

在宁波保国寺天王殿前,有一座唐代开成年间(836—840年)的石经幢,该幢原立于慈城普济寺内,经幢中层刻有六尊小型石佛,面相饱满,有盛唐风度,但剥蚀较为严重,细部已不易辨清。七塔寺保存的咸通十四年(873年)建造的唐敕心镜禅师真身舍利塔,塔座呈正方形,塔身呈圆鼓形,造型庄严,线条优美,装饰精致。

唐五代明州工匠设计建造了一定规模的寺、塔,著名的有天封塔、咸通塔、国宁寺、七塔寺、延庆寺等。幸存于今的唐塔——咸通塔位于今宁波市中山西路庄家巷口,因塔砖有"咸通四年造此砖记"铭文,故名。此塔为国宁寺右塔(左塔毁于清光绪年间),塔的横剖面呈正方形,占地10.24平方米,高约12米,首层边长3.2米,共5层,塔身逐层收缩变小,每层四周用砖砌叠涩出檐,出挑密度0.7米左右,第一层开有壸门,以上每层四壁均设有龛。咸通塔没有柱、枋和斗拱,每层覆以层层密叠的腰檐,结构坚固,造型庄严,外形古朴,具有唐代密檐砖塔的明显特征,为浙江省现存最古老的一座唐塔。

唐末有王百艺"极雕刻之巧",他雕刻的深沙神,据说"尝见光明,鼠、雀俱莫敢近"[①]。此神像最初安置在奉化岳林寺,后编舟载至太平兴国寺,又徙之国宁寺的西廊,直到建炎中因此雕像巍然独存于兵火中,更加受到瞻仰者的敬奉。奉化虚白观(唐昭宗时赐额)有三清像,"制度精巧,老君像袖中有蛇长数尺,洁白如雪,隐现不常"[②],也是珍贵的宗教艺术品。

---

① (宋)《宝庆四明志》卷一一,《宋元方志丛刊》本,中华书局1990年版。按,(清)吴任臣《十国春秋》卷七七云:"又有王守贞者,俗谓之王百艺。性极机巧,命雕刻将吏木偶,悉用长钉钳其足。"叙其事在唐乾宁二年(895年)董昌据越时。(宋)徐铉《稽神录》卷一"董昌"条谓董昌立生祠,凡"雕刻形像,塑绘宫嫔,及设兵卫,状若鬼神,皆百艺所为也"。据此,王百艺应为唐末艺人,主要活动于越中,极受董昌宠信。

② (宋)《宝庆四明志》卷一五《奉化县·庙观寺院》。

第三节 科学技术

唐代宁波的科技成就主要表现在本草学、水利工程和越窑青瓷烧制三个方面取得了重大的突破。陈藏器被誉为8世纪伟大的药物学家,它山堰是我国水利史上独树一帜的宏伟工程,唐代越窑制瓷术也在不断改进中臻于辉煌。它们在中国古代科技史上占有一席之地。

一、陈藏器《本草拾遗》的医学成就

四明人陈藏器,是唐代杰出的本草学家。开元(713—741年)中曾任陕西京兆府三原县尉。素好医道,专心攻研药学,尤喜读《本草》之书。他认为成书于汉代的《神农本草经》经过陶弘景、苏恭等名医的集注补释,至唐高宗显庆四年(659年)由国家颁布第一部药典《新修本草》,虽载药844种,但遗存尚多;而且在《新修本草》成书之后的几十年间,民间的单方、验方又大批涌现出来。陈藏器因此广集诸家方书及近世所用新药,于寒温性味华实禽兽为类,在开元二十七年(739年)撰成《本草拾遗》10卷。此书分序例1卷、拾遗6卷、解纷3卷,兼顾药学理论和实际应用,有颇高的学术价值。《本草拾遗》共参考了116种史书、地志、杂记、医方等书籍,其中如张鼎《药疗本草》、崔知悌方等与陈氏几乎是同时代人的作品。《本草拾遗》记载《新修本草》未收之药692种,分8部详述药名、性味、毒性、药效、主治、产地、性状、采制、禁忌等,内容丰富多彩。其解纷部分为解决旧本草著作中药物品种纷乱而设,现知论药269种,大多为《唐本草》中的

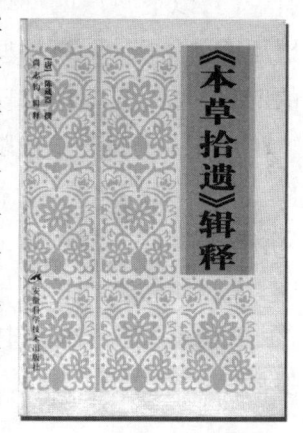

《本草拾遗》书影(安徽科学技术出版社2004年版)

品种,并指出其某些错误,对形态、药名相似易于产生混乱的药物进行辨析。《本草拾遗》不啻是对唐代医药学发展的又一次重要总结。《本草拾遗》原书久佚,主要内容保存在《开宝本草》、《嘉祐本草》和《证类本草》中,尚存药628种,今人尚志钧有辑复本流传于世。

陈藏器在《本草拾遗》中既吸收了众多的民间医学成就,也勇于实践,无论是理论还是临床应用都有自己的创见。《本草拾遗》内容的丰富性和广博性,决定了陈藏器医药学贡献的多方面性,概而言之:

1. 药物和药剂分类法的新创造。《本草拾遗》的序例相当于总论,[①]在理论上提出了"十剂"之说:(1)宣可去壅:生姜、橘皮之属。(2)通可去滞:木通、防己之属。(3)补可去弱:人参、羊肉之属。(4)泄可去闭:葶苈、大黄之属。(5)轻可去实:麻黄、葛根之属。(6)重可去怯:磁石、铁粉之属。(7)滑可去着:冬葵子、榆白皮之属。(8)涩可去脱:牡蛎、龙骨之属。(9)燥可去湿:桑白皮、赤小豆之属。(10)湿可去枯:白石英、紫石英之属。过去多认为"十剂"之说是北齐刘子才总结出来的,现经学者凌一揆、尚志均等考证,存于《嘉祐本草》序例的"十剂"内容确为陈氏归纳。陈藏器创立的这项药物分类方法是按药物的性能分类的,和现代分类方法颇为相似。"十剂"也是我国早期按药物性能功用分类方剂的方法,我国方剂学从《内经》的"七方"发展到唐代的"十剂",陈藏器在理论上作出了重要的贡献,从而为后世方剂学按功能对药物进行分类奠定了基石。

2. 丰富了中药大家族的宝库。陈藏器著录药物最不守陈规,以开放的心胸去容纳一切,开拓了药物学的知识宝库。陈藏器新著录的药物,产地广阔,既达滨海,又入内陆,除了汉族地区外,还收录了少数民族地区的传统药物(如壮族地区著名的解毒药苍梧陈家白药和龚州甘家白药),以及许多产自岭南地区的药物(如鸡候菜、含水藤、赤翅蜂

---

① 陈藏器序与《证类本草》转载的《雷公炮炙论》的序文内容相同者很多,尚志钧考证后认为所谓的《雷公炮炙论序》杂有唐代文献,有的甚至晚于陈藏器的著作,其中的某些资料有可能抄引陈藏器序。详见尚志钧《〈雷公炮炙论〉著作年代讨论》,《中华医史杂志》2002年第4期。

等),自然他也没有漏略故乡的特产药物(如孟娘菜、筋子根)。《本草拾遗》还大量收罗了海洋生物,标志着我国海药开发在深度和广度上均有所拓展。如蛏类作为我国东南沿海的重要经济贝类,文献记载最早出自唐代,《本草拾遗》对蛏类的描述就显得难能可贵。

《本草拾遗》主旨虽然在于"搜罗幽隐"①,故而新增药品中的常用品较少,但"搜罗幽隐"也是相对而言,当时是冷僻的药物,后世未必认为是冷僻,一地是冷僻药物,到另一地有可能成为常用药物。即使真是冷僻,那也是人类探索自然的历史成果的记录,是不应该由此遭贬的,更何况陈藏器并不是一味地搜奇,他增补的药品有些就成为后世的常用药。如由陈氏最早著录的延胡索,后来就成为理气止痛、活血化淤的常用药。还有以蚂蚁入药也始自《本草拾遗》,该书记有独角蚁的形态及其治疗作用。他还最早记载了苦丁茶(包括皋卢②、枸骨叶即功劳叶)的药用功效。至于他对葫芦科植物合子草的形态、药用和性味功效的记载,也是开先河的。有的日常生活中为人忽略或根本不把它当作药物的药物,一经其暴白,即为后世所普遍遵用,诚如李时珍所说:"如海马、胡豆之类,皆隐于昔而用于今;仰天皮、灯花、败扇之类,皆万家所用者,若非此书所载,何以稽考?"陈藏器记录的药物,有许多确实疗效显著,如记尖海龙"功倍海马,催产尤捷效",现代医学实践证明其用以治疗难产的效果确比海马要好。

外来药物在唐代通过各种渠道大量涌入中土,陈藏器十分关注这些奇方异药的特性,进行了较为详细的记录,这是《本草拾遗》的又一显著特点。如当时有一种属于球茎甘蓝的欧洲植物经西域、吐蕃、河西走廊的通道流传到唐土,陈藏器将这种植物称为"甘蓝"或"西土蓝",并将这种阔叶型蔬菜作为一种能够"益心力、壮筋骨"的外来药物来介绍。陈藏器还纠正了来自远国绝域的狮子粪就是苏合香的传

---

① 尚志均《〈本草纲目〉误注徐之才为陈藏器例》,《基层中药杂志》2000年第14卷第1期。
② 学界一般认为皋卢即冬青科的大叶冬青。也有学者认为皋卢乃茶的南方百越语,见李锦芳《茶称"槚"、"皋卢"语源考》,《古汉语研究》2005年第3期。

说,认为真狮粪用来内服可以活血化淤,克制"百虫",而且燃烧狮粪可以"去鬼气"。他还向人们推荐,用新罗国产的双壳软体动物担罗与食用紫菜昆布做成羹可以治疗"结气",这无疑是一种新罗方。另外他还记录了朝鲜出产的白附子、海松子、玄胡索、蓝藤根等药材。从印度吐火罗国等传来的异药"质汗"含有桎、木蜜、松脂、甘草、地黄和"热血"等成分,据陈藏器介绍,质汗药调入酒中,主治"金疮伤折,淤血内损,补筋肉,消恶血,下血气,妇人产后诸血结"。陈藏器是记述出自迦拘勒(马来半岛西海岸)的香料药物 nutmeg 的第一位中国人,他将其称作"肉豆蔻"。陈藏器还是记录西域交河出产的刺蜜(胡人名为"给勃罗")的唯一的唐朝药物学家。南欧及小亚细亚一带有数种灌木,经虫咬或力划,能分泌一种甜汁,西方和阿拉伯人称这种甜汁为 manna,梵语作 amrta,波斯语作 tarangubin,即甘露。《隋书·高昌传》说:"(高昌)有草名羊刺,其上生蜜,而味甚佳。"指的就是这种甘露。唐代时将高昌改为西州,以刺蜜作贡品。陈藏器说"刺蜜,胡人呼为给勃罗","给勃罗"乃"达郎古宾(tarangubin)"的省略语音。陈藏器研究了这种植物的甜蜜渗出液,具列了刺蜜能够治疗的各种疾病,其中包括"暴痢下血"。他描述了出自拂林国(东罗马帝国)的植物"阿勃勒","状似皂荚而圆长,味甘好吃"。经考证,"阿勃勒"系"阿勒勃"之误倒,为梵文"aragbadha"的音译,指的是山扁豆,乃是一种食药两用植物。此外收载的胡豆、突厥雀等西域地道药材,从越南传来的黎勒、丁香、苏方木、白茅香等,从西夷(非洲)传来的鸵鸟、波斯毕拨方等,均反映了唐代中外医药的交流情况。这些都说明陈藏器注重吸收和运用当时外来文明的开阔胸襟和气度。

陈藏器对纠正前人本草著录的失误也卓有贡献。如关于药性,他指出"接骨木有小毒,本经云无毒,误也",尤其是他认为"姜黄性热不冷,本经(指《唐本草》)云寒,误也",为后世的临床应用所广泛接受。关于品种,陈氏指出陶弘景《名医别录》于黄精与钩吻两物未辨的失误,并细把黄精分为偏精与正精两种;指出苏恭把女萎、萎蕤分为两物的错误,肯定了陶弘景《名医别录》的正确,并博引史书扼要地说明了该药物的性能、形状、特点与功用等。他又指出箘桂、牡桂、桂心三种并是一物,筒桂为箘桂之误书,有理有据。他还指出前人将泽兰与兰草相混的错误。关于药物的作用,陈藏器批驳了《神农本草经》关于食姜能使人少智的"浪说"。

3. 临床医学的新进展。我国医学界的动物实验由来已久,隋朝巢元方《诸病源流论》就有用动物检验古井中是否有毒的记载。陈藏器推动了动物实验的进一步发展,尝试用动物实验方法观察偏食的副作用。他说:"糯米,性微寒……久食之,令人身软。黍米及糯,饲小猫犬,令脚曲不能行,缓人筋故也。"陈氏由此建立了脚气病的动物模型,并用于验证病因,从而发现了现代人所称的维生素 B_1 缺乏症,这表明他对营养性疾病的认识达到很高水平。陈藏器还是我国动物药理实验的先驱。陈记云:"赤铜屑主折疡,能焊入骨,及六畜有损者,细研酒服,直如骨伤处。六畜死后取骨视之,犹有焊痕,可验。"给骨折受伤的六畜服用铜的化合物,通过解剖,验证铜对骨折的治疗功能,这是世界上最早的动物药理实验的记录。现代医学已经证明,服用含铜元素的药物,确有促进骨痂生长愈合的功效。

陈藏器发展了许多药物的临床应用方法。如葛根首载于《神农本草经》,其味甘辛性平,唐代以前多用于解肌、调胃、止泻、止痢,临床常用葛根汤和汁。《本草拾遗》别辟新径,提出葛根"蒸食,消酒毒,可断谷不饥。作粉尤妙"。陈氏所谓葛粉系由葛根经水磨而澄取的淀粉入药,味甘性寒,其生津止渴的效力确较干葛根为优。自从陈藏器提出了葛根"作粉尤妙"的新用法后,宋《开宝本草》便有了"作粉:止渴,利大、小便,解酒,去烦热"的记载,此后医家临床多用葛粉来清热除烦。又如乌贼为重要的海洋药物资源,在汉代仅用其骨入药,南北朝始用其肉,而用墨则始于唐代,《本草拾遗》最早创用乌贼墨内服以"治血刺心痛",而在国外,乌贼墨则通常作废弃物扔掉。现代临床医学证明乌贼墨确是一种良好的全身性止血药,对妇科、外科、内科等多种出血症疗效显著,无副作用,其作用机制是通过抑制纤溶酶活性,导致纤维蛋白溶解减少,从而促进凝血。

对于各类疾病的治疗,陈藏器也有许多新的创举。如他探讨了矿泉水温形成的原因,认为"下有硫磺,即令水热",这个观点在我国古代一直占有统治地位,现代科学已经证明这是错误的。但陈藏器又进而指出:"硫磺主诸疮病,水亦宜然。水有硫磺臭,故应愈诸风冷为上。"我国用温泉疗疾至晚在东汉已出现,陈藏器正确地将疮疡一类外科疾患作为温泉浴疗法的主要适应证,一直为古今医家所沿用。陈氏还记载了独树一帜的热敷物理疗法,如"六月河中热砂"条云:"取干砂日暴,令极热,伏坐其中,冷则更易之,取热彻通汗,治风湿顽痹不仁,筋骨挛缩,脚疼冷风掣瘫缓。"这种砂浴疗法直至今日民间仍有不少人在应用。他还指出在进行砂浴疗法时,要取热彻通汗,然后随病进药,忌风冷、劳役。这说明他已懂得了砂浴疗法配合药物及饮食补养对促使病人早日康复的意义。陈藏器还采用化学方法治疗外科疾患,如草蒿条云:"草蒿烧为灰,淋取汁,和石灰,去息肉。"这无疑是将无机碱的腐蚀作用应用于治疗息肉的较早一例。

陈藏器《本草拾遗》是继《新修本草》之后唐代贡献最大的民间药物学专著,所收药品中不少被后世本草引录为正品药条,如《海药本草》引 2 种,《开宝本草》引 64 种,《嘉祐本草》引 59 种,《证类本草》引 488 种。公元 934 年,南唐陈士良把《神农本草经》、《新修本草》、《本草拾遗》等书中有关饮食的药物加以分类整理,附以己见,著成《食性本草》10 卷,对饮食疗法作出了很好的总结整理。明代李时珍《本草纲目》共收录药物 1892 种,而采自《本草拾遗》的竟达 368 种,约占 1/5,其中动物药 111 种,矿物药 106 种,即使最新的研究证明李时珍曾有误引,但所引陈著仍冠于 28 家历代本草著作之首。陈著不厌其烦的做法对李时珍的编写也有直接的影响。另外日本医籍《和名类聚抄》、《医心方》等均有引用,证明域外医家对此书也非常重视。但是陈藏器的杰出贡献在相当长一段时间里并未得到应有的评价,宋人常常讥诮其搜罗怪僻,尤其是《本草拾遗》所记人肉可以治羸疾开后世割肉疗亲的恶例(虽非始作俑者,却影响极坏),受到历代医家的一致批评,从而也影响到对陈著的评价。最早对陈藏器著作作出高度评价的是李时珍,他说:"其所著述,博极群书,精核物类,订绳谬误,搜罗幽隐,自《本草》以来,一人而已。"①美国加利福尼亚大学教授谢弗在他蜚声世界的名著《唐代的外来文明》一书中也称赞陈藏器是"八世纪伟大的药物学家",并与"相对保守一些的药物学者"相对提。他说:"陈藏器详细而又审慎地记录了唐代物质文化的许多方面的内容,这些记载虽然与医药没有直接的关系,但是对于我们来说,却有很高的价值。《本草拾遗》就是陈藏器撰写的一部伟大的著作。正如书名所表示的那样,这部著作是对保守的官方药物学著作的补充。到了宋代时,陈藏器的后辈们对《本草拾遗》中收录了那样多非正统的资料而对他提出了尖锐的批评。但是在我们看来,这些资料中包含了许多中世纪初期刚刚开始使用的新的药物,所以具有重要的价值。"②这些评价恰如其分地论定了陈藏器在中国药物学史上的重要地位。清代全祖望则评云:"陈藏器……是为四明医学之初祖。"③

二、王元暐与它山堰水利系统工程

王元暐,琅琊(今山东临沂)人,晚唐著名的水利专家。大和七年(833年),王元暐以朝议郎担任鄮县令,兴修了它山堰水利工程。

它山堰筑在今天的鄞州鄞江镇的西首。此地溪北,空阔平坦,唯有它山雄踞,与溪南群峰对峙,夹束江流,钤锁两岸,无疑是建坝筑堰的理想之所。此堰未成之前,鄮江之水,不分江河,直通大海,以致潮

---

① (明)李时珍《本草纲目》卷一上《历代诸家本草》,人民出版社1975年版。
② [美]谢弗著、吴玉贵译《唐代的外来文明》,第157、389页,中国社会科学出版社1995年版。
③ (清)全祖望《鲒埼亭外集》卷四七《奉答万九沙编修宁志纠谬杂目》,《全祖望集汇校集注》中册,第1780页,上海古籍出版社2000年版。

汐上下，海水浸漫，尤其是多雨季节，山洪暴发，泛滥成灾，严重威胁着两岸的农业生产和人民生命安全。王元暐经过深入调查，认真勘察，终于选中它山兴筑围堰。它山堰的堰址选择是科学的，从今天的地形看，鄞江发源于四明山，蜿蜒于崇山峻岭之中，流经樟村，河谷渐宽，至鄞江桥出山峡后，河谷宽度为一公里左右。当时主流趋近南岸，溪中有小埠突起，高十余米，两山相距约150米，山岩裸露，形如锁钥，是优越的建坝地址。据现址实测，它山堰全长113.73米，面宽4.8米，堰面全部用长2~3米、宽0.5~1.4米、厚0.2~0.35米的整块条石砌成，底部为厚3.7~6.4米的黏土夹碎石层。水准测量坝顶标高为吴淞基面5.23米，大坝高11~12米。堰体上小下大，呈塔形，上下游面各有石砌台阶。历来对它山堰堰体结构有种种推测，根据参与实测的著名水利工程专家、清华大学教授沈之良论证，它山堰堰体的设计符合现代科学的原理，其工程结构具有令人惊讶的超前性。首先，它的堰体向上作了五度倾斜，这一构造措施使堰体水平抗滑稳定性提高一倍以上，在国内外古水利工程中这一设计方法尚属首创。其次，创造了黏土夹碎石层。王元暐在透水的砂砾石河床上修筑堰体，已懂得利用透水性小的黏土作防渗材料，有效地提高了防渗性；同时还懂得在黏土中掺加碎石来增加土的抗剪强度，并加大其固结度，这一做法与20世纪20年代才奠基的现代土力学理论相一致。这一黏土夹碎石层不仅可起抬高堰上游水位时的防渗作用，同时也可防止堰下游涨潮时咸卤水自下游向上游的渗透。这样可使石堰在上游水位抬高期间，保证水的水质，有利于农田灌溉用水和生活用水的正常供给。第三，堰体的消能，采用了阶梯式护坦方式。这一布置，与近代力学的分散消能原理不谋而合。[①] 20世纪才被阐发的科学原理，一千多年以前王元暐已在它山堰上进行了创造性应用，这不得不令人叹为奇迹，令中外学术界震惊不已。它山堰是我国建坝史上首次出现以大块石叠砌而

[①] 沈之良、陈万丰《再谈我国水利史上的奇迹——有关唐代它山堰的千古之谜》，《科技导报》1995年第11期；王一鸣、陈勇《古水利工程它山堰堰体结构浅析》，《浙江水利科技》1996年第4期。

成的拦河滚水坝。在施工导流上,充分利用了当地的有利条件,建堰时先在北岸疏浚原有的水道北山古港,导引溪流,并在北山古港以下的大溪上先筑施工围堰,拦断大溪,把水放干,然后叠砌石堰。

它山堰的排灌渠道也比较合理。宁波平原的降水在梅季和台风季节形成双峰型特点,在这两个气候时段里容易发生洪水。因此,作为渠道引水工程,泄洪设计是以一个系统的组合工程来完成的。首先是堰的本义,所谓"侯之为堰也,规甚高下之宜,涝则七分水入江,三分入溪;旱则七分入溪,三分入江"①。实测堰顶为吴淞高程5米,鄞西河网历年平均水位为3.14米,最高为5.01米。从这两个数据我们大体可以看到它山堰的高程定位是科学的,要达到这一精确度,在唐代实非易事。其次,"侯既作堰,虑暴流之无所泄,遂为三堨,以启闭蓄泄。涝则洒暴流入江,旱则取淡潮入河,平时则为江港之积"②。这是一个十分精妙的设计。所谓三堨,是指设在鄞江和奉化江沿岸的三个闸门,沟通和节制南塘河与大江的联系。分别为距堰5里的乌金堨、8里的积渎堨和35里的行春堨,分别俗称上水碶、下水碶和石碶。由于它山堰的泄洪,有一部分淡水蓄在鄞江和奉化江段,平时咸淡潮的交界处大约在距它山堰35里左右的翻石渡附近,旱20天左右,约在距堰10余里的横涨附近。这样,就有可能实现"旱时取淡潮入河"的构想。此外,在洪水渡原有一自然泄洪口,可以视为它山堰的第二次分洪处。这样,一堰一湾三堨的配套,王元玮为后人建立了一个它山堰引水排涝系统工程的基本格局。③ 三七分洪的说法,大体是正确的。这表明它山堰对溪水流量的调控确有独到之处,这三七分水的功能是通过龙舌来实现的。龙舌亦称强堰,位于水道分叉口上,以其斜障之势将上游来水一分为二,一归鄞江入于海,一进内河以利灌溉,并可通过调控

---

① (宋)魏岘《四明它山水利备览》卷上《堰规制作》,第200页,俞福海、方平点注本,当代中国出版社2001年版。
② (宋)魏岘《四明它山水利备览》卷上《三堨》,第201页。
③ 周时奋《它山堰研究》,《浙东文化》1998年第2期。

以减缓泄洪压力。三七分水,具体视旱涝而定,这确是极为精巧的科学构思。

王元暐在筑堰的同时,又开凿和疏浚了东流入城后来称之为南塘河的河道。南塘河是鄞州西南的主要内渠,前人称南塘河的水流为"它山水"或"它山泉"。为使河湖涝有所泄,旱有所节,除了在沿河建造三堨配套工程外,又在县城东门之东南角城基,修建了水喉、食喉、气喉[①]三碶门以节制城门湖港水位,这样形成了自成体系的它山堰供水系统。

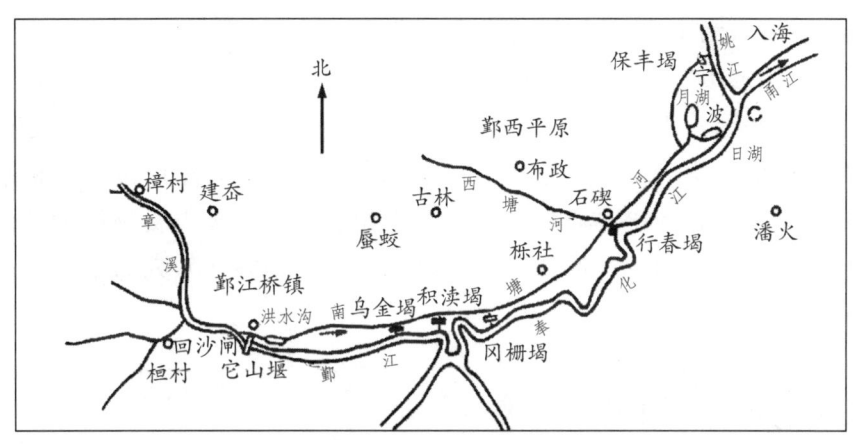

它山堰枢纽及灌区示意图

综上所述,它山堰工程是由坝堰、灌渠和碶闸构筑而成的一整套排灌系统,它在唐代明州水利建设史上带有全局性意义。它山堰建成后蓄泄有时,它使上游淡水被拒后引入南塘河灌渠,从而使鄞西七乡的几十万亩农田得到灌溉,大大促进了明州的农业生产。特别是它一举截断了倒灌海潮与内河的关系,这一点深得明代科学家徐光启的赞

---

① (清)黄定文《复水喉记》认为魏岘《四明它山水利备览》关于三喉之名喉址的记载不正确,他说:"尝考钱志,窃谓其所以致误者,实缘于魏岘之《它山水利备览》。其所称曰'二堨',曰'气喉',曰'食喉',曰'又有水喉',而惟气喉通江,与《宝庆志》图显背。魏与修志之胡公同时,不知何以致误如此。"他又认为水喉大约起于黄晟筑罗城时,他说:"鄞城之有水喉旧矣,然其名仅存,其迹若灭若没,不可详考。大约始于吾祖刺史公,建罗城时则已有之,而书缺有间,无复可征。"陈中孚《浚复城河三喉记》亦云:"东北地隆起,流无所泄,自唐刺史黄公晟穿城为水道以通江,至宋而有水喉、食喉、气喉之名。"此两文均载光绪《鄞县志》卷六,提出三喉起自黄晟说。录此以供进一步研究。

赏,他说:"得淡水迎而用之,得咸水闸坝遏之,以留上源之淡水","浙之宁波、绍兴此法最详","职所见迎淡水而用之者,江南尽然,遏咸而淡者,独宁绍有之也"。① 它山堰水利工程的建成,使此后的小溪更加繁荣,"自堰距江绵数里,南列市廛,北列官镇,居多衣冠族,人物繁庶,乃邑之奥区也"②。更主要的是,它还极大地改善了明州的城市环境,经南塘河引淡水入明州城,蓄日月湖,"清甘始得以贯城市"③,"以济一城之所用"④,并由此进一步沟通了内河交通枢纽,这才有可能使三江口发展成为浙东的政治、经济和文化中心。

它山堰以"仰昂适宜,广狭中度,精致牢固,巧追鬼神"的杰出建筑水准,在我国水利史上独树一帜。这项工程"规划之宏远,建制之精密,结构之完美,除了规模较小外,几乎可与举国闻名的都江堰相媲美"⑤,因此,在1988年1月国务院公布第三批全国重点文物保护单位中,它山堰与四川都江堰、陕西郑国渠、广西灵渠齐名并列为中国古代四大水利工程。

三、越窑青瓷的技术突破

从上林湖采集的大量标本分析,隋至盛唐越窑青瓷制造工艺比较落后。进入中唐后,明州瓷业生产走出低谷,蓬勃发展,上林湖区窑址激增,制造技术大为改进,产品质量已冠于全国各大青瓷名窑之首。尤其是秘色瓷的烧制成功,使越窑的工艺技术达到辉煌的顶峰。若从技术的角度分析,主要表现为:

首先,越窑青瓷具备了式样新颖、姿态百出的造型艺术。越窑青

---

① (明)徐光启《农政全书》卷三六《旱田用水疏》,岳麓书社2002年版。
② (宋)唐昌言《重建小溪江桥记》,见光绪《鄞县志》卷五《山川下》,光绪三年刊本。
③ (宋)魏岘《四明它山水利备览·序》,第198页,俞福海、方平点注本,当代中国出版社2001年版。
④ (宋)魏岘《四明它山水利备览》卷上"日月二湖",第202页。
⑤ 叶仲龙《它山堰考略》,《中国水利》复刊第1期。

瓷造型往往给人以浑厚的观感,在淳朴饱满之中又富有清秀的美感。匠师们继承前代的经验,在圆的基本造型中创造出各种姿态万千的新颖式样,而又贴切地体现了唐代社会习惯和审美观念。创作端庄规矩,从器物口、腹、底各个部位到转角突棱都做得一丝不苟,成形时线条的长短盘曲,都处理得大方得体,胎体的厚薄也安排得与使用功能相协调。因此,皮日休在《茶瓯》诗中云:"圆似月魂堕,轻如云魄起。"[1]以"圆"赞美越窑器形之规整,以"轻"称道越器胎骨之细薄。越瓷的造型也产生了新的样式,更趋向于实用,如壶多为短嘴,有把手或大耳,双龙耳瓶为特有式样,有的还受外来工艺文化的显著影响。这些,反映了唐代陶瓷工艺的丰富多彩,也反映了越瓷在传统艺术基础上吸收外来文化、创造新风格的工艺面貌。

其次,越窑青瓷具备了丰富多彩、美不胜收的装饰手法。装饰的功能在于美化器物,因此,装饰手法和形式是根据器物的造型和需要而定,也就是说通过工艺手段,使装饰与器物互相协调,产生整体美的效果。根据大量的考古发掘和调查资料,中唐时期的越窑继续保持朴素古雅的风格,没有追求华贵和繁缛的装饰,主要是釉下斑块装饰、写意画、模印及堆塑。至晚唐时期,越窑装饰艺术在以釉取胜的前提下,充分发挥雕、堆贴、镂、刻、划、印种种装饰手法,并运用褐彩绘与胶胎技法,亦擅长于金银扣艺术加工。

再次,越窑青瓷在装烧的工艺技术上取得了突破性进展。越窑青瓷釉色之美的关键,主要在于对烧成后期窑炉内还原气氛的控制。在瓷釉中含有百分之一的氧化亚铁,烧制出来的瓷器就能呈现淡绿色。随着氧化亚铁含量的增加,瓷器的绿色就由浅变深,当氧化亚铁的含量超过5%时,则还原困难,而烧制出来的瓷色就会呈暗褐色乃至黑色。而越瓷的"千峰翠色",正是由于陶瓷工匠们将釉中的氧化亚铁控制在1%~3%这个恰当的比例内而获得的。否则,还原气氛控制不

---

[1] (唐)皮日休《茶瓯》,《全唐诗》卷六一一,中华书局1985年版。

好,不但达不到理想的色调,而且使釉面失去美感。慈溪上林湖瓷窑的历代青瓷胎骨,经中国科学院上海硅酸盐研究所测试,胎内氧化铁、铁含量高,釉内铁钛的含量也在2.5%左右,所以在还原焰中烧成时,则胎成土黄色,釉为青黄。在强还原焰中烧成时,则呈色为青、青绿。同时釉的主要助熔剂是氧化钙,所以釉色薄,透明似玻璃。根据考古调查,试掘所见到的窑炉结构遗迹表明,上林湖等晚唐窑炉结构系为长条形龙窑。龙窑窑炉结构有它的一定优点,但也有它的缺点,主要是窑内的烧成温度和气氛很难控制,因此,窑温和气氛不一致,烧成后有青、青绿、湖绿、青黄等不同色调,以及生烧、过烧的现象亦在所难免。所以临安水邱氏墓出土的三件珍贵的褐彩绘瓷器,多为青黄色。因黄釉柔和滋润,另有一种风味,故也属秘色瓷的范围。那种釉色翠绿(青绿、湖绿)器物,当在强还原焰中烧成。所以只有烧成温度控制适当,使瓷器在高温的火焰下充分还原,才能诞生"千峰翠色"、类冰类玉的传世佳品。

烧制色泽晶莹的表瓷,装烧方法与工艺的不断改进是又一关键。窑匠们为了清除烟尘污染釉面和出现杂色而失去美感的弊端,终于发明了匣钵。中唐晚期越窑正式跨入匣钵装烧阶段,晚唐、五代时匣钵更是被大量使用。特别是烧制秘色瓷所使用的匣钵,尤为讲究。匣钵的原料亦用淘洗精致的瓷土,按器物大小制成钵形、碗形、盅形、长筒形、M形等各种形制,装烧时为单件烧,每个匣钵加盖,并以釉子封口,须破匣后方能取出制品。这种精湛的装烧工艺,在国内的瓷窑场中是不多见的,它不但在窑炉中不变形,而且保证了釉面的纯正与釉质的晶莹润澈,达到了以釉取胜的目的。匣钵装烧不但是提高产品质量的关键,也是提高生产力的一大创举,是越窑工艺上的一大飞跃。五代时又创制垫圈,使间隔的装烧方法由圈足底部移到圈足内底,使圈足包釉光滑,装烧工艺进一步提高。

此外,在"贡窑"窑址中遗留的残器和典型器物上所显露支烧留下的泥点印痕,可以清楚地看到浅灰色的胎骨,细腻致密,胎体颗粒均纯净,不见分层现象。这说明秘色瓷在选料、淘洗、捏练等工艺方面均有独到造诣。

第四节 佛道的兴盛

隋唐时期,随着统一局面的出现,佛教基本上完成了它的中国化进程,进入空前的繁盛时期。佛教也在四明地区迅猛崛起,并在明州文化中扮演着重要角色。唐代宁波的道教势力虽然远较佛教逊色,但也有较大发展,最引人注目的是四明山跃升为浙东道教的一个中心。

一、佛教

唐代宁波佛教进入了迅猛的扩张时期。佛教的空前普及大大刺激了民众的信教热情;高僧的纷至沓来,创造了有一定特色的佛教文化。宁波也因佛教的兴盛而成为海外文化交流的重要门户。具体地说,唐代宁波佛教的繁盛主要表现在以下三个方面。

(一)寺院激增,声名远播

唐代实行"按州置寺"的原则,规定各地置寺实行定数内的预申请请额制,只有请得敕额的寺院,方可列为官籍,否则不被认可。隋唐五代,明州一地寺院林立,与唐前相比,数量激增,遍布各邑。从《宝庆四明志》所录各县寺院数来看,约有75%的寺院是隋唐五代时建筑的,分为禅院、教院和律院等类别。其中仅禅院,唐代所建就达43所。奉化在晚唐之前寺院仅寥寥四五座,而自大中到天祐年间(859—907年),相继建立佛院34座,尤其是大中至咸通年间(859—873年),竟多达22座(包括重建瀑布观音院和迁建岳林寺),真可谓是遍地呈佛事,四处留钟声。明州有一些寺院规模宏大,如鄞县隐学山之栖真寺,

"唐大历(766—779年)时宏教诠师于此修行垂三十年,有徒万指",并凿有甬上最早可考的放生池,①对六道众生方便救护,解其苦难,从而启发了信徒以慈心对待众生的悯生意识。明州寺院有不少是市民自愿舍宅而建的,如大中十二年(858年),原明州判任景求舍甬东居为寺(即后来的栖心寺);咸通十三年(872年),使君周景遇舍廨宇在大梁街建惠灯院,舍田以充常住;乾符元年(874年),杨德顺舍其居建报恩院。大中五年女弟子傅二娘"不幸而所天早丧,爱子又夭,茕然霜质,而恪勤檀度"②,为奉化岳林寺造塔,这意味着造塔的费用是出自普通信徒的自愿布施。以上这些例子都充分显示了宁波人民的宗教热情,而且也可看出佛教在明州已经深入人心。有学者以为"唐代佛教理论色彩太重,距离世俗太远,对社会大众谈不上有什么影响",若以唐代明州佛教考察之,情况可能不完全是如此,佛教在有些方面的世俗化倾向还是很明显的。但是我们不能孤立地来看宁波寺院的激增现象,而应着眼于更广阔的江南地域。据李映辉统计,唐代最大的一个寺院密集分布带在今江苏、浙江境内,包括扬、润、常、苏、湖、杭、越、明、婺、台等10州,该地域在唐前期总共有140所寺院,占全国总数的17%,后期上升至169所,占全国总数的25.5%。③ 这一现象说明随着中国经济重心的南移,唐代的宗教文化也随之向江南倾斜,江南成为全国佛教最兴盛的地区,明州寺庙的激增正得益于此。

与量的扩增相适应,明州寺院的声名也日益远播。统治者对明州寺院屡赐匾额,十分关照。如天童寺原名"精舍",乾元二年(759年)据相国第五琦的奏请,赐名天童玲珑寺。广明元年(880年)唐僖宗赐额把灵山寺改名为保国寺。明州官员对寺院和名僧也关怀备至。僧鉴住持伏龙山,"刺史多往谒之",刺史黄晟还经常请伏龙山惟靖和尚

---

① (宋)沈辽《隐学山复放生池碑记》,见(宋)张津等《乾道四明图经》卷一一,《宋元方志丛刊》本。
② (清)阮元《两浙金石志》卷三《唐岳林寺造塔铭》,道光四年浙江抚署刊本;又见(清)陆心源《唐文拾遗》卷五〇释君长《岳林寺塔记》,中华书局1983年版。
③ 李映辉《唐代佛教寺院的地理分布》,《湘潭师范学院学报》1998年第4期。

出州,"供施繁委"①。文德(888年)初恒通从安徽领徒至四明,郡牧黄晟请留住雪窦,使该地"蔚然盛化"。② 黄晟还为雪窦寺舍田1300亩,置宝丰庄;③又将蕙江之墅田尽施于比丘,即后之所谓"雪窦庄"。④ 黄晟施舍的田产,僧侣们采取了类似世俗地主庄园的那种经营方式。南山律僧慧则在育王寺弘扬律法,黄晟还成为他的"八戒弟子"。由此足见黄晟护法之有力。

明州林立的寺院中,首屈一指的是阿育王寺,因拥有佛舍利塔而声名鹊起。佛舍利本是由佛的始祖释迦牟尼的真骨而成为信仰的对象,其信仰是期待着凭依佛陀的遗化将功德从彼岸(觉悟之境)带到俗世,它可以说是依靠被动式的礼拜而成立,且由最高统治者的至诚行为的推动而愈益兴盛。嗣圣元年(684年),唐王朝敕令明州度僧守塔,玄宗时又建上塔与下塔。元和(806—820年)年间,京师奉慈寺高僧惟则专程来甬礼瞻阿育王寺舍利塔,"乃匠意将七宝为末,用胶范成拏,写脱酷似,自甬东躬自负归奉慈寺供养,京邑人皆倾瞻归信焉"⑤。大中三年(849年)正月斋集,四明道俗8000人,于阿育王寺供养佛舍利塔。⑥ 这意味着伴随隋唐佛舍利的灵应化和神异化,阿育王寺的佛舍利信仰吸引了越来越多的甬地民众。这一事实正好说明:"自隋至唐,舍利信仰是以卷入了普通民众的形式而盛行的。"⑦咸通(860—874年)年间,唐王朝更敕令度僧37人守护宝塔。⑧ 如果说阿育王寺以舍利塔闻名于世,成为信徒瞻仰的一方圣地,那么国宁寺则因佛藏

---

① (宋)释赞宁《宋高僧传》卷一二《唐明州伏龙山惟靖传》,《高僧传合集》本,上海古籍出版社1991年版。
② (宋)释赞宁《宋高僧传》卷一二《唐明州雪窦院恒通传》,《高僧传合集》本。
③ (清)释行正《雪窦寺志》卷九收释行浩《雪窦山重复资圣禅寺并寺田记》。
④ (明)杨守陈《杨文懿公全集》卷三《镜川稿·蕙江八胜记》,《四明丛书》本。
⑤ (宋)释赞宁《宋高僧传》卷二七《唐京师奉慈寺惟则传》,《高僧传合集本》。
⑥ (宋)释志磐《佛祖统纪》卷四三,日本《大正新修大藏经》本。
⑦ [日]西胁常记《舍利信仰和僧传——为了有助于理解〈禅林僧宝传〉》,见吴言生主编《中国禅学》第三卷第111页,中华书局2004年版。
⑧ (宋)释志磐《佛祖统记》卷四三。

富集、高僧辈出而成为明州佛教文化的中心。国宁寺前有左右两塔相对而立,今仅存东塔立于宁波市海曙区中山西路北侧,已成为宁波历史文化名城的标志性建筑。

(二)高僧辈出,宗派纷繁

隋唐时期佛教宗派纷纷创立,涌现出一代宗师。四明佛界也孕育了不少大德高僧,列名于赞宁《高僧传》者就有大梅山法常、栖心寺藏奂等13人,《景德传灯录》又收有天童山咸启、大宝寺道原等。就这些高僧隶属的派系看,流行于明州的主要是密宗、三论宗、净土宗、律宗和禅宗,不过唐代宁波最成气候的还是禅宗和净土宗,其他诸宗的影响力相对较小。

1. 密宗的流传。密宗传入江南的时间要早于中国的其他地区,在隋朝以前就有密僧在江南频繁活动。密宗的理论来自于大乘佛教,但密宗因为与江南社会文化长期契合,故其咒术仪轨中夹杂着一些道教的东西,江南的风土民情是尚巫信鬼,使密法咒术很有流行的市场。但江南密宗的存在又具有自身的特色,这并不体现在它的传授系统上,而是寄寓在当地其他诸宗(如天台宗、禅宗、净土宗)中作为"寓宗"而流传不息。

唐代密宗流传于天台表现为台密的结合,而在明州的流传则主要在新禅宗流行之后,更多地表现为禅密的结合。我们可从陀罗尼经幢的设立中可见唐代后期明州密宗流传之一斑。陀罗尼,意译为"总持",不过当时人们通常理解为"咒言"。在慈溪阚峰的佛顶尊胜陀罗尼经幢,开成四年(839年)建,乾符五年(878年)勾当檀越傅凤募缘重修。① 咸通十年(869年)五月,阿育王寺立《加句尊胜陀罗尼》,立者以为诵此咒词,感应神验,故刻此"以传同志"。② 慈溪龙山甘露院在"穹岩窈谷间,固蚖蛇之营窟,而魑魅之橹巢也",会昌二年(842年),身怀密法咒术的

---

① (清)光绪《慈溪县志》卷五〇《金石》,《中国地方志集成》本,上海书店出版社1993年版。
② (清)乾隆《鄞县志》卷二三,《续修四库全书》本史部地理类第706册第25页。

禅僧在门碑四面"刻《佛说大悲心大佛顶尊胜如意陀罗尼》其上,藉是咒功,而魑魅蚖蛇之迹绝矣"。① 而其"甘露院"之名,也暗示了密宗的灌顶。心镜禅师在天童咒龙入钵之类的神奇故事,也表明禅密结合确实是唐代明州佛教的一个重要特点。至于檀那行者江秘、开元寺法华院住持灵光通密教,由日僧最澄传往日本,对日本佛教的发展产生过一定影响。此外,大中十三年(859年)鄞县建天王院,院有天王像,这个"天王"应指"毗沙门天王",正属于密宗的偶像崇拜。

2. 三论宗。三论宗以印度佛教中观派的《中论》、《十二门论》、《百论》为主要经典,唐僧吉藏发挥中观学说,创建了三论宗。吉藏门徒智凯长期在浙东会稽、剡县、余姚一带讲学。贞观元年(627年),智凯住余姚小龙泉寺,常讲《三论》、《三品》等经,誓不出寺,胁不亲席。直至十九年(645年),齐都督请出主会稽嘉祥寺。②

3. 律宗。唐代道宣(596—667年)在终南山研究弘传《四分律》,创南山律宗,成为中国佛教律宗的当然代表。南山系的早期宗镇多在关中,后道岸首先将南山宗推向江淮,光州寺成为江淮最早的南山律镇。广陵鉴真即从道岸受菩萨戒,天宝年间(742—755年)曾在浙东一带宣讲,道岸弟子如玄俨、怀则、道超等齐集于会稽,故有"会稽风土,律范渊府"之说。③ 开元年间(713—741年)的会稽律镇,成为东南最早的南山系群,并向周边辐射。南山宗之扩播明州,应不迟于天宝年间律宗大师鉴真的浙东之行,延至开元年间,南山宗在浙东影响更大。开元二十八年(740年),明州建造了两所律院,一是太平兴庆寺(鄞县西南一里半),另一即著名的(五台)开元寺。大中年间(847—859年),国宁寺住持宗亮即为律宗名僧。唐后期南山宗风行各地,长安西明寺法宝高足慧则(835—908年)来浙传授南山律抄,乾宁元年

---

① (元)柳贯《上福龙山古迹记》,见光绪《慈溪县志》卷四二。
② (宋)释道宣《续高僧传》卷一四《释智凯传》,《高僧传合集》本,上海古籍出版社1991年版。
③ (宋)释赞宁《宋高僧传》卷一六《唐越州开元寺丹甫传》,《高僧传合集》本,上海古籍出版社1991年版。

(894年)至明州育王寺,撰《塔记》1卷,出《集要记》12卷,卒葬于鄮山之冈。① 慧则门徒希觉号称"律匠",在吴越国天宝年间(908—912年)也以阿育王寺为基地盛扬南山律,②文益、皓端都曾听而受益。希觉所著有《增晖录》,"浙之东西,盛行斯录"③。

4. 净土宗。唐代净土信仰进入蓬勃发展阶段,其最重要的特征之一是向社会更大范围的普及。善导之后唐代净土宗分化为三流,对浙东影响最大的是以吸引下根为主、专称佛名的少康流。在少康(?—805年)之前,有台州涌泉寺僧怀玉(?—742年),丹邱(宁海)

(唐)佛顶尊胜陀罗尼经幢并序(局部)(选自章国庆编著《天一阁明州碑林集录》,上海古籍出版社2008年版)

---

① (宋)释赞宁《宋高僧传》卷一六《梁京兆西明寺慧则传》,《高僧传合集》本,上海古籍出版社1991年版。
② (宋)释赞宁《宋高僧传》卷七《大宋秀州灵光寺皓端传》,《高僧传合集》本。
③ (宋)释赞宁《宋高僧传》卷一六《汉钱塘千佛寺希觉传》,《高僧传合集》本。

人,常自业忏悔万万余反,诵《弥陀经》三十万遍,日念佛号五万声。唐玄宗天宝元年(742年)元月九日在梦中见西方圣像,知将命终,书偈而逝。因此,怀玉实在可以视为专修称名的"少康流"的先导。唐文宗开成五年(840年)夏五月,会稽禹寺请玄英法师讲《金刚经》于余姚平原精舍,并集合1250个信徒,结九品往生社。① 这不但是浙东而且是浙江罕见的大规模的佛教净土社会。从"九品往生"的社名推测其所宣扬的应是善导等人创立的弥陀净土,而非天台宗的"四净土"。他们认为阿弥陀佛净土是报土,由于阿弥陀佛愿力之强大,圣人凡夫都得以往生,尤其是凡夫往生报土更离不开佛的愿力。九品往生社的创立,是唐代弥陀净土信仰在浙东普及于民间的标志。到五代乾祐元年(948年),余姚创立有弥陀院,②应是弥陀净土信仰的继续。而布袋和尚教蒋宗霸念"摩诃般若波罗蜜多"为日课,也是一种特殊的净土信仰。

5.禅宗。禅宗是唐以来流传最广的一个佛教宗派,与其他佛教派别翻译经典、精研教义的做法大为不同,禅宗十分重视活生生的宗教实践,不做经教的奴隶,而做心灵的主人,不企望超生西方极乐世界,而看重此岸世界现实生活中的心灵解脱。明州禅宗约兴于盛唐,开元(713—741年)中秘书正字郎万齐融撰《大唐越州都督府鄮县阿育王寺常住田碑》就有惠炬阇黎"禅悦之味,老而弥笃"的记载。禅宗很快发展成为唐代明州佛教的主流,禅院众多,禅家迭出。9至10世纪,禅僧改造衰敝的律寺,将其纳入禅林体系,是丛林发展的新动向,这在明州表现得也很明显。如国宁寺最初由律僧宗亮和禅僧全佑共同主持,宗亮晚年竟一改律风,专事禅寂。晋置鄮县太白精舍长期衰落,唐肃宗乾元二年(759年)赐天童寺额,禅师清闲、昙德、藏奂先后营葺改造,宣宗大中元年(847年)禅师咸启请以本寺充"十方住持"③。晋置

---

① (唐)释处讷《结九品往生社序》,见(清)陆心源《唐文拾遗》卷五〇,中华书局1983年版。
② (宋)施宿等《嘉泰会稽志》卷八,光绪《余姚县志》作乾祐二年。
③ (清)闻性道《天童寺志》卷二,民国重刻本。

奉化瀑布院,大中中毁于裘甫起义,南岳法嗣常通景福元年(892年)来予修葺,改为十方禅林。① 明州禅风之盛行由此可见一斑。

明州禅风经历了一个演变过程。首先是(金陵)牛头禅系的禅法约在盛唐时期传入明州,天童寺僧观宗(731—809年)即为代表人物。② 范的撰《大唐故太白禅师塔铭》称观宗在牛头禅师那里,"研复真言,以心印心,以法印法",时"牛头法众欲近万人",观宗"挺秀八尺","无碍辩才"。在牛头禅系中,佛教的多神主义和泛神论思想异常集中而突出,草木山水能被高僧高行所感动,恶兽毒蛇遇禅师而驯服回避,则无情亦有情。③ 观宗归而住持太白山,"常有两虎依卧庵前,佁目轻步,驯于家畜。西境之内,不闻暴声。我蕴大慈,力感群物。诸毒皆善,岂唯兽焉",这典型地反映了牛头禅系的思想特点。观宗之禅在明州当地产生了很大影响,"远近礼谒,如川之流",尤其是明州的官员"稽求上法",趋之若鹜。④ 另有道悟(748—807年),俗姓张,婺州东阳人。年14岁在明州出家,25岁在杭州竹林寺受具足戒。先投到径山牛头宗道钦(国一)禅师门下学习禅法5年,悟得佛性的道理,受到印可。大历十一年(776年)转隐于鄞之大梅山,"樵人见之,诧为神异,诣者成市,危栋斯具"。⑤ 道悟在大梅山修禅三四年,昼夜精进。后

---

① (清)光绪《奉化县志》卷一五,《中国地方志集成》本,上海书店出版社1993年版。
② 据(清)闻性道《天童寺志》卷三,观宗嗣牛头四祖智威(646—722年)。按,陶宗仪《古刻丛抄》收录范的(原误作胡的)撰《大唐故太白禅师塔铭》,谓观宗化灭于"光和四年八月十五夜"。唐无"光和"年号。范文后有"元和乙未岁建层龛"之语,又(宋)陈思《宝刻丛编》卷一三云:"唐天童岩寺太白禅师塔铭:唐范的撰并书,元和乙未建。据此,"光和"当即"元和"之误。范的又记观宗"享龄七十九",则观宗的生卒年应为731—809年。据《宋高僧传》卷八,智威卒于开元十年(722年),观宗实不及见智威。今传他的撰塔铭有阙文,没有写出牛头禅师之名,据(宋)释契嵩《传法正宗记》卷八,列观宗为天台山云居智法嗣,而云居智乃惟则禅师法嗣,则其嗣法世系为智威——慧忠(683—769年)——惟则——云居智——观宗。正是在慧忠门徒的努力下,牛头宗才离开自己的基地向浙江转移,其中天台山惟则为一支。嗣后又有慧忠同门玄素弟子法钦(道钦)在杭州开创径山禅,为大梅道悟、龙山慧汤所传习。
③ 杜继文、魏道儒《中国禅宗通史》,第80页,江苏古籍出版社1993年版。
④ (元)陶宗仪《古刻丛编·范的〈大唐故太白禅师塔铭〉》,《四库全书》文渊阁本。
⑤ (清)黄宗羲《四明山志》卷二《伽蓝》,《四明丛书》本。

离开大梅山,参谒马祖,又参谒石头,禅法开始成熟。① 道钦的另一弟子慧汤,天宝三年(744年)游方至慈溪龙山,爱其深复,结茅定居,开元二十八年(740年)落成精蓝,后名甘露院。②

"安史之乱"以后,南宗禅兴起,发展至南岳怀让、马祖道一的洪州禅,更是盛极一时。不过,从洪州禅的形成到沩仰、曹洞宗的创立,江西、湖南一直是中国禅宗的传播中心。洪州禅以此为基地,开始向两浙地区辐射。据陈福荣《浙江佛教史》中统计,浙江直接得到马祖亲炙的弟子就有10人,所以中、晚唐时明州禅宗即以洪州宗最有影响。相传马祖弟子怀海,大历元年(766年)结茅于鄞州金峨山团飘峰,名罗汉院,③遂为金峨寺之开山祖。

马祖另有弟子法常(752—839年)。法常于大历六年(771年)在龙兴寺受具,又先后在玉泉寺(湖北当阳)和龙兴寺学通大小部经论,其义学功夫较深。后他觉得多闻不如求心,便游方访道。他从学马祖当在大历末年,算是马祖晚年的弟子。贞元十二年(796年)法常寓明州大梅山仙尉梅子真旧隐,编苦伐木,苦修四十余年,至开成初(836年)终成护圣禅院,徒侣辐凑,请问决疑。法常常说:"一日不作,一日不食",从宗教伦理和善恶的本质意义上肯定了劳动的道德性和合律性,从而保持了农禅的本色。据《宋高僧传》记载,法常初参道一,道一教他汝心是佛,是法,是祖意,"但识取汝心,无法不备"。他一闻即心即佛,便顿领玄旨,守之终身不渝。30年后,盐官齐安转告大梅说:"马师近日道非心非佛。"法常表示:"任汝非心非佛,我只管即心即佛。"盐官叹道:"大众梅子熟也。"意即对法常已经成熟和不随波逐流

---

① 道悟其人,关涉到禅史的一系列问题,学界至今聚讼纷纭,详见杜继文、魏道儒《中国禅宗通史》,第278~280页,江苏古籍出版社1993年版。
② (元)柳贯《上福龙山古迹记》,见(清)雍正《慈溪县志》卷一四,浙江县档案馆藏雍正八年刊本。
③ (民国)吴振藩辑《金峨寺志》卷二《建置》,金峨寺重印本。

的表现表示赞许。① 从此,各地禅僧纷至沓来,到大梅山参究"梅子熟也"的深长意味。如后来马祖的弟子庞蕴(庞居士)来到明州大梅山参访法常,见面就问:"久向大梅,未审梅子熟也未?"法常说:"熟也,你向什么处下口?"庞居士答:"百杂碎。"意谓全都咬碎,谈什么下口处?法常伸手说:"还我核子来!"庞居士便离去。② 在这里表面上看不出参禅的味道,实际是蕴含了庞居士对法常敢于坚持己见独立传法的赞赏。于是"梅子熟"遂成禅门的一则公案,这也是唐代唯一成为禅门公案的四明高僧故事,足见法常在禅林的影响之大。同时,法常"梅子熟"的品格,也不妨可以看作是后来浙东文化独立自主、心行是求精神最早的象征性展示。

在庞杂的洪州系中,法常的禅思想一直坚持"即心即佛",与北方的汾阳无业遥相呼应。他们都主张法身实相本自具足,一切万法从心所生。马祖的"即心即佛",肯定妄心与真心是同一的,在此基础上肯定心即是佛,这个心就是平常心。他又提出"自心即佛",而且不是说自心本质上是佛,而是说它现实中就是佛,从而使即心即佛从积极方面肯定自我是佛,有了直接实践的意义。然而如此绝对地肯定自我心性,使它无限膨胀,众生与佛没有界限,心性迷妄的众生与心性清净的佛也失去了本来的意义,这样,"即心即佛"就转化为"非心非佛"。马祖的"非心非佛"是从否定角度说无佛无佛性。所以即心即佛与非心非佛,这肯定、否定的两个表达方式的含义是相同的。法常所坚持的是"即心即佛"的肯定义,有《大梅常禅师语录》锓梓以传,这是明州高僧出版的第一部语录。今日本有镰仓期写本《明州大梅山常禅师语

---

① (五代)静、筠禅僧编《祖堂集》卷一五《大梅和尚》、(宋)释赞宁《宋高僧传》卷一一《唐明州大梅山法常传》、(宋)释普济《五灯会元》卷三、(宋)《宝庆四明志》卷一三、(清)黄宗羲《四明山志》卷二《伽蓝》等各书记载法常事迹略有不同,可相互参看。按,《景德传灯录》卷七将盐官事按在马祖头上,是不正确的,因为法常是在贞元十二年始居大梅山的,其为人所知更在数十年之后,而马祖早就在贞元四年入寂了。但作盐官者,谓"马师近日"云云,在时间上也同样说不通。此乃传闻之异,读者得其大略可也。
② (唐)于頔编《庞居士语录》卷上,《卍新纂续藏经》本第69册。

录》传世,收进临川书店 1999 年出版的柳田圣山、椎名宏雄共编《禅学典籍丛刊》别卷中。

大梅法常的法嗣主要有新罗国迦智禅师、杭州天龙和尚等。① 在明州地区,法常之禅也有传承。其第二代建立了宝庆寺,第三代建立了白云寺。②

心镜藏奂禅师(790—866 年),出家后历游湖山灵境,契旨于马祖弟子五泄虚默(即灵默),被称为"马祖裔孙,五泄传人"。大中十二年(858 年)入主明州栖心寺,是为宁波七塔寺的开山始祖。心镜在栖心寺基本上持马祖家法,贵在以心顿悟契入。五泄山一系的洪州禅含有密教的成分,虚默咄青蛇之类的法术也为心镜所继承。会昌元年(841年),藏奂住持天童寺,又被奉为天童"开法之祖师"③。心镜在天童咒龙入钵,倾钵成池,又在小白岭上为蟒说法,持咒施食,驱除了蟒害,在小白岭上创建镇蟒塔。这些灵异的故事正反映了五泄系禅法杂入密教术数的特点。④

晚唐时又有常通禅师(834—905 年),为怀让第四世长沙景岑禅师法嗣,咸通末(874 年)住宣城端圣院,文德初(888 年)为逃避战乱,率徒至四明。大顺二年(891 年)郡守黄晟请留居雪窦,蔚然盛化。⑤ 怀让第五世天童咸启,嗣径山鉴宗(为盐官齐安弟子),同时又转宗青原一系,禅风已有改变。

唐末,希迁石头宗门下的惟俨禅系也开始影响明州禅林。药山惟

---

① (宋)释普济《五灯会元》卷四《大梅法常禅师法嗣》,苏渊雷点校本,中华书局 2002 年版。
② (清)黄宗羲《四明山志》卷二《伽蓝》,《四明丛书》本。
③ (清)闻性道《天童寺志》卷三,民国重刻本。
④ 详见黄夏年《虚默·灵默·心镜——宁波七塔寺祖师刍议》,见释妙峰主编《曹溪禅研究》,第 328~335 页,中国社会科学出版社 2002 年版。
⑤ (清)黄宗羲《四明山志》卷二《伽蓝》。释赞宁述常通临终之言:"我庞通也。"黄宗羲则认为有可能是黄巢之变姓名,此皆不可采信。但雪窦山历来传说有黄巢墓,至今亦是一个谜。黄宗羲又认为著名诗人方干所作《题雪窦禅师壁》一诗,"以时按之,是赠常通者也"。按,常通领徒至四明,在文德初,住持雪窦寺在大顺二年,方干约卒于文德初,则黄宗羲之方干赠诗常通说恐难成立。

俨有门徒潭州道吾山圆诸,下出石霜庆诸(807?—888年),宗门大张,嗣法弟子有四十余人,主要分布在湖南各地。石霜门下素以"枯木众"闻名,有长、政二僧于龙纪元年(889年)飞锡至四明,在鄞县杖锡山结茅坐禅,是为延胜寺之肇基。①

综上所述,唐代四明高僧虽多,但大多是各宗各系的传法弟子,缺少富有创造性的一代大师,其繁荣程度远不如杭州、越州和台州。据《传教大师将来越州录》一书记载,日本国求法僧最澄"向台州求得法门,都合一百二十八部三百四十五卷,向越府取本写取经并念诵法门,都合一百二部一百一十五卷"②,但没有一部是向明州求得的,这正好反映了当时明州佛学的发展水平不敢让人恭维。但从地区佛教史的演变来观察,唐五代本区禅宗确实有了长足的发展,已经为两宋宁波成为全国性的佛教中心奠定了良好的基础。

(三)海外交流,重要门户

由于地理位置的优越,在唐朝向一衣带水的邻邦传播佛教文化的过程中,明州主要起了输出通道的重要作用。

1. 明州港是中日佛教文化交流的主要通道。唐代明州首次接待的中日文化交流友好使者是鉴真和伴同的日僧荣叡、普照等一行。天宝二年(743年)十二月,鉴真应日本的邀请,率领僧友、僧徒和随行的玉作人、画师、雕佛、刻镂、铸写、绣师、修文、镌碑等工手共85人,乘军舟从扬州出发,行至余姚郡狼沟浦遇到风暴,不得不登岸,后太守将他们安置在鄞县阿育王寺。这段时间鉴真等人从余姚到会稽、余杭、吴兴、宣城诸郡巡游讲授律戒,天宝三年又回到鄞县阿育王寺,筹划第4次东渡。鉴真率领弟子三十余人以巡视佛迹为名,向南进发,经过临海郡宁海的白水庵,估计想在三门湾寻觅出海的机会,后因江东采访

---

① (清)黄宗羲《四明山志》卷二《伽蓝》,《四明丛书》本。黄宗羲考证延胜寺非由天童山纪禅师建立,甚确。
② [日]《传教大师将来越州录》,见《大正新修大藏经》第55册。

使下牒诸州拦截,这条航路仍未走成。鉴真等经过 6 次努力,终于在天宝十二年从苏州东渡成功。鉴真不仅为日本佛教界传授了戒律,更重要的是把唐代建筑、雕塑艺术及医药知识等作了广泛的传播,其中自然也融合了明州的工艺技术。

唐代在长安留学和在各地学法的日本学问僧中,有相当部分是从明州登陆奔赴各地的,仅从会昌二年(842 年)到咸通六年(865 年)的 23 年中,登陆明州的学问僧就有惠萼、园珍等几十人。如贞元二十年(804 年),日僧最澄率弟子兼翻译义真、傔从等人,随第 17 次遣唐使到达明州。明州刺史郑审则为他们开具文牒,最澄得以巡礼天台山,从道璇受天台教法,又从佛陇寺行满受法,成为第一个接受湛然法系的日本僧人。次年三

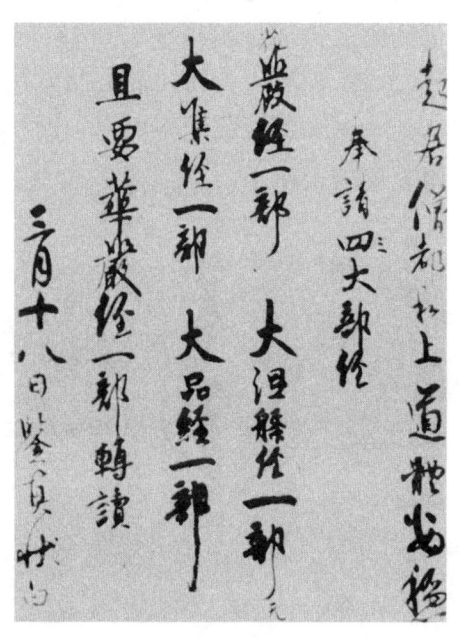

鉴真大师手迹

月,最澄一行离台州回明州候船,由于日本船未能如期到达,最澄和义真在明州签牒,去越州从龙兴寺顺晓受密教。五月初返回明州,在明州草堂寺拜檀那行者江秘,受"普集会坛"、"如意轮坛",又从开元寺法华院住持灵光受"军荼利菩萨坛法"等密教仪轨。① 最澄因此成为在明州三江地区最早受法的外国僧人。这年的五月十八日,最澄等取道明州归国。台州刺史陆淳、明州刺史郑审则皆为撰"印记",证明其"远求天台妙旨,又遇龙象邃公,总万行于一心,了殊途于三观,亲承秘

---

① 浙江省鄞县地方志委员会编《鄞县志》下册,第 1864 页,中华书局 1996 年版。

密,理绝名言"①。最澄在唐受了天台、密教、禅宗及大乘戒法等四种传授,带回经书章疏230部460卷,归国后创立了日本的天台宗。最澄不仅改变了日本佛教当时的格局,而且亦开启了日本僧人参礼天台的传统。继最澄之后参礼天台的有圆修、圆珍等。会昌三年(843年)日僧圆修从天台去明州登船启程。大中元年(847年),学问僧惠运、仁好、惠萼、性海搭乘明州商人张友信的船,从望海镇归国。次年六月圆珍乘李延孝船取道明州回日,将巡礼大唐的见闻著为《行历抄》,并任第五代天台座主。

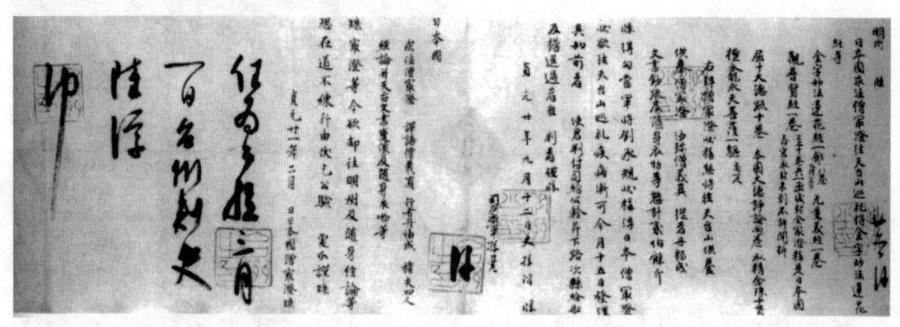

明州牒

(此为最澄从明州去天台山途中明州刺史孙阶发给的牒文和台州刺史陆淳的批文)

咸通三年(862年)九月,日本友好使者真如法亲王以及僧人宗睿、贤真、惠萼、忠全等一行到达明州。宗睿(807—887年)是人所共知的入唐八家之一,在中国留学四年,于865年乘李延孝船自明州望海镇归国,带去经卷124部143卷。惠萼传天台教,天台宗又注重观音信仰,咸通四年惠萼带一观音像乘张友信船启程归国,船至舟山普陀不能前进,惠萼下船,奉观音于普陀山,并结庐供养。后人便渐渐兴建补陀山寺(即今普济寺)。今普陀山尚有"不肯去观音院",即是当年惠萼结庐之处。其后明州开元寺僧道载复梦观音欲归本寺,乃建殿

---

① 周琦、茅奉天《天台山发现一批唐代中日文化交流史料》,《东南文化》1990年第6期"天台山佛教文化专号"。

迎而奉之。随真如法亲王入唐的贤真此次并未前往长安,他一直羁留于明州开元寺附近,翌年与忠全等自明州归国。

2.明州港也是中朝佛教文化交流的重要门户。在中国禅宗发展的洪州禅时期,就有韩国僧人品曰(一作梵曰)禅师来到明州,初住开元寺,后为盐官海昌院齐安禅师法嗣,师事六年之久,勤学精进,被称为"东方菩萨"。品曰于会昌六年(846年)渡海回新罗,创立崛山派,对朝鲜禅宗的发展产生了重大影响。齐安同门法常住明州大梅山,其嗣法弟子也有新罗国迦智禅师。① 1996年5月20日,韩国禅学文化考察组登上宁波大梅山考察了大梅法常和新罗迦智的遗迹。据《东国僧尼录·名僧》记载,忠彦禅师也是大梅法常的法嗣。② 刘仁本《游定海县净居寺》中"新罗杖锡唐时住"③的诗句,也透露出唐时有新罗僧住定海净居寺的史实。据圆珍《行历抄》,唐会昌年间(841—846年)就有新罗僧在台、明间活动。一说将观音像从五台山带到普陀山,从而使不肯去观音院得以创建的不是日本僧人惠萼,而是新罗国人。北宋徐兢记载说:"昔新罗贾人往五台刻其像,欲载归其国。暨出海,遇礁,舟胶不进,乃还置像于礁上,院僧宗岳者迎奉于殿。"④这条记载比《宝庆四明志》的惠萼禅师缘起说要早得多。晚唐时高丽僧抵达明州者屡见诸史料,如大中三年(849年)有高丽僧在阿育王寺,欲盗取舍利塔而未果;⑤光启三年(887年)以后,高丽国僧元机"絜瓶下山,沿其西海……珍重夷州之浪,直冲禹穴之烟";乾宁三年(896年)高丽国宝月禅师"侂迹而西,所以高悬云骚,遽超雪浪,不销数日,得抵鄞江";⑥天祐

---

① (宋)释道原《景德传灯录》卷一〇,《中华大藏经》本。
② 无名氏《东国僧尼录》,《卍新纂续藏经》本。
③ (元)刘仁本《羽庭集》卷二,《四库全书》文渊阁本。
④ (宋)徐兢《宣和奉使高丽图经》卷三四,《四库全书》文渊阁本。《永乐大典》卷一三〇八二"像昇不动"引《宗门统要》有不同记载,谓高丽国遣人"来钱塘刻观音圣像,及舁上船,竟不能动,因请入明开元寺供养,后有设问:'无刹不现身,圣像为甚么不去高丽国?'"
⑤ (宋)释志磐《佛祖统纪》卷四二,日本《大正新修大藏经》本。
⑥ (清)陆心源《唐文拾遗》卷六九崔彦㧑《高丽国弥智山菩提寺故教谥大镜大师元机之塔碑铭并序》,《有唐高丽国海州须弥山广照寺故教谥真澈禅师宝月乘空之塔碑铭》,中华书局1983年版。

元年(904年),余姚邵岙舍山建造吴山正觉寺,延请游方至此的高丽僧永乾为住持。① 晚唐高僧之舍利也有通过明州商人运往朝鲜的,如乾宁二年(895年)越州应山寺僧希圆卒,荼毗收舍利七百余粒,"被四明人赍往新罗国矣"②。这些史实无不证明明州也是中朝佛教文化交流的重要门户。

二、道教

隋唐时期,道教在理论、科仪、艺术以及炼养术等各个方面都得到了空前的发展。尤其在唐代,道教的政治地位居于儒、佛之前。浙东道教在这一有利的政治气候下进一步发展,广泛地传播。

唐代四明道教发展的一个重要表现是各地纷纷建立了道(宫)观。天宝二年(743年),诏天下皆建紫极宫以祠老子,梁开平二年(908年)明州紫极宫改名为真圣观。开元二十六年(738年),又在子城东南八十步建开元宫(后改为崇寿宫)。明州所属各邑也都建立了道观,如象山有蓬莱观,奉化有兴唐观、虚白观,慈溪有清道观、大隐山大宝观,均为一方胜地。大道士叶法善(614—720年)开元(713—741年)中讲经于奉化兴唐观,留传有"仙师渠"的神异故事。③ 又奉化之镇亭山石门洞,亦名天师洞,叶天师在此讲《度人经》,相传镇亭山龙王化作庞眉梨杖的老人每天来听讲。④ 此外余姚有龙泉观,著名诗人张祜造访后作《余姚县龙泉观》诗:"四明山一面,台殿倚嵯峨。中路见江远,上方行石多。晴花气漫地,地暖鸟声和,徒漱葛仙井,此生真奈何。"⑤ 通过对龙泉观的环境形象细致的描写,表达了此生失意的无奈之情。

---

① (清)光绪《余姚县志》卷一一《典礼》,《中国地方志集成》本,上海书店出版社1993年版。
② (宋)释赞宁《宋高僧传》卷七《唐越州应山寺希圆传》,《高僧传合集》本,上海古籍出版社1991年版。
③ (唐)牛僧孺《玄怪录》卷三《叶天师》,中华书局2006年版。
④ (宋)黄震《虚白观记》,《黄氏日抄》卷八八、黄宗羲《四明山志》卷一《名胜》
⑤ (唐)张祜《余姚县龙泉观》,《文苑英华》卷二二七,中华书局1990年版。

唐代四明道教发展更重要的表现是，四明山跃升为浙东道教的一个中心。道教的洞天福地之说在汉晋之际已经逐渐形成，葛洪的《抱朴子内篇·金丹》已经将"大小天台山"视作合药时"山神必助之为福"的福地。至唐代司马承祯作《天地宫府图》，第一次把散处全国各地的洞天福地，系统地分为十大洞天、三十六小洞天、七十二福地，并分别列举了各个洞天福地的名称、规模、所在地和统治者。其中四明山的"丹山赤水洞天"名列三十六洞天之第九，又有大隐、梨洲和菼湖福地。这样，四明山在道教中的地位最终在唐代得到了确认和提升。与之相称的著名道观有祠宇观，初建于大岚山，刘、樊升仙之后，弟子立祠宇以祀，陈永定中有敕建观，因有旧祠，故称祠宇观。唐天宝三年（744年），唐玄宗遣使祷祀，病其险远，敕道士崔銜、外士李建移置潺湲洞外，一名白水宫。

自唐以来，慕名来四明山寻仙求道的很多，其中不乏名流。如天宝（742—755年）时著名道士吴筠见斥于高力士，遂游四明、天台间。元和（806—820年）间道士高阳许碏来游四明山。传说吕岩（洞宾）也到过四明，曾在今鄞州的金鹅寺题壁。[1] 吕洞宾的大弟子华阳真人施肩吾早年长期在四明寻真修道，飘然若仙，如张籍所说："仙游多在四明山。"[2]施肩吾栖心玄门，养志林壑，其言论明显重视内功，对钟吕金丹道的阐发有重要贡献。但他似也曾热衷于丹药，徐凝赠诗云："紫和车里丹成也，皂荚枝头早晚飞。料得仙宫列仙籍，如君进士出身稀。"[3]这里，"皂荚枝头"一句是运用四明山刘樊在皂荚坞飞升成仙的典故，证明徐凝作诗时，施肩吾仍在四明山，徐凝已经闻知施在四明山对丹药亲自作了实践。

唐末有两大高道，即杜光庭和闾丘方远，俱出自南岳天台。杜光

---

[1] （唐）吕岩《题四明金鹅寺壁》，《全唐诗》卷八五九，中华书局1985年版。
[2] （唐）张籍《送施肩吾东归》，《全唐诗》卷三八五。道教史上向有两位施肩吾之说，但也有人大胆地将两者合为一人，详参张广保《唐宋内丹道教》第216页，上海文化出版社2001年版。
[3] （唐）徐凝《回施先辈见新诗二首》，《全唐诗》卷四七四，中华书局1985年版。

庭(850—933年)出生在浙江处州,咸通(860—873年)中应举不第,遂入天台山为道士。从其所作《奉化宗佑侍中黄箓斋文》看,他似曾一度在奉化"按玄都品格,修黄箓道场"①。但他一生最重要的时间是在西蜀度过的,其传道之地也限于蜀地。而闾丘方远虽是安徽舒州人,但他自从景福年间(892—893年)来到余杭,便一直在淮浙一带传道,也曾到达四明山。贯休有《寄四明闾丘道士》诗云:"淮海兵荒日,分飞直到今。知担诸子出,却入四明深。"②证明闾丘方远确曾在四明一带传道。另有会稽人许寂"久栖四明山",《十国春秋》也说"寂初在四明山,时被道服,往还其间",唐昭宗闻其名,征至都中。③ 此外,传说著名道士陶植也活动于四明山,于"唐敬宗朝宝历元年八月十五日浙东明州鄞县四明山大梅峰梅福仙人台上白日上升,见有碑记在台下"④。

四明山道士开展的活动,值得注意的还有几点:

1. 炼丹。 炼丹术是作为长生术的一种手段开展的,也是一项具有实验性质的早期化学探索活动。唐五代是炼丹术的昌盛时期,四明山方士的炼丹活动也很狂热。吴郡蒋生弃家隐四明山,曾从道士学炼丹,遂葺炉鼎,炊薪鼓鞴,积十年而炼丹不成,后虽遇异人章全素将古砚点化为紫金,但蒋生终未学成炼丹术,死于四明山中。⑤ 皮日休描写四明山《樊榭》诗云:"井香为大药。"此所谓"大药",即道家所说的金丹。另有真人陶植炼丹以铅汞、朱砂等矿物为主要药材,其炼丹经验著成《金丹诀》一卷(即今《道藏》本所谓《陶真人内丹赋》)及《还金术》、《还金丹诀》。陶植是现知唐代四明山外丹道士中唯一有丹书传

---

① (唐)杜光庭《广成集》卷四。但唐代京兆府也有奉化县,见(宋)王溥《唐会要》卷八八,故杜氏此文是否一定是指宁波的奉化,尚难断定。
② (唐)释贯休《禅月集》卷一六,《四库全书》文渊阁本。
③ (五代)薛居正等《旧五代史》卷七一《列传·许寂传》,中华书局1987年版。许寂在四明山遇见剑侠的故事,又见(清)吴任臣《十国春秋》卷四一《许寂传》(中华书局1983年版)、(宋)孙光宪《北梦琐言·佚文·许寂遇剑侠》(《全宋笔记》第一编第一册第225页,大象出版社1997年版)。
④ (元)戴起宗《悟真篇注疏》卷中,影印《道藏》本。
⑤ (唐)张读《宣室志》卷八,《笔记小说大观》第1册,江苏广陵古籍刻印社1983年版。

世者。

2. 养生。四明山道士有丰富的养生知识,养生的手段有药、酒等种种。如王可交药酒闻名当时。又有迷路的金庭客留宿四明山道士之家,所尝"野蔬药苗",夐非世味。唐末间丘方远自淮海入四明山修道,药犬不离身。又有俞叟早年好道,曾隐居四明山,从道士学却老之术。① 唐末居于环境绝佳的宁海雁苍瀑的一个道士,"尝取松叶、茯苓以自给,年百余岁"②,堪称道士养生的典范。

此外,四明道士对人民的生计也有所贡献。如太和(827—835年)年间鄞西林村道士"养鱼于塘中,能致雨泽利民,故谓之渔塘"。这个太和道士开创了四明水库放养塘鱼的先河,这里后来发展成为桃源的后市,在"广德湖未废之前,凡鱼虾之类皆在此交易"。南宋著名书法家张即之为书"鱼塘福地"四字,③这可以说是对太和道士养鱼利民的最后表彰。

---

① （宋）李昉等《太平广记》卷七四《道术·俞叟》条云:"吾早年好道,常隐居四明山,从道士学却老之术。"引自《宣室志》（中华书局1986年版第2册第461页）;又该书卷八四引《补录记传》,仅云:"吾尝学道于四明山。"（第2册第543页）
② （宋）陈耆卿《嘉定赤城志》卷二五,徐三见点校本,中国文史出版社2004年版。
③ （清）臧麟炳、杜璋吉著,龚烈沸点校《桃源乡志》卷二,中国档案出版社2006年版。

第四章
吴越国时期的宁波

- 吴越国对宁波的统治
- 吴越国时期的宁波文化
- 吴越国时期的宁波佛教

吴越国统治时期,采取了保境安民、顺应人心的政策,使明州的经济在唐的基础上有了较快的发展,其中越窑青瓷和港口对外贸易更是达到了空前的水平,但文化的发展依然较为缓慢,有影响的成果不多。

第一节 吴越国对宁波的统治

唐乾宁三年(896年),唐帝敕封钱镠为镇海、镇东等军节度使。以此为标志,两浙一带进入了钱氏家族的统治时期。907年钱镠封为吴越王,建都杭州。至公元978年,钱俶纳土归宋。吴越共受国72年,实际统治达80余年。

一、钱氏家族对明州的统治

钱镠在明州刺史黄晟卒后很快东巡明州,梁开平三年(909年)升为望海军节度使(宋建隆元年即960年,改望海军为奉国军)。[①] 此乃明州建节镇之始。鉴于武勇都之乱的惨痛教训以及北邻杨吴为徐氏夺国的残酷现实,钱镠担心吴越国落入他人之手,因而大量任命自己

---

① (宋)司马光《资治通鉴》卷二七八长兴四年(933年)十二月"顺化军节度使、同平章事、判明州钱元玚骄纵不法"记事下胡三省注:"以吴越于台州置德化节度概观之,盖置顺化军于明州。"按,此说不确。(宋)钱俨《吴越备史》卷一《武肃王》天成四年(929年)二月条云:"楚州升为顺化军,以明州刺史王子元玚为顺化军节度使。"可见顺化本是楚州军额,钱元玚遥领而已。其后钱铧也以顺化军节度使任明州刺史。

的兄弟、儿子出任各州刺史,建立了一套准分封的体制。于是钱镠在开平三年(909年)任命其战功最卓著的儿子元球(或作元玗、传球)为明州制置使。在钱镠诸子中,钱元球最早成为独当一面的州级行政长官。继任的明州刺史(制置使)是钱镶(同光二年即924年任),据说"有惠政,卒于官"①。此后担任明州刺史的是比元球小一岁的元珦。元球与元珦都有显赫的战功,对继位的钱元瓘构成了很大威胁。长兴四年(933年)十二月,钱元瓘派仰仁诠到明州召回元珦,"幽于别第"②。最后在天福二年(937年)元球、元珦兄弟均被处死。钱元瓘听从钱仁俊的劝告,没有对他们的党羽进行大规模的清理,明州社会并没有因此而产生较大的震荡。天福年间内牙军统军使阚璠③排斥异己,独揽大权,想奉钱仁俊在越州登位。刚即位的钱弘佐采用分化的手段拉拢内牙宿将胡进思共同对付阚璠。开运二年(945年)十一月,钱弘佐夺了阚璠的兵权,将其贬为明州刺史,次月阚璠在明州被杀。阚璠入狱后,钱弘佐才开始真正亲政。总之,在钱弘亿出任明州刺史之前,明州的刺史多为武人,都有着很大的势力,因而也常死于吴越国内部的政治斗争。这种局面应该说对于明州的建设是很不利的,但还没有严重到破坏明州社会稳定的程度。到了吴越国后期,钱弘亿判明州以来,采取一系列措施加快社会的发展,且"内和民兵,外靖海国,以简静致治安"④,从而为后来宁波的繁荣奠定了一定的物质基础。全祖望说:"前此钱氏至亲镇此州者,元珦、元玗,皆不以功名终,而公独为吾乡名节度,生荣死哀,国人久而思之。"⑤所以,钱弘亿是比较得后人好评的五代明州的地方长官。

---

① (宋)《宝庆四明志》卷一,《宋元方志丛刊》本,中华书局1990年版。
② (宋)司马光《资治通鉴》卷二七八唐明宗长兴四年十二月条,中华书局1956年版。
③ 据(宋)司马光《资治通鉴》卷二八三后晋齐王天福八年七月条,阚璠为明州人。
④ (清)全祖望《节使钱康宪公大人堂碑》,《全祖望集汇校汇注》中册,第992页,上海古籍出版社2000年版。
⑤ (清)全祖望《节使钱康宪公大人堂碑》,《全祖望集汇校汇注》中册,第992页。

二、吴越国时期明州的农业、手工业

吴越国处于吴、闽之间,其实力在十国中不算强大。统治者明白两浙的兵力有限,故既没有统一中国的野心,也不愿与邻国纷争以扩充势力,而是采取了"闭关而修蚕织"的措施。这促进了整个吴越国包括明州经济的发展。

首先,明州的水利事业受到了重视。吴越国"尝置都水营田使以主水事"①,浙东也设立了相应的营田机构——营田军以负责水利,贞明元年(915年)杜建徽就曾担任过浙东营田副使。② 王安石《上杜学士言开河书》说:"鄞之地,邑跨江负海,水有所去,故人无水忧。而深山长谷之水,四面而出,沟渠浍川,十百相通。长老言钱氏时置营田吏卒,岁浚治之,人无旱忧,恃以丰足。"③这些营田吏卒,自是由营田军管辖,他们每年都要浚治川流以减水患,对保障农业收成起到了重要的作用。尤其是建隆元年(960年)奉国军节度使钱弘亿经吴越国王批准,开展了有组织的大规模的展拓广德湖的活动,"于诸县农隙,集乡夫万人为十队,以官吏分董开凿之役",经此次大规模的拓展,广德湖周围凡12871丈,湖面面积达到了历史之最,即使"骄阳铄石,无旱暵之患"。④ 同时钱弘亿还对严重受损的它山堰"增筑全固"。⑤ 他还修浚了小江湖和月湖,诚如全祖望所说:"鄞西南二湖洲岛之盛,导源于康宪(钱弘亿)"⑥。史书没有记载的其他"疏鹆陂而资溉注"⑦的事可

---

① (宋)朱长文《吴郡图经续记》卷下《治水》,《宋元方志丛刊》本,中华书局1990年版。
② (宋)钱俨《吴越备史》卷二,《四库全书》文渊阁本。
③ (宋)王安石《上杜学士言开河书》,《王文公文集》卷四,上海人民出版社1974年版。
④ (宋)《乾道四明图经》卷二《水》,《宋元方志丛刊》本,中华书局1990年版。
⑤ (宋)《宝庆四明志》卷一,《宋元方志丛刊》本,中华书局1990年版;(宋)魏岘《四明它山水利备览》卷上《前后修堰》,第208页,俞福海、方平点注本,当代中国出版社2001年版。
⑥ (清)全祖望《节使钱宪公大人堂碑》,《全祖望集汇校汇注》中册,第992页,上海古籍出版社2000年版。
⑦ (宋)崔仁冀《奉国军节度使彭城钱公碑铭》,见(元)《延祐四明志》卷一九,《宋元方志丛刊》本。

能还有一些。天祐四年(907年),奉化令宋嗣宗"导江入渠,溉此石田,既耕既获,岁大有年"①,受到了民众的爱戴。在修筑海塘方面,佛教徒发挥了重要的作用。如布袋和尚率众筑奉化裘村十字塘以捍海潮,建三碶以御旱潦,塘内得田二千余亩,设岳林庄,以给僧徒。②

但事情的另一面是,吴越国由于庞大的军费支出、对中原王朝的巨额朝贡和自身奢侈糜烂生活的需要,不得不采取重敛虐民的政策。《嘉定赤城志》卷一一《秩官门·诸县令》"陈长官"条下记载:"时钱王镠据二浙,欲增州县赋,长官上书谏,王怒逮狱,陈以死争之,得免。今县苗米独轻,皆其力也。"③宁海县因为陈长官的上书抗争而没有增加赋税,反过来正好说明吴越国其他地方赋税的增重。施迪也说,"方钱氏厚敛其民",像余姚莫氏那样"独能力田亩以丰资产"者,简直是凤毛麟角。④ 袁桷也指出:"钱氏以宗亲专节镇,租税括剥,民不堪奉。"⑤钱氏统治时赋税繁重的一个重要表现是征收身丁钱,《宝庆四明志》卷六《叙赋·杂赋》说:"五代时东南割地,分国者率计口算缗,故有身丁钱,一丁有岁纳数百者。"嘉靖《宁波府志》卷四二《仙释》亦云:"未几钱氏增丁税,民亡田荒。"这说明身丁钱制度一出,明州田农破产的不在少数。释昙噩《明州定应大师布袋和尚传》亦记载:"明年,官有增税课役丁夫之令,百姓逃亡,田畴至芜没。"⑥吴越国时四明人民的徭役也十分繁重。周显德三年(956年),宁海县令祖孝杰征发民丁6万开挖县北地的通海河渠,"时岁饥且寒,役人多死。或云:今县北千人坑,

---

① (清)范光阳《双云堂文稿》卷五《祭唐故奉化令宗侯文》,《四库全书存目丛书》本。
② (清)戴明琮《明州岳林寺志》卷一,杜洁祥主编《中国佛寺史志汇刊》第一辑第15册第34页,台北明文书局1980年版。
③ 陈长官事迹,参见光绪《宁海县志》卷二一《碑碣·明毛驭〈续修陈长官祠碑记〉》。
④ 俞福海主编《宁波市志外编》第二辑《碑记选·宋故莫府君墓志铭并序》,第877页,中华书局1998年版。
⑤ (元)袁桷《清容居士集》卷三〇《任隐君墓志铭》,《四部丛刊初编》本。
⑥ 见《卍新纂续藏经》第86册。

盖其时丛冢也"①。这个最后不得不废弃的通海工程,使民工因饥寒而亡者相仆于道。吴越国晚期,钱弘亿曾废除了一些残刻的旧制以保护人民的利益。《十国春秋》卷八三《弘亿传》记载:"弘亿居明州,颇著善政,凡一切科率旧制悉除之。显德中,王命括民丁以益军旅,州县长吏因之多所残刻。弘亿手疏其弊,辞理切直。王感悟,乃罢。"崔仁冀也说,弘亿判明州,"揽辔有苏舒之志;下车多惠爱之方。南亩啬夫,荷决渠降雨之利;东野编户,安熬波出素之业"②。这里,所谓"南亩啬夫"指的是农民,"东野编户"指的是盐民。钱弘亿所采取的"苏舒"政策,能使农夫、盐民安于其业,因而受到了人民的欢迎。

其次,手工业方面,四明地区以越窑青瓷的制造一枝独秀,并进入鼎盛时期。钱氏掌管越窑窑务,为了适应内政外交的需要,超常地发展这一特色产品。其时越窑生产的布局特点可以概括为"一个中心、两个侧翼",即慈溪上林湖、上虞、鄞州东钱湖鼎足成为我国三大越窑生产基地。上林湖窑场在晚唐的基础上规模又有大幅扩张,现已查明五代北宋的作坊多达一百余处,构成了一个庞大的越瓷烧造中心区,这样规模密集的瓷窑体系,在其他地域是罕有其比的。越瓷的烧造无论质还是量都达到了顶峰,官方经常直接指定上林湖窑按样烧制青瓷器,上林湖窑址中出土过少数刻"官"字款的青瓷碗残片,审其器形、纹饰特点,当属北宋早期。在唐末五代钱氏墓也发现有这类刻"官"字款的青瓷器。上林湖烧制的秘色瓷,在钱弘俶纳土归宋的太平兴国三年(978年)还有大量出土,如竹园山等窑址还遗留着铭有"太平戊寅"的青瓷器。

作为上林湖中心窑场派生的东钱湖窑场(包括同一类型的边缘窑区——白杜和宝幢窑区),可划分为郭家峙、窑棚、上水、下水、东吴等

---

① (宋)陈耆卿《嘉定赤城志》卷二五,徐三见点校本,中国文史出版社2004年版。
② (宋)崔仁冀《奉国军节度使彭城钱公碑铭》,见(元)袁桷《延祐四明志》卷一九,《宋元方志丛刊》本第6册,中华书局1990年版。

几个窑区,绝大多数是在吴越晚期发展起来的,五代北宋时期的窑址共有35处,占了总数的75%以上,迅速崛起而成为宁波的第二大窑场,不但烧造的品种多,而且质地也很精美。产品以成套的各式碗为大宗,另有盅、盘、钵、洗、壶、罐、盏托、杯、水盂、盒、瓶、香熏等,其中很大一部分产品与上林湖相似。从成型、胎质、纹样以及烧造工艺看,各窑区基本上都是相当讲究的,坯泥陶练十分精细,质地细腻坚密,釉层晶莹滋润,色泽分青翠、青黄或青泛黄数种,均有"玉感",其产品的精美程度虽然稍逊于上林湖,却比同时代的上虞窑、寺前窑高出一筹。2007年对东钱湖郭童岙窑进行了首次大规模考古发掘,发现了8座龙窑遗址,部分龙窑保存完整,其中有4座窑址相互叠压,再现了五代延至北宋东钱湖窑场生产的壮观景象。东钱湖窑的产品,一部分用于上贡朝廷,如上林湖贡窑中发现的碗标本中的莲瓣纹样做法,在东钱湖窑中屡见不鲜,这种仿作应该出于上贡的需要。东钱湖由于靠近明州港,运输方便,故又有相当一部分产品用于外销,在非洲埃及古遗址中出土的越窑青瓷器中,不少器物从造型到纹样都与东钱湖窑场中的产品毫无二致,无疑属于从明州港启运的东钱湖窑场的外销瓷产品。

上林湖、东钱湖以及上虞三大窑群集中了越窑最优秀的匠师,他们烧造的秘色瓷精美绝伦,可以毫不夸张地说,当时流布各地的秘色瓷绝大部分是由这三大窑群生产的。二十多年来,我国考古工作者在吴越国都城杭州和钱氏故乡临安县先后发掘了钱氏家族和重臣的墓7座,出土了一批具有代表性的秘色瓷。这批瓷器,质地细腻,制作精巧,胎壁较薄,表面光滑,釉色滋润光泽,造型新颖优美,而且不少器物带有皇家气象,装饰华贵。如钱元瓘墓出土的瓷罂,圆肩球腹,圈足外撇,肩颈两侧各安一对并列的耳形高鋬,腹部浮雕双龙,旁缀云纹,龙腾空飞舞,奋力抢珠,龙身涂金,璀璨辉煌,其造型之庄重,气魄之宏大,绝非唐代一般瓷罂可比。史书所记钱氏多用"金银扣瓷"、"金银饰陶器"、"金棱秘色瓷器",由此得到证实。尤其值得注意的是一些缸、瓶等大件瓷器的烧成,足以代表五代越窑的工艺成就。如钱元瓘墓出土的几件瓷缸,宽厚唇,口下安环耳四个,耳根饰柿蒂形,高37厘米、口径62.5~64.7厘米、底径35~38厘米。临安板桥吴氏墓所出褐彩云纹四系瓶,形似瓷罂,腹部呈椭圆形,高50.7厘米、腹径31.5厘米。这类大件瓷器,无论是成型还是烧成都是相当困难的。越窑工匠能烧造出这样形体高大的秘色瓷珍品,确实令人惊叹不已。

吴越国采取了保境安民的国策,在取悦强国、和好邻邦中,"贡献相望于道"[1],以致"费用无艺"[2]。仅瓷器一项,据《宋史》、《十国春秋》、《宋会要》、《吴越备史》等文献记载统计,从宝大元年(924年)钱镠向后唐进贡秘色瓷器至太平兴国八年(983年)钱惟浚贡宋金银陶器的60年中,吴越国进奉瓷器多达14万件以上,毫无疑问,它们均属于越窑青瓷。特别是显德五年(958年),周世宗发动的征淮南(南唐)之役结束后,五代政局发生根本性的变化,吴越国因唇亡齿寒,不得不委曲求全,对中原王朝的上贡数量激增。从《册府元龟》卷一六九《帝王部·纳贡献》和《宋会要辑稿·蕃夷·历代朝贡》(蕃夷七之一至一○)的记录中不难发现,吴越对中原王朝的进贡数额在显德五年出现了突变,在此之前,或数年一贡,或一年一贡、两贡,但在显德五年却连贡六次。尤其是北宋立国至吴越归宋的18年间,钱俶自知势单力薄,岌岌可危,为了保全一隅江山,"始倾其国以事贡献"[3],定做了大批轻巧精细、装饰华靡的秘色瓷器,贡瓷数量动辄上万。如此繁重的生产任务,光靠上林湖窑场烧造显然是远远不敷所需的,所以吴越小朝廷又让上虞窑场和鄞县东钱湖窑场在官方监督下承烧部分贡瓷。

---

[1] (宋)苏轼《表忠观碑》,《苏东坡全集》卷八二,北京燕山出版社1998年版。
[2] (清)吴任臣《十国春秋》卷八七《江景防传》,中华书局1983年版。
[3] (宋)欧阳修等《新五代史》卷六七,中华书局1974年版。

《宋会要辑稿》历代朝贡里也明确记载了明州贡瓷。如开宝九年(976年)六月四日,"明州节度使(钱)惟治进……宝装合盘二十只,瓷器万一千事,内千事银棱"①。当然,秘色瓷在贡奉之外,还有相当多的产品被吴越国各级显贵留作自己享用,而且往往根据官方的审美情趣到窑场定烧。这种政治行为不仅使上林湖窑厂的烧造达于极限,而且也刺激了上虞窑的蓬勃兴起,东钱湖窑场也得到了迅速开辟,越窑生产因此而臻于极盛。但是政治行为的拉动对于越窑来说毕竟属于外部的强力注入,而非内力的驱动,一旦外力撤去,贡窑易位,同样成为引发越窑衰落的举足轻重的因素。因此,太平兴国三年(978年)钱王被迫纳土归宋之后,越窑制瓷业便从巅峰一路下滑了。

五代时明州的丝织业也维持着较高的发展水平。当时宁波经济作物桑麻的种植更为普遍,这是吴越国内政外交的需要。谢鹗记载朱行先担任望海镇遏使(?—924年)的事迹说:"镇县和同,商农工贾,不改其业,亲载耒耜,遍植桑麻,以备祗奉使臣,供承南北。"②显然,明州望海镇"遍植桑麻"的一个重要原因就是以桑麻的加工产品"备祗奉使臣,供承南北",这暗示了四明本境丝织业的发达,以及高档产品的主要去向。吴越国在显德五年(958年)之前,贡绫或绵,很少超过万匹万两的,但在显德五年以后却动辄超过5万、10万,这光靠杭州一地的织作是难以胜任的,必定要由地方分担部分任务。宋初乐史《太平寰宇记》卷九八记载明州土产就有"绢"一项。开宝九年(976年)明州节度使钱惟治贡"大绫千匹"③,这种绫应该属于本地的传统产品。

五代明州的造船业非常发达。乐史《太平寰宇记》卷九八记载明州土产有"船舶"一项。这促进了以船舶为主要运输工具,能充分释放

---

① (清)徐松《宋会要辑稿·蕃夷七·历代朝贡》,中华书局1987年版。
② (五代)谢鹗《朱府君墓志铭》,《至元嘉禾志》卷二四《碑碣》,《宋元方志丛刊》本,中华书局1990年版。
③ (清)徐松《宋会要辑稿·蕃夷七·历代朝贡》。

港口效益的明州海上商贸活动的兴盛。

三、吴越国时期明州的商业

从现有的史料推测,五代宁波的商业活动确实很有声色。如吴越国统治之初,望海镇"商农工贾,不改其业"。鄞、奉的不少稠人市会之处多设有各类店肆。据释昙噩《明州定应大师布袋和尚传》记载,布袋和尚活动的十字街头,"酒庐屠肆皆恣其饮啖不厌恶,谓能使所货倍售而获利多也"。布袋和尚的弟子蒋摩诃筑庵于跸跨山十二盘之高峻处(今鄞州区东吴镇勤勇村小盘山),畜一黄犬自卫。"每米尽,则系百钱犬颈上,出东吴以籴,往来二十里无所间。"①这说明鄞县的东吴可能存在着一个粮食市场,至少存在着可以籴米的市肆。出土于鄞江镇建岙村的邵诰撰《荥阳潘六郎府君墓志铭》,对潘承福(946—1004年)及其父亲的贸易活动有所介绍。该文云:"父讳超性,善邸贸业,染彩于阛阓间,鸠博资利。府君讳承福,娶刘氏,乃蛊干先业,经之营之,以丰其财,以广其宇。自染丝加置鬻帛、质贷之务,而为三焉。"②可见潘超性的染丝业,发展到其儿子手里,扩展为染丝、鬻帛、质贷三务,经营范围日益扩大,获利颇丰。其中质贷一务明显带有典当的性质。宁海商业活动也很兴盛,周显德三年(956年),水工黄允德向宁海县令祖孝杰建议:"县北地坦夷,宜凿渠通海,引舟入渠,以通百货。"应该说这个设想还是很不错的,但限于当时的技术水平,投入了大量的人力物力,尚无法实现"引舟入渠,以通百货"的愿望。③ 三门湾水运尚且如此繁忙,作为州级政府所在地的明州港更可想而知。

---

① 以上见《卍新纂续藏经》第86册。
② (宋)邵诰《荥阳潘六府君墓志铭》,见马兆祥主编《碑铭撷英》第8页,人民美术出版社2003年。
③ (宋)陈耆卿《嘉定赤城志》卷二五,徐三见点校本,中国文史出版社2004年版。

吴越国与海内各国各地区都有商业往来，而以与中原的通海贸易最为发达，这里的丰厚收入在一定程度上缓解了明州财政和人民的沉重负担。吴越国与中原王朝的朝贡贸易以海路为主要的贡道，胡三省在注释《资治通鉴》卷二七〇所载吴越国"海道出登、莱，抵大梁"时说："此即闽越入贡大梁水程也。但吴越必就许浦或定海就舟，水程比闽为近耳。"许浦在今海宁许村镇一带，其时已沙积水浅，故入贡当以出定海为便。为了与吴越国进行贸易，中原王朝还在沿海的郡县设立了博易务（亦称回易务）①，明州海商应是来到中原贸易的主要力量。《十国春秋·拾遗》云："江淮道梗，吴越泛海通中国，于是沿海置博易务，听南北贸易。"明州港与广州等地联系也很紧密，"南琛交贸，有蛮舶以时来。东道送迎，有皇华而岁至"②。这里，明州港被描述为既是南舶出入之地，也是使者往来之所。

吴越国还经营海外贸易，明州无疑是对外开放的重要港口。五代时中日交往绝大多数是吴越国与日本的交往，双方的交往大部分又是纯商业性的交往，即使政府间的往来也是通过商人进行的。文献明确记载，吴越国商船与日本方面的交往就达13次，如吴越客商蒋承勋、

---

① 关于博易务或回易务，目前学界多有争论。关于博易务设置地点，有认为在吴越国境内，更有人指实在明州境内的。查《旧五代史》卷一〇七《刘铢传》云："先是，滨海郡邑，皆有两浙回易务，厚取民利，（如有所负，回易吏）自置刑禁，追摄王民，前后长吏利其厚赂，不能禁止。铢即告所部，不得与吴越征负，擅行追摄，浙人惕息，不敢干命。"又《新五代史》卷三〇《汉臣传·刘铢传》叙述同一件事云："是时江淮不通，吴越钱镠使者泛海以至中国，而滨海诸州皆置博易务，与民贸易。民负失期者，务吏擅自捕治，置刑狱，不关州县。而前为吏者利其厚赂，纵之不问，民颇为苦。铢一切禁之。"对照这两段文字，可见博易务实即回易务，即使不是同一，两者之间也有极其紧密的关系。其设置之地在中原沿海诸郡，所以汉臣刘铢能够加以整顿。博易务的职能可能仅限于管理对中原朝廷的贸易，吴越国则是与中原王朝进行通海贸易的主要对象国，所以称为"两浙回易务"。即使有的学者把"两浙回易务"理解为吴越国进行海上贸易的派出机构，也证明其驻地不在吴越国境内。至于浙江等地是否有博易务，暂无史料能够证明，故本文不采纳明州沿海设博易务之说。

② （宋）崔仁冀《奉国军节度使彭城钱公碑铭》，见（元）《延祐四明志》卷一九，《宋元方志丛刊》本，中华书局1990年版。

蒋衮等多次往来中日间,并为之传递官方的消息。① 吴越国与日本间的交往,多数应该以明州港作为靠岸和起航的重要口岸,只是文献上没有明言罢了。吴越国的商船从明州一带出发,利用季风横渡中国海,经过肥前松浦郡的值嘉岛,进入博多港,返程仍循此航路。而其时日本实行锁国政策,对海外贸易采取消极态度,不准日本商船出海。如此才出现了吴越商船单向通航日本的奇特现象。显然,这种单向通航制约了民间私人海外贸易的规模。② 吴越国时期明州港输入日本的商品不详,但可能与前代一样,以香药、绵绮等织物为主,同时还有越窑青瓷。日本醍醐天皇的四皇子重明亲王的日记《吏部王记》中951年的记录,讲到膳桌上放着的东西,其中有"瓶用秘色"。天历以后的《宇津保物语》,讲到滋野真营用餐时,自己用"秘色杯",而他的女儿、儿子用金属碗,时间大概在952—970年。这说明五代时高档越窑青瓷——秘色瓷已经输入日本,并受到日本天皇的宝爱。吴越国与南海诸国可能亦有贸易往来。开宝九年(976年),明州节度使钱惟治还"进涂金银香狮子并台,重千两;金银香鹿一对,重千两;涂金银凤、孔雀、并鹤三对,重三千两;白龙脑十斤;金合重二百两"③。这些贵重的金银品,多数应是直接或间接来自南海国家、部落的舶来品。

但是,五代四明的经济成果,普通百姓并没有分享到多少好处,所以广大民众的生活仍旧非常艰苦。钱彦远《衙司都目序》指出:本地"田瘠且隘,鲜卤错出,居人皆窳偷时,无蓄积之实,衙将员虽百有二十,赀产比它郡为瘁"④,比较真实地反映了五代至北宋初的明州经济情况。

---

① 详见何勇强《钱氏吴越国史论稿》,第268~270页,浙江大学出版社2002年版。
② 详参王心喜《钱氏吴越国与日本的交往及其在中日文化交流史上的地位》,《中国文化研究》2003年秋之卷。
③ (清)徐松《宋会要辑稿·蕃夷七·历代朝贡》,中华书局1987年版。
④ (宋)祝穆《方舆胜览》卷七《庆元府》引,《四库全书》文渊阁本。

四、吴越国时期明州的移民

自唐末黄晟自任明州刺史以来,明州虽曾受到战乱的威胁,但由于应对得当,本境几乎一直处于能安全自保的状态。进入吴越国统治之后,明州税负沉重,似乎还谈不上富庶,但社会还是维持了长期的稳定。俞革《宋故天水郡赵隐君墓志铭》(1059年)曾指出:"当吴越王有土时,霸政儿戏,(赵氏)自祖及父但祗役庇族,每偷安寝膳而已。"①这则记载比较典型地反映了吴越国时明州人士的"偷安"心态。而社会的相对稳定,也为人们的"偷安"创造了便利的条件。因此,自唐末以来,这一带的移民开始增多。据现代浙东地区的氏族源流调查,自唐末五代迁入四明而至今繁衍成族的氏族至少有二十余支,主要分布在今鄞州(如蜃蛟林氏、管江杜氏、集仕港前王等)、象山(如丹山胡氏)、余姚(如罗江罗氏、大隐林氏、梁弄黄氏、云柯胡氏),迁入奉化和宁海的也很多,如奉化之小万竹王氏、董村董氏、松林陈氏、三石茅渚陈氏、白溪胡氏等,宁海有马坡俞氏、黄坛杨氏、上白峤陈氏、柘浦王氏、竹林王氏、旗门东岙周氏、潘氏等。迁移原因有做官、避乱、商游等。这些移民很快融入当地的社会中,并以其优良的素质,对当地的经济开发作出了贡献。如宁海旗门东岙周氏,一世祖周希星原籍福建,唐末兵乱,自台州迁来,以渔业、航运为业。至三世周文裔(962—?年)、四世周良史(986—1021年),成为宋初崛起的三门湾航帮的卓越代表。②迁入明州的移民不乏文化素养较高者,如从福建迁移至大隐的林无隐一族是文人,从桐庐迁入慈溪罗江的罗氏注重教育。与郑睿等同谏钱

---

① 此碑1925年出土于宁波江北岸泗洲塘,今存天一阁明州碑林。
② 杨古城、曹厚德《三门湾航帮与中日文化交流》引《东岙周氏宗谱》、《下畈周氏宗谱》,《浙东文化》2002年第2期。

王纳土的光禄大夫张质(钱塘人)避地宁海之深畯,遂定居于此,尚书叶预亦隐居于宁海小梅枝,他们的文化素养亦非一般人所能比。另外从福建涌入明州的高僧也不少。他们都为唐末五代明州的文化建设作出了一定的贡献。

第二节　吴越国时期的宁波文化

吴越国时期,明州涌现了孙郃、昙光、传古、日华子、契此等名家,在儒学、文学、艺术、医学诸方面均有一定的建树。尤其是明州佛教,在执政者的大力倡导下,更为繁荣。

一、明州儒学先驱孙郃的思想

初唐虞世南之后,四明的思想学术长期处于空白状态,直到唐肃宗时,才有隐居四明山的沈浩潜心著述,于乾元二年(759年)向朝廷进献了《广孝经》10卷,授秘书郎集贤待诏,仍赐绿袍牙笏。① 贞元九年(793年),李吉甫出为明州长史期间,因海岛隐士张玄阳以明《易经》为州将所重,乃召其讲论《周易》卜筮之事,张元阳出示《大同古铭》及郑钦悦解书,吉甫记之。② 1984年出土于鄞州区洞桥镇章家山的《唐故鄂州汉阳县尉刘府君墓志铭》称刘彤(808—870年)与其堂弟"并以儒学入仕"③。此后,本地的所谓"诸儒骏士",都湮没无闻。人

---

① (宋)王钦若等《册府元龟》卷六〇一,第7222页,中华书局1960年版。
② (宋)李昉等《太平广记》卷三九一《郑钦悦》,中华书局1986年版。
③ (唐)无名氏《唐故鄂州汉阳县尉刘府君墓志铭》,见马兆祥主编《碑铭撷英》第6页,人民美术出版社2003年版。

才的成长往往跟本地的望族分布息息相关,大约在唐德宗时代编纂的《新集天下姓望氏族谱》中,浙江诸州都有望姓,唯独明州付诸阙如,①这也证明了唐代明州人才的寥落。到五代明州才出了一位儒家学者孙郃。

孙郃,奉化人。② 从小就接受了儒学教育,幼负气岸,博学高才。登乾宁四年(897年)进士第,任校书郎、河南府文学。唐末,累迁为左拾遗。后朱温篡唐,孙郃写下了著名的《春秋无贤臣论》、《卜世论》以寄愤,又脱冠裳,服布衣,归隐四明。凡所著述,纪年悉用甲子,以示不臣之义。其作著述,历代书目记有《四明郡才名志(一作"记")》、《孙子文纂》(40卷)、《孙氏小集》(3卷)、《孙郃集》(2卷)、《文格》(2卷)等,均已失传。今仅有张寿镛辑录的《孙拾遗小纂》,收辑遗文寥寥数篇,已难窥其学术思想的全貌。

孙郃好荀子、孟子、扬雄之书,尤慕韩愈之文,故以"希韩"为字。这说明孙郃是以儒学者自居,又以唐代古文运动的继承者自命。他曾写信敦促司空图努力振兴儒家文化,司空图回信说:"是足下勤于吾道,必欲起而振之也,何以克当。"③这正反映出在乱世中孙郃振兴儒学的急迫感。在政治思想上,孙郃主张以德治世,在乎利民。孙郃生当乱世,看到"风教大坏,海内焚如,天不能阴鹭下民"④,最终导致了唐王朝的崩溃。因此他特别指出,务从德化才是封建王朝的长治久安之道,统治者决不能依恃享国日久而轻乎德义。他说:"是以周都天地之

---

① 王仲荦《蜡华山馆丛稿·〈新集天下姓望氏族谱〉考释》第436~440页,中华书局1987年版。
② (宋)陈耆卿《嘉定赤城志》卷三二据释赞宁《宋高僧传》卷二七《唐明州国宁寺僧宗亮传》所说"乐安孙郃",遂断其为台州乐安(仙居)人,此说误。乐安原义当为孙氏的望籍,在今山东。据张寿镛《孙拾遗小纂》辑录资料,孙郃故宅在奉化县东数里,后徙湖山,宅乃废为静慧(惠)院。关于孙郃的世系,宁波市图书馆收藏(清)孙事伦《竹湾遗稿》卷四《拾遗公传》云:"公讳郃,字希韩。六世祖功栗,唐德宗时大元帅,镇台州。朱泚将寇三郎寇台,功栗破之,围贼于宁海紫溪洞,与贼俱毙。子孙遂居宁海铁场樟树里。五世孙天麟徙奉化之土埭,生公。"可资参考。
③ (唐)司空图《答孙郃书》,《司空表圣文集》卷四,《四库全书》文渊阁本。
④ 孙郃《春秋无贤臣论》,见(宋)姚铉《唐文粹》卷三六,《四库全书》文渊阁本。

中，欲便四方之会，不恃山河，务从德化。原其意也，在乎利民，岂异唐虞之道而反卜年卜世耶？必也欲永其祚，莫先德义，贻厥后世。……恃年世之永久，必轻乎德义，若此之谋，非君子之道也。"①关于孙郃这段话的内涵，张寿镛曾在序文中作了深刻的阐发。他指出，"唐之亡也，亡于藩镇，亡于叛卒，实亡于饥民耳。有黄巢而后有朱温，有朱温而国祚以移"，所以孙郃《卜世论》提出"务从德化，在于利民"、"欲永其祚，莫先德义"，正是看到了民能载舟覆舟的巨大力量。

孙郃目睹唐王朝德义沦丧、藩镇割据、民怨沸腾的末世景象，忧心如焚。他大声疾呼，要全力维护中央王朝的统治权威，坚决反对藩镇割据。他在《春秋无贤臣论》中，以春秋时代为例，从儒家忠孝恩义观念的角度申明了这一思想。孙郃着力维护陪臣忠于诸侯、诸侯忠于天子的统治秩序，就像着力维护"孝于父者必欲父孝于祖"的人伦秩序一样，而藩镇割据的逆行，不仅严重削弱了统治权威，也使忠孝恩义的政治伦理准则解崩于一旦，导致"士大夫忠义之气，至于五季，变化殆尽"②。宋人高闶非常赞赏孙郃的论点，认为"春秋……谓之无贤臣也宜哉"③。关于孙文的宗旨，后人还有很多议论，如范仲淹说："当东周之微，不能用贤，以复张文武之功，故四方英才皆见屈于诸侯与霸者之为，而王道不兴，与无贤同，故论者伤之甚矣。"④王应麟说："孙郃论春秋无贤臣，盖诸侯不知有王，其臣不能正君以尊王室，此孟子所以卑管晏也。"⑤全祖望说："《春秋无贤臣论》，以见当时藩府诸臣无心王室。"⑥这些评论都准确地揭示了孙郃著文的宗旨。孙郃关于"春秋无

---

① 以上均出孙郃《卜世论》。
② （元）脱脱等《宋史》卷四四六《忠义传序》，中华书局1985年版。
③ （宋）高闶《高氏春秋集注》卷六，《四库全书》文渊阁本。
④ （宋）范仲淹《范文正集》卷一四《太府少卿知处州事孙公墓表》，《四库全书》文渊阁本。
⑤ （宋）王应麟《困学纪闻》卷六，《四库全书》文渊阁本。
⑥ 引自（民国）张寿镛《孙拾遗小纂》所附资料，《四明丛书》本。

贤臣"的论断无疑是富有时代针对性的,但他企图用忠孝恩义这一套儒家思想观念对强藩进行规劝,实在显得迂腐无力。即使如此,孙郃的观点也引起了学界的一些反响,如释赞宁撰《抑春秋无贤臣论》一篇,"极为王禹偁所激赏"①。

孙郃还可看作是唐代四明流行的"隐逸文化"的主要代表。唐代"四明多隐客"是公认的事实,其原因可从山水清奇、宗教氛围、政治张力弱小等方面去寻找。在经历了政治的剧变之后,孙郃决绝地告别了官场,加入到隐士的行列。他说:"介洁世不容,迹合藏蒿莱。道废固命也,瓢饮亦贤哉。"②他不肯认同屈原投江的举动,而是选择了一条借啸傲山水、高蹈隐逸完善自我的生活方式。生活在连自然山水都透射着宗教气息的四明,隐士们自然地会与佛道融流在一处。史称孙郃退居啸傲,不交锱铢,是颇不确切的。孙郃所结交的人物中就有宗亮、无作这样的亦文亦禅之辈,甚至孙郃的门下居然还有一位和尚——永嘉汇征大师。③ 看来,孙郃作为五代四明隐逸文化的主要代表,还具有以儒融合道、释的思想倾向。

孙郃鉴于唐代明州人文文化的沉寂,还以其强烈的地域意识,致力于表彰四明人物,欲借此提升明州的影响。孙郃纂修了《四明郡才名记》,宋初赞宁称此书"序诸儒骏士外,独云释宗亮多为文士先达仿仰焉"④,又《嘉定赤城志》卷三二引《才名记》有明州前进士莫彦修,可见孙郃此书的内容是记述唐代四明地域的儒、士、佛、道中的优秀人物,这是继虞预《会稽典录》之后出现的又一部浙东人物专志,也是四

---

① (宋)吴处厚《青箱杂记》卷六,《笔记小说大观》第二册,江苏广陵古籍刻印社1983年版。
② (五代)孙郃《古意二首》,《全唐诗》卷六九四,中华书局1985年版。
③ (宋)释赞宁《宋高僧传》卷二八《大宋杭州报恩寺永安传》:"遇同郡汇征大师,凤鸣越峤,玉莹蓝田……以其出乐安孙郃拾遗之门也。"
④ (宋)释赞宁《宋高僧传》卷二七,《高僧传合集》本。

明地区最早的人物专志。孙郃此书久佚,仅有片断为地方志书袭录。①
继孙郃之后,建隆中(960—962年)鄞令金翊著《纂异记》,记伏飞庙等事,亦具地方文献性质。

二、吴越国时期的文学创作

吴越国时期由于明州社会相对稳定,区域内也集聚了那么几个文人。除了本地的孙郃、郑睿等外,唐末以来客籍文人林无隐(侯官)、蒋宗简(桐城)等落户宁波,为宁波文坛输入了新鲜血液。林无隐之子林鼎(891—944年)生于宁波(今余姚大隐),好学深思,后出任吴越国宰相,所著有《金陵怀古》百韵、《吴江应用集》20卷,均未传世。总的说来,吴越国时期的宁波文人创作未盛,社会影响仍然不大。

敢于批评时政是这一时期四明文学的重要内容。最早起来批判时局的是孙郃。除了从儒家忠孝恩义观念的角度全力维护中央王朝的统治权威,坚决反对藩镇割据外,孙郃对五代文坛严重的唯美潮流也深表不满,试图重树韩愈"文以载道"的古文旗帜。他与闽人黄滔、前蜀牛希济、荆南孙光宪等遥相呼应,倡导古文传统,主张远师荀、孟,近学韩愈。孙郃所作的《文格》实际上是古文创作方法的指导书,这是甬籍作家撰写的第一部此类著作,惜已失传。② 作为先驱者,孙郃等人的古文缺乏文采,成就和影响实很有限,远不足以遏止和击退骈文时风的风靡势头,但从某种意义上说,他们开了宋初柳开等人以韩学为号召倡导古文的先声,并在宋初产生了一定的影响。如僧赞宁一方面

---

① (宋)《宝庆四明志》卷八《孙郃传》引《四明才名记》,有"孙郃博学高才"云云,如非出于误引或后人增入,则孙郃此书的著作权亦可质疑。文献不足,录此备考。
② (宋)王禹偁《小畜集》卷二〇《右街僧录通惠大师文集序》(《四库全书》文渊阁本)云:赞宁"得《文格》于光文大师汇征",据释赞宁《宋高僧传》卷二八《大宋杭州报恩寺永安传》,汇征大师学文于孙郃,则赞宁从汇征大师所得之《文格》应是孙郃的著作。

传承了孙郃《文格》一书中的方法,另一方面又作《抑春秋无贤臣论》,"排孙郃似图蔓",其批驳孙郃的论点还受到王禹偁的赞扬,①这从反面证明了孙郃之文在当时产生了一定的影响力。孙郃亦能诗,今存《古意》2首,由咏史而发议论,前者宣扬道不行时要迹藏蒿莱,后者赞扬小国之礼战胜大国之霸,艺术上明陈直述,理胜于质,显示出了儒学者的本色。孙郃的诗歌成就不高,但其散文化、议论化的理念诗,开启了宋代明州理学一派的诗歌。此外,四明一些官员有一定的文学修养。早期有宁海县令陈长官也因体恤民情、抗争钱镠的加税政策而被逮入狱,狱中题诗:"高田沙瘦常忧旱,沿海涂咸少有秋。要使茧丝殚地力,愿将骨肉伴枷头。"②陈诗通俗形象而又正气凛然,难能可贵。

这一时期四明士人隐逸风气较盛,余姚出现了隐士诗人徐韬、徐溶。他们把得之于自然的美感、隐逸的体验发为诗歌,在水光山色中尽情地享受着自由的感受和审美的愉悦,他们的作品虽然仅留下一联半句,却体现了隐士文学的一般特色。

禅吟不绝是唐末五代宁波诗坛的又一特点。这一时期宁波诗僧济济,粗略举来有翠岩山令参、岳林寺契此、四明山无作、国宁寺誓光、雪窦山延寿5家。誓光早期擅作苦调诗,蜚声朝野,晚年终居甬东国宁寺,自编文集,不传。从现存的作品看,五代宁波诗僧最值得介绍的是契此和延寿2家。契此(?—917年)喜作歌偈,常"携布囊与六七小儿行歌于道"③。契此诗今存24首,直承王梵志、寒山子一派的白话诗传统,像下面的一首诗偈就颇为人称道:

> 吾有一躯佛,世人皆不识。不塑亦不装,不雕亦不刻。
> 无一滴灰泥,无一点彩色。人画画不成,贼偷偷不得。

---

① (宋)王禹偁《小畜集》卷二〇《右街僧录通惠大师文集序》(《四库全书》文渊阁本)、(宋)吴处厚《青箱杂记》卷六(《笔记小说大观》第二册,江苏广陵古籍刻印社1983年版)。
② 全诗见《古今图书集成·食货典》卷一五三《赋役部》,事见《十国春秋》卷八五。
③ (元)《延祐四明志》卷五,《宋元方志丛刊》本,中华书局1990年版。

>体相本自然,清净非拂拭。虽然是一躯,分身千百亿。①

契此所说的这一躯佛,就是"清净"的本心,它不需要在大自然中去净化(拂拭),没有一切外在的修饰束缚。所以一旦了悟此心,就可以放开手脚,随心所欲,事事无碍,如意自在。这样尊重心灵的自由,显然是给了行动的自由以无上的权力。这正如其《布袋颂》所说:"我有一布袋,虚空无挂碍。展开遍十方,入时观自在。"这个布袋大如虚空,并且空空如也,对万事万物都没有挂碍,不执著于什么,也不为什么所阻碍,把这个布袋展开,就可以包裹宇宙,钻入布袋中,还可以欣赏那彻底的自在和逍遥。契此的诗偈语言俚俗,形象生动,禅理盎然,具有寒山子诗的风味。相传契此还有一首禅理诗脍炙人口:

>手捏青苗种福田,低头便见水中天。
>
>六根清净方成稻,退步原来是向前。②

契此此偈完全将插秧与学佛融为一体。他所谓的"退步",无非就是在面对人世偏多的"是非爱憎"面前,要"宽却肚肠须忍辱,豁开心地任从他。若逢知己须依分,纵遇冤家也共和"③。如果能在万事中退让一步,也就在求道的征途中向前迈进了一步。但由于契此借助了形象说理,使全诗获得了"退即是进"这一富有辩证色彩的哲理,这样富有哲理意蕴的禅理诗,即使在整个唐代也并不多见。

契此多作开悟人心的示法偈,延寿则长于描绘一种心灵体悟和生命体验的禅境,以冷寒孤寂的冷调鲜明地镌著作为僧人的心绪、处境和个性。所谓禅境,也即那种富有生命律动感却又空漠虚无、寂寥孤独、惆怅迷茫、虽淡犹浓、若无若有的境界。延寿在雪窦山作偈云:"孤

---

① (宋)释普济《五灯会元》卷二《明州布袋和尚》,苏渊雷点校本第122页,中华书局2002年版。
② 此偈最早见于明释广如撰《布袋和尚后序》,见《卍新纂续藏经》本《明州定应大师布袋和尚传》附录。按,此诗涉及插每行六株的方法,这一方法最早见于元代鲁明善《农桑衣食撮要》卷上(1314年),契此插秧偈较为后出,疑为后世伪托。
③ (宋)释普济《五灯会元》卷二《明州布袋和尚》。

猿叫落中岩月,野客吟残半夜灯。此境此时谁会得,白云深处坐禅僧。"这便是纯粹的禅境。孤猿有情,落月无情,野客有心,残灯无心,唯有无情有性的禅僧身心皆入于白云深处,领悟到那生命存在的永恒。这首诗偈向我们提供的东西是那么地多,它有着空漠虚无之质,寂寥孤独之神,超诣野逸之趣,幽悠清奇之韵,怅惘感伤之情。北宋的慧洪发配海南时曾亲证此诗,"但觉此诗字字是愁耳"①。这首诗所揭示的境界,在禅诗中相当有典型性。

永明延寿小像

延寿还执著地叙写他对四明山水的内心感受,因为独特的地理环境和居势,决定了僧人易于和山水亲近,山水意识也就作为常有的情愫蕴含于其中了。延寿的《同于秘丞赋瀑泉》较好地描绘出了千丈岩天造地设、气势磅礴的瀑布景象。还有赋咏余姚姜山(今属临山区湖山乡)五峰诸作,寒幽森危。史称延寿雅好诗道,所作诗偈凡千万言,播于海外,影响不小。

三、僧家的书画创作

随着禅宗的深入发展,晚唐产生了一批以禅意为书的禅僧书家,他们不讲任何法度,也不把王书视为模式加以尊崇,他们的书法不为实用,而为悟禅,故而对书法有着内心契妙的体验,以心传心,自解自悟。辩光说:"书法犹释氏心印,发于心源,成于了悟,非口手可传。"②

---

① (宋)释慧洪《冷斋夜话》卷六,张伯伟《稀见本宋人诗话四种》第57页,江苏古籍出版社2002年版。
② (宋)苏颂《苏魏公文集》卷七二《题送辩光序》引,《四库全书》文渊阁本。

他把自来强调的"非口传亲授不得其秘"的学书方法彻底否定了。在禅僧看来,艺术的审美境界只能诞生于最自由、最充沛的心源之中,一切美之光都来自于心灵的源泉,没有生命心灵的折射,是无所谓美的。而真正构成书法艺术生命境界的东西是不可言说的,只能通过心悟。为此,晚唐的著名书僧亚栖在《论书》中喊出了"自变其体"的时代呼声,书史改变了唯王是尊的流程,开始向"笔不笔,墨不墨,画不画,自有我在"的方向演变,随我之性,写我之心,随心而出。由此,晚唐书僧开创了中国书法美学的一个转折期。在这种文化大背景下,如行云流水、运思无羁的草体,以恣意纵情的率性之美为特征,更适宜于书者的情绪宣泄。它那诡谲夸张的具象,也更容易感染读者,得到人们的审美认同。而对草书发展贡献最大的是唐代释门的书法高僧,草体在唐代是为释门书苑赢得主体自尊的一种书体。

晚唐宁波可考的禅家书作有宗一所书立于慈溪伏龙山的《佛说大悲心大佛顶尊胜如意陀罗尼经》及其缘起,碑字"结体遒密,有二王法"。大中五年(851年)僧君长行书《唐岳林寺造塔记》"书法古雅,于方外尤难得也"[①]。唐末五代时明州一带禅风很盛,与书法权落僧家的时代趋势相一致,涌现了一个以书修持的小小的书僧群落,代表人物为昙光及其弟子、无作等,书法成为他们悟得禅机或以佛心观照自我的绝好形式。惜乎他们的书法作品均无流传,现在只能从文献资料中略窥一斑了。如释昙光得陆希声授"五指拨灯诀","长于草隶……书法遒健,转腕回笔,非常所知",昙光曾诏对昭宗御榻前进行书法表演,赐紫方袍。五代刘泾作《书话》,专评唐代的五位书僧,"以怀素比玉,昙光比珠,高闲比金,贯休比琉璃,亚栖比水晶"[②]。昙光晚年归隐明州国宁寺,[③]"出笔法,弟

---

① 以上均见(清)阮元《两浙金石志》卷三,道光四年浙江抚署刊本。
② (宋)佚名《宣和书谱》卷一九引,《四库全书》文渊阁本。
③ 据陈道贵《司空图诗文编年补正》一文考证,昙光归越在乾宁四年(897年),文见《宝鸡文理学院学报》2000年第1期。

子从瓌,温州僧正智琮皆得墨诀"①。訾光的草书以达致"逸格"境界为其主要特征,曾自言"羸病受师书,逸劲作长歌"②。司空图在《送草书僧归越》中,评其书法"逸迹遒劲",吴融《赠訾光上人草书歌》亦云"今观上士之殊艺,可继伊人之逸轨",贯休在《訾光大师草书歌》中赞叹:"看师逸迹两相宜,高适歌行李白诗。"也有人称其书"飘逸有张旭之妙"③。这里所谓"逸格"云云,也就是不拘常法,以我之笔,自由发挥,富有韵外之致,透出浓郁禅意。"逸格"之被强调,乃是禅僧们的贡献,也成为北宋尚意书法的源头。四明山释无作(854？—909？年)"善草隶,笔迹遒健,人多摹写成法"④,说明他的书法在浙东一带是有一定影响的。米芾曾评无作书法云:"唐末人学欧书尤多,四明僧无作学真字八九分,行字肥弱,用笔宽,又有七八家,不逮此僧。"⑤五代明州的书家只有僧人独领风骚,而文人书家仅有寓居慈溪、得欧虞秘法的林鼎一家。另外,吴越国后期的明州长官钱弘亿"章呈擅敏,草圣推工"⑥,钱惟治"草隶擅绝,尤好二王书,每曰'心能御手,手能御笔,则法在其中矣'",他们"皆效浙僧亚栖之迹",⑦具有相当高的书法造诣。

唐末五代,四明对龙的崇拜盛极一时。唐懿宗咸通六年(865年)明州刺史李伉曾作《五龙堂记》云:"在天莫如龙,龙之德佐天地,养万物,百谷赖以生,四海所共尊者也。"⑧这种龙崇拜意识推动了四明民间的龙画创作,出现了不少画龙高手。《四明谈助》卷二六记载唐末五代

---

① (宋)释赞宁《宋高僧传》卷三〇,《高僧传合集》本,上海古籍出版社1991年版。
② (宋)朱长文《墨池编》卷四,《四库全书》文渊阁本。
③ (唐)于逖《奇闻录·越僧》,见《说郛》卷一一七下。
④ (宋)释赞宁《宋高僧传》卷三〇,《高僧传合集》本。
⑤ (宋)米芾《书史》,《四库全书》文渊阁本。
⑥ (宋)崔仁冀《奉国军节度使彭城钱公碑铭》,见(元)《延祐四明志》卷一九,《宋元方志丛刊》本,中华书局1990年版。
⑦ (清)吴任臣《十国春秋》卷八三,中华书局1983年版。
⑧ (宋)《宝庆四明志》卷一一,《宋元方志丛刊》本,中华书局1990年版。

开元寺僧辩光①,工草书及画,词辨过人。唐昭宗闻其名,召入皇宫讲论,命作龙画,而赐紫衣,号广利大师。辩光曾画黑龙于开元寺之壁。一说广利善于画虎。同时又有僧传古专精画龙,曾在国宁寺献艺。北宋开国初,传古龙画流播京师,轰动一时,与另一描龙的宫廷画家董羽齐名。宋徽宗作《画谱》,品评龙画高下,将传古拔置第一。宣和珍藏传古龙画名作竟达31幅,元代汤垕曾鉴赏了"十四五本"。② 其中《涌雾出波龙》图,元代文人柳贯玩赏后,爱不释手,曾为题诗,称传古能"潜窥窃识领龙妙",形诸笔端,则"得意忘象象乃工"。③ 民间传说只要张开传古龙画,老天便会兴云噀雨,即所谓"传古龙出,雨应气来"④,所以元代至元元年(1264年)民间流传的传古《坐龙》图,竟被宣慰张顺斋迎去祷雨。⑤ 这些都说明传古龙画在宋元产生了一定影响,遗憾的是这些作品今均失传。从一些资料看,传古画龙颇有特点,他创造的龙的形象,千姿百态,有"衮雾戏波"、"穿石戏浪"、"爬山涌雾"、"出水戏珠"等等,富有动态的美。即使对传古龙画持批评态度的学者也承认其"大抵得蜿蜒升降之态"⑥。传古让莫测端倪的神龙生活在实实在在的自然环境中,将抽象出来的灵怪赋予现实的生命,这正是传古在龙画史上独特的艺术贡献。因此,《宣和画谱》说他"独进乎妙……非世俗之画所能到也"⑦。当然,传古生活在五代末北宋初,成熟的龙形象尚在孕育中,还不能像南宋的陈容那样创作出更为生动的龙画,所以米芾批评说:"传古龙如蜈蚣,董羽龙如鱼。"⑧ 传古

---

① 一说辩光就是传古,(宋)《宝庆四明志》卷一一"开元寺"条又以为是詧光。"詧"乃善辩之意,则辩光或与詧光一人。
② (元)汤垕《画鉴》,《四库全书》文渊阁本。
③ (元)柳贯《待制集》卷三《僧传古涌雾出波龙图歌》,《四库全书》文渊阁本。
④ (元)王恽《玉堂嘉话》卷三,《四库全书》文渊阁本。
⑤ (元)王恽《秋涧先生大全集》卷九五、《玉堂嘉话》卷三。
⑥ (元)汤垕《画鉴》。
⑦ (宋)佚名《宣和画谱》卷九《龙鱼门》,《四库全书》文渊阁本。
⑧ (宋)米芾《画史》,《四库全书》文渊阁本。

画龙以"体势"胜董羽,而"作水甚不逮",①可见传古、董羽两家画龙各有优长。传古弟子岳阇黎、德饶、无染,画龙皆臻其妙。传古生活的时代,正是越窑青瓷艺术如日中天的时代,越窑装饰艺术中的龙画可以说是民间工匠的杰出结晶,只有在这样的文化氛围中,才可能涌现出传古这样的画龙专家。所以,传古的龙画完全是浙东地域文化孵化出来的优秀成果。

四、工艺美术

这一时期明州的工艺美术以上林湖越窑青瓷为代表,装饰艺术继承了晚唐的特点,划花、刻花、褐色彩绘、金银饰、镂孔仍是主要的装饰技法。纹饰内容丰富多彩:有飞翔的白鹤,衬以双勾卷叶;有展翅的凤凰,绕以朵朵云彩;有娇姿的翠鸟,点缀着盛开的荷花;有可爱的兔子,蜷曲在牵牛花之间;有矫健的蟠龙,腾跃在浮云之间,或潜游在海涛之中;有用秋葵、海棠、牡丹、西番莲为题材组成的各种各样的图案;也有以人物为题材的,或席地饮座,或手持琵琶。装饰技法也有所发展,如五代晚期出现的纤细划花,构图流畅规整,讲究对称,具有工笔画的风格。更多的精品图案繁缛,往往饰以龙纹、褐彩和金银扣。在雕、镂艺术加工上,典型的有浮雕双龙四鋬罂,腹部较圆,腹壁浮雕双龙,龙昂首摆尾,飘须舞爪,龙下朵云浮动,越显出双龙疾速飞舞奋力抢珠的威武情景。镂孔香熏、镂孔方盘都很精致秀美。莲瓣纹唾盂、碗、托等所刻双重仰覆莲瓣,刀法自然流畅。印纹双凤粉盒中的双凤,似凸浮雕。褐彩云纹鋬罂,器形高大,腹部丰满,肩上绘覆莲,颈腹绘云纹、卷云纹,主次分明,色彩鲜艳,青黄色滋润的釉子显得十分浑厚稳定,气魄极大。五代时越窑在贡瓷中更大兴金银扣加工。苏州曾出土越窑金

---

① (元)汤垕《画鉴》,《四库全书》文渊阁本。

扣碗,吴越钱元瓘墓出土龙罂的龙身上贴有金片,都是代表作。《十国春秋》《宋会要》等文献所载的"金扣瓷"、"金扣越器"、"金银陶器""金棱秘色瓷"等实为一物,都是指金银扣贡瓷。

上林湖越窑青瓷器上的龙画

(选自林士民著《青瓷与越窑》,上海古籍出版社1999年版)

五代末在杭、明一带活动的著名木雕艺匠有孔仁谦。陈瓘《开元寺观音记》说:"明州开元寺大悲院千手眼观音像,木工孔仁谦所造也。仁谦巧有梦授,艺绝一时,杭、明二像皆出其手。"①惜乎孔雕观音像今不传。

五、《日华子本草》的医学价值

日华子,五代末北宋初四明著名的药物学家。不著姓名,但云日

---

① (宋)《乾道四明图经》卷九,《宋元方志丛刊》本,中华书局1990年版。据潜说友《咸淳临安志》卷八〇,晋天福四年(939年)孔仁谦为上天竺灵感观音寺刻观音像。又据《咸淳临安志》卷七九,所谓杭像,指太平兴国二年(977年)孔仁谦为杭州惠严寺雕大悲像。则孔仁谦应为吴越国末期人。

华子大明。① 虽然唐末五代炼丹术渐趋衰落,但日华子仍热衷于炼丹,其外丹著作颇丰,馨字号《诸家神品丹法》卷六还收有"日华子口诀"16条②,其中"日华子点庚法"是我国典籍中最早的关于以炉甘石(菱锌矿石或水锌矿石,主要成分为$ZnCO_3$)—赤铜合炼制作鍮石的具体记载。③ 不过日华子最大的成就是在本草学上。他深察药性,极辨甚微;本草经方,多由注疏,根据在浙江各地的实地考察和医疗实践,写成《日华子本草》20卷,后世习称为《大明本草》。该书约成于908—923年间,比著名的《开宝本草》早半个世纪。据宋《嘉祐本草》介绍,此书"序集诸家本草,近世所用药,各以寒温性味,华实虫兽为类,其言近用功效甚悉"。其分类法后成一家。该书早佚,现存《证类本草》中的条文约有六百余条,药物产地遍及全国。今传有1983年尚志钧油印辑复本。另日华子对眼科有丰富的临床经验,撰有眼科医书《鸿飞集七十二问》。④

《日华子本草》所收各药条下介绍正名、别名、性味、药效、主治、用

---

① (明)李时珍《本草纲目》说他可能姓大名明,也可能姓田名明。全祖望《鲒埼亭外集》卷四七《奉答万九沙编修宁志纠谬杂目》云:"其云陈藏器即日华子者,出于明之丰吏部,以世有陈日华《谈诸》也,不知别是一人。近或以日华子之姓氏为大明,则更谬也。"关于日华子的籍贯,《古今图书集成·医部全录·医术列传四》引《古今医统》,云是北齐雁门人。按,尚志钧辑复《日华子本草》卷一六有"海蛤"条云:"乡人又多将海岸边烂蛤壳,被风涛打磨莹滑者伪作之。"作者以濒海之人为乡人,可见他决非地处山西内陆的雁门人。又"淡菜"条称"北人多不识",是作者以濒海南人的口气自居。凡此都佐证了方志记载日华子为四明人的可靠性。何况古之镇、慈交界处亦有雁门,那里是日华子的活动区亦有可能。
② 无名氏《铅汞甲庚至宝集成》卷三又有《日华子口诀十六章》,据陈国符考证,实是无名氏《庚道集》卷八所载《青霞子十六转大丹》之后段。见陈国符《〈道藏经〉中外丹黄白法经诀出世朝代考》,文载赵匡华主编《中国古代化学史研究》第238~239页,北京大学出版社1985年版。
③ 鍮石是铜与锌的合金,色泽金黄,古代炼丹术士称为鍮石金,现代称为锌黄铜,它是中国古代继"雄黄金"之后最重要的"药金"。今人赵匡华对"日华子点庚法"进行模拟试验,得到了大小不等的金黄色铜锌合金的圆珠,其光灿烂殊美。
④ (清)雍正《浙江通志》卷二四七《经籍七》作田日华撰,乃因相传日华(子)姓田而署名如此。《鸿飞集七十二问》一作《鸿飞集》。尚志钧以为《鸿飞集》是眼科书籍,虽题《日华子》,未必是《日华子本草》,视两书为一人之作是不对的。见尚志钧辑《日华子本草》附录《〈日华子本草〉文献考》第234页,安徽科学技术出版社2005年版。

法、七情畏恶、产地、形态、采收时月、炮炙等内容。其成就表现在：

1. 对药性的论述尤详，并比前代有所发展。北宋掌禹锡《嘉祐本草》所引日华子药物性味，多以前代本草所不同者为主，在600多味药物中，就有200余味是与前代药物不同的，计有凉性药53味、冷性药52味、温性药25味、暖性药24味、热性药15味、平性药44味。日华子认为药物不同药用部位可有不同药性，如茅性平、茅针性凉；李子温、李树根凉、李树叶平。有些药物因炮炙法不同，其性亦异，如干地黄，日干者平，火干者温等。日华子还对某些药提出了新的性味，例如白芨，《本经》作苦平，《别录》作味辛，而日华子作味苦；天麻，《别录》作平，《本草拾遗》作寒，日华子作暖；白垩，《本经》作味苦，《别录》作味辛，日华子作味甘。又如檀香，前代本草不记性味，日华子提出"性热无毒"。他所记药物性味不全同于陈藏器，有荄（刺激咽喉产生的辛辣感）、涩、滑、辛、烈等提法，比

《日华子本草》书影（安徽科学技术出版社2005年版）

较新颖，如半夏味荄，槟榔味涩，天南星味辛烈，苎根味甘滑等，其中荄、涩、滑等味，都是日华子新提出的。

2. 对药物炮炙记述颇详，并注意到炮炙与药效的关系。在炮炙方法上有炒、微炒、捣炒、淬、飞、烫、蒸、煮诸法。他还认为同一药物经不同方法炮炙后可引起药效改变，如蒲黄破血消肿生用，止血须炒用；卷柏生用破血，炙用止血；青蒿子明目开胃须炒用，治劳则要小便浸用。

3. 对药物"有相制使（畏恶相反）"的论述很详，共计70多味有这方面的内容。例如天门冬，贝母为使；车前子，常山为使；消石，畏杏仁、竹叶；天南星，畏附子、干姜、生姜；茯苓，忌醋及酸物；酒杀一切蔬菜毒，醋杀一切鱼肉毒；白头翁得酒良；牵牛子得青木香、干姜良。在《嘉祐本草》的畏恶相反的药例中，引用日华子畏恶25条，例如乌韭、

牵牛子、天南星、莲花等畏恶相反的药例,都是据日华子新增的。

4. 对药物形态的记载,均依据实地观察。如记空青(蓝铜矿的矿石)、菟丝子、石帆(柳珊瑚的石灰质骨骼)均很细腻,只有深入山野海滨实地观察,才有可能被真切地描绘出来。像"空青"条云:"大者如鸡子,小者如相思子,其青厚如荔枝,内有浆酸甜。"①对其形态具体的这一描述,在《本经》、《唐本草》中都无记载。

5. 对药物采收时月,多从实际出发。例如泽漆,《别录》作三月三日、七月七日采,日华子作四、五月采;前胡,《别录》作二、八月采,日华子作七、八月采。

6. 对过去的一些旧药,记载了新用途。如地榆,过去只言治各种痢疾,很少讲到止血,而日华子除讲治痢外,大讲止血新用途,说地榆能止吐血、鼻洪、月经不止、血崩、产前后诸血疾,这些止血新功效,至今仍在沿用。另如前人多取麻黄的辛散与平喘作用,日华子首创麻黄能"调血脉,开毛孔皮肤"②说,此法虽然在相当长一段时期里临床罕有应用,但经清代徐大椿的发挥之后,本品用佐使药配用于治疗皮肤疾患、痈疽肿痛、损伤瘀肿等症,取得了显著成效;关于茯苓,前人用方多取渗湿利水之功,而较少取意补益者,而日华子提出茯苓"补五劳七伤,安胎,暖腰膝,开心益智,止健忘"③,特别强调了茯苓的补益作用;贝母,前人多用于治疗咳嗽、瘿瘤瘰疬等疾患,日华子明确指出本品还可用于疮痈等,均扩大了药物的应用范围。日华子对于川芎、当归的论述,进一步明确了本品活血行气、祛风止痛的作用,自此成为治头痛的良药。日华子对丹参的阐述细致而有代表性,标志着医家对丹参功效认识的日臻完善。关于延胡索,南北朝至唐代的医家已经认识到其具有较好的活血止痛作用,如《雷公炮炙论》记载延胡索已常用于心腹疼痛,唐陈藏器的《本草拾遗》进一步证实本品常用于治疗胃脘痛或真

---

① 尚志均辑《日华子本草》,第5页,安徽科学技术出版社2005年版。
② 尚志均辑《日华子本草》,第60页。
③ 尚志均辑《日华子本草》,第113页。

心痛,而日华子则指明了本品有破淤血作用,认识更为深入。有些药物还有归经的记载,如记白石之"补益随脏色而治",尤为难得。

日华子还根据实地调查纠正了前人很多关于药用植物产地的记载错误,如云:"芍药花根,海盐、杭越俱好"①,蔓荆"海盐亦有,大如豌豆"②。特别是他长于海滨,对海药颇多了解,记载了海鳗、鲨尾、烂壳粉等天然海洋药物,还传授了鉴别真伪的方法:"有文彩者为文蛤,无文彩者为海蛤,乡人又多将海岸边烂蛤壳被风涛打磨莹滑者伪作之。"③日华子有丰富的医疗实践经验,记录了不少行之有效的验方和心得,如用金樱根、糯米粒加水煎服治疗小儿蛔虫,有"神验";当归、大明用以"治一切风,一切血,补一切劳"④。又有关于新颖的磁疗法的记载:"磁石味甘、涩、平,治眼昏、筋骨羸弱,补五劳七伤,除烦躁,消肿毒。"⑤不失为具有创新性的记述。

总之,《日华子本草》总结了唐末五代的药学成就,内容丰富,创获良多,学术价值重大,因而受到后世本草学家的重视,历来将其与陈藏器的《本草拾遗》相提并论。日华子继承了陈藏器的本草成就,但更注重于日用本草。有许多药物,经陈藏器和日华子两家阐述后,才被《嘉祐本草》列为正品,如木槿、柘木、马兰、地笋等。其书的大部分药为宋代本草所收录,有些药物如仙茅、谷精草、自然铜、盐肤子、绿矾、蓬砂等,宋代本草作为正品收入,著名的《嘉祐本草》收辑非常多。日本、朝鲜的本草著作如《和名类聚钞》、《香要钞》、《东医宝鉴》等,直接或间接地引用了该书的大量材料;李时珍《本草纲目》亦视之为权威。本书作为五代民间的一部著名本草,简明实用。如羊蹄治湿癣,杀一切虫;醋磨贴肿毒;蛇床子,煎汤浴治大风身痒,胡麻仁润五脏,利大小便等,

---

① 尚志均辑《日华子本草》,第59页,安徽科学技术出版社2005年版。
② 尚志均辑《日华子本草》,第117页。
③ 尚志均辑《日华子本草》,第179页。
④ 尚志均辑《日华子本草》,第57页。
⑤ 尚志均辑《日华子本草》,第17页。

都有确效。其论药物功用多从实效出发,如木通下乳,至今仍在沿用。书中亦收载不少民间药,如浮石、瓦楞子(蚶)等,至今仍为常用药。现行高等医药院校教材《中药学》所收药物,其中有75味药参考过日华子的著作,所以本书至今仍有实用价值。[①]

第三节　吴越国时期的宁波佛教

五代时,浙江佛教因为钱氏的提倡,进入了鼎盛时期,佛寺林立,宗师辈出,成为中国佛教的一大中心。这种局面有力地推动了宁波佛教的发展。

吴越国时期宁波佛教的繁荣,特别表现在兴修寺庙佛塔的狂热上。据不完全统计,吴越国时四明兴修寺院多达约136所,重修7所,平均每年兴修寺院约2所,有的年份如945年至少建造了8所。寺庙的发展自然多赖政府的支持,政府对于地方的控制也有得益于寺庙政治性功能的地方。作为社会控制的一种手段,官员们对兴修佛寺热情有加,如太平兴国(976—983年)中节度使钱弘亿舍西湖之宅为报慈院,"面枕平湖,门横绿野,为四明望蓝也。观音圣像,以诸香众宝庄严,瑞应甚众"[②]。政府对寺庙活动的参与,起到了佐教化、益国治的目的。佛教中厌世、出世教义和顺从神旨的命定思想,很有利于官府对民众思想的控制,这也就是吴越国时期赋税特重而明州社会仍能保持稳定的一个重要因素。对下层民众而言,他们的生活往往会因为水旱等灾害的发生变得十分地不稳定,甚至个人生命也无保障。他们对于

[①]　参阅尚志均《日华子和〈日华子本草〉》,见《江苏中医》1998年第19卷12期。另参尚志均《未收本草名著提要》,见张瑞贤主编《本草名著集成》附录第1273页,华夏出版社1998年版。

[②]　(宋)《宝庆四明志》卷一一,《宋元方志丛刊》本,中华书局1990年版。

佛寺的崇信，主要在于祈年祷雨、问药求签等方面。而即使祈年祷雨的活动也往往由政府直接介入，这在《宝庆四明志》中多有所见。此外，寺僧的一些善举，也有利于赢得民众的热情支持，如建隆二年（961年）奉化僧师悟造广济桥于大江之侧，同时又在桥侧兴修广济院，就是很好的例子。总之，继咸通、大中之后，四明地区迎来了兴修佛寺的又一高潮。

吴越国诸王不仅大建寺庙，而且还到处建塔。贞明二年（916年），钱王命惠州防御使钱铧率官吏僧众诣四明阿育王寺，迎释伽舍利塔归于府城，建浮图于城南以置之。① 天成五年（930年）八月，"明州余姚县修舜井，获古佛舍利数十粒，兼有珠玉奇玩。王命内衙指挥使徐仁绶、近侍间丘稔往迎之，因建浮图于城北，一如城南之制"②。文穆王还命德韶国师在宁波东钱湖二灵山造七层石塔。德韶国师还在慈溪金绳院得隋文帝感应舍利一颗，主僧德升建砖塔于寺前以奉藏之。建隆二年（961年），德韶参与创建了余姚灵瑞塔院。忠懿王钱弘俶更效仿印度孔雀王朝阿育王，多次铸造小铜塔、铁塔，数目各为48000。宁波在修理天封塔时，发现在塔顶"天宫"里藏有一个塔，金涂铜质，为吴越国乙卯岁（955年）造。名僧延寿则募缘造夹纻育王塔10000所，未见流传。建隆间（960—962年）明州地方长官钱弘亿还兴建了国宁寺铁塔。

虽然吴越国时期宁波兴修寺庙佛塔十分狂热，地方长官钱弘亿本人也是一个狂热的佛教信徒，"得古佛之指归，经祖师之印可。炼宝结生天之果，布金追陟屺之思。启迪言筌，岂止作山阴都讲。发挥心要，

---

① （宋）释志磐《佛祖统纪·法运通塞志十七》之九，日本《大正新修大藏经》本；（宋）钱俨《吴越备史》卷二，《四库全书》文渊阁本。
② （宋）钱俨《吴越备史》卷二。

固将同方丈上人"①,在佛学上狠下了一番功夫,但当时主持明州寺院的高僧大德的数量却远不及杭州和台州,即使比之温州也有所不及。这是由于吴越国王大为敬崇高僧,四明有一定影响的高僧,如令参、行修、清耸、延寿等,也纷纷被钱氏请到都中加以优礼。他们多数都被留住在临安,这自然影响到了明州的佛学水准。也就是说,吴越国时期宁波佛教的政治功能发挥得较为出色,佛教对民众的影响更加深入骨髓,但在推进佛学方面则要逊色许多。

　　就宗派而言,吴越国时期流行宁波的主要有禅宗和天台宗。唐末五代,禅宗分布地域发生了重大变化,福建、两浙和岭南取代湖南、江西成为禅宗新兴的中心。首先是雪峰禅系在福建大放光彩,当时福建、两浙的禅宗僧侣几乎全出自雪峰义存的门下,单在两浙就有著名弟子12人。自唐末以来,四明与福建的关系就非常紧密,先是福建的文人,之后是福建的高僧来到宁波,所以五代时宁波深受福建禅风的影响。早在891年,雪峰义存因福建内乱,率徒浮丹邱(今属浙江三门县)、四明,但很快返归。昭宗光化二年(899年),有湖州籍僧令参,受雪峰印记,归住明州翠岩寺,大张法席,世称翠岩和尚。天福初(936年),吴越王仰其道风,请住杭州龙册寺,赐号永明大师。四明山无作和尚也从学雪峰义存,深入堂奥,所著有《述诸色礼忏文》数十本,注道安《六时礼佛文》一卷。另有释行修,福建泉州人,参雪峰义存,武肃王天宝时至四明山中独栖松下说法,又跌坐龙尾岩,结茅为盖。宝大元年(924年)离开四明山至杭州法相寺,后受到忠懿王参礼。② 释无殷

---

① (宋)崔仁冀《奉国军节度使彭城钱公碑铭》,见(元)袁桷《延祐四明志》卷一九,《宋元方志丛刊》本,中华书局1990年版。
② (清)吴任臣《十国春秋》卷八九《行修传》,中华书局1983年版;(清)光绪《鄞县志》卷五一,光绪三年刊本。

(884—960年),福州人,7岁从雪峰出家,晚年住持明州翠岩。① 余姚九功寺住持惠清,亦曾参见雪峰。② 他们无疑是唐末五代明州雪峰禅系的代表。

其次,南宗禅发展至五代,形成了各自不同的门庭设施与接引学人的宗风,世称五祖分灯。分灯禅流入明州的主要是曹洞宗和法眼宗。天童山咸启禅师,转出良价(807—869年)一系,列洞山第三世。《天童寺志》说:"曹洞宗自咸启始,继席则义禅师,其昆季也。"咸启接机善用诗偈,同时也用棒唱手段,仍保留了洪州禅系的特点。

法眼宗是从雪峰宗分裂出去的,源于玄沙师备。玄沙师备名义上是雪峰义存的头号弟子,但实际上与其师颇有理论歧见,其突出之处在于引《楞严经》入禅,被后世推为法眼宗的始祖。玄沙传桂琛,③桂琛传文益。文益早年曾在明州阿育王寺从希觉学律,同时"傍探儒典,游文雅之场",希觉视为"我(佛)门中之游夏"。④ 后文益南抵福州,偶遇漳州罗汉院桂琛,参接之际,疑山顿摧,终创立法眼宗(亦称玄沙宗)。文益传禅的中心在南唐,但他门徒甚众,其中甬籍弟子有匡逸(?—958年),初住润州慈云院,南唐主请居金陵报恩寺,署号"凝密禅师"。文益禅法向南渗入吴越国,最后战胜雪峰宗,成为禅宗传播的主流,并得到吴越国王的大力支持,最终一统吴越天下。在这一过程

---

① (清)吴任臣《十国春秋》卷三三,中华书局1983年版;(宋)释慧洪《禅林僧宝传》卷五《吉州禾山殷禅师》,《卍新纂续藏经》本。
② (宋)释居简《北磵集》卷二《九功寺记》,《四库全书》文渊阁本。
③ (民国)吴振藩辑《金峨寺志》卷二《建置》云:"敬宗宝历二年罗汉琛禅师不辞劳瘁,支墙于金峨山冈,周围百余丈,焚修其间(墙脚尚存),复垦荒山,栽培竹木,飡风味道,禅规肃然,世以'小百丈'称焉。"又卷四《释传》云:"师讳桂琛,姓李,常山人。性颖悟,夙有佛缘。出世于金峨寺,日在金轮峰运石筑墙,周围百丈,苦筋劳骨,人不能堪,师则处之怡然。今其遗址尚有存者。并开荒山,植佳木,道行清高,风规整肃,世以'小百丈'称焉。"按,桂琛(867—928年)的传法基地在福建漳州罗汉院,非今鄞州金峨山团瓢峰怀海所创之罗汉院;且敬宗宝历二年(826年),桂琛尚未出世,焉能预住金峨寺?故桂琛住持金峨之说,本文不予采信。
④ (宋)郭凝之编集《金陵清凉院文益禅师语录》卷首,日本《大正新修大藏经》本。

中,文益的弟子慧明在学术上、德韶在政治上发挥了至关重要的作用。最早在吴越国传播法眼宗的是大梅山慧明(建康人)。慧明至临川谒见文益,不久"回鄞水大梅山庵居",在吴越国初期,雪峰宗大张之时,玄沙宗是受到排斥的,即所谓"吴越部内禅学者虽盛,而以玄沙正宗置之阃外,师欲正而导之"。所以慧明应该是决意在吴越地区弘传玄沙宗的第一人。有僧人离都城来大梅山参学,慧明在机锋中显露出传扬玄沙宗的宏愿。[1] 慧明在明、台一带的活动,引起了忠懿王钱镠的注意,将其"延入王府问法,命住资崇院",并令诸禅匠及城下名公与慧明辩论,"定其胜负"。[2] 稍后于慧明的德韶早期主要是以天台为传法基地。他曾一度在四明活动,除了造塔之外,其他活动不得其详。大致说来,法眼宗最初是从明、台一带向都城临安挺进的,慧明和德韶为法眼宗一统吴越立下了大功。文益弟子在四明山传禅的还有清耸。清耸(?—948年,福州人)得悟后入四明山结庵居住,当时明州地方长官钱弘亿"执师事礼之"。另有绍岩(雍州人)早年栖息于四明山、天台山,后才与德韶一起往江西谒见文益,成为法眼宗的传法弟子。后来绍岩主要活动于杭州、越州,似乎再没有回到过四明。法眼文益的再传弟子中,杭州永明道潜的法嗣庆祥禅师,住持明州崇福寺。德韶的门徒延寿(904—975年)更是法眼宗的杰出宗师。延寿于广顺二年(952年)住明州雪窦山,学侣凑集。他为匡救禅门弊端,发愤撰写《宗镜录》一书。这部使延寿声名鹊起的杰作,初稿即完成于雪窦山。宋建隆元年(960年)延寿住持灵隐寺,次年又住永明寺,才完成《宗镜录》的最后定稿工作。据慧洪《林间录》说,《宗镜录》是延寿集中精于法义的贤首、慈恩、天台三家学者"分居博览,互相质疑",最后由延寿

---

[1] (宋)释普济《五灯会元》卷一〇《报恩慧明禅师》,第582页,苏渊雷点校本,中华书局1984年版;(宋)释慧洪《林间录》卷下;(宋)苏辙《栾城集》第三集卷九《书传灯录后》。
[2] (宋)释道原《景德传灯录》卷二五,《中华大藏经》第74册第313页,中华书局1984年版。

以心宗要旨为准绳审定编辑而成。《宗镜录》引用大乘经 120 本,诸祖语 120 本,贤圣集 60 本,洋洋百卷,旁征博引,多番问答,但仍不出"举一心为宗,照万法如镜"的范围。延寿在雪窦开始编撰《宗镜录》的目的,是为了把禅教统一起来。与当时一些禅僧排斥经教相反,延寿认为参禅与研习经典并没有矛盾,它们应是相辅相成的。他用法相宗证成万法唯识,用华严家明万行的必要,用天台家检约身心,去恶从善,从而使一切经教全部纳入禅宗领域,用禅宗的思想评定三家学说,不仅统一了各家对教的不同认识,也统一了禅门与教门。延寿倡导禅教一致,是对佛教的一次整合,整合的实质是引华严入禅,试图以理事圆融的宗眼来融摄禅教二门,从而在佛教界产生了深刻影响。

  分灯禅之外,具有一定影响力的要推布袋和尚,这是一个形象、个性、活动均甚特殊又颇为平民化的禅僧。布袋名契此(？— 916 年),[①]僖宗年间(873—888 年)流落到奉化长汀,自号长汀子,在岳林寺出家。他与郡人蒋宗霸往来密切,并教其念"摩诃般若波罗蜜多"为日课,世因呼"宗霸"为"摩诃居士"。他体态肥胖,肚子硕大,性格风趣,使人感到和蔼可亲。他寝卧居住没有固定地方,四处云游募化,能预言人间吉凶,预测天气变化。平时说话嬉笑怒骂,却颇有佛理,举手投足,多有寓意。常以杖背布袋走入市廛,见物即乞,不避荤素,吃剩食物,即投入布袋,并作歌云:"我有一布袋,虚空无挂碍。展开遍十方,入时观自在。"如果说盛唐的禅生活倾向于隐逸山林,在大自然的怀抱中领略超然自得的乐趣,那么,晚唐以后的禅生活则不避在世俗环境中寻求心灵的自由,布袋和尚即为典型的代表(稍后的明州乾符寺王罗汉也是一位布袋式僧人)。他走村串户,寝卧随处,四处化缘,乞求布施,这是不同于"孤峰顶上,盘结草庵"的另一种禅生活:十字街

---

① 关于契此的卒年,释赞宁《宋高僧传》卷二七作"天复中",一般不为学者认同;释道原《景德传灯录》卷二七作"梁贞明二年(一本作三年)",本文即采此说。

头,解开布袋。它不求助于遁隐山林、静坐独处来化解人生的烦恼,而能在任何外来环境的干扰下保持心理平衡,这是彻底了悟南禅宗旨后的自信。契此坐化时留下《辞世偈》:"弥勒真弥勒,分身千百亿。时时示时人,时人自不识。"肉身葬在岳林寺北二里的锦屏山中。世人见状深感惊奇,便认定他是印度弥勒的化身,或塑像供奉,或图画以传,其事迹越传越神。① 从此,布袋和尚取代了佛经里的弥勒佛而名扬四海,奉化岳林寺也因此称为弥勒道场。布袋和尚在国内外很有影响,千百年来中国佛寺里供奉的大肚弥勒佛,大多是照布袋和尚形象塑造的,是完全中国化的佛像造型,②那慈祥善良、喜笑自若的面容,襟怀坦荡的性格,极富有亲和力。人们总是对这尊袒胸露腹、箕踞而坐、善眉乐目、笑口永开的大肚弥勒佛寄予无限的信任和期望。在日本他也被奉为"七福神"之一。③

　　发源于浙江台州的天台宗是第一支中国化的佛教宗派。但天台宗自九祖湛然后宗势衰落,一些主要经典因战乱和"会昌法难"相继散失。直至五代时十五世螺溪羲寂(919—987年)通过吴越王钱俶遣使到高丽,④访回了散佚在海外的典籍,才使天台宗走向中兴。

　　明州是天台的近邻,但天台宗长期来对宁波佛教界似乎并没有产生多大影响。天台宗八祖左溪玄朗(673—713年)有弟子道源为明州

---

① 关于布袋和尚的传记,最早见于(宋)释赞宁《宋高僧传》卷二一,发展于(宋)释道原《景德传灯录》卷二七、(宋)释志磐《佛祖统纪》卷四二,至(元)释昙噩《明州定应大师布袋和尚传》,已经基本定型。
② 关于弥勒造型由异域佛像向本土佛像的转变,参见干树德《乐山大佛与弥勒像的中国化》,见《文史知识》1991年第11期;韩秉芳《从庄严未来佛到布袋和尚:一个佛教中国化的典型》,见《中国文化研究》2002年(夏)第2期。
③ 日本的七福神,分别是:大黑、惠比须、毗沙门天、弁财天、福禄寿、寿老人、布袋和尚。
④ 按,"羲寂"佛书多作"义寂"。方祖猷认为"义寂"之误起于(宋)释赞宁《宋高僧传》,赞宁本作"羲寂",但在收入北宋真宗年间刻印的《蜀版藏经》时,因疏于校对,遂误作"义寂",后世以讹传讹。说见方祖猷《宋明州高丽宝云义通大师考——兼论其在佛教史上的作用》,《宁波大学学报》1996年第3期。

人,住持大宝寺(慈溪永明寺),李华称"明州大宝寺僧道源","纯得醍醐,饱左溪之道味",①但他实际上是久依左溪。唐元和十二年(817年)建立的律院孝义院(在鄞县西五十里,宋称宝岩寺),据清初的林时对说,"自唐迄今,名讲寺,皆阐扬台教"②,估计这座寺院一直是台、律兼讲的。尽管唐代宁波早已有了天台宗的传播,但其势力还是微不足道的。唐末五代天台教典因战乱而残缺不全,该宗之寥落令人扼腕。建隆元年(960年)十月,高丽遣沙门谛观渡宋,持论疏诸文,至螺溪谒见羲寂法师,一宗教文复还中国,此遂成为天台宗中兴的契机。螺溪羲寂曾至明州阿育王寺讲法,虽然没有促成天台宗在宁波的流播,但却为弟子宝云的活动奠定了基础。唐末五代初又有全晓法师,师承未详,舍于鄞之大梅山,吴越忠懿王钱俶仰其德,赐帑金改建为院(院成乃名金文),及赐经卷一藏。③但全晓在四明的影响实很有限,他有高弟正和,至正和弟子冲霄,才融入山家派,大开广智尚贤之道。五代时正式促成天台宗在明州地区流播的是高丽宝云义通大师。

义通(927—988年),字惟远,高丽国人,弱冠受具足戒。约当汉周之际(950? 年)壮游中国,很可能是由高丽直趋明州,由明州登陆,至天台禅宗法眼宗大师德韶云居契悟。乾德三年(965年),义通谒见天台宗十五祖螺溪羲寂,羲寂为其说止观法门。羲寂先立宗昱,义通后至,不久就"浃闻四远",但按天台内部"别子为宗"的做法,义通只能离开天台别择栖所。④ 大概在乾德五年(967年)义通括囊东下,道

---

① (唐)李华《故左溪大师碑铭》,《李遐叔文集》卷二,《四库全书》文渊阁本。
② (清)林时对《留补堂文集选》卷三《梅溪探梅记》,《四明丛书》本。
③ (宋)释志磐《佛祖统纪》卷一三《法师冲霄传》(日本《大正新修大藏经》本)。考《宝庆四明志》卷一三云:"金文山惠照院,县东南七十里,旧号金文忏院,唐乾宁二年建,皇朝治平二年赐今额"(《宋元方志丛刊》本,中华书局1990年版),则知金文忏院建立于895年,是为已知四明境内最早的天台宗系的教院之一。
④ 潘桂明、吴忠伟认为义通其实是"被贬出天台"的,说见《中国天台宗通史》第404页,江苏古籍出版社2001年版。

由四明,欲登海舶,传道于祖国高丽。四明判奉国军事钱惟治[1]闻讯而挽留之,问以心要,辟为戒师。在四明官员道俗的竭力挽留下,义通以"缘既汝合"而留居四明传教,开始自立门户。他在明州"敷扬教观几二十年"[2],开始时草创甚艰,没有固定讲坛,曾一度开讲于阿育王寺。一个异国僧人在明州讲法,本身就具有轰动效应,因而引起"道俗趋敬,同仰师模"[3]。开宝元年(968年),由信徒顾承徽舍宅为寺,[4]义通住寺为传教院,规模渐具,影响日远。此传教院在太平兴国七年(982年)被赐额为"宝云禅院"(在原子城西南二里,行春坊东,今县学街口镇明路地),终于得到中央政府的认可。义通圆寂于此,骨塔则葬于阿育王寺(政和七年即1117年迁葬北仑乌石岙)。义通遗著有《观经疏论》、《光明玄赞释》、《光明文句备急钞》。

义通被尊为天台宗十六祖,他以明州为传法基地,在城内创立了一所天台宗教院,当时升堂受法者不可胜计,宝云寺因此成为宋代天台教寺十刹之一。太平兴国四年(979年),义通为知礼说止观诸大乘法。知礼也是他最得意的弟子。义通在讲法之余,不同意晤恩以智顗的《金光明玄义》略本为真本的观点,曾有所辩难。后来弟子知礼拾其

---

[1] (宋)释志磐《佛祖统纪》卷八《宝云法师本纪》(日本《大正新修大藏经》本)云:"郡守太师钱惟治闻师之来,加礼延屈。"按,《乾道四明图经》卷一《总序》云:"(钱)亿为节度十有八年,至乾德五年终于任,犹子惟治实袭其后。"学津讨原本《吴越备史》卷四《今大元帅吴越国王》云:"(乾德五年)四月辛巳,命王子(按,《十国春秋》卷八一作'王命子')宁远军节度使惟治兼判奉国军事。"可见乾德五年钱惟治的身份是判奉国军事,直到开宝八年(975年)因在常州之役中立下战功才升任为奉国军节度使。

[2] (宋)释志磐《佛祖统纪》卷八《宝云法师本纪》。(宋)释宗晓《宝云振祖集序》亦云:义通在明州开山之后,"龙象云会,讲贯二纪"。

[3] (宋)释宗鉴《释门正统》卷二,《卍新纂续藏经》本。

[4] (宋)释志磐《佛祖统纪》卷八《宝云法师本纪》、《宝庆四明志》卷一一均称为"漕使顾承徽"。漕使即转运使,乃宋朝职官。释延德撰于太平兴国六年(981年)的《请敕额奏文》云:"开宝元年得福州前转运使顾承徽经淮海大王(即钱俶)申请入院住持。"顾承徽在吴越国时任职情况不明,可能是钱惟治属下的一个地方官员,入宋后曾任福州转运使,但到太平兴国六年时已经退下来了,故称为"前转运使"。

遗义,以辅助其师论说,从而揭开了天台宗山家与山外二派教争的序幕。不过,义通在发扬天台宗教旨上,远不如知礼那样全面和有创造性。他建立的宝云寺,在他卒后影响甚微,为知礼所建的延庆寺所替代。义通虽然只是天台宗由衰到兴的一个过渡,如史浩评价说:"台山坠绪,接统兴衰。"①但他因此获得了"中兴教观之鼻祖"②的地位。义通之后,天台佛教进入了一个新的发展阶段。

华严宗盛于初、盛唐,在中唐德宗时已有四明文人习闻其说。唐德宗重视华严僧人,胡幽贞特重华严秘藏,自署"四明山大方广无生居士",在其所刊纂的华严著作的题记中,鲜明地主张翻译华严典籍,他写道:"幽贞悲此土经犹未具故,广发是愿,附出此传,盖欲劝诸道者见之,皆同礼念哀请。"足见他对《华严经》的修习传播之功。他不满于华严宗师法藏弟子慧英所集《大方广佛华严经感应传》"事外浮词,芜于祥感",乃将两卷笔削为一卷,以"广示未闻"。③ 但胡幽贞此举似乎并未促进华严宗在甬上的传播,这或许是因为华严宗义理深奥,在唐代四明地区公众文化素质普遍较低的情况下,难以有传播的可能。至五代华严宗进一步禅化,其发展呈现出新的风貌。乾祐中僧师耸结宇于慈溪之白龙禅院,日诵《华严经》。④ 清耸亦因阅《华严经》而感悟,立庵于四明山,⑤后来钱俶闻其名,命住杭州灵隐寺,清耸乃以奉化安岩华严院为四明道场。⑥ 这些事实表明五代时宁波也是华严宗的播及地区。

---

① (宋)释宗鉴《释门正统》卷二,《卍新纂续藏经》本。
② (宋)释宗晓《四明尊者教行录》卷七附《宝云振祖集》,日本《大正新修大藏经》本。
③ (唐)胡幽贞刊纂《大方广佛华严经感应传》,日本《大正新修大藏经》第51册。
④ (清)光绪《慈溪县志》卷四一《旧迹·寺观上》,《中国地方志集成》本,上海书店出版社1993年版。
⑤ (清)吴任臣《十国春秋》卷八九《清耸传》,中华书局1983年版。
⑥ (明)释明河《补续高僧传》卷一九,《高僧传合集》本;(宋)楼钥《攻媿集》卷五七《安岩山华严院记》,《四部丛刊初编》本。

第五章
唐五代宁波的社会风俗

- 教育活动和民众的社会意识
- 饮食和旅游

点点滴滴的史料表明,唐五代宁波的教育活动虽然已经开展起来,但民众还不太重视,文化水准普遍落后于台、越等周边地区。而四明地区孝、隐、佛的社会意识深入人心,并形成强大的社会风尚。旅游之风的初步洞开,使明州接纳了更多外来的东西,有助于打破一些凝定的习尚。唐末黄晟的崇文,对于培育和兴起明州社会的文雅风尚有一定的促进作用。

第一节　教育活动和民众的社会意识

唐五代明州的教育活动虽不很发达,但社会教化颇有成效。支配唐五代明州人民日常生活的观念世界,主要有儒之孝,儒、道之隐以及佛教的信仰。

一、唐代明州的教育活动

唐代明州在建州之初就相应设立了州学,元和九年(814年)鄞设县学,会昌六年(846年)象山设县学,州城和奉化等地又先后建立了夫子庙,教育设施比起六朝来已经有了很大进步。但是明州官员一直以发展经济为己任,对儒学教育并不怎么重视,夫子庙本身之设本"出于学废",而那些州县学校大抵也是"讲章句、课文字"而已,罕见名师硕儒执教其间,教学质量难以保证,所以培养出的优秀人才十分有限,还难以担当起建构明州文化的重任。尽管如此,明州还是培养了一些人才,如上林湖出土瓷墓志中有"贡进陈亚周"、"乡贡进士陈周"之名,①大中(847—859年)间以明经荐于乡而举上第的鄞人任行规②、孙郃所夸的前进士莫彦修③之类的"诸儒骏士",至少有些人应是产自本地学校的。县级官办学校中,教育业绩较佳的首推象山,建学当年就输送了"举明经之三传"④的乡贡王关,极大地鼓舞了士气。因为会昌五年(845年)规定浙东、浙西等道所送进士不得超过15人,明经不得超过20人,会昌六年王关举明经实属难能可贵。象山官员也能身范物先,倡教一方,大中四年(850年)县令杨弘正于县城西北蓬莱山麓栖霞观筑蓬莱书院以课士,文教大振。⑤ 蓬莱书院是四明历史上最早出现的书院,在我国早期书院的演变史上理应拥有一定地位。⑥

相对而言,唐五代明州无论官方或民间多重视经学教育。如海岛中隐者张元阳以明《易经》为州将所重,召至阁下讲周易卜筮之事。陈藏器在《本草拾遗》中多引经学之书,说明他有扎实的经学功底。奉化之士尤素重经籍,孙郃之前有阮诜通《开元礼》、《穀梁春秋》,海内之

---

① 唐代乡贡是指不经学馆考试而由州县推荐应科举的士子;唐代"进士"一般指参加进士科考试的士子,而进士科考中者称作"前进士",参丁鼎《唐人所谓"进士"多非进士》,见《文史知识》1999年第8期。
② (元)袁桷《任隐君墓志铭》,见《清容居士集》卷三〇,《四部丛刊初编》本。按,民国《鄞县通志·文献志乙编·选举》(第951页,宁波出版社2006年版)云:"任行规,仅据元袁桷《清容集》所载任士祺墓志,谓其远祖行规大中时以明经荐于乡,举上第,即断为鄞人。然大中为唐宣宗年号,距袁桷时几四百年,安知士祺之远祖即为鄞籍?"《通志》对任行规是否是鄞人表示怀疑,但未提出任何旁证材料。
③ (民国)《鄞县通志·文献志乙编·选举》针对光绪《鄞县志·选举表》的记载云:"至于莫彦修,则据《嘉定赤城志》引孙郃《才名志》云:'前进士莫彦修本贯鄞川地名,徙居台州',即执言唐无鄞川地名,必为鄞州之误,亦武断甚矣。"(第951页,宁波出版社2006年版)此仅为一家之说。
④ (民国)陈汉章总纂《象山县志》卷一九《金石考·唐始建学校碑》,第1091页,方志出版社2004年版。
⑤ (民国)陈汉章总纂《象山县志》卷二一《名宦传上》,第1192页。
⑥ 唐代书院有几种类型,一类是官方设立的,如集贤殿书院,主要职责是"掌刊辑古今之经籍";另一类是大量出现的私人书院,大多是读书人自己读书治学的地方,只有极少数如江西吉水的皇寮书院,已经开始有讲学、教授生徒的活动了。象山的蓬莱书院由县令创建以课士的,既名书院,又带有官学色彩,当别是一类,这种类型的书院在唐代别地罕有所闻。

士多熏其习;与孙郃同时代的黄檗隘将校楼茂郏,12岁即通《尚书》,楼茂郊从小就习《春秋》,①但他们均不闻有所著述;至孙郃则始以儒学闻。这些都说明唐五代明州地区儒学一脉虽然传承不绝,但只是作为一股潜流运行其间,尚未占据地方人文的主流地位。

学校教育之外,有的明州官员为了安定地方社会、巩固统治,担当起了社会教化的责任。如大历六年(771年)刺史裴儆有鉴于袁晁之乱,治明一年,使"惊逋复,田畴辟,茨垒兴。然后以礼义利物之教教之,人之皆窳者教之以温恭惇质,人之卉服祝发者教以仪饰之度,人之匮财乏食者教以耕耨之事"②。这种社会教化是有鲜明的针对性的。因为在封建统治者看来,浙东之不安定,往往起于海滨,自来海滨之下民很少受过儒家教育,不但不知"礼仪",而且还保持着吴越之民的原始蛮性,所以王密就曾感叹:"海裔之人土风俗素暴残嗜杀,宽之则法令非行,威之则圜视而凶心勃生,其欲驯之也难矣哉。"裴儆通过推行社会教化的手段,使社会控制薄弱地带的海滨之民改变其原始的野性,而有"温恭惇质"和"仪饰之度",成为更可以统治的驯顺之民。王密说裴儆之"化风俗为邹鲁,使父子长幼各得其宜","于郡斯牧,是祇是肃,化流比屋;变此土风,迄成鲁俗",③固然夸大了事实,但裴儆推行的社会教化运动看来很有成效。王元昉为鄞县令时,同样注重社会教化,"以勤俭戒游堕,以诚悫敦孝慈,贪夫敛手于袖间,暴客屏迹于境外,能使婚嫁有序,惸独有依"④。看来唐代明州社会之百年安定,从某种意义上说,与社会教化的深入人心是分不开的。

唐五代明州人民还开展了一定的家族、家庭教育。如慈溪上林湖

---

① 参见奉化文管会藏《峨阳楼氏宗谱·人材录》。
② (唐)王密《明州刺史河东裴公纪德碑碣》,见(元)袁桷《延祐四明志》卷一九,《宋元方志丛刊》本,中华书局1990年版。
③ (唐)王密《明州刺史河东裴公纪德碑碣》。
④ (宋)苏为《重修善政侯祠堂记》,见(宋)张津等《乾道四明图经》卷九,《宋元方志丛刊》本,中华书局1990年版。

颍川府君且诠"家传儒雅,艺术精通,里闻风犹若群之从凤也"①。朱梁贞明间(915—920年)罗甫自桐庐絜家避乱至慈溪孝顺里罗江,"教以礼敬,讲学务农,蔚成善俗"②。

虽然唐五代明州有形形色色的教育活动存在,但从总体上估价,为强化社会控制服务的社会教化颇有成效,但本应占主体地位的学校教育的成绩不很理想,这导致全区民众的文化水准大为落后,以至于杜荀鹤把四明看作是"难与英雄论教化"的化外之地。③

唐代明州儒学教育、学校教育的薄弱,给了佛道以可乘之机。唐代方外人士推行宗教教育的热情高涨,像道士叶法善讲经于奉化兴唐观,玄英法师讲经于余姚平原精舍,会稽僧道行专程到四明山保寿院智幽所"禀训进修"④,都是著名的例子。尤其是佛门中的禅宗、律宗高僧积极弘法,指人迷津。如法常开院大梅山,"徒侣辐凑,请问决疑,可六七百衲徒矣"⑤;栖心寺禅僧藏奂"学识泉涌,指鉴歧分",学人听其"一言入神,永破沉惑";⑥天童山咸启禅师机锋中常出以本宗富有特色的教学手段——"棒打"。五代时延寿住持雪窦,"学侣臻凑",其教学围绕着"向什么处进步"、"如何履践"的宗旨启人证悟,充满哲慧和诗性,非常引人入胜。慧则等人还将阿育王寺变成传授律宗的基地。石头、马祖之后,禅门中独特的教学制度形成,禅宿门讲究授引学人的方式,师资间对谈要利用启发、诱导、提示、棒喝方法,以心传心。

---

① (唐)咸通七年(866年)颍川府君且诠墓志录文,见章均立《越窑瓷墓志》,《浙东文化》2000年第1期。
② (清)光绪《慈溪县志》卷四〇《流寓传》,《中国地方志集成》本,上海书店出版社1993年版。按,天一阁藏民国八年重修《慈溪罗氏宗谱》卷上无名氏《顺惠侯传》,谓广明元年(880年)黄巢陷睦时,罗甫自桐庐挈眷渡江,迁于明州慈溪之罗江,"辑《五经通典》,暇则教民以孝弟忠信、礼义廉耻。时虽遇乱,俗皆怡然,其敦仁让之义,不识争斗之苦。厥后归附日众,乡有五十余姓,皆服其化",可资参证。
③ (唐)杜荀鹤《别四明钟尚书》,《全唐诗》卷六九二,中华书局1985年版。
④ (宋)释赞宁《宋高僧传》卷二〇《唐广州罗浮山道行传》,《高僧传合集》本,上海古籍出版社1991年版。
⑤ (宋)释赞宁《宋高僧传》卷一一《习禅篇·唐明州大梅山法常传》,《高僧传合集》本。
⑥ (唐)崔琪《唐心镜大师碑》,见(宋)张津等《乾道四明图经》卷一一,《宋元方志丛刊》本。

这些亦为甬上禅僧所继承。所有这些都说明唐五代明州的宗教教育确实富有成效,这为佛教的迅速发展提供了重要保证。

二、唐五代明州民众的社会信仰和社会意识

虽然唐五代明州的文化成就远远落后于毗邻的绍兴和台州,明州缺乏文化精英及其著作,学术思想乏善可陈,但普通民众的思想和信仰还是值得注意的。根据十分有限的史料,我们认为支配唐五代明州人民日常生活的观念世界,主要有儒之孝、儒道之隐以及佛的信仰。

孝是儒家基于血缘亲情的重要道德规范之一,其主要内涵是养亲、尊亲、爱亲之类。尔后渐次成为一切道德的根本,如《孝经》所谓"天之经也,地之义也,民之行也",孝由此成为维护宗法社会所必需的伦理意识和行为规范。开元十年(722年)唐玄宗向天下颁布他的《孝经注》,以为在仁义既有的时代,"孝者德之本",只有"孝"可以教育人们,"因严以教敬,因亲以教爱",这样秩序可以重建,道德可以恢复。[①]自东汉董黯以来,孝在浙东一带已深入人心,如崔殷说:"董孝名乡,慈溪署县。鄮江之俗,熏然遗风。"[②]唐代朝廷对孝的积极倡导与四明孝风的传统发生了耦合,于是孝风就以更强大的力量,渗入到明州社会生活的各个领域,灌输到了所有社会成员的头脑中,从而形成了唐代明州人民根深蒂固的传统社会心理。

明州的孝风自然是唐代地方官员竭力提倡的,旨在使孝道从自然的情感表现转化为自觉的行为规范,于是"孝治"便成为唐代明州官员治理地方的主要指导思想之一。由人伦亲情引发出的"孝治",也易于受到地域主体的认同,进而发展成为地方社会赖以运转的轴心。大历八年(773年)刺史崔殷一到任就积极挖掘本地"孝"的历史资源,修葺

---

① (唐)唐玄宗《孝经序》,见《孝经注疏》卷首,中华书局1957年版。
② (唐)崔殷《后汉孝子董君碑铭》,(宋)张津等《乾道四明图经》卷一一,《宋元方志丛刊》本,中华书局1990年版。

了董孝子祠,并撰《后汉孝子董君碣铭》赞扬董黯之孝"施及千载,横于四海,其大孝也欤"①。这是明州地方官员强化孝道行为所采取的措施之一。大和年间(827—835年)鄞县令王元晔亦"以诚悫崇孝慈"②。嘉靖《宁波府志·风俗》云:"慈溪县自唐房琯建市,取汉董黯孝养之迹为名,盖立教以孝云。嗣后张无择、孙之翰继之,称三孝,乡民益敦伦而尚行。"唐五代明州人民于孝"敦伦而尚行"的事迹可以从地方文献中得到印证。如句章人张无择"性笃孝友",其父任袁州司马,卒于神龙间,归葬故乡。"无择负土营葬,结庐于墓,七日绝浆,三年不栉"。③ 宁波出土的这一时期的墓志铭,亦多表彰孝道。如慈溪上林湖周家岙出土唐咸通七年(866年)贡进陈亚周撰《颍川府君且诠墓铭并序》,称赞且夫人"家传四美孝行",有三子"孝,四方慕义"。④ 这种浓郁的孝风也使得本地的士人进一步去钻研儒家的典籍。唐肃宗时,隐居四明山的山人沈浩潜心著述,于乾元二年(759年)向朝廷进献了《广孝经》10卷,⑤受到朝廷的表彰,授秘书郎集贤院待诏。沈浩《广孝经》可以说是唐代明州产生的唯一一部儒家伦理研究专著。

  唐代明州的孝风还得到了佛教界的支持。据咸通十年阿育王寺立《加句陀罗尼》,目连释子救母的故事至迟在那时已经传入甬上,而为人们所熟知,人们诵念《陀罗尼经》的一个重要的心理因素,就是恐"父母殁后沉沦恶道,虑有心报",诵经能使父母脱地狱诸苦。⑥

---

① (宋)《乾道四明图经》卷一一,《宋元方志丛刊》本,中华书局1990年版。
② (宋)苏为《重修善政侯祠堂记》,见《乾道四明图经》卷九。
③ (宋)《宝庆四明志》卷八,《宋元方志丛刊》本,中华书局1990年版。
④ 章均立《越窑瓷墓志》,《浙东文化》2000年第1期。
⑤ (宋)王钦若等《册府元龟》卷六〇一《学校部·恩奖》,中华书局1960年版。(宋)王溥《唐会要》卷三六称此书系乾元二年十一月四明山人沈若进。一说为会稽徐浩(703—782年)作,见康熙《鄞县志》卷一二《徐浩传》。按,徐浩于大历八年(773年)被贬明州别驾,一生从未在四明山隐居过,认为徐浩作《广孝经》纯属误传。另当代修《鄞县志》以为"唐徐浩所著的《古迹记》是现存鄞州志目中最早的方志",也是错误的说法。徐浩《古迹记》乃是论书之作,记述唐太宗、武后及玄宗各朝内府收藏二王法书之盛衰聚散情况,唐人张彦远将其编入《法书要录》中。
⑥ (清)乾隆《鄞县志》卷二三,见《续修四库全书》史部地理类第706册。

唐代明州孝风的盛行,有助于发扬尊老传统、改变陋习、和睦家庭,通过协调家庭关系进而促进社会稳定,但也出现了一些残害身体、割股疗亲的极端行为。这一陋习的形成有其深刻的文化背景,是印度佛教寓言中有关舍身供养医理方药的传说和中国孝亲思想相糅合而成的一种新兴风俗。①《南部新书》卷八云:"开元二十七年明州人陈藏器撰《本草拾遗》云:'人肉治羸疾。'自是闾阎相效割股,于今尚之。"陈藏器的本草学著作所记的"人肉方"无疑为割股疗亲推波助澜,产生了极为不良的影响。史谦表彰前守翁山镇将王德行之妻夏氏(805—879年),"大孝因心,挺然操志,两持霜刃,割左右股,奉膳二亲",事迹传出后,以致"州县耸观,乡闾仰止,褒赐累加,蠲免徭役"。②夏氏的割股奉亲,不但受到了官府的表彰,并因此被免除了徭役,这对乡间的示范意义是不可小觑的。但是这种"以不情为伦纪"的做法,"教坏了后人",③其危害性是严重的。

但是唐五代宁波除了孝之传统更加发扬光大外,直至北宋这一地区的礼教仍旧是很薄弱的。北宋的王珪曾说:"四明去朝廷远,其俗吉凶、祭祀、冠昏、聚会皆无法。"④所谓"无法"就是不受朝廷法律规范和儒家礼教规范的约束,其原因就在于"去朝廷远",受王化的照耀很少。这从另一个角度说明唐代明州儒学的民众基础是那么的微弱不足道,而遗留的蛮越文化的气息却是那样地浓重。但是礼法主要是保证治者之尊贵,唐代明州礼法之薄弱,反更显示出这一地区相对淳朴的社会气象。

唐代四明也弥漫着浓厚的尚隐意识。如果说孝亲风尚是对所有民众而言的,那么,隐逸风尚主要是对那些有一定地位和文化知识的

---

① 金宝祥《和印度佛教寓言有关的两件唐代风俗》,《西北师范学院学报》1958年第1期。
② (唐)史谦《唐会稽郡夏氏夫人墓志铭并序》,见俞福海主编《宁波市志外编》,第867页,中华书局1998年版。
③ 鲁迅《朝花夕拾·二十四孝图》,第24页,人民文学出版社2000年版。
④ (宋)王珪《辜氏墓志铭》,《华阳集》卷五七,《四库全书》文渊阁本。

士人而言的。宁波负陆面海,远离皇城,政治环境较为宽松,受礼教的约束不强,且宗教气氛浓郁,隐逸文化源远流长,安逸出世的哲学严重化解了宁波人对政治连同仕途的关注热情。宋代甬城握兰桥旁出土的唐《太原夫人墓志》,谓其曾祖王元浩在元宗时拜谏议大夫、左庶子,慕巢由之志,辞疾不就。[①] 慈溪上林湖罗氏"守官多在诸州,皆性乐丘园,不上荣禄"[②]。余姚茅山北有逸民余季,因名其地为余季墩。[③] 这些都是典型的例子。唐代宁波人的"官"意识相对淡薄,而以世外自然、特立独行为其本位,以自我为中心,从而铸成了从古老的吴越文化中升华起来的一种超脱物役的文化人格,其影响至为深远。宋末元初的戴表元说:"吾奉化前百数十年时,地理去行都远,士大夫安于僻处,无功名进趋之心,言若不能出诸其口,气若不欲加诸人,闭门读书,以远过咎,耕田节用,以奉公上。"[④]这里"地理去行都远"的边缘意识,究其实质,乃是一种文化自卑和安于自我的意识,这种根深蒂固的观念,导致唐五代宁波人的仕进意识不强,礼教观念淡薄。

唐五代明州的佛寺遍地皆是,但佛学水平却并不很高。广大民众对于佛教也采取鲜明的实用主义态度,可以说隋唐以来本地民间的信鬼尚巫风俗,进一步与佛道信仰融合。尤其是对于龙及灵鳗的崇拜,志书上多有所记,正透露出唐五代明州民众的这一信仰祈向。此诚如袁桷所说:"吴越旧俗,敬事鬼神;后千百年,争崇尚浮屠、老子学,栋甍遍郡县。"[⑤]与宁波农业社会缺水多旱的地理环境以及缺乏生命保障的社会现状相适应,民众信仰佛道,多是为了求雨祈福、消灾免祸等。如

[①] (清)光绪《鄞县志》卷六五《冢墓》,光绪三年刊本。
[②] (五代)龙德二年(922年)罗雍(?)墓志录文,见章均立《越窑瓷墓志》,《浙东文化》2000年第1期。
[③] (民国)杨积芳《余姚六仓志》卷二《山川》,第16页,王清毅、岑华潮点校本,杭州出版社2004年版。
[④] (元)戴表元《董叔辉诗序》,《剡源戴先生文集》卷九,《四部丛刊初编》本。
[⑤] (元)袁桷《陆氏舍田记》,《清容居士集》卷一九,《四部丛刊初编》本。

惟实禅师归化之后的香山寺,"水旱、疾疫、无嗣续者争来祷"①,香火隆盛。从这一事例可以看出,唐代明州佛教的普遍性、世俗性逐渐加深,佛教正在为不幸人们的现世利益服务,并已经扩展到了人类的深层欲望。

第二节　饮食和旅游

从饮食的角度看,唐五代宁波人民"饭稻羹鱼"的饮食模式与前朝大同小异,但随着物产的开拓与食法的改进,饮食结构自然会出现一些新的变化。而从旅游的角度看,唐五代四明的旅游优势初获发挥,旅游事业已初露头角,四明的传统旅游在唐五代得到了奠基。

一、饮食

稻米饭是唐代明州人民不可或缺的主食。此外,麦食也较常见。在唐人的主食结构中,"饼"②食占据了相当大的比例,如赵璘《因话录》卷五所说:"世重饼啖。"从大梅护圣寺法常和尚"啗白墡饼子,不同众僧之餐"③的传说看,唐代明州也是流行饼类食品的。

以菜配米饭,是唐人粒食的主要配伍方式。在以农业为主体的社会里,蔬菜的重要性不言而喻。蔬菜的供应主要来自于园圃种植,五代时奉化永丰西隘将熊允韬喜欢躬自率童仆参加田头劳动,"平生播殖,圃郁林秀","蔬菜以时,果药必备,咸究其理"。④ 这说明熊允韬是

---

① （宋）《宝庆四明志》卷一七《慈溪县志二》,《宋元方志丛刊》本,中华书局1990年版。
② 唐代的"饼"含义比较宽泛,是指除面糊以外的各种成型面食的总称。
③ （宋）《宝庆四明志》卷一三《寺院》。法常之"饼"的原料是白土,不过是信徒故神其事而已。
④ （五代）孟标《大梁豫章熊公墓志铭》,见俞福海主编《宁波市志外编》第868页,中华书局1998年版。

园圃种植的行家。此外,唐代四明人民还采集野菜药苗,当作佳蔬对待。四明山上有一种孟娘菜,"冬夏常有,叶似升麻,方茎,山人取以为菜"①。咸通中金庭客宿四明山道士之家,所尝"野蔬药苗,复非世味"②。青嫩的野蔬药苗入案登盘,让人大饱口福。

唐代明州的副食最重要也最有地方特点的是水产品。浩瀚的东海、纵横交错的水网,为明州人提供了取之不尽的水产资源。而且捕捞还是当地居民主要的劳作方式之一,水滨之民纷纷以捕鱼为职业,充分利用大自然的厚赐来为自己谋取生机。李乂《谏遣使江南以官物充直赎生疏》就说:"江南水乡,采捕为业,鱼鳖之利,黎元所资。"③其所指江南即囊括三吴浙闽区域。杜牧《李讷除浙东观察使兼御史大夫制》进一步说:"提封七州,其间茧税鱼盐,衣食半天下。"④明确提到了浙东水产的丰厚及水产交易的辐射能力。崔融在《断屠义》中曾这样比较分析地域饮食习惯:"江南诸州,乃以鱼为命;河西诸国,以肉为斋。"⑤确实如此,由于资源的得天独厚,明州人民把鱼类产品当作饮食生活中的最重要食物,就动物蛋白食物而言,明州人民从水产品中的摄取量远远多于畜养和猎取的肉类。明州人无论穷富,一般都能吃上海味。李频在《明州江亭夜别段秀才》中写道:"莫为莼鲈美,天涯滞尔才。"⑥委婉地劝告段秀才不要只贪明州的莼鲈之美而滞留不归,徒然在海滨浪费自己的才华,可见明州琳琅满目的水产品对于外乡人也是一种难以抗拒的诱惑。

---

① 尚志均《〈本草拾遗〉辑释·草部卷第三》,第71页,安徽科学技术出版社2002年版。
② (清)黄宗羲《四明山志》卷三《灵迹》,《四明丛书》本。(宋)张君房《云笈七签》卷一一二上《金庭客》作"烹野蔬药苗食之"(《道藏要籍选刊》第1册,上海古籍出版社1989年版);(宋)《宝庆四明志》卷一一引作"野蔬苗",但无"复非世味"四字。
③ (清)董诰等《全唐文》卷二六六,中华书局1983年版。
④ (唐)杜牧《樊川文集》卷一八,《四部丛刊初编》本。
⑤ (宋)李昉等《文苑英华》卷七六八,中华书局1990年版。
⑥ (清)彭定求等《全唐诗》卷五八八,中华书局1985年版。

四明地区"俗殷于鱼盐蜃蛤"①,副食素以"海味腥咸"②著称,所以调味注重用盐。陈藏器曾说:"五味之中,以盐为主。"他反对陶弘景食盐损人的观点,认为盐除本功外,能"除风邪,吐出恶物,杀虫,明目,去皮肤风毒,调和脏腑,消宿物,令人壮健"③。这恐怕可以看作是四明菜肴尚咸的一个重要理论基础。其实,适量的盐是人体必需的,过多的盐,超出人体排泄限度,对人才是有害的。陈藏器关于食盐的一些看法是有片面性的。

据《本草拾遗》、《日华子本草》,唐代明州常见海水品有淡菜、海蜇、牡蛎、鲳鱼、脆鲈、海虾、乌贼、蟳蚱、蚶、蛤等。生制菜肴系将海生物原料用干、腌、浸、糟、酱、鲙(把物料细切成丝,一般生食)、脯等方法制成,著名的如红虾米等干货,利于贮藏和远销。陈藏器总结民间经验,指出"甜糟,杀腥,去草菜毒,藏物不败",因此风味独特的糟制品在明州较为流行。陈氏还提到海蜇成为"常味",则利用明矾水腌渍使其去毒、脱水、防腐、变白的预加工技术已被掌握。这是因为新鲜海蜇的刺丝囊内含有毒液,人的皮肤与海蜇的触手接触容易中毒,须用40%饱和的盐水加入明矾混合腌渍,明矾的作用是加速蛋白质的凝固和海蜇毒素的降解,从而确保食用安全。熟制菜肴须将海生物原料经过初加工和切配,用一定的烹饪方法加热、调味而成。从陈藏器、日华子的论述看,唐五代明州主要运用了煮、炸、臛、鲊、炙、脯、汤等烹饪技法,并有所讲究食用美感和外观美感。如鲊的做法,以盐、米酿鱼为菹,熟而食之,即将鱼肉加盐和米(糁)一起酿制。用现在食品学理论分析,是利用乳酸细菌营乳酸发酵作用而产生酸香味,并有抑制腐败微生物干扰的防腐作用。乳酸菌须有碳水化合物才能生长良好,但只靠鱼肉

---

① (宋)崔仁冀《奉国军节度使彭城钱公碑铭》,见(元)《延祐四明志》卷一九,《宋元方志丛刊》本,中华书局1990年版。
② (唐)白居易《寄明州于驸马使君三绝句》,《全唐诗》卷四五五,中华书局1985年版。
③ 尚志钧《〈本草拾遗〉辑释·解纷卷第八》,第328页,安徽科学技术出版社2002年版。

本身的碳水化合物是不够的,所以需要加入米饭以补其不足。酿制而成的鲊,经蒸熟后产生的特殊香味,是非常诱人的。至于各类鱼鲙、鱼头羹,也是常见的佐食佳品。另如海蜇,炸出以姜、醋进之,海人以为常味;鲳鱼作炙食至美;淡菜味甘美,可烧汁而食。陈藏器还提到了常见的水产去腥方法:"凡羹以蔓菁煮之,蔓菁去鱼腥。"淡水生物中,唐代明州人对鳝鱼存有戒心,但已搬上餐桌,陈藏器以为"作臛,当重煮之"。

　　唐代饮食的一大特点是食疗菜发展较快,明州在这方面的特出作为是进一步加深了对海味食忌、食补、食疗的认识。陈藏器、日华子指出,海味具有独到的营养保健功用,如鲳鱼令人肥健,益气力;魁蛤、海月能利五脏和健胃;淡菜煮熟食之,能补五脏,益阳事。但食有所益,亦有所忌,如淡菜"多食令人头闷目暗,得微利即止";凡鲊皆能诱发疮疥,不可偏嗜;至于鱼鲙,陈藏器既明其有温补功用,又指出鱼鲙"近夜不食,不消成积。勿饮冷水,生虫。时行病后食之,胃弱。勿同奶酪食,令人霍乱。不可同瓜食"等诸多禁忌,包括时间、配餐和疾病禁忌。关于河豚,陈藏器指出肝、子等部位有毒,严禁食用,一旦中毒,首次提出用橄榄木、鱼茗木、乌草根煮汁的解救办法。陈藏器、日华子诸医家的论述,很多都符合现代科学营养保健和医药理论。

　　明州地区出产的海产品,每年都要贡送京师。《元和郡县志》卷二七记载,明州元和贡计6项,除了橘子外,其余均为海货,有海肘子、红虾米、鯖子、红虾鲊、乌鲗骨(药品)。乐史《太平寰宇记》卷二七亦记载明州旧贡红虾鲊、大虾米。贡送的海味,有的是干制品,也有的是鲜货。如穆宗长庆中元稹为浙东观察使时,明州岁进淡菜、海蚶各一石五斗,必须快驿运送。白居易就说:"明州岁进海物,其淡蚶非礼之味,尤速坏,课其程日驰数百里。"[1]朝廷为了自己的口福享受不惜劳民伤

---

[1] (唐)白居易《河南元公墓志铭》,见(清)《全唐文》卷六七九,中华书局1983年版。

财,把遥远的东海水产运送到关中地区,但也从另一侧面说明浙东的海味确有其诱人的魅力。

唐代明州人民的畜菜应以猪肉、鸡肉等为主。唐代薛用弱有一则《李汾》故事,以"猪性淫"为创作思路,以四明山民的养猪为背景。故事说天宝末四明山下张家庄"其家富,多养豕"。有上虞秀才李汾投宿于此,夜抚琴庭中,有绝色女子悦之,自称张家女来与幽会。待晨鸡报曙时,李汾即暗藏其青毡履一只,女哀求不得,号泣而去,"床前鲜血点点出户"。李汾乃"寻血至山前张氏溷中,见一牝豕……豕视汾瞋目咆哮"①。这则故事颇有浙东的生活气息,说明四明山之民家养猪养鸡,而且富民家养猪较多。孙谏卿《唐明州象山县蓬莱观碑》写到"没于高蒿,牛羊牧之",证明羊肉也是明州人民的席上珍品。不过唐代普通家庭的肉食量都很稀少,想必明州也不例外。而狩猎作为生产的一种补充方式,能够为人们获取一定数量的野兽野禽肉品,作为肉食的补充。方干《题雪窦禅师壁》云:"猎者闻疏磬,知师入定回。"②这就是唐代奉化山民臂弓腰矢猎食野味的佐证。

唐代明州饮食中的调味品花色更多,除以海盐为烹饪中的首位调料外,还有辛香类的姜、蒜等,发酵类的酱、醋等。尤其是糖料中出现了沙糖、白蜜。咸通三年(862年)九月日本头陀亲王到达明州石丹岙,当地盐商就献上了"沙糖、白蜜"③。据记载,唐太宗遣使从印度学习加工蔗糖的技术,"令扬州煎蔗之汁,于中厨自造焉,色味逾于西域

---

① (唐)薛用弱《集异记》,(宋)李昉等《太平广记》卷四三九引,中华书局1986年版。按,黄宗羲《四明山志》卷九《掇残》引《搜神记》,谓是东汉永和末年故事,但查今辑本《搜神记》,并无此则故事,疑黄宗羲误辑。
② (清)彭定求等《全唐诗》卷六四九,中华书局1985年版。
③ [日]《头陀亲王入唐略记》,转引自林瑛《从明州港入唐的日本头陀亲王》,《浙东文化》2001年第2期。

所出者"①。其产品即沙糖,是以煎熬法直接炼制而成、质地比较纯净的团状粗制糖。扬州是唐代制造沙糖的主要基地,明州盐商所拥有的沙糖应是从扬州输入的。白蜜当即石蜜,唐代的四明地区是否有养蜜业不得而知,但越州土贡石蜜,余姚人也经常采收野蜜。②鉴真和尚渡海所携带的物品中就有甘蔗、沙糖、白蜜等,估计这些物品应是盐商出海必须备办的。

唐代明州的果品以橘子最为普及也最为著名,孟浩然《疾愈过龙泉寺精舍呈易业二公》云:"石渠流雪水,金子耀霜橘。"③武元衡《送寇侍御司马之明州》云:"莲唱蒲萄熟,人烟橘柚香。"④许浑《晓发鄞江北渡寄崔韩二先辈》诗云:"露晓兼葭重,霜晴橘柚垂。"⑤不同地域的诗人都咏及了橘子,表明唐代明州产的橘子拥有相当的知名度。《元和郡县志》卷二七亦记载,明州元和贡:橘子。可以说自唐以来浙东已经成为全国柑橘的重要生产基地,以致杜荀鹤《送人游越》有"有园皆种橘"⑥之说。陈藏器撰《本草拾遗》云:"橘柚……其类有朱柑、乳柑、黄柑、石柑、沙柑;橘类有朱橘、乳橘、塌橘、山橘、黄淡子。"⑦陈藏器指出,柑橘类种类虽多,但以乳柑(真柑)为上。此外明州常见的水果尚有土

---

① (宋)王溥《唐会要》卷一〇〇、《新唐书》卷二二一《西域传上》。唐代沙糖的产地寥寥,有学者以为唐代宁波乡村已能制造沙糖,此说无法令人认同,故不予采信。
② (唐)孟浩然《疾愈过龙泉寺精舍呈易业二公》:"入洞窥石髓,傍崖采蜂蜜。"《全唐诗》卷一五九,中华书局1985年版。
③ (唐)孟浩然《疾愈过龙泉寺精舍呈易业二公》,《全唐诗》卷一五九。陈贻焮《孟浩然诗选·宿业师山房期丁大不至》注云:"如业师确系业上人,则其山房当即指'龙泉寺精舍'。""业师山房(即龙泉寺精舍)当在襄阳附近。"(人民文学出版社1983年版第45页)此说一出,无人质疑,即竺岳兵《唐诗之路唐代诗人行迹考·孟浩然游浙东的目的及行迹及其考异》、卢燕平《孟浩然游浙诗说略》(《绍兴文理学院学报》2002年第4期)均忽而不论。笔者认为龙泉寺精舍在余姚,光绪《余姚县志》即收有孟浩然此诗。孟诗提及的柑橘自是明州的特产,而非襄阳之特产。孟浩然既然曾游余姚龙泉寺,则其在浙东的行踪是否如竺岳兵所说走的仅是">"路线,颇可怀疑。
④ (唐)武元衡《送寇司侍御司马之明州》,《全唐诗》卷三一六。
⑤ (唐)许浑《晓发鄞江北渡寄崔韩二先辈》,《全唐诗》卷五二八。
⑥ (宋)施宿《嘉泰会稽志》卷一七,《四库全书》文渊阁本。
⑦ 尚志钧《〈本草拾遗〉辑释》,第381页,安徽科学技术出版社2002年版。

梨、柿子、甘蔗等。关于果品的保藏,陈藏器、日华子都提出用腊雪"藏淹一切果实,良"①。

唐代明州的饮料以茶和酒为代表。唐代浙东成为重要名茶产区。囿于交通不便,又生在无甚名气的深山老林中,故余姚瀑布仙茗虽历史悠久,但在唐以前一直是"养在深闺人未识"。直到中唐时余姚瀑布茶因制作精细,选料讲究,品质优异,才得到精于品茶的专家陆羽的高度赞赏。陆羽在《茶经》中记载:"余姚县生瀑布泉岭曰仙茗,大者殊异,小者与襄州同。"②看来,当时余姚大多数茶树应已是灌木型品种了。瀑布仙茗亦即丹丘仙茗,会稽名僧皎然在《饮茶歌诮崔石使君》曾说:"越人遗我剡溪茗,采得金芽爨金鼎。……孰知茶道全尔真,唯有丹丘得如此。"因此之故,有学者认为剡溪茗也就是瀑布仙茗。③尽管此说尚可讨论,但从"采得金芽爨金鼎"一句看,剡溪茗应为散芽茶,这也是越茶的一般特色。皎然在《谢氏论茶》中也说:"此丹丘之仙茶,胜乌程之御荈,不止

陆羽《茶经》书影
(凤凰出版传媒集团　凤凰出版社2007年版)

---

① (宋)唐慎微《证类本草》卷五,《四库全书》文渊阁本。
② (唐)陆羽《茶经·八之出》,《四库全书》文渊阁本。全祖望认为唐代瀑布茶即十二雷白茶,其《十二雷茶灶赋》(见《鲒埼亭集》卷三)云:"王元恭曰:'以来慈溪车厩产中三女山资国寺旁所出,称绝品,冈山开寿寺旁次之,必以化安山中瀑布蒸造审择,阳羡、武夷未能过焉。'……按陆氏云:'浙东以越中为上,生余姚瀑布岭,曰"仙茗",盖实即明州三女山之物,特以余姚瀑布泉制之,遂误指耳。"笔者以为全祖望此说证据尚欠充分,录此暂备一说。
③ 陈珲《浙江茶文化史话》,第59页,宁波出版社1999年版。按,高似孙《剡录》是嵊县的方志,其所记之"剡溪茗"自是嵊县境内的名茶。由此推之,释皎然诗中的"剡溪茗"亦应产自剡溪流经之地,不应与四明山瀑布茶等同。考高似孙《剡录》卷二,剡县确实有一瀑布岭,岭中产仙茗。大凡剡溪、四明境内的名茶古人多有称之为"丹丘仙茗"者,它们具有大致相同的生态环境,故亦同具越茶的一贯特色。

味同露液,白况露华。"对丹丘仙茗的赞美真是到了无以复加的程度。陆羽《茶经》还说,浙东茶以越州为上,明州、婺州次,台州下。又注云:"明州鄞县生榆荚村。"①这些都表明明州出产的茶叶品质相当优良。除了饮用真茶之外,宁波人还饮用杂茶,如榆科植物山榉树,"乡人采叶为甜茶"②。

越茶精湛的制作技艺,与如冰类玉的越窑青瓷茶具,更是相得益彰。唐人在很多场合都谈到了越窑青瓷与饮茶的特殊关系。如《茶经》卷中说:"越州瓷、岳瓷皆青,青则益茶。"他所说的"口唇不卷,底卷而浅,受半升已下"的越瓯,分明就是今天所说的越窑中的"玉璧底碗"。晚唐诗人郑谷则说:"茶助越瓯深。"③韩偓则赞道:"越瓯犀液发茶香。"④唐末五代,越窑还生产出了一种专门用于饮茶的盏,这种茶具往往带有配套的托子。越窑茶盏一般腹较深,底小而有圈足,常饰有萱草纹或莲瓣纹,而茶托则做成莲花状,托座上或饰有莲瓣纹。

越窑青瓷茶具

苏州市博物馆收藏的那件越窑青瓷带托茶盏,整件器物似一朵盛开的莲花,精美绝伦。用这种苍碧莹润的越窑茶具饮茶,唐人获得了高雅无比的审美乐趣。总之,席卷各地的饮茶风极大地促进了越窑青瓷烧

---

① (清)徐兆昺《四明谈助》卷三九《东四明护脉上》"白杜以北诸迹"有"榆荚村",当即陆羽所云之"榆荚村"。其地即今鄞东之甲村。但今之甲村为平原,不应产茶。可能古"榆荚村"的地域要大于今甲村,也可能古"榆荚村"为唐时茶叶之加工地。总之,"鄞县生榆荚村"之说,尚待进一步深究。
② 尚志钧辑《日华子本草》,第141页,安徽科学技术出版社2005年版。
③ (唐)郑谷《题兴善寺》,《全唐诗》卷六七六,中华书局1985年版。
④ (唐)韩偓《横塘》,《全唐诗》卷六八三。

制技术的发展,而这些具有特殊审美价值的茶具则又反过来将茶文化推上了更高的层次。① 越窑青瓷对于当时茶界的影响极为深远,唐代的制瓷技术还传播到了北方的各窑口,耀州窑在五代北宋时受越窑影响而大量烧造青瓷碗、盏、瓯等茶具,世人亦以"越器"称之。② 此外,随着茶文化的外传,越窑"古秘色"青瓷茶盏的烧制技术也输入了高丽等地,高丽人"颇喜饮茶,益治茶具,金花乌盏,翡色小瓯,银炉汤鼎,皆窃效中国制度"③。越窑茶具的巨大历史影响由此可见一斑。

越州茶业的产生与仙道有关,明州饮茶的推广与普及,亦有赖于佛教徒的传扬。陆羽《茶经》说过:"茶味至寒,最宜精行修德之人。"所以饮茶蔚为"和尚家风",成为陆羽身后唐代佛寺的一大盛事。唐代禅宗兴起后,佛教徒更重视坐禅,亟须一种既符合戒律,又可以消除疲劳的物质,于是茶叶这种饮品便受到广大僧徒的欢迎。盛唐开元中泰山灵岩寺降魔禅师倡导饮茶,"人自怀挟,到处煮饮,从此转相仿效,遂成风俗"④。这种禅林茶风很快由赵州扩播到浙东。洛人周贺游四明兰若,寂禅师就曾用干竹枝煮茶招待远客。⑤ 赵州从谂禅师的三番"吃茶去",成为禅林中的机锋名言后,迅速成为茶禅一味追随者的口头禅,在宁波禅林中也得到了有力回响。明州伏龙山和尚来见天童咸启禅师,机锋之后,咸启即答以"吃茶去"。⑥ 这里"吃茶去"既是表面平淡无奇而内在意味深长的绝妙公案,体现了"平常心是道,随缘即是福"的禅理,也说明晚唐时四明禅僧惯用茶饮来接待同道。五代明州翠岩令参禅师大张法席,机锋往来,有"茶堂里贬剥去"之语,这说明饮茶已成了明州寺院制度的有机组成部分,寺院中设有"茶堂",是禅僧

---

① 李刚《越窑茶具随笔》,《江西文物》1991年第4期。
② (宋)陆游《老学庵笔记》卷二,中华书局2005年版。
③ (宋)徐兢《宣和奉使高丽图经》卷三二《器皿》,《四库全书》文渊阁本。
④ (唐)封演《封氏闻见记》卷六《饮茶》,《四库全书》文渊阁本。
⑤ (唐)周贺《四明兰若赠寂禅师》(一作《题昼公院》):"舍深原草合,茶疾竹薪(一作"枝")干。"见《全唐诗》卷五〇三,中华书局1985年版。
⑥ (宋)释道原《景德传灯录》卷一七,《中华大藏经》第74册,中华书局1984年版。

体悟禅理、招待施主、品尝香茗的地方。令参禅师又"唤侍者点茶来"①,可见明州禅僧还专门把幼嫩的优质芽茶碾成粉末,用沸水冲泡调制成"点茶",以助谈锋。五代甬上的教院中也同样盛行茶饮,如吴越钱忠懿王曾赐宝云义通"茶二百角"。② 寺院之外,民间饮茶亦非罕见,咸通二年(861年)日本高丘亲王乘大舶使唐,登陆明州石丹岙,当地盐商即赠以香茗。

对于饮茶的功效,唐代明州学者也有所研究。隋时虞世南在所纂的类书《北堂书钞》"茶篇"中记载云:"调神和内,倦解慵除"、"益思少卧,轻身明目""饮茶令人少眠,烦闷恒假真茶",③这些都是对"茶"的功用所作的科学总结。陈藏器《本草拾遗》从医学的角度说茶"止渴除痰","利水明目",主张茶"食之宜热饮",并强调"久食令人瘦,去人脂,便不睡"。这是唐人最早肯定茶有减肥效果,并指出饮茶减肥的渐进性。现代科学揭示了茶的减肥本质,茶中含有大量的茶多酚、维生素C和叶绿素,茶多酚能溶解脂肪,维生素C和叶绿素有降低胆固醇并有促使其排出的作用,正是血脂及胆固醇的降低而达到了减肥效果。

明州酿酒业也有所发展。陈藏器在《本草拾遗》中说:"近乳穴处流出之泉也,人多取水作饮酿酒,大有益。"④这说明甬人已认识到泉水水质对于酿造优质美酒的工艺意义和保健功用。中唐李频旅游四明山,在山下孙氏居享用了当地的家酿白酒。⑤ 咸通三年(862年)日本头陀亲王船泊明州石丹岙,见到数十盐商"吃酒皆脱被,坐椅子"。越

---

① (宋)释道原《景德传灯录》卷一八,《中华大藏经》,中华书局1984年版。
② (宋)释元悟《螺溪振祖集·吴越钱忠懿王赐净光法师制》,《卍新纂续藏经》本。
③ (唐)虞世南《北堂书钞》卷一四四《茶篇八》,《四库全书》文渊阁本。
④ (明)李时珍《本草纲目》卷五"乳穴水"注。
⑤ (唐)李频《游四明山刘樊二真人祠题山下孙氏居》,《全唐诗》卷五八九,中华书局1985年版。按,李频所言之"白酒"不同于现代概念中的白酒。唐人常以酿酒原料为酒名,凡用白米酿制的米酒,唐人称之为白酒,或称白醪。这种白酒就是浊酒。参见王赛时《唐代饮食》,第148页,齐鲁书社2003年版。又按(宋)黄震《黄氏日抄》卷九六"安抚显谟少卿孙公行状"云:"余姚初隶明州,其地即四明山西北偏,气势融结,有峭岸飞瀑之胜。孙氏自唐时长官者世居其下,为望族。"据此可知四明山孙氏之由来。

窑青瓷酒器的大量制造,也佐证了酿酒业的普遍存在。武宗会昌六年(846年)敕:"浙西、浙东、鄂岳三处置官酤酒。"①也就是说唐后期浙东地区实行酒酤制,其目的在于代百姓纳榷酒钱,②明州自不例外。不过,那时明州酒类还谈不上什么品牌,也没有多大名气。晚唐时"余杭酒"传入四明。"余杭酒"是杭州的历史名酒,又名余杭阿姥酒、百花酒,相传东晋初有裴氏居余杭仙姥墩,采众花酿酒,味极醇美,名噪一时。咸通年间(860—873年)昆山人王可交隐居四明山,将余杭酒的制造技术传到明州。吴越国后期,明州亦多酒店,长官钱弘亿"班铁尺于旗亭,市无二价"③,对全市的酒店实行官府统一定价。

聚餐是唐代明州人民比较喜欢的一项活动。日本《头陀亲王入唐略记》记载:"七日午时,遥见云山,未时着大唐明州之扬扇山,申时刀彼山石丹岙泊,即落帆下碇。见其涯上有人数十许,吃酒皆脱被,坐椅子。"头陀亲王在明州石丹岙看到群居的盐商正在聚饮,他们坐的是椅子,由此可见唐代垂足靠背的椅子已经成为明州乡村中聚餐的坐具。头陀亲王后来"登之游宴",即把游赏和宴饮结合起来,既体验风物胜景,又能够享受口福,这也是唐人普遍重视和推崇的宴会方式。

二、旅游

旅游业的发育虽始于晚近社会,但人类进行旅游活动却古已有之。传说中虞舜的巡狩在浙东留下了不少遗迹,是为浙东原始旅游活动的肇始。至秦汉,浙东又有秦始皇的政治性巡游、徐福的航游,以及贸易性的商游。六朝浙东又兴起了文人学士的山水游和佛道人士的

---

① (五代)刘昫《旧唐书》卷四九,中华书局1975年版。
② 关于唐代榷酒制与官酤制的情况,参阅董希文《唐代酒业政策探析》,《齐鲁学刊》1998年第4期。
③ (宋)崔仁冀《奉国军节度使彭城钱公碑铭》,见(元)《延祐四明志》卷一九,《宋元方志丛刊》本,中华书局1990年版。

宗教游。但是由于先唐时宁波开发相对迟缓,整个浙江的旅游重心在会稽一带,尤其是剡溪—曹娥江流域成为旅游热点,四明旅游基本上处于沉睡状态。随着经济的发展和交通的进步,唐代旅游成为一种广泛而自由的大众社会行为,浙江旅游资源得到大规模开发,杭、越、台三地游客络绎如织。其时四明的旅游虽然远不能望杭、越、台三地之项背,但确实已成为当地不可忽视的一种景观,具体表现为旅游资源特色鲜明,旅游人次较快增长,名人来游率相对提高,旅游之风持续不断,旅游方式多种多样。唐代四明的旅游优势初获发挥,旅游事业已初露头角。四明的传统旅游之所以奠基于唐代,这是由当时中国的历史背景和浙东的社会经济、文化和地理特征决定的。

首先,浙东水陆交通发达,旅游相当方便。一般而论,在旅游的地域空间结构中,"旅游通道"至关重要。唐代千里大运河贯通到宁波,宁波内河水运网与海上航线四通八达,这为浙东旅游的兴起提供了交通上的便捷条件。

其次,旅游主体的旅游需求与旅游景观发生了耦合。旅游活动主要是围绕着旅游目的地的旅游资源或旅游景观——即旅游对象的功能与价值而展开的,因为它决定着旅游者的旅游需求。从这个角度考察,四明地区自然景观资源与人文景观资源的相互结合,交相辉映,无疑是引发宗教性旅游和文人漫游的决定性因素。四明山水神秀灵奇,石窗、潺湲洞、丹山赤水、雪窦等自然景点驰名遐迩,足供登临游赏。四明又是仙源佛窟,佛教寺院林立,遍布境内,四明山更氤氲着仙风道气,仙话连翩的洞天福地向外界展示了诱人的魅力。仙源佛窟使这里的一山一水、一草一木都成了具有宗教情调的"有意味的形式"。因此,自然景观为其表、宗教情趣为其里的特色,吸引着众多旅游者来这里追问这"形式"的深长意味。更何况这一带远离当时的政治中心,政治张力相对微弱,正适合有志高蹈者"独与天地精神相往来",这就难怪杜荀鹤将四明之地规范为"难与英雄论教化,却思猿鸟共烟萝"的隐逸宝地。① 四明之地宜仙宜佛，宜隐宜游，不唯吸引着佛子道徒游方宅化，而且也为具有高蹈生活方式和宗教思想情趣的文人学士所心仪。如孟浩然《宿天台桐柏观》诗云："愿言解缨络，从此去烦恼。高步凌四明，玄踪得二老。纷吾远游意，学此长生道。"②可见孟浩然想漫游四明山的动机就是想与那里的高道神仙交接，以学习长生之道，明显地具有宗教色彩。晚唐的黄滔厌倦于社会的动荡，甚至喊出了"终去四明成大道"的心声。③ 文人们对于旅游景观的宗教情趣的自觉追求，完全可以看作是旅游四明的强大精神动力。

复次，明州港城的崛起，促进了商业旅游和国际旅游。唐代明州港城既是一方的政治中心，也是经济中心和航运枢纽。方便的交通大大促进了人们广泛地进行区域较远距离的旅行和商贸活动，人们泛舟举帆，朝发夕止，成为常见的景象，这进一步加重了唐五代时明州的商业气息。明州港的特殊地理位置，还成为中日经济文化交流的中转站，也理所当然地成为国际旅行的中转站，最典型的一个例子就是日本头陀亲王在明州石丹岙"登之游宴"④，在宴饮中体验、欣赏着明州的风物胜景。

唐五代来游四明的人士很多，奉化永丰西隘将熊允韬"善接士，凡四方寓游者，必闯其门"⑤，也说明了这一点。从来游四明的人员构成分析，除了商游者因文献中缺乏姓名记录无从考察外，最引人注目的是方外和文人，他们的共同之处是富有强烈的宗教情趣，也通过一种

---

① （唐）杜荀鹤《别四明钟尚书》，《全唐诗》卷六九二，中华书局 1985 年版。按，钟尚书当即钟季文。
② （宋）李昉等《文苑英华》卷二二六，中华书局 1966 年版。
③ （唐）徐夤《山寺寓居》，《全唐诗》卷七〇九。类似的诗句还有《全唐诗》卷八一五皎然《答俞校书冬夜》："遥得四明心，何须蹈岑岭。"《全唐诗》卷七〇四黄滔《赠明州霍员外》："四明多隐客，闲约到岩扉。"
④ ［日］《头陀亲王入唐略记》，转引自林瑛《从明州港入唐的日本头陀亲王》，《浙东文化》2001 年第 2 期。
⑤ （五代）孟标《大梁豫章熊公墓志铭》，俞福海主编《宁波市志外编》，第 868 页，中华书局 1998 年版。

有别于日常生活的审美体验传递着文化信息。

僧侣喜欢登山涉水,遍游诸方,于云水之中得自在,构成了这群人的独特生活方式,因此佛教徒的旅行成为唐代旅游的奇特景观。佛教徒的杖锡来游促进了浙东佛教的传播和寺院的建立,而浙东佛教的兴盛又反过来激发了佛教徒来四明云游的热情。仅据《宋高僧传》、《全唐诗》、《四明山志》等典籍统计,唐五代云游四明的高僧就不下20人。如盛唐有洛阳同德寺僧无名、金陵钟山栖霞寺僧元崇、越州诸暨僧慧忠,中唐有京师奉慈寺僧惟则、律宗名僧子邻专程从北方往鄮山礼阿育王塔,子邻为解脱世苦,在育王寺后山筑茅庵及井。又有福建泉州僧道通"誓游方吴越之间,台、明山谷,靡不登陟";建阳僧明觉观方天台、四明,"遍尝滋味";会稽名僧灵澈(746—816年)四方行锡,足迹及于四明;①又有韩愈友人惠师"发迹入四明",甚至连诗僧贾岛也表示:"身爱无一事,心期往四明。"②晚唐有姑苏僧无作,"游会稽、四明,有终焉之志";秀州灵光寺僧皓端也有云游四明之举。唐末五代初福州广福院雪峰义存以七十高龄,遽然杖屦,东浮丹丘、四明;雍州僧绍岩也曾栖息台、明间。唐五代云游来四明而为当地的异境所吸引继而开山宏佛的也为数不少,如富阳僧惟实天宝中往明州若山结茅,道悟始辟大梅山后,继之者法常,名震遐迩,又招得襄阳居士庞蕴、夹山善会、定山神英来游。③ 总之,继天台之后,四明也成为闻名全国的佛教游览胜地。

仙游者寄迹台越,忘情四明,也成为竞相效仿之举。盛唐以来,来游四明的著名道士有贺知章、徐仙姑、吴筠、叶法善、许碏、萧炼师、施肩吾、吕岩、闾丘道士等。贺知章(659—744年)为会稽人,晚年自号"四明狂客"。天宝三年(744年)正月五日,贺知章因病请度为道士,求归越,玄宗许之,御制诗送之,题为《送贺知章归四明》,百僚文臣的

---

① (元)辛文房原著、傅璇琮主编《唐才子传校笺》,第619页,中华书局1987年版。
② (唐)贾岛《宿姚合宅寄张司业籍》,《全唐诗》卷五七三,中华书局1985年版。
③ (五代)静、筠禅僧编、张华点校《祖堂集》卷一五,中州古籍出版社2001年版。

送别诗,也大都题贺监"归四明"。李白视贺知章为第一知己,他在《对酒忆贺监二首》诗中,其一开头就说"四明有狂客",其二开头又称"狂客归四明"。这个"四明",其实并不是一个单纯地理意义上的地名,而更是一种宗教文化符号,道风浓郁的四明山乃是其心向往之的精神圣地,显示了他对于四明山浓浓的道教情结。施肩吾对四明山水也是情有独钟,游踪所至,多有题咏,玄想落落,高出人表,用他那妙笔写下了半夜寻幽、高顶寄宿、卧云听泉、风雨啼猿的奇特体验。

唐代文人漫游成风,光是从古城绍兴至天台山石梁飞瀑这条全长134公里的水道,就为300多位诗人行旅所及,散落下一串串精美的珍珠,这就是闻名中外的"唐诗之路"。四明佳山水紧邻天台,自然地受到"唐诗之路"的辐射,循迹来游的诗人有孟浩然、李白、刘长卿、顾况、李频、洪子舆、方干、张祜、崔道融、杜荀鹤、刘隐之、刘道济、李中等十余人。① 他们旅游的主要落脚地是在四明的寺观,兼及欣赏寺观所在地的水光山色。只有少数诗人如杜荀鹤,在中和三年至景福元年(883—892年)间来游四明,并干谒了明州刺史钟季文,应该包含有一定的政治目的。② 大多数来游四明的文人,体味自然,涵泳佛道,奉献了吟咏四明山水的第一批纪游文学,为寂寞的四明文坛生色不少。特别是大诗人李白一生对越中山水是梦寐求之、欣然往之。天宝六年(747年),李白南下越中,首先登上了四明山,眺望溟海,欣赏、赞叹着早晨海霞的美丽,写下了《早望海霞边》的诗篇:"四明三千里,朝起赤城霞。日出红光散,分辉照雪崖。"他以天台山赤城之丹红色的晚霞,

---

① 关于江西九江人李中游历四明的事迹,竺岳兵《李中与舟山》(见《唐诗之路唐代诗人行迹考》第61~62页,中国文史出版社2004年版)一文首先作了考证,从李中《闲居杂忆》诗"远忆四明僧"句认为这位"四明僧"是李中的故交,并考出此僧就是李中《赠海上观音院文依上人》中的"文依上人",而"海上观音院"就是今浙江普陀山观音菩萨的应化道场,这说明李中曾到过普陀山。此说甚是。但竺接下来又认为李中《赠朐山杨宰》、《赠朐山孙明府》诗中的"朐山"在翁山县的中部,今属岱山。此说则殊为不妥。因为舟山之朐山从未设过县,怎么能称为"朐山杨宰"、"朐山孙明府"呢? 此朐山实为江苏海州之朐山县,实不能作为李中游历舟山之证。

② 详见竺岳兵《唐诗之路唐代诗人行迹考》,第123~124页,中国文史出版社2004年版。

来比拟站在四明山顶所看到的美丽朝霞。李白一生四次游越,①这一次是真的踏上了四明山巅。另有中唐名僧子邻来鄮山礼塔,在后峰留下了方池遗迹,"其水碧色,绿苔泛泛,然辞人游者诗咏绝多矣"②。可惜这些题咏都没有流传下来。

---

① 陈尚铭《李白浙江行踪考查》,《宁波师院学报》1987年第2期。康怀远《李白东海之行和他对道教态度的变化》一文认为李白东海之行只有三次,见《中国文学研究》1988年第4期。对李白《早望海霞边》一诗的考释,详见竺岳兵《唐诗之路唐代诗人行迹考》,第36~37页,中国文史出版社2004年版。
② (宋)释赞宁《宋高僧传》卷三《释子邻传》,《宋高僧传合集》本,上海古籍出版社1991年版。

主要参考文献

一、原典文献

（春秋）左丘明：《国语》，商务印书馆 1958 年版

（汉）司马迁：《史记》，中华书局 1998 年版

（汉）袁康：《越绝书》，上海古籍出版社 1992 年版

（汉）班固：《汉书》，中华书局 1987 年版

（汉）赵晔：《吴越春秋》，江苏古籍出版社 1986 年版

（吴）任奕撰、张寿镛辑：《任子》，《四明丛书》本

（晋）干宝：《搜神记》，中华书局 1979 年版

（晋）虞预：《会稽典录》，《四明丛书》本

（晋）陆云撰、黄葵点校：《陆云集》，中华书局 1988 年版

（晋）陈寿：《三国志》，中华书局 1982 年版

（南朝·宋）范晔：《后汉书》，中华书局 1987 年版

（南朝·宋）刘义庆原著、徐震堮校笺：《世说新语校笺》，中华书局 1984 年版

（南朝·梁）沈约：《宋书》，中华书局 1974 年版

（南朝·梁）萧子显：《南齐书》，中华书局 1972 年版

（北朝·齐）魏收：《魏书》，中华书局 1974 年版

（南朝·梁）萧统编、（唐）李善注：《文选》，上海古籍出版社 1986 年版

（南朝·梁）萧绎：《金楼子》，《四库全书》文渊阁本

（南朝·梁）释慧皎撰，汤用彤校注，汤一介整理：《高僧传》，中华书局 1992 年版

（明）张溥编：《汉魏六朝百三家集》，《四库全书》文渊阁本

（清）严可均编：《全齐文》，商务印书馆 1999 年版

（唐）魏征等：《隋书》，中华书局 1973 年版

（唐）房玄龄等：《晋书》，中华书局 1974 年版

（唐）李百药:《北齐书》,中华书局1972年版

（唐）姚思廉:《梁书》,中华书局1973年版

（唐）李延寿:《北史》,中华书局1972年版

（唐）李延寿:《南史》,中华书局1975年版

（唐）吴兢:《贞观政要》,《四库全书》文渊阁本

（唐）陆羽:《茶经》,《四库全书》文渊阁本

（唐）释道宣:《广弘明集》,《四库全书》文渊阁本

（唐）胡幽贞刊纂:《大方广佛华严经感应传》,日本《大正新修大藏经》本

（唐）陈藏器撰、尚志均辑释:《〈本草拾遗〉辑释》,安徽科学技术出版社2002年版

（吴越）日华子撰、尚志均辑释:《日华子本草》,安徽科学技术出版社2005年版

（唐）独孤及:《毗陵集》,《四部丛刊初编》本

[日本]真人元开著,汪向荣校注:《唐大和上东征传》,中华书局1979年版

（元）辛文房原著、傅璇琮主编:《唐才子传校笺》,中华书局1987年版

（民国）张寿镛辑:《孙拾遗小纂》,《四明丛书》本

（五代）静、筠禅僧编、张华点校:《祖堂集》,中州古籍出版社2001年版

（五代）刘昫等:《旧唐书》,中华书局1975年版

（宋）欧阳修、宋祁等:《新唐书》,中华书局1986年版

（宋）薛居正等:《旧五代史》,中华书局1976年版

（宋）欧阳修等:《新五代史》,中华书局1974年版

（宋）钱俨:《吴越备史》,《四库全书》文渊阁本

（清）吴任臣:《十国春秋》,中华书局1983年版

（清）彭定求等:《全唐诗》,中华书局1985年版

（清）董诰等:《全唐文》,中华书局1983年版

（清）陆心源:《唐文拾遗》,中华书局1983年版

（宋）李昉等:《太平广记》,中华书局1986年版

（宋）王钦若等:《册府元龟》,中华书局1960年版

（宋）王应麟:《困学纪闻》,《四库全书》文渊阁本

（宋）释赞宁:《宋高僧传》,《高僧传合集》本,上海古籍出版社1995年版

（宋）释宗鉴:《释门正统》,《卍新纂续藏经》本

（宋）释宗晓：《四明尊者教行录》，日本《大正新修大藏经》本

（宋）释道原：《景德传灯录》，《中华大藏经》本，中华书局1984年版

（宋）释志磐：《佛祖统纪》，日本《大正新修大藏经》本

（宋）李昉等编：《文苑英华》，中华书局1966年版

（宋）李昉等编：《太平御览》，中华书局1962年版

（宋）司马光著、（宋）胡三省注：《资治通鉴》，中华书局1956年版

（宋）魏岘：《四明它山水利备览》，俞福海、方平点注本，当代中国出版社2001年版

（宋）徐兢：《宣和奉使高丽图经》，《四库全书》文渊阁本

（宋）张津等：《乾道四明图经》，《宋元方志丛刊》本，中华书局1990年版

（宋）胡榘修，方万里、罗濬纂：《宝庆四明志》，《宋元方志丛刊》本，中华书局1990年版

（宋）黄䇮、齐硕修，陈耆卿纂：《嘉定赤城志》，徐三见点校本，中国文史出版社2004年版

（宋）施宿等：《嘉泰会稽志》，《四库全书》文渊阁本

（宋）王应麟：《四明文献集》，《四明丛书》本

（元）王元恭修，王厚孙等纂：《至正四明续志》，《宋元方志丛刊》本，中华书局1990年版

（元）马泽修，袁桷纂：《延祐四明志》，《宋元方志丛刊》本，中华书局1990年版

（明）张自勋：《纲目续麟》，《四库全书》文渊阁本

（清）黄宗羲：《四明山志》，《四明丛书》本

（清）黄宗会：《四明山游录》，《藜照庐丛书》本

（清）闻性道：《天童寺志》，民国重刻本

（清）全祖望撰、朱铸禹汇校集注：《全祖望集汇校集注》，上海古籍出版社2000年版

（清）徐松：《宋会要辑稿》，中华书局1987年版

（清）永瑢等：《四库全书总目》，中华书局1965年版

（清）赵翼撰，王树民校证：《廿二史札记校证》（订补本），中华书局1984年版

（清）阮元：《两浙金石志》，道光四年浙江抚署刊本

（清）董沛著,俞福海、方平点注:《明州系年录》,当代中国出版社2001年版
（清）臧麟炳、杜璋吉著,龚烈沸点校:《桃源乡志》,中国档案出版社2006年版
（清）戴明琮:《明州岳林寺志》,杜洁祥主编《中国佛寺史志汇刊》第一辑,台北明文书局1980年版
（清）徐兆昺著,桂心仪等注:《四明谈助》,宁波出版社2000年版
（清）钱大昕:乾隆《鄞县志》,《续修四库全书》本
（清）杨泰亨、冯可镛纂:光绪《慈溪县志》,《中国地方志集成》本,上海书店出版社1993年版
（清）董沛:光绪《鄞县志》,光绪三年刊本
（清）邵友濂、孙德祖等:光绪《余姚县志》,《中国地方志集成》本,上海书店出版社1993年版
（清）尹元炜撰,王清毅等点校:《溪上遗闻集录》,西泠印社出版社2005年版
（清）李前泮修,张美翊等纂:光绪《奉化县志》,《中国地方志集成》本,上海书店出版社1993年版
（民国）张传保、赵家荪修,陈训正、马瀛纂:《鄞县通志》,宁波出版社2006年版
（民国）陈汉章总纂:民国《象山县志》,方志出版社2004年版

二、今人论著

林华东:《河姆渡文化初探》,浙江人民出版社1992年版
林华东:《良渚文化研究》,浙江教育出版社1998年版
陈忠来:《太阳神的故乡——河姆渡文化探源》,宁波出版社2000年版
王慕民、管敏义编:《河姆渡文化新探》,海洋出版社2002年版
杨鸿勋:《建筑考古学论文集》,文物出版社1987年版
浙江省文物考古研究所:《河姆渡——新石器时代遗址考古发掘报告》（上、下册）,文物出版社2003年版
浙江省文物考古研究所:《浙江省文物考古研究所学刊:建所十周年纪念》,科学出版社1993年版
浙江省文物考古研究所:《浙江省文物考古研究所学刊》,长征出版社1997

年版

浙江省文物考古研究所:《纪念浙江省文物考古研究所建所二十周年论文集》,西泠印社出版社1999年版

中国考古学会:《中国考古学会第一次年会论文集》,文物出版社1980年版

中国社会科学院考古研究所:《新中国的考古发现和研究》,文物出版社1984年版

上海市文物管理委员会:《马桥》,上海书画出版社2002年版

[日本]中村慎一:《稲の考古学》,同成社2002年版

[日本]佐藤洋一郎:《DNA考古学》,东洋书店1999年版

慈溪市对外文化交流协会:《达蓬之路——徐福与慈溪大蓬山》,1995年版

黄今言:《秦汉江南经济述略》,江西人民出版社1999年版

周生春:《〈吴越春秋〉辑校汇考》,上海古籍出版社1997年版

胡阿祥:《六朝疆域与政区研究》,西安地图出版社2001年版

[日本]谷川道雄著,马彪译:《中国中世社会与共同体》,中华书局2002年版

王永平:《六朝江东世族之家风家学研究》,江苏古籍出版社2003年版

刘毅纬辑:《汉唐方志辑佚》,北京图书馆出版社1997年版

冯君实:《晋书孙恩卢循传笺证》,中华书局1963年版

陈桥驿:《水经注校释》,杭州大学出版社1999年版

汤用彤:《汉魏两晋南北朝佛教史》,中华书局1983年版

刘淑芬:《六朝的城市与社会》,台湾学生书局1992年版

浙江省鄞县地方志委员会编:《鄞县志》,中华书局1996年版

韩国磐:《隋唐五代史纲》,人民出版社1977年版

何勇强:《钱氏吴越国史论稿》,浙江大学出版社2002年版

[美]谢弗著、吴玉贵译:《唐代的外来文明》,中国社会科学出版社1995年版

竺岳兵:《唐诗之路唐代诗人行迹考》,中国文史出版社2004年版

[日本]宫泰彦著、胡锡年译:《日中文化交流史》,商务印书馆1980年版

北仑文史资料委员会:《北仑文史资料》(内),1990年

董楚平、金永平主纂:《吴越文化志》,《中华文化通志》第2典,上海人民出版社1998年版

车越乔、陈桥驿:《绍兴历史地理》,上海书店出版社2001年版

林士民:《三江变迁——宁波城市发展史话》,宁波出版社2002年版
张荷:《吴越文化》,辽宁教育出版社1991年版
季学源主编:《姚江文化史》,宁波出版社1998年版
张如安:《汉宋宁波文学史》,中国文联出版社2001年版
林士民、沈建国:《万里丝路——宁波与海上丝绸之路》,宁波出版社2002年版
林士民:《海上丝绸之路的著名港口——明州》,海洋出版社1990年版
乐承耀:《宁波古代史纲》,宁波出版社1995年版
林士民:《青瓷与越窑》,上海古籍出版社1999年版
徐定宝主编:《越窑青瓷文化史》,人民出版社2001年版
曹屯裕主编:《浙东文化概论》,宁波出版社1997年版
管敏义主编:《浙东学术史》,华东师范大学出版社1993年版
金普森、陈剩勇主编:《浙江通史》(1~4卷),浙江人民出版社2005年版
诸焕灿:《学津求索》,中国戏剧出版社2000年版
董贻安编:《浙东文化论丛》,中央编译出版社1995年版
俞福海主编:《宁波市志外编》,中华书局1998年版
叶树望主编:《余姚文物图录》,天马图书有限公司2002年版
宁波市文化局编印:《千年海外寻珍》

三、主要参考、引用论文

吴维棠:《从新石器时代文化遗址看杭州湾两岸的全新世古地理》,《地理学报》1983年第38卷第2期
浙江省文物考古研究所:《宁波慈城小东门遗址发掘简报》,《东南文化》2002年第9期
孙国平、黄渭金:《余姚市鲞架山遗址发掘报告》,《史前研究》2000年辑刊
浙江省文物考古研究所、厦门大学历史系:《浙江余姚市鲻山遗址发掘简报》,《考古》2001年第10期
孙国平、黄渭金:《浙江余姚田螺山遗址初现端倪》,《中国文物报》2004年8月6日
牟永抗:《试论河姆渡文化》,《中国考古学会第一次年会论文集》,文物出版社1980年

河姆渡遗址考古队:《浙江河姆渡遗址第二期发掘的主要收获》,《文物》1980年第5期

游修龄:《对河姆渡遗址第四层出土稻谷和骨耜的几点看法》,《文物》1976年第8期

周季维:《长江中下游出土古稻考察报告》,《云南农业科技》1981年第6期

严文明:《中国稻作农业的起源》,《农业考古》1982年第1~2期

湖南省文物考古研究所、澧县文物管理所:《湖南澧县彭头山新石器时代早期遗址发掘简报》,《文物》1990年第8期

湖南省文物考古研究所:《湖南澧县梦溪八十垱新石器时代早期遗址发掘简报》,《文物》1996年第12期

蒋乐平:《浙江浦江县上山新石器时代遗址——钱塘江流域早期稻作文化遗存的最新发现》,《中国社会科学院古代文明研究中心通讯》第7期

刘军、王海明:《宁绍平原良渚文化初探》,《东南文化》1993年第1期

王开发、张玉兰:《根据孢粉分析推论沪杭地区一万多年来的气候变迁》,《历史地理》1981年第1辑

严钦尚、黄山:《杭嘉湖平原全新世沉积环境的演变》,《地理学报》1987年第42卷第1期

浙江省文物考古研究所、宁波市北仑区博物馆:《北仑沙溪新石器时代遗址发掘简报》,《南方文物》2005年第1期

宋建:《马桥文化的分区和类型》,《东南文化》1999年第6期

浙江省文物考古研究所:《宁波慈城小东门遗址发掘简报》,《东南文化》2002年第9期

林士民:《浙东沿海土墩遗存探索》,《南方文物》1998年第2期

曹锦炎、周生望:《浙江鄞县出土春秋时代铜器》,《考古》1984年第8期

上海博物馆考古研究部:《上海松江区广富林遗址1999—2000年发掘简报》,《考古》2002年第10期

陈美丽:《从北仑出土青铜块谈起》,《浙东文化》1995年第1期

《镇海县志》办公室:《北仑古迹》,《北仑文史资料》(内),1990年第1辑

成岳冲:《宁绍地区耕地拓殖史述略》,《宁波师院学报》(社科版)1991年第1期

罗其湘:《徐福东渡起航地新考》,《淮海论坛》1989年第3期

祝求是:《望祭与秦始皇巡游会稽之行踪——兼辨秦始皇到过宁波沿海》,宁波文化研究会编《宁波文化研究》(内)2002年卷

王利华:《奉化白杜汉熹平四年墓清理简报》,《浙江省文物考古所学刊》1981年

施祖青:《鄞县宝幢乡沙堰村几座东汉、晋墓》,《东南文化》1993年第2期

林士民:《论浙东的陶瓷文化》,《宁波师院学报》(社科版)1991年第1期

林瑛、李军:《宁波出土铜镜探讨》,《浙东文化》1994年1、2期合刊

鲁怒放:《余姚市湖山乡汉——南朝墓葬群发掘报告》,《东南文化》2000年第7期

虞浩旭:《汉晋越窑青瓷明器研究》,《陶瓷研究》1996年第1期

慈溪市文管会、宁波市博物馆:《浙江慈溪窑头山东晋纪年墓清理简报》,《东南文化》1992年第3期

谢纯龙执笔:《慈溪东晋窑址的调查》,《东南文化》1993年第3期

王莲瑛:《从余姚地区出土的随葬品来看西晋时期的厚葬之风》,《东南文化》1998年第3期

蓝溪子:《汉唐余姚虞氏世家述略》,《浙东文化》1995年第2期

鄞县文管会:《梁祝文化公园砖室墓发掘报告》,《浙东文化》1998年第1期

顾玮:《鄞州古墓葬群考古有六大发现》,《宁波日报》2002年5月15日

李小红:《余姚虞氏研究——浙东家族史系列研究之一》,《宁波师范学院学报》(社科版)1997年第2期

王永平:《六朝时期会稽虞氏之家风与家学》,《南都学刊》2002年第4期

成岳冲:《历史时期宁绍地区人地关系的紧张与调适——兼论宁绍区域个性形成的客观基础》,《宁波师院学报》(社科版)1994年第2期

陈梅龙:《宁波商文化轨迹初探》,《浙东文化》1997年第1期

何灿浩:《唐末浙东裘甫起义考实》,《宁波师院学报》(社科版)1988年第4期

何灿浩:《论裘甫起义战略转移的原因以及心态变化的消极后果——唐代裘甫起义研究之二》,《宁波师院学报》(社科版)1989年第3期

桂心仪:《裘甫起义史实考辨》,《宁波师院学报》(社科版)1989年第2期

何灿浩:《试论裘甫获闻试除书的时间及其它》,《宁波师院学报》(社科版)1989年第3期

周时奋:《小江湖考》,《宁波师院学报》(社科版)1991年第3期

黄天元、俞信芳:《著名的古代水利工程——它山堰》,《浙江省水利志通讯》1990年第1期

周时奋:《它山堰研究》,《浙东文化》1998年第2期

沈之良、陈万丰:《再谈我国水利史上的奇迹——有关唐代它山堰的千古之谜》,《科技导报》1995年第11期

王一鸣、陈勇:《古水利工程它山堰堰体结构浅析》,《浙江水利科技》1996年第4期

周冠明:《"碶"创始于鄞县考略》,《浙东文化》1998年第1期

陆毓珍:《唐宋时期宁波地区水利事业述论》,《中国社会经济史研究》2004年第2期

李家冶、陈显求、陈士萍、朱伯谦、马成达:《上林湖历代越窑瓷胎、釉及其工艺的研究》,《古陶瓷科学技术国际讨论会论文集》,科学技术文献出版社1992年版

谢纯龙:《"秘色瓷"诸相关问题探讨》,《浙东文化》1994年第1、2期合刊

朱伯谦等:《上林湖窑晚唐时期秘色瓷生产工艺的初步探讨》,《文博》1995年第6期

章均立:《越窑瓷墓志》,《浙东文化》2000年第1期

宁波市文物考古研究所:《浙江宁波唐国宁寺东塔遗址发掘报告》,《考古学报》1997年第1期

丁友甫执笔:《宁波祖关山冢地考古调查和发掘》,《考古》2001年第7期

施存龙:《唐五代两宋两浙和明州市舶机构建地建时问题探讨》,《海交史研究》1992年第1、2期

虞浩旭:《论唐宋时期往来中日间的"明州商帮"》,《浙江学刊》1998年第1期

林士民:《日本遣唐使入明州地点考》,《浙东文化》2000年第1期

施存龙:《宁波对外开放于一千三百五十年前——宁波历史上对外开放诸说考辨》,《浙东文化》2001年第2期

林瑛:《从明州港入唐的日本头陀亲王》,《浙江文化》2001年第2期

方祖猷:《宋明州高丽宝云义通大师考——兼论其在佛教史上的作用》,《宁波大学学报》1996年第3期

杨古城、曹厚德:《三门湾航帮与中日文化交流》,《浙东文化》2002年第2期

黄夏年:《虚默・灵默・心镜——宁波七塔寺祖师刍议》,释妙声主编《曹溪禅研究》,中国社会科学出版社2002年版

王心喜:《钱氏吴越国与日本的交往及其在中日文化交流史上的地位》,《中国文化研究》2003年秋之卷

路工:《虞世南校写的〈老子〉石刻拓本》,《访书见闻录》,上海古籍出版社1985年版

瞿林东:《论〈帝王略论〉的历史比较方法》,《史学月刊》1987年第3期

李军:《初唐宫廷诗风变革的先声:虞世南、李百药诗简论》,《苏州铁道师院学报》2002年第4期

张如安:《陈藏器〈本草拾遗〉及医药学成就》,《宁波经济・三江论坛》2004年2月

后　　记

本卷是《宁波通史》的首卷,时间上起自7000年前的河姆渡文化,迄于五代时期,不仅时代跨度极大,而且在编纂的难度上也是最大的。详尽地占有史料,这是史学研究的基础和前提。但是,宋以前记载宁波的史料极为匮乏,片言只语,散见于各处。即使以现存全部唐诗而论,数千作者五万余首作品,涉及绍兴和台州的诗篇极多,提到宁波描写宁波的却寥寥无几。甚至连宋代的几部明州地方志,一涉及宋前本地域的情况亦大多语焉不详。即使今人所纂的《浙江通史》1~4卷,述及宁波的文字也极为有限。这种既极度匮乏又支离破碎的文献状况,给我们的研究和编纂带来了极大的困难。

为了尽可能地弥补资料上的严重不足,本课题组的同志克服畏难情绪,在搜集、考辨史料上花了大量的精力。可以说,举凡经、史、子、集、丛书、类书、小说、笔记、内典、出土碑志等,无不广泛涉猎,努力将所有与本研究有关的史料囊括其中,加以充分利用、充分阐释,并对文献出处尽量加以注明。好在考古工作者也为我们提供了许多这一时期的出土材料,揭开了宋前宁波历史面貌的部分形象画面,大大充实和丰富了本书的内容。尽管我们在资料的发掘上竭尽所能,但毕竟不足以改变文献先天不足的状况,因此我们在具体的论述过程中,无可避免地留下了不少缺憾。

本卷的第一编第一、二章由刘恒武博士执笔,第二编第一章由唐燮军博士执笔,其余均由张如安教授执笔,最后由张如安负责统稿。我们深知编纂《宁波通史》意义重大,因而备感担子的沉重,在具体的写作过程中,我们三位撰著者精诚合作,克服重重困难,作出了艰苦的努力。除了不断查考相关文献外,我们还实地走访了不少考古现场,参观了市内各博物馆,还与很多地方文史工作者交流研究信息,从中获益匪浅。经过长期的努力,在广泛参阅前人成果的基础上,第一卷终于率先成稿,并获得了专家们的好评。由于文献不足,本卷中涉及的许多问题,学界存在着不同的看法,我们本着尊重诸说的态度,不嫌繁琐,就我们所知在注释中多加以注明,以便将来进一步展开研究。本卷的初稿和修改稿,至少经过了三次正式的讨论,何灿浩、管敏义、徐季子、林士民、俞信芳诸先生反复为本书审稿,我们认真听取和吸收了专家学者提出的大量中肯的意见。主编傅璇琮先生又以高度负责的精神,多次耳提面命,又逐字逐句地审阅书稿,纠正了文中的不少疏失和不妥的提法,为保证本书的质量付出了辛勤的劳动。本书的图片征集工作得到了宁波市文化广电新闻出版局、宁波市文物保护管理所(考古所)、天一阁博物馆、宁波博物馆、余姚市文物保护管理所、象山县文物管理委员会办公室等单位的大力支持。对此,我们表示衷心的感谢。

张如安 执笔

2009 年 3 月